KB147185

한국문화연구 총서 ①

# 한국문화를 꿈꾸다

이화형

인문과 예술

푸른사상
PRUNSASANG

# 천지간 만물 중에 사람밖에 더 있으랴

외국인들이 한국어를 배우고자 애쓰고 있다. 그들이 한글을 배우는 동기는 한국문화에 대한 관심에 뿌리를 두고 있다. 우리가 외국에 나가는 이유도 그 나라의 문화에 대한 관심과 애정 때문이다. 로마시대 시저는 '문명은 인류가 공유하는 것이고, 문화는 각 민족의 독특한 생활양식'이라고 말했다. 세계적 문명 속에 한국적 문화를 성숙시켜 나가지 않으면 안 된다. 세계 누구보다도 섬세하고 깊이 있는 생각을 할 수 있는 완벽한 모국어 능력과 자국문화에 대한 이해 없이 세계를 이끄는 표준모델의 개발은 불가능하다. 맹자가 말한 대로 '자기가 스스로를 가벼이 여기기 때문에 남들도 자기를 우습게 대하는' 것 아니겠는가.

국가 브랜드는 외교력이나 경제력보다 문화의 전파를 통해 강력하게 형성된다. 최근 몇 년 사이에 대중문화 위주의 한류를 통해 아시아인이 한국을 알기 시작했다. 진정한 문화의 힘은 전통을 바탕으로 재창조되어야 한다. 전통문화에 기초한 한류가 한류문화의 주역이 될 때 한국은 아시아를 대표하는 문화강국으로 우뚝 설 것이다. 규모 면에서는 중국을 못 따르고 디테일 면에서는 일본에 밀린다는 정도의 소리를 들을 수는 없다. 한국문화의 정체성이 분명히 있지 않은가. '사극의 거장'이라는 이병훈 PD의 작품 〈허준(1999)〉, 〈상도(2001)〉, 〈대장금(2003)〉, 〈서동요(2005)〉, 〈이산(2007)〉, 〈동이(2010)〉를 통해 한류를 이끄는 드라마의 저력이 어디 있는지 쉽게 알 수 있다.

한국문화와 관련하여 그동안 분야별로 각각 많은 성과들이 축적되어 왔다. 문제는 이러한 분야별 업적들을 통합하는 노력이다. 특히 새롭고 일관된 관점으로 전체를 아우를 만한 총서의 간행이 절실하다. 한국문화의 핵심을 꿰뚫는 한국문화철학서의 저술이 기대되는 것이다. 이에 필자는 한국인의 역사와 문화를 면밀하게 분석하여 우리 문화가 다양한 요소와 성격을 보임에도 불구하고 총체적으로 일관성을 지닌 특색 있는 문화였음을 밝히는 데 주력하고자 했다. 이를 통해 오늘의 혼란스러운 문화를 치유하는 밑거름으로 삼았으면 하는 바람도 있다.

이 책은 한국문화를 '인본주의'의 관점에서 통사적으로 살펴보고 있다. '인본주의'라는 키워드를 통해 한국문화를 들여다보는 일은 색다른 맛을 안겨 주리라 본다. 즉 자연과 조화를 이루며 다른 사람들과 더불어 살고자 했던 한국인의 정서와 기질 등 강인한 정신세계와 아름다운 가치관이 잘 드러날 것이다. 이는 문화적 교류를 통해 자연스럽게 이뤄낸 인류가 추구하는 문화적 보편성 속에서도 일찍부터 지켜오고 독자적으로 만들어낸 민족 고유의 문화적 특성을 밝히는 길이 된다고도 하겠다.

이러한 목적에 도달하기 위해 기본적으로 두 가지의 방법론을 택하였다. 첫째, 여러 분야를 포괄하는 다양성과 독자적 시각으로 체계화하려는 집약성의 조화를 염두에 두었다. 둘째, 역사적 사실을 중시하고 객관적으로 기술하면서 문헌자료를 통해 명확한 근거를 제시하는 과학성과 비판적 사고에 의한 새로운 해석을 통해 우리 문화의 미래지향적 의미를 제시하려는 철학성의 조화를 꾀하였다. 구체적인 서술방법에 있어서는 내용을 크게 둘로 구분하여 문화의 각 부문마다 먼저 그 역사적 흐름과 문화현상을 요약제시하고, 그 다음 해당 분야를 대표할 만한 인물들을 중심으로 문화적 특성을 부각시키는 식으로 나아갔다.

　필자는 몇 년 전에 한국 서민계층의 문화를 꿈과 현실 편으로 나누어 출간한 적이 있다. 이번에는 한국 통치계층의 문화를 꿈(인문과 예술)과 현실(사회와 과학)의 체제로 나누어 출간하게 되었다. 본서는 통치계층의 문화 가운데 '꿈'에 해당하는 것이다.

　이 책의 제1부는 인문, 제2부는 예술 부문으로 구성되어 있다. 먼저 역사, 교육, 언어, 철학 순으로 짜인 인문 편을 보면 한국문화의 저력이 '인본주의'임을 쉽게 확인하게 된다. 우리는 후세 사람들이 우리가 겪은 잘못을 되풀이 하지 않도록 경계하기 위해 있었던 일을 사실대로 적어야 한다는 역사관을 확고하게 지녔었다. 우리에게는 반드시 학교를 세워야 한다고 주장했던 기대승, 여성도 가르쳐야 한다고 역설했던 소혜왕후, 교활한 자에게 글을 익히게 해서는 안 된다고 했던 이덕무 등이 있었다. 세종대왕은 한문을 모르는 백성이 자신들의 뜻을 제대로 펴지 못하는 것이 안타까워 훈민정음을 만들었다. 인간의 욕망을 극복하여 착한 본성을 회복해야 한다는 유학자 이황, 아미타불만 외면 누구나 극락에 갈 수 있다는 자유정신의 원효, 만민평등의 인간관에 심취했던 천주교도 정하상 등에 주목할 수 있다.

　문학, 음악, 미술 등의 예술 부문에서도 윤리적 인간중심의 '인본주의'가 그대로 드러난다. 우리는 역사적으로 문학은 성품을 바르게 하는 바탕으로서 도덕을 담는 그릇이어야 한다고 주장해왔다. 음악은 인간의 마음을 평화롭고 공손하게 할 뿐만 아니라 도덕정치 실현의 수단이 된다는 점에서 장려되어 왔다. 우리는 미술에 있어 과장이나 기교가 없어야 한다는 인식과 더불어 우리의 서화가 인간의 성정을 순수케 하고 기운을 맑게 한다고 생각해왔다.

이처럼 부드럽고 여유로운 한국문화 속에서 참된 인간상 구현의 집념을 보게 된다. 우리의 삶을 지탱해온 한국문화의 진정한 가치가 '인본주의'임을 깨닫게 되는 것이다. '백리 안에 굶는 이가 없게 하라'고 했던 경주 최부잣집이 보여준 노블레스 오블리제를 떠올리며 우리의 삶을 움직이는 참다운 힘을 발견했으면 하는 마음이다. 정신없이 살아가는 현대인들에게 우리 체질에 맞는 한국문화야말로 삶의 바람직한 방향을 제시하는 한 줄기 빛이 되리라 믿는다. 아울러 이 책이 한국문화 원형을 이해하고 연구하고 가르치는 데 도움이 되었으면 한다. 한국문화가 요즘같이 언어교육을 위한 도구로만 쓰이는 것은 바람직하지 않다.

이 책을 쓰는 동안 정말 수없이 계절이 많이 바뀌었다. 나로서는 어느 책보다도 애정이 가고 의미 있는 이 책을 푸른사상사에서 출간하게 된 것을 기쁘게 생각하며 한봉숙 사장님을 비롯하여 애쓰신 모든 분들께 감사드린다.

2011년 봄을 기다리면서
이화형 씀

# 제1부 인문 – 이성과 사고

새 도끼 자루를 다듬을 때는 헌 도끼 자루를 표준으로 삼으며,

뒷 수레는 앞 수레의 넘어지는 것을 보고

자기의 교훈으로 삼는다고 합니다.

대개 지난 시기의 흥망이 장래의 교훈으로 되기 때문에 이 역사서를

편찬하여 올리는 바입니다.

— 정인지, 『고려사(高麗史)』 전문(箋文)에서

# 이성과 사고

　"'젊은 영국(Cool Britannia)' 이미지는 벗어던지고 '올드 브리타니아 (Old Britannia)'로 되돌아갑시다." 2010년 11월 G20 정상회의에 참석하기 위해 방한했다가 종루(鐘樓)에서 차를 마시고 싶어 무역센터 앞에 있는 봉은사에 들렀던 데이비드 캐머런(Cameron) 영국 총리가 2010년 8월 영국 관광산업의 진흥을 위해 위와 같이 국가 이미지 메이킹 전략을 180도 전환할 것을 제안했다. 캐머런 총리는 전임 총리 토니 블레어(Blair)가 이끄는 노동당 정부가 영국 고유의 역사와 전통의 가치를 소홀히 함으로써 외국 관광객을 영국으로 끌어들이는 데 실패했다고 인식한 것이다.

　종속이론의 창시자 중 한 사람인 안드레 군더 프랑크(Andre Gunder Frank)는 "1800년 이전까지 세계 경제와 문명의 중심은 중국이었고, 오늘날 세계 역사는 동아시아로 회귀하고 있다."고 주장한다. 세계화시대에 필요한 아시아의 역할을 새삼 느끼게 된다. 그리고 다시 아시아에서 우리는 어떤 얼굴을 지녔는가를 생각해 보게 된다. "한국은 중국과 일본의 중간에 있는 나라죠. 하지만 문화적 독자성을 가졌기 때문에 미래를 낙관합니다." 미국의 대표적 유학 연구자인 호이트 틸먼(Tillman) 애리조나주립대(역사학) 교수의 말이다.

　한국문화를 살펴볼 때 표면적인 아름다움은 자연스러움이다. 그러나 이러한 한국문화에 깃들어 있는 진정한 가치는 삶을 이끌어가는 힘으로서의 '인본주의'다. 물론 신분사회에서 통치계층이 강조했던 유교적 윤리가 지배이데올로기로 작용했던 점도 있다. 그럼에도 불구하고 군왕이나 선비 관료 같은 통치자들은 신분적 특권의 한계를 넘어 民(백성)의 옹호자 노릇을 하며, 중세의 범위 안에서 가능한 평등을 확보하는 데 다른 어느 곳보다 나아갔다.

한국 영화 〈서편제〉가 훌륭한 작품이기는 해도 우리문화를 가르치는 데 어려움이 있다고 하는 말이 이해가 된다. 좋은 소리를 얻기 위해 자식의 눈을 멀게 하는 내용은 예술보다 인간을 중시했던 한국적 정서와 맞지 않기 때문이다.

전화와 PC의 기능을 합한 아이폰이 성공할 수 있었던 것은 앱스토어라는 협력 모델을 만들어냈기 때문이다. 21세기는 융합의 시대다. 창조와 혁신을 위해서 신뢰와 협력은 더욱더 중요하다. 공정한 법규를 만든다고 해서 신뢰와 협력이 저절로 따라오는 것은 아니다. 이 신뢰와 협력의 원천도 바로 정직과 배려의 도덕성이다.

2010년 서울대 아시아연구소에 의해 출간된 『새로운 아시아(New Asia : Global Futures of World Regions)』(서울대출판문화원)는 아시아가 하나의 덩어리(bloc)가 아니라 복잡하면서도 다양성을 지닌 지역(region)이므로 세계화(globalization)도 각국의 특징을 살리면서 추진해가야 한다고 주장한다.

한국어능력시험(TOPIK)은 한국어를 모국어로 쓰지 않는 외국인과 재외동포를 대상으로 한 해에 두 차례 치러진다. 1997년 첫해 응시자가 2274명이었으나 지금은 수십 만 명에 달할 정도로 기하급수적으로 증가하고 있다. 그런데 응시자 증가의 가장 큰 이유로 한류 확산을 비롯한 문화적 요인을 들고 있다. 다른 나라에서 보기 힘든 한국만의 매력을 한국의 정신, 한국의 문화라고 말하지 않는가.

# 제1장 직필을 가장 중시한, 역사

국사는 직필하는 책인데, 어찌 그 사실을 망령되이 전하겠는가.

김부식은 국사를 다시 편찬할 때 동명왕의 사적을 매우 간략하게 다루었다. 그는 국사란 세상을 바로잡을 책이니 크게 신이한 일로써 후세에 보여줌은 옳지 않다고 생각하여 그 사적을 간략하게 했을 것이 아니겠는가.

— 이규보, 『동국이상국집(東國李相國集)』 제3권에서

## 1. 동아시아 역사전쟁

중국의 동북공정(東北工程)[1] 추진, 일본의 군위안부에 대한 책임 회피

---

1 중국이 자국 국경 안에서 일어난 모든 역사를 중국역사로 만들기 위해 2002년부터 추진해 온 프로젝트다. '동북변강사여현상계열연구공정(東北邊疆史與現狀系列研究工程)'의 줄임말로 '동북 변경지역의 역사와 현상에 관한 체계적인 연구과제'라는 의미이다.

마이크 혼다 의원

등은 지나간 역사가 살아있는 오늘의 역사임을 보여주는 대표적인 사례다.

2007년 7월 미국 하원에서 일본군 위안부 결의안이 통과된 직후 결의안 발의자인 일본계 3세 마이크 혼다(Michael Makoto Honda) 의원은 밝은 표정으로 기자회견을 하면서 한국인들의 강력한 풀뿌리운동이 결의안 통과의 원동력이었다고 강조한 바 있다. 결의안이 상정되자 톰 랜토스(Thomas Peter Lantos) 하원 외교위원장은 전후(戰後) 올바른 선택을 한 독일과 달리 일본은 역사의 기억상실증을 적극적으로 촉진해왔다면서 끊임없이 역사를 비틀고 부정하며 희생자들을 비난하는 등 장난치는 일부 일본인의 행동은 구역질나는(nauseating) 일이라고 비판했다. 일본의 역사 교과서 왜곡도 되풀이 되고 있으며 심지어 군국주의를 찬양하는 교과서의 채택률이 점점 높아가고 있는 현실이다.

일본 역사교과서의 왜곡 문제가 끊임없이 제기되고 있는 가운데도 한국의 초등학교는 말할 것도 없고 중·고교 교육과정에서 국사교육이 후퇴하는 상황은 개선되지 않고 있다. 다행히 '2007년 개정교육과정'을 만들었고, 2011년부터 고등학교 교육현장에 적용될 예정으로 되어 있었다. 그러나 2007년 개정 교육과정은 한 번도 시행해보지 못한 채, 최근 '미래형 교육과정'으로 대체돼 폐기될 처지에 놓여 있다. 새 교육과정안에 의하면 역사는 사회과목 안에서 고르는

일본시민단체의 역사왜곡 비판

선택과목이다.[2] 고교시절 내내 단 한 번도 역사수업을 받지 않고 학교를 마칠 수도 있다. 올바른 가치관을 확립시켜 나가는 중요한 시기의 청소년들이 자국의 역사를 모르고 대학에 진학할 수 있다니 기가 막힌다.

국가고시에서조차 국사과목을 배제시키고 있어 대한민국을 이끌어갈 고급관료가 한 줄의 국사를 읽지 않아도 선발될 수 있다는 건 참담한 노릇이다.[3] 세계에서 제 나라의 국사를 이렇게 홀대하는 나라가 또 있는가. 더욱 우스꽝스런 일은 일본의 역사교과서 왜곡에 대항하여 전개된 일본상품 불매운동을 취재하는 기자들의 카메라는 몽땅 캐논이나 니콘이요, 중계방송 장비도 소니 일색이었다고 하는 점이다. 한국사에 대한 기본 지식 없이 우리 문화와 전통에 대한 애정과 존중이 가능할까. 우리 역사를 배우지 않고도 세계시민으로 당당히 설 수 있을까.

최근에는 중국이 동북공정이라는 대형 프로젝트를 가지고 우리의 고구려사, 발해사, 단군신화까지도 자국사의 일부로 만들려 하고 있다. 중국정부는 학계의 연구차원에서 수행하는 것으로, 2007년 프로젝트가 종료됐다고 선언했다. 그러나 그것이 사실이 아님은 최근의 사례들에서도 증명된다. 중국은 2009년 관광지 개발사상 최대인 3조 7000억 원을 들여 백두산(중국명 창바이산(長白山)) 개발 프로젝트에 본격 착수했다. 명분은 관광개발이지만, 이면에는 한민족의 영산(靈山)으로 불리는 백두산을 만주족의 땅으로 만들고 백두산을 터전으로 삼는 한민족의 역사를 만주족의 역사로 만들려는 의도가 도사리고 있다. 또 최근 발해

---

2 그동안 인문계 학생들이 수능에서 국사(한국사) 과목이 속한 사회탐구영역 11과목 중 4과목을 선택해서 시험을 보아왔다. 따라서 상대적으로 어려운 한국사 과목을 선택하는 학생은 거의 없고, 수능위주로 진행되는 고교현장의 교육 역시 제대로 이뤄지기 어려웠다고 전문가들은 말한다.

3 2012년부터 행정고시나 외무고시에 응시하고자 하는 수험생은 국사편찬위원회가 주관·시행하는 '한국사능력검정시험'에 사전에 응시해 2급 이상 인증을 받아야 1차 시험을 볼 수 있다.

상경성(上京城, 현 헤이룽장성 닝안시 발해진) 유적의 발굴 작업을 통해 발해사를 자기네 것으로 편입시켜 세계문화유산으로 등재하려는 작업도 시도 중이다.

이제까지 우리는 역사 왜곡을 대체로 일본과의 문제로만 인식해 왔으나 이러한 중국의 동북공정은 우리의 고대사를 전면 부인한다는 측면에서 더 위협적일 수 있다는 생각을 지울 수 없다. 동북공정을 수행하는 중국 역사학자들은 한민족 최초의 국가인 고조선을 단군조선이 아니라 주(周)나라가 책봉했다고 하는, 소위 기자조선(箕子朝鮮)이라고 보면서 고조선을 상(商)·주시대의 변두리 정권이라고 입을 모아 주장한다.

동북공정의 산실인 중국 사회과학원의
변강사지연구센터

그러나 변강사지연구센터의 상급기관인 중국 사회과학원이 펴낸 『열국지-한국』에서는 한반도의 최초 고대국가를 고조선으로 못 박고 있다. 실제 건국연대는 확실치 않다는 단서와 함께 기원전 2333년 건국했다는 단군신화도 소개했다. 또 고조선이 멸망한 이후 고구려가 세워졌다고 기술함으로써 고구려가 고조선을 계승했다는 점도 간접 시인했다. 결국 고조선과 고구려가 한국의 고대사임을 인정한 셈이다.[4]

한편 홍콩 시사주간지 〈야저우(亞洲)주간〉은 2007년 2월 한국에서 인기가 높던 MBC TV드라마 〈주몽〉이 중국 누리꾼들로부터 역사를 왜곡

4 〈동아일보〉, 2007. 5. 29.

했다는 비난을 받는다고 보도한 바 있다. 잡지에 따르면 인터넷 사이트 톈야왕(天涯網)에 올라온 여러 글에서 "한국인들은 자신을 선량하게 그리고 한나라(중국) 사람들은 잔혹하게 묘사해 사실을 고의로 왜곡했다.", "드라마엔 한나라에 대한 적의(敵意)만이 넘친다."는 등의 내용을 담고 있었다.

MBC TV 드라마 주몽

## 2. 미래의 전망, 과거지식에 비례

한국을 둘러싼 중국과 일본 등 동아시아에서 역사전쟁이 한창인데 우리는 여유롭게 무장해제를 하고 있는 형국이어서 불안하기만 하다. 설사 우리가 관심을 갖고 대처하더라도 우리 정부의 태도는 미온적이고 사회의 대응방식도 문제가 많다. 한국·중국·일본의 역사인식이 충돌하는 상황을 놓고 역사학자 임기환(林基煥, 국사학) 교수는 민족과 국가에 대한 보다 진지한 성찰이 필요한 시점이라 하면서 "고구려사는 우리 것이라고 목청만 높인다고 우리 역사가 되는 건 아닙니다, 역사란 그 역사를 깊이 이해하고 사랑하며 그로부터 교훈을 얻는 사람들의 몫입니다"[5] 라고 말한 바 있다.

지금까지 과거사와 영토문제에 얽힌 껄끄러운 감정으로 3국 간 협력과 유대를 뒤로 미뤄 왔다. 그리고 유럽과 북미의 지역협력체의 등장을 물끄러미 바라만 보았다. 동아시아에서도 아세안이 제안한 협력체에 기대어 회담을 하는 게 고작이었다. 동아시아 전체 국내총생산(GDP)의

---

5 〈중앙일보〉, 2004. 1. 12.

85% 이상을 차지하는 3국은 이제 동아시아 협력체의 주도적 역할을 해야 한다. 한중일 3국을 합치면 전 세계 인구의 4분의 1에 육박할 뿐만 아니라, 세계 교역량의 약 5분의 1이 3국을 발판으로 하며, 3국이 전 세계 GDP의 5분의 1에 가까운 몫을 차지한다. 세계의 가장 역동적인 경제권이자 주목받을 만한 지역이라는 사실에 이의를 제기할 사람은 없을 것이다. 그럼에도 불구하고 다른 지역에 비해 3국의 연대와 협력이 늦어지는 점은 반성하지 않을 수 없다.

협력 가능한 분야에서부터 3국이 연대하여 새로이 물꼬를 터가야 한다. 환경 및 에너지 문제 공동대응, 청소년 및 유학생 교류, 항공의 자유화 등 기능주의적 협력을 가속화함으로써 상호 이해와 신뢰를 제도적으로 정착시켜야 한다. 서로의 실익만을 생각하고 발목을 잡아서는 안 된다. 오히려 선의의 경쟁 속에서 서로 배려하고 북돋아주는 틀을 만들 필요가 있다. 한국은 비교적 경쟁의식이 강한 중국과 일본의 중간에 위치하면서 전략적인 가교 역할을 수행할 수 있을 것이다. 우리는 적극적으로 조정과 협력의 주도권을 쥐고 나가기 위한 능력과 지혜를 짜내야 한다.

이탈리아의 철학자 베네데토 크로체(Benedetto Croce, 1866~1952)의

미래학자 앨빈 토플러

'모든 역사는 현재의 역사'라는 말처럼 지나간 시대의 역사는 현재의 우리와 밀접한 관계를 맺고 있다. 다시 말해 프랑스 역사학자 페르낭 브로델(Fernand Braudel)이 지적한 대로 역사란 감옥이자 자궁이다. 누구도 역사의 끈적끈적한 흔적으로부터 자유로울 수 없다는 점에서 역사는 감옥이지만, 사람은 감옥에서 습득한 축적물을 토대로 새로운 생명체를 창출한다는 점에서 역사는 자궁인 것이다. 역사는 현실을 비추는

거울이다. 역사에서 교훈을 얻지 못하는 민족은 반드시 멸망한다고 한다. 세계적인 미래학자 앨빈 토플러(Alvin Toffler, 1928~ )는 "미래에 대한 전망의 능력은 과거에 대한 지식에 비례한다."고 말한 바 있다.

## 3. 직필을 가장 중시한, 한민족

우리 민족은 역사를 서술함에 있어 무엇보다 사실대로 적고자 노력했다. 후세를 위해 직필(直筆)을 중시했던 우리의 역사관을 살펴보는 것은 한국의 역사문화를 이해하는 데 있어 가장 핵심적인 일이라 하겠다. 걸핏하면 되풀이되는 일본의 교과서 역사 왜곡 사건이나 중국이 고구려 역사를 자국의 것으로 편입시키려는 의도 등은 우리의 직필관과 상당한 차이를 보인다.

사실 역사 서술에 있어 모든 사람이 동의할 수 있는 객관적 사실만을 담기는 어렵다. 자연현상과는 달리 역사가 다루는 사실은 보는 사람에 따라 관점을 달리할 수도 있고 다른 평가를 내릴 수도 있기 때문이다. 어떤 관점에서 벗어난 가치중립적인 서술이 바람직한가의 여부에 대한 견해도 엇갈리고 있다. 그러므로 역사 서술에서 중요한 것은 모든 사람들이 동의할 수 있는 내용을 쓰려는 노력보다는, 사회를 구성하는 대다수 사람들의 삶을 진솔하게 담는 일이다. 어쨌든 사실을 왜곡하여 미화 또는 폄하하지 않고 후세를 위해 그대로 적고자 했던 강한 의지 속에 우리 역사에서는 당대의 업적은 당대에 써 남길 수 없는 것이 법도가 돼 왔다.

세종은 매우 효성스러워 아버지 태종 곁에 묻히길 바랐기 때문에 살았을 때 이미 아버지 능 옆에 자기 자리를 정해 놓았다. 백성들에게도 『효행록』을 널리 읽도록 하고, 『삼강행실도』를 간행하기까지 하면서 효

청백리의 상징인 맹사성

행의 가치를 부각시켰던 군주다. 세종 13년에 『태종실록』이 완성되자 세종은 한 번 보고 싶다고 신하들에게 말했다. 파란 많았던 아바마마의 일대기인지라 보고 싶었음 직하다. 이에 담당 우의정이었던 맹사성(孟思誠, 1360~1438)[6]은 "실록에 기재된 것은 당대의 사실이며 당대에 실록을 쓰지 않은 이유도 왜곡시킬 수 없게 하기 위함입니다. 전하가 보시더라도 아바마마를 위하여 고치지도 못할 것이요, 이렇게 한 번 보기 시작하면 후대의 사관들이 의구심이 들어 그 직책을 바르게 수행하지 못할 것이니 보일 수가 없습니다."라고 했다는 것은 유명한 이야기이다. 또한 세종은 금방 얼굴이 붉어지면서 "오늘 일은 없었던 것으로 하라."고 했다는 것이다.

그 전에도 이미 이와 비슷한 일이 있었다. 세종 7년 12월 정오일 경연(經筵)에서 임금은 "『태조실록』은 다만 한 책만 썼기 때문에 만약 후일에 유실된다면 안 될 것이니 또 한 책을 더 베껴서 춘추관에 납본하고 한 책은 내가 항상 볼 수 있도록 춘추관에 전교하라."고 하였다. 그러나 세종의 덕을 찬양하던 변계량(卞季良, 1369~1430)이 조선 최고의 지식인답게 이 명령에 반대하고 나섰다. 국왕이 실록을 보는 것은 국법이

---

6 재상을 지냈으면서도 청렴하기로 견줄 만한 이가 거의 없었고, 문인으로서 시조 〈강호연군가〉 등을 남겼고, 음악가로서 우리 음악 발전에 혁혁한 공을 남겼다. 그가 살던 아산에 있는 맹씨행단(孟氏杏壇)은 우리나라에서 가장 오래된 민가이자 북향의 구조로도 유명하다. 최영장군이 손녀사위였던 맹사성에게 물려준 집이다.

충남 아산에 있는 맹씨행단

금하는 것이었기 때문이다. 실록을 왕들이 볼 수 없다는 데서 정조는 왕들이 볼 수 있는 또 하나의 일기를 썼던 것이고, 그게 바로 『일성록』으로서 날마다 반성한다는 뜻의 '일성록(日省錄)'은 실록보다 더 직접적인 기록이다. 임금은 선출된 자리도 아니고 임기가 있는 것도 아닌 종신적 절대 권력이다. 사관들은 그런 임금에게도 실록을 보여주지 않았고 오히려 임금이 실록을 보려고 했다는 사실까지 실록에 남겼다.[7]

중국·일본·베트남 등 유교문화가 지배적이었던 국가에서는 모두 실록을 편찬했지만 이를 후손 왕이 볼 수 없다는 원칙을 지킨 나라는 조선왕조뿐이었다. 기묘사화가 일어나던 날 밤 사관 채세영(蔡世英,1490~1568)의 곁에 있던 임시 대리승지인 가승지(假承旨) 김근사(金謹思, 1466~1539)[8]가 사화에 연루된 조광조 등 선비들의 죄목을 대역죄로 고쳐 쓰려고 채세영의 붓을 빼앗았다. 채세영은 급히 일어나 임금이 보는 앞에서 다시 그 붓을 빼앗으며 "이것은 사관만이 쓸 수 있는 붓이다."라고 했다는 사실도 전하고 있다. 보다 공정하고 객관적인 역사를 남기기 위해 하늘 같은 왕, 범 같은 대신들 앞에서도 직필을 멈추지 않았던 사관의 서릿발 같은 선비정신이 빛난다.

사초(史草)로 인해 죽음에 이르는 순간에도 붓을 꺾지 않았던 김일손(金馹孫, 1464~1498) 등 수많은 조선의 사관들에게 우리는 경의를 표하고

---

7 노무현 정부에서 임명한 대통령기록관 관장이 노대통령 관련 자료를 봉하마을에 불법 유출한 사건은 그래서 더욱 충격으로 다가오는 것이다.

8 사실 중종 11년(1516) 사간원의 대사간 김근사는 부친 김면(金勔)이 내자시(內資寺) 부정(副正)이란 이유로 상피(相避, 같은 곳에서 벼슬하는 일 따위를 피함)를 요청했던 인물이기도 하다. 내자시는 조정에서 쓰는 식품과 옷감 등을 책임지고, 대궐의 연회 준비를 맡는 부서로서 사간원과 아무런 업무의 연관성은 없었다. 그러나 공적 모임에 참여할 때 부친이 나가면 아들이 나가지 못하고 아들이 나가면 부친이 나가지 못하는데, 나가지 못할 때마다 병가청원서인 병장(病狀)을 내야 한다면서 상피를 청원한 것이었다.

경북 청도에 있는 사관 김일손의 묘소

싶다.9 김일손은 잘나가던 이조 좌랑을 사직하고 사가독서(賜暇讀書)를 청하는 상소문을 올렸다. 그는 옛사람이 경계한 '소년등과일불행(少年登科一不幸)'이 바로 자신을 두고 한 말이라며, 너무 젊은 나이에 요직을 두루 거쳐 큰 은총을 입었으니, 이쯤에서 그치고 독서로 충전하겠다며 사직을 간청했던 인물이다. 1404년 2월 8일 사냥을 나갔던 태종이 말에서 떨어지자, 신하들에게 "사관이 알게 하지 말라"고 했는데, 사관은 그 말까지 실록에 기록했다고 한다. 조선의 지식인들은 대간(臺諫, 사헌부와 사간원)이 한 시대의 공론이라면 사관은 만세의 공론이라고 여겼던 바, 나라는 망할 수 있어도 역사는 없을 수 없다10는 생각을 했던 것이다.

조선시대 초기만 해도 조정을 발칵 뒤집어놓는 섹스 스캔들이 잦았었다. 이를테면 세종 9년에 있었던 스캔들은 유감동(兪甘同)이라는 평강 현감 최중기(崔仲基)의 정실부인이 저지른 불미스러운 사건이었다. 현감 부인인 감동은 사대부가의 유부녀로서 왕자를 비롯, 영의정까지 포함한 39명의 사대부들과 사통하였다. 성리학을 숭상하던 사관이 사건의 전모를 적어가자니 수치스러워서 견딜 수가 없었다. 결국 학덕을 갖춘 사관들은 세종대왕께 고하여 사초에 적기조차도 부끄럽고 창피한 감동의 음풍(淫風)사건만은 『조선왕조실록』에 등재하지 않는 것이 좋겠다고

---

9 궁형(宮刑)을 당해가면서 한나라 무제에게 직언을 했던 『사기(史記)』의 저자 사마천(司馬遷, B.C.145?~B.C.86?)도 바로 사관이다. 『사기』는 전설의 황제부터 한 무제까지 3,000년간의 역사를 기록한 것이다.
10 오항녕, 『조선의 힘-조선, 500년 문명의 역동성을 찾다』, 역사비평사, 2010, 59~60면.

진언하자, 세종대왕은 단호하게 말했다. "역사는 오늘을 사는 당시대의 사람들을 위해서 적는 것이 아니라, 후세의 사람들에게 오늘 우리가 겪은 잘못을 다시 되풀이하지 않도록 경계하기 위해 적는 것이다."라고. 물론 수사 중지를 명하기도 했다.[11]

세종은 철학 또는 경서에 심취한 신하들의 좁은 식견을 뛰어넘는 올바른 정치의 답을 역사에서 구했다. 무려 294권에 이르는 송의 대하 정치역사서 『자치통감(資治通鑑)』[12]을 여러 차례 통독했다는 것은 잘 알려진 사실이다. 우리 역대 왕조도 통치의 교훈을 이 책에서 구했다. 마오쩌둥은 1949년 국공내전에서 승리하고 베이징에 입성할 때 특별히 『사기』와 더불어 이 『자치통감』을 챙겼다고 한다.

조선시대 폭군의 대명사인 연산군도 "내가 두려워하는 것은 오직 역사뿐이다."라고 스스로 고백할 정도로 후대의 역사 평가에 신경을 썼다. 다만 역사를 두려워하면서도 연산군이 역사의 기록과 언론을 탄압했음은 아이러니가 아닐 수 없다. 결국 사관들의 직필에 의해서 후대의 우리들에게 그의 악정(惡政)은 낱낱이 알려지게 되었다. 다만 연산군은 유배지 강화도 교동에서 두어 달 만에 죽었다고 실록에 기록되어 있는데, '두어 달'이라는 모호한 표현도 그렇고 조선 사관들의 강직한 붓끝이 이때에 이르러 정치상황에 휘둘렸다고 볼 수도 있다. 안타깝게도

---

11 성종대의 어우동(於于同)은 『조선왕조실록』에 가장 많이 등장하는 여인이다. 어우동은 승문원지사(承文院知事, 종3품)였던 박윤창의 딸로 태어나서 종실 명문인 태강수(泰康守, 정4품) 이동(李仝)에게 출가하여 정4품 혜인(惠人)의 품작까지 받은 양반집 여자였다. 그러나 어우동은 당시 그토록 금기시했던 근친상간과 노비와의 간통까지 서슴지 않았다. 특히 왕실사람들이 그녀에게 다 놀아났다. 성종마저 그녀와 관계를 가졌다는 설과 더불어 음모론이 대두된다.(〈왕과 나〉, SBS, 2008) 죄는 무겁지만 법률로는 극형에 이르지 않는다는 것이 중론이었으나 성종은 사형으로 처단했다.

12 통치의 자료가 된다 하여 '자치(資治)'요, 거울 삼아 오늘을 본다 하여 역사를 '통감(通鑑)'이라 한다.

연산군의 고독을 그린
영화 왕의 남자(2005~2006)

『연산군일기』는 과장되고 왜곡되었다는 의심을 받기도 한다. 돌이켜보면 정상적으로 편찬된 실록도 훗날 수정(선조·경종), 개수(현종), 보궐정오(補闕正誤, 숙종)를 거칠 정도였으니 쫓겨난 임금을 기록한 '일기'에 악의적인 첨삭의 혐의를 두는 것은 자연스럽다.

여기서 우리는 우리 민족의 자랑스러운 역사인식과 접하게 된다. 불미스러웠던 역사를 기록하여 후대에 전하고자 하는 것은 당대의 불의와 부정의 실체가 무엇이며 그것이 어떻게 응징되었는지를 적어서 후세를 경계함이다. 그러므로 역사를 소중히 하고 역사 앞에서 옷깃을 여미던 세종대왕의 외경심을 다시 한 번 곱씹어 보게 된다.[13] 역사에 대한 외경심이 강한 민족이 아름답고 가치 있는 역사를 창조해가는 것이다.

우리의 역사를 기록하고 있는 자료가 비문이나 벽화 등 많이 있지만, 삼국시대 이전의 문헌으로 된 역사책에 관해서 살펴보면 그러하지 못하다. 문헌으로 된 역사책에 관해서 대강 살펴볼 때, 백제에서는 4세기 근초고왕 때 고흥(高興)이 『서기(書記)』를 편찬했으며 그 뒤에도 『백제기』,

---

13 세종대왕은 우리 역사상 최고의 성군으로 꼽힌다. 그는 국가의 보위를 위해 여진족을 몰아냈으며 많은 농업서적을 편찬하고 과학기구를 발명하며 백성을 잘 먹이려 애썼다. 우리 문자의 창조는 물론 출판사업을 통해 백성들의 문화생활에 깊은 관심을 보였고, 음악적 성과를 통해 백성들의 정서적 삶에도 크게 기여하였다. 세종은 자신이 처한 시대에 충실하게 대응하고 통치자로서 자기가 해야 할 일이 무엇인지를 깨달아 최선의 노력을 경주한 위대한 인물이다.

『백제본기』, 『백제신찬』 등이 편찬되었다 하고, 6세기 신라에서는 진흥왕 6년(545)에 거칠부(居柒夫)에게 신라의 『국사』를 편찬케 하였으며, 고구려에서는 영양왕 11년(660)에 이문진(李文眞)으로 하여금 그 이전에 쓰인 『유기(留記)』 100권을 줄여서 『신집』 5권으로 편찬케 했다는 기록이 있다. 그러나 이 역사서들의 실물을 볼 수 없어 유감스럽다.

## 4. 우리의 역사가 필요, 삼국사기·삼국유사

우리 고대사의 가장 기본적인 미스터리는 김부식(金富軾, 1075~1151)[14]의 『삼국사기(三國史記)』 이전 문자로 기록된 사료(史料)가 거의 없다는 점이다. 한민족이 한자를 사용하기 시작한 고조선 말 이래 1,000년의

해동의 대학자로 불린 김부식의 영정과 삼국사기

세월이 역사기록의 공백인 셈이다. 이웃나라들과 비교하기에 부끄러울 정도다. 중국에선 2009년에도 기원전 3세기 죽간(竹簡) 2만여 점이 우물터에서 쏟아져 나왔다. 한편 논란의 여지는 있지만 어쨌든 일본도 서기 720년에 쓰여졌다는 『일본서기(日本書紀)』를 내세우며 '일본이 200년간 한반도 남부를 식민지로 삼았다'는 임나일본부설(任那日本府說)을 주장하고 있다.

---

14 그는 영화로운 삶을 누리다가 말년에 무신들에게 시달린 끝에 77세를 일기로 세상을 떠났다.

현전하는 역사기록 중 가장 오래
된 것이라는 광개토대왕비

그 안타까운 역사적 공백 속에서 찬연히 빛을 발하는 보배가 아들 장수왕이 건립했다는 광개토대왕비(廣開土大王碑)[15]이다. '이는 넓게 영토를 확장한 임금'이라는 뜻의 이름 자체에서 강력한 권위가 느껴지는 비석으로서, 세계에서 비석이 가장 많은 나라인 중국에서도 유례를 찾아 볼 수 없을 정도로 거대한 비석이다. 고구려 왕의 기상처럼 만주벌판에 우뚝 솟아 있는, 세계에서 가장 크다는 이 비석은 서기 414년에 만들어졌으며, 2층집 높이(6.39m)에 37t 무게인 자연석으로 되어 있다. 중국 당국은 1982년 주황색 기와로 정자를 세워 비를 보호하고 있다. 이 비석의 4면에 모두 1,775자의 한자가 아름다운 예서(隸書)로 새겨져 있다. 『삼국사기』 최고본(最古本)보다 최소한 800년 이상 앞선 기록이다. 당대의 고구려인이 직접 쓰고 새긴 소중한 역사다. 문서로 된 기록이 절대적으로 부족한 우리나라에서 고대 금석문(金石文)은 중요하며, 광개토대왕비문은 그 중에서도 백미다.

현재 전하는 삼국의 역사서는 크게 두 가지다. 이 책들은 지금도 역사의 귀중한 자료로 보호되고 있다. 먼저 고려 인종 23년(1145)에 왕명을 받아 문벌귀족인 김부식을 포함 11인의 편사관(編史官)이 쓴 정사(正史)로

---

15 일제 어용학자들이 식민사관의 근거로 이용하기도 한다. 일본인들은 비문을 조작해 임나일본부설을 주장했다. 비와 200~300m 떨어져 있는 광개토대왕릉은 세계 최고의 적석총(積石塚)이라고 하나 그런 느낌이 들지 않을 만큼 훼손이 심한 상태다.

서의『삼국사기』가 있다. 다음으로, 13세기 몽골군의 말발굽 아래 30년간 짓밟힌 고려사회의 민족적 각성과 염원을 배경으로 충렬왕 7년 전후에 일연(一然, 1206~1289) 선사가 지은『삼국유사』가 있다. 고려시대에 이르러 유교적 왕도정치 이념의 발달과 거란을 비롯한 외적의 침략에 따라 자국의 역사를 정리할 필요성이 부각되면서 이 두 사서[16]가 편찬되었을 것이다.

『삼국사기』는 유교적 사대관이나 치자(治者)중심의 사관[17]에서 쓰여지고, 신라 중심적이어서 고구려와 발해의 북방경영이나 백제의 일본진출에 대해 소홀히 서술한 점이 있다. 그러나 현전하는 가장 오래된 역사서일 뿐만 아니라 편찬자가 처했던 시대정신을 잘 보여준다는 점에서 매우 소중하다. 해동 제일의 대학자[18]로 불리던 김부식은『삼국사기』의 편찬 배경을 말하면서 "중국의 일은 능통하면서도 우리의 사실은 잘 모르며, 우리나라의 역사서에서조차 빠진 사실이 너무 많다."고 개탄한 것을 보면 우리의 역사를 제대로 써서 후세에 전하려 했던 국가의식이나 현실인식도 확인할 수 있다.

『삼국유사』는 귀족사회의 자체적 모순과 몽골의 간섭에 의한 피지배층의 저항과 민족의 분노가 극에 달하던 시기에 저술된 만큼 비판의식과 민족의식을 기반으로 우리의 역사서술을 한 단계 끌어올렸다고 하겠다. 특히『삼국사기』와 달리『삼국유사』는 '유사(遺事)'로서 정사(正

---

16 한일 간의 역사문제가 대두되면서 항상 위서(僞書) 논란에 빠지는 일본 최초의 사서(史書)가『일본서기』와『고사기』인데,『삼국사기』와 비교되는『일본서기』(720년)는 나라(奈良)시대에 관찬으로 이루어졌으며『삼국유사』와 비교되는『고사기』는 천황을 중심으로 한 국가의 체제를 다지고 정당화하기 위해 편찬되었다.

17 『삼국사기』열전(列傳)에서 가장 부각되는 인물이 김유신인 데 비하여, 선덕여왕에 대한 언급이 소홀할 뿐만 아니라 "신라는 여자를 세워 왕위를 잇게 했으니 진실로 나라가 망하지 않은 것이 다행이다"라고 혹평한 것도 이와 무관하지 않다고 본다.

18 서긍(徐兢),『선화봉사고려도경(宣和奉使高麗圖經)』. 여기서 선화는 송 휘종의 연호이다.

균형잡힌 시각을 지닌 일연의 삼국유사

史)에서 빠진 '남은 일'을 보완하고 기록한 설화집이자 문학서라고도 할 수 있다. 지난 100년간 관련 논문만 3,000여건이고, 현재 활발히 팔리고 있는 관련 책이 367여종이라는 것은 『삼국유사』가 만들어 낸 기록이다. 『삼국유사』를 소재로 '스토리텔링 삼국유사' 시리즈를 집필중인 고운기(국문학) 교수는 『삼국유사 글쓰기 감각』(현암사, 2010)에서 "일연의 글쓰기는 현장감각 · 정치적 감각 · 균형감각의 3대 감각을 갖추고 있다"고 말한다. 『삼국유사』는 임진왜란으로 인해 도쿠가와 이에야스 집안에 흘러 들어간 뒤 일본 황실이 빌려갈 정도로 극진히 대접받았던 책이기도 하다.

어느 누구보다 『삼국유사』의 일연선사가 상당히 높은 역사적 평가를 받고 있는데, 이는 승려이면서도 균형 잡힌 시각으로 불교의 타락을 비판했고, 기이한 설화의 가치를 부각했던 점 등 때문일 것이다. 특히 〈단군신화〉를 통해 민족 자주의식을 고취하고자 했던 점은 그의 업적에서 빼놓을 수 없을 것이다. 나라에서 준 국사(國師) 자리를 초연히 버리고 〈단군신화〉를 알려 민족정기를 되살린 그였다.

『삼국유사』와 거의 같은 시기에 나온 『제왕운기(帝王韻紀)』도 역사서술의 본질에 충실하게 귀족사회에 대한 비판의식과 몽골족에 대한 저항정신을 잘 표출하였다.

## 5. 사실대로 적자, 고려사 · 고려사절요

고려시대의 역사를 기술한 것으로는 무 엇보다 1451년 정인지 등이 지었다는 『고 려사』가 있다. 현재 일반적으로 『고려사』 가 정인지 중심의 편찬으로 알려져 있으 나, 『문종실록』의 기사나 김걸(金杰)의 「해 동문헌총록(海東文獻總錄)」에 의하면 김종 서(金宗瑞, 1390~1453)가 『고려사』의 편찬을 총지휘한 것이 틀림없다고도 한다. 김종 서의 이름이 삭제된 것은 세조에 의해 대

김종서 등이 지은 고려사절요

역모반죄목이 쓰였기 때문인 것으로 추정되고 있다. 기전체(紀傳體)로 쓰 인 『고려사』와 거의 같은 시기인 1452년에 편년체(編年體)의 『고려사절 요』가 만들어졌는데, 이는 조선왕조 건국의 주역을 누구로 보느냐에 따 라 사관이 달라졌기 때문이다.

왕권을 강조하는 입장의 기전체로 쓰인 『고려사』에서는 태조의 치적 을 집중적으로 다룬 데 반해, 보기 편하게 만들고자 편년체로 쓴 『고려 사절요』에서는 신하의 역할이 비중 있게 다루어졌다. 이 두 사서에서 유교적 명분을 중시하는 조선왕조 편찬자들의 입장으로 인해 고려왕조 에 대한 부정적인 시각을 엿볼 수 있으나, 『고려사』와 『고려사절요』는 고려왕조의 500년 역사를 살핌에 있어 외래의 침략을 반대하고 자기의 국토를 수호하고자 했던 고려인들의 업적과 10세기 이후의 동아시아의 국제관계 전반을 이해하는 데 매우 긴요하고도 소중한 문헌이다.

이 밖에 성종 16년(1485)에 『동국통감(東國通鑑)』이 편찬되었는데, 이 는 단군조선으로부터 고려 말까지 역사를 편년체로 서술한 우리나라 최 초의 통사라 할 수 있다.

# 6. 세계기록유산, 조선왕조실록 · 승정원일기

조선왕조실록이 임진왜란 병화에
유일하게 보존되었던 전주사고(全州史庫)

조선시대 역사서에는 무엇보다 『조선왕조실록』이 있는데, 이는 조선 태조로부터 철종에 이르기까지 25대 472년(1392~1864) 동안의 정치적, 문화적 사실을 연월일 순서에 따라 기록한 것으로 1,893권에 달하는 어마어마한 분량의 책이다. 실록의 양이 너무 방대하기 때문에 세조 4년(1458)에는 간편하게 선왕의 치적을 참조하기 위한 『국조보감(國朝寶鑑)』이 만들어지기도 했으며, 이 작업은 그 후에도 계속되었다. 실록의 편찬은 장장 519년간의 왕조사를 편년체의 일기로 꼼꼼하게 편찬한 우리 민족 특유의 역사인식을 보여주는 결정체가 아닐 수 없다. 신록을 보관할 사고(史庫)를 짓되 나누어 안전하게 보관하고자 했던 데서 기록의 가치를 어느 정도 인식했는지 가늠해 볼 수도 있다.

유교문화권 국가인 중국, 일본, 베트남 등에서도 실록을 편찬했다. 하지만 우리의 실록은 중국이나 일본을 비롯한 다른 나라의 것과 비교할 수 없을 만큼 분량이 방대할 뿐만 아니라 여러 분야에 걸쳐 폭넓게 서술했으므로 타임캡슐 역할을 톡톡히 한다. 그리고 무엇보다도 서술에 있어 객관적 태도를 잃지 않으려 노력했던 점으로 보아 실로 사료적 가치가 크다. 광해군을 몰아내고 인조반정에 성공한 무리가 『선조실록』을 수정한 것을 효시로 실록의 수정이 없었던 것은 아니다. 그렇더라도 원본을 폐기하지는 않았다. 따라서 국보 151호인 이 『조선왕조실록』은 1997년에 『훈민정음』과 함께 세계기록유산에 등재되었다.

실록의 5배 분량이 되는
세계기록유산인 승정원일기

한편 실록편찬의 기본사료인 『승정원일기(承政院日記)』가 있는데, 이는 조선시대 역사기록 중 가장 방대한 자료이다. 인조 원년 (1623)부터 1910년까지 288년간 국왕의 비서실이라 할 수 있는 승정원에서 날짜별로 기록한 자료로서 모두 3,243권으로 전한다. 조선시대 전 기간을 아우르는 실록(4768만 자)의 5배에 해당하는 엄청난 분량이다. 왕이 관리들에게 보낸 지시나 관리들이 왕에게 올린 보고서 등이 모두 승정원을 통해 이루어졌기 때문에 이 책은 조선의 역사를 아는 데 실록보다도 오히려 흥미롭다고도 할 수 있다.

다시 말해 『승정원일기』의 기록은 상세함에 있어서 실록을 훨씬 능가한다. 예컨대 실록은 영조 12년 3월 12일 기사에서 "경상도 생원 이인지 등 4,000인이 상소하였다."고 기록해 소두(疏頭, 상소의 대표)만을 기록하고 있지만 『승정원일기』는 4,000명의 이름과 상소문 전문을 모두 기록하고 있다. 날씨만 하더라도 오전·오후의 변화와 강수량까지 빠짐없이 기록하여 300년 가까운 기간의 기상 추이를 알 수 있는 귀중한 자료이다.

『승정원일기』는 한마디로 말해 『조선왕조실록』의 저본(底本)이라고 할 수 있다. 『승정원일기』는 1차 속기록, 『조선왕조실록』은 2차 편집본인 셈이다. 다시 말해 『조선왕조실록』이 왕의 사후에 사관에 의해 편집된 2차 사료라면, 『승정원일기』는 왕의 당대에 주서(注書, 정7품)가 현안 문서들을 원문 거의 그대로 수록한 1차 사료이다. 국보 303호로 지정된 이 『승정원일기』는 『직지심체요절』과 함께 2001년 세계기록유산에 선정되었다.

이규보가 지은 〈동명왕편(東明王篇)〉, 정인지 등이 쓴 『고려사』, 유득공의 『발해고(渤海考)』를 중심으로 우리 민족이 지녔던 역사 서술에 대한 독특한 관점과 역사에 대한 일반적인 시각이 무엇이었는지를 확인해 보도록 한다. 그들에게서 국가와 민족의 미래를 위한 길이 진정 어떤 것인가를 고민하는 태도가 엿보인다.


## 7. 이규보의 역사관은 무엇인가

최고의 문장가로 불린 백운 이규보

고려 무신란 이후 크게 활동했던 학자이자 문인으로 어느 누구보다 이규보(李奎報, 1168~1241)를 들 수 있다. 이규보는 어려서부터 총명하여 동리 사람들이 기동(奇童)이라 불렸다. 하지만 16세부터 과거에 응시했으나 계속 낙방하다가 22세에 간신히 합격했다. 벼슬도 주어지지 않고 부친도 사망하자 천마산(天磨山)에 들어가 호를 백운거사(白雲居士)라 짓고 은거하면서 자유분방하게 살았다. 그러나 최충헌이 집권하기에 이르러 적극적으로 구직활동에 나섰다. 이로부터 70세 은퇴할 때까지 30여 년간 국가의 요직을 두루 거치면서 최고위직까지 올랐다. 그는 문학적인 영광도 얻었다. 이에 어용문인이니 최씨문객이니 하는 비난이 뒤따랐다. 이규보가 살던 시대 농민반란이 계속되고 무신 권력자들이 정치·경제적인 지위를 독점했다. 이규보는 참여를 통해 자신의 뜻을 펴고자 했던 것이다. 고종 28년(1241)에 이규보는 병환으로 인하여 74세를 일기로 세상을 떠났다. 여주에서 태어나 강화(江華)에서 생을 마감한 이규보는 최씨정권의 강화

천도에 적극 찬성하는 등 유
독 강화와 인연이 깊다.

강화도에 있는 이규보의 무덤

　이규보가 위대하다면 그가
유학자이면서 불교의 가치를
인정했던 점, 역사에 있어 직
필을 중시하면서도 국가이익
을 고려했던 점, 특히 문학적
으로 커다란 성과를 낸 점들
때문이라 하겠다. 그는 문학·역사·철학 등 다양한 분야의 책들을 두
루 섭렵하여 그 큰 뜻을 깨치고 심도 있게 창작·비평하였다. 그는 서
사시 〈동명왕편〉을 지었고, 평론에 해당하는 〈백운소설(白雲小說)〉을 썼
으며, 그의 문집으로는 『동국이상국집』 53권이 전하고 있다. 조선의 평
론가 이수광(李睟光, 1563~1628)은 이규보를 가리켜 "유일한 대가 솜씨
다"라고 했고, 남용익(南龍翼, 1628~1692)은 "이규보의 문장은 우리나라의
으뜸이다"라고 한 바 있다. 그의 문학은 자유분방하고 웅장하다는 평을
받았다.

　신진사류이자 대문장가였던 이규보는 성격이 활달하고 적극적이며
글을 짓되 옛사람을 답습하지 않고 개성 있게 발랄한 기풍을 그려냈다.
기존의 통념에 따르지 않고 자유로운 정신세계에서 나오는 그의 역사의
식은 그만큼 참신하고 미래지향적이었다고 할 수 있다. 참혹한 무신란
을 겪고 귀족문화의 기반이 무너지는 시기에, 이규보는 고정된 의식의
질곡을 깨고 민족적 전통에 대한 새로운 평가를 내리는 결단을 하게 되
었다. 무엇보다 타고난 문학적 재능에 의한 웅대한 서사문학으로써 민
족현실에 대한 그의 거시적 안목이 돋보일 수 있었다. 이규보가 명종 23
년(1193)에 〈동명왕편〉을 지었는데, 그의 〈동명왕편〉 저작 동기를 통해
우리 민족의 탁월한 역사관을 가늠할 수 있다.

첫째, 그는 역사에 대한 경외감을 갖고 사실을 가감함이 없이 그대로 기록하고자 했다. 여기서 새삼 역사란 단순한 과거의 기록이 아니라 현재의 자기 인식인 만큼, 가령 일본이나 중국과 같이 역사를 왜곡해서는 안 되는 것임을 깨닫게 된다. 좋든 싫든 있는 그대로를 기록하고 부끄러움이 있었다면 반성하고 새롭게 시작하면 그만이다. 오히려 새롭게 나갈 수 있게 하는 원동력이 바로 과거요 역사가 아니겠는가. 그러기에 고구려의 영토가 과거에는 우리 조상의 땅이었지만 현재는 중국 땅인 것도 현실로서 받아들일 수밖에 없다. 다만 우리는 1995년부터 중국정부가 동북공정 사업을 추진하면서 고구려사에 대한 연고권을 내세우는 행위는 분명 잘못된 것이요 용납할 수 없는 일임을 지적할 뿐이다.

둘째, 이규보는 외침으로 인한 국난을 예견했는지도 모른다. 어수선한 무인집정기를 지나면서 힘든 시기를 극복하기 위한 고민 속에 오랜 역사와 전통을 지닌 문화민족으로서의 자긍심을 고취시키고자 했다. 고종 18년(1231)부터 시작되는 몽골의 침입으로 큰 난리를 겪은 조정에서는 부처의 힘을 빌려 나라를 지키기 위해 대장경을 새겼는데, 이규보는 고종 24년(1237) 「대장경각판군신기고문(大藏經刻板君臣祈告文)」을 지었다. 부처님은 간곡하게 비는 것을 살피셔서 신통한 힘을 빌어주어 완악한 오랑캐로 하여금 멀리 도망가게 하여 다시는 우리 국토를 밟는 일이 없게 해 달라는 내용이다. 대사를 앞두고 임금과 신하가 함께 모여 고사를 지내는 자리에서 나라와 백성을 지켜달라고 부처님께 빌었던 이규보였다.

이규보의 현실을 비판하고 자국의 전통을 중시하는 참된 역사의식은 그 뒤에 나온 『삼국유사』나 『제왕운기』 등에도 크게 영향을 미쳤을 것이다. 그의 〈동명왕편〉은 오늘날 중국이 진행하고 있는 동북공정을 반박할 수 있는 근거로도 쓰일 수 있다.

# 동명왕편을 짓게 된 이유

세상에서 동명왕의 신이(神異)한 일이 이야기되고 있는데, 비록 배운 것이 없는 미천한 남녀들까지도 제법 그에 관한 일들을 얘기할 수 있을 정도이다.

내가 일찍이 이 이야기를 듣고는 웃으며, "훌륭하신 공자님은 괴력난신(怪力亂神)을 말씀하지 아니하셨는데,[19] 이 동명왕 설화는 실로 황당하고 괴이하므로 우리들의 논의할 바가 아닌 것이다."라고 말한 일이 있었다. 그후 『위서』와 『통전』을 읽어보니 그 사실이 기록되어

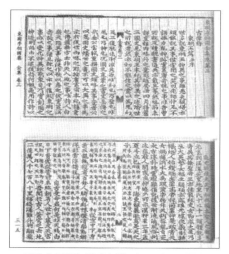

직필과 국익을 함께 논한 이규보의 동명왕편

있었다.[20] 그렇지만 간략하고 상세치 않았으니, 이는 자기 나라 안의 일은 소상하게 말하고, 외국의 것은 줄인 뜻이 아니겠는가.

다음 계축년 4월에 『구삼국사』[21]를 얻어서 「동명왕본기」를 보니, 그 신기한 사적(事迹)이 세상에서 이야기되고 있던 것보다 더 자세하였다. 그러나 역시 처음에는 귀환(鬼幻)스럽다고 생각하였기 때문에 그 사적을 믿지 못하였다. 그런데 여러 번 탐독하고 음미하면서 차차로 그 근원을 찾아가니, 이 사적은 환(幻)이 아니라 성(聖)이요, 귀(鬼)가 아니고 신(神)이었다.

---

19 『논어』 술이편(述而篇)에 나오는, "자불어괴력난신(子不語怪力亂神)"을 말한다. 괴(怪)는 요괴스러운 것, 역(力)은 날래고 굳센 힘, 난(亂)은 인륜에 어긋나는 것, 신(神)은 귀신을 이르는 것으로서 이들은 모두 인간의 심성을 어지럽힌다고 생각했기 때문에 공자는 이들에 대한 언급을 피해야 한다고 했다.

20 『위서(魏書)』는 북제(北齊)의 위수(魏收)가 편찬한 역사서이며, 『통전(通典)』은 당나라 두우(杜佑)가 편찬한 역사서이다. 『위서』의 고구려편과 『통전』의 부여편에 각각 동명왕에 대한 기록이 있다.

21 김부식의 『삼국사기』 이전에 쓰였던 삼국사기이다.

하물며 국사는 직필하는 책인데, 어찌 그 사실을 망령되이 전하겠는가. 김부식은 국사를 다시 편찬할 때 동명왕의 사적을 매우 간략하게 다루었다. 그는 국사란 세상을 바로잡을 책이니 크게 신이한 일로써 후세에 보여줌은 옳지 않다고 생각하여 그 사적을 간략하게 했을 것이 아니겠는가.

당나라의 「현종본기」와 「양귀비전」을 살펴보면, 한 곳에도 신선의 술법을 닦는다는 방사(方士)가 하늘에 오르고 땅에 들어간 사적이 없었는데, 오직 시인 백낙천이 그들의 사적이 사라지게 될까 걱정하여 노래로 지어 그 일들을 기록했다.[22] 그것은 참으로 황음(荒淫)하고 괴기스런 일인데도 오히려 노래로 읊어서 후세에 보였는데, 하물며 동명왕의 사적은 변화신이하여 여러 사람들의 눈을 현혹시킬 일이 아니요, 진실로 나라를 처음으로 세우신 신의 자취인 것이다. 따라서 이 일을 기술하지 않으면 앞으로 후세에 무엇을 볼 수 있겠는가.

이런 까닭에 시를 지어 이를 기념하고 온 세상 사람들로 하여금 우리나라의 근본이 성인의 나라임을 깨닫도록 하려 할 따름인 것이다.

— 『동국이상국전집』 제3권

이규보가 역사서술의 기본이 직필이라고 강조한 점에 주목할 수 있다. 중세적인 가치관으로는 공자의 가르침을 좇아 동명왕의 이야기와 같은 것은 황당하기에 배척함이 마땅하다고 했을 것이다. 그러나 윗글에서 드러난 바와 같이 이규보는 상류층이 내세우는 중세적 가치관과 김부식의 역사서술에 대한 회의를 보였다. 문화창조의 방향에서 역사의 진실성을 문제 삼는 개방적인 의식으로의 전환이 이루어진 것이다. 이규보의 비판적인 역사의식은 특히 김부식의 역사관과 비교됨으로써 설득력을 얻고 있다. 현존하는 가장 오래된 역사서라는 김부식의 『삼국사기』가 국가창건의 신성한 사실의 대부분을 생략했기 때문에 이규보는 후세를 걱정한 나머지 역사를 다시 쓰지 않으면 안 되었다고 했다.

김부식의 『삼국사기』는 국가기관이 주도하는 방침에 따라 편찬되었

---

22 백낙천이 지은 〈장한가(長恨歌)〉를 말한다.

으므로, 서술형식도 다소 고정되어 있었으며 역사적 사실이 편찬자의 윤색으로 인하여 변이를 가져왔다고 볼 수 있다. 유교이념으로 정치질서를 재정립하고 온건한 외교관계를 유지하려 했던 결과 지배층 중심의 기록이라든가 사대주의에 입각한 편찬이라는 평가를 면하기 어렵다. 동명왕탄생 신화를 누락한 것은 반민족적인 행위로 비판받을 여지가 있다. 그러나 김부식이 신비한 동명왕탄생 신화를 누락한 것도 객관적인 서술태도와 합리주의적 역사관을 반증하는 것이요, 이도 직필을 중시하는 사관이라 할 수 있으므로 시사하는 바가 자못 크다.

〈동명왕편〉은 이규보가 고구려를 창건한 영웅적 인물인 동명왕의 신성한 업적을 소재로 지은 서사시이다. 이 〈동명왕편〉의 창작동기는 고려가 멀리 북방의 웅장했던 고구려를 계승했다는 사실을 강조하는 고려인들의 정신적 자부심에 있었다. 그리고 이러한 역사적 소재를 통하여 우리나라는 오랑캐의 나라와 전혀 다르게 천신·산신·수신·신선 등 비상한 인물에 의하여 창업되었고, 중국에 비해서도 손색이 없는 훌륭한 인물들에 의해 나라가 세워질 수 있었다는 점을 부각시키고자 했던 것이다. 우리나라가 원래 성인의 나라임을 온 천하로 하여금 알게 하겠다고 했듯이 중국 중심주의에서 벗어나 국가의 정통성을 과시하고 민족적 자긍심을 고취시키고자 했던 의도야말로 주체적인 역사의식의 발로라 할 것이다.

⌖

## 8. 고려사를 왜 썼는가

우리나라 고려조까지의 역사서 가운데 정사는 『삼국사기』와 『고려사』밖에 없다고 할 만큼 『고려사』는 34대 475년간의 고려 역사를 이해하는 데 필수적인 자료이다. 『고려사』를 정사로 완전히 편찬하는 데는 반세기가 넘는 세월이 필요했다. 역성혁명을 합리화해야 할 필요성을 느낀 조선의 태조가 사관들에게 고려 역사를 편찬토록 명령한 이래 조선 초 역대 임금들이 이에 관한 교지(敎旨)[23]를 내린 것도 한두 번이 아니었고, 이를 담당했던 사관의 교체도 수 차례였으며 잘못이 드러나면 처벌하기도 했다.

세종은 내용이 왜곡되었거나 빈약한 것 등을 지적하여 여러 번 개정·보수하도록 했다. 그 뒤 다시 세종의 명을 받아 우찬성 김종서, 이조판서 정인지 등 30여 명의 수사관(修史官)들에 의해 개편·수정작업이 착수되었고, 마침내 문종 원년(1451)에 이르러 대업이 완성되었다. 이것이 곧 세가(世家) 46권, 지(志) 39권, 연표(年表) 2권, 열전(列傳) 50권, 목록 2권, 도합 139권으로 된 『고려사』이다.

이렇듯 태조 때부터 고려시대의 역사편찬에 대한 관심이 있었고 세종 때 이르러 『고려사』 편찬을 시작하여 문종 때서야 완성되었는데, 이와 같이 사서(史書)의 편찬이 늦어진 것은 무엇보다 사실(史實)을 제대로 기록해야 한다는 역사적 소명감과 함께 조선왕조 건국에 대한 사관(史觀)을 정립하는 과정에서 건국에 참여한 주역들이 정치적인 정통성을 평가하는 문제 때문이었다. 『고려사』 편찬에서 일관된 원칙의 하나는 서문에서도 밝히고 있듯이 대의명분이었다. 우왕과 창왕을 '세가'가 아닌 '열전'에 집어넣고 이성계가 추대한 공양왕을 정통으로 인정한 것이다. 이성계가 공양왕에게서 선양받은 점을 부각시켜, '하늘의 명을 받고 왕위에 올랐다'고 서문에서도 강조하는 바와 같이 이성계 집권의 정당성과 조선왕조 성립의 합리화를 꾀한 것이었다.

『고려사』는 사료의 취급에 있어 조선왕조 지배층의 역사의식이 반영됨으로써 객관성을 온전히 확보하지 못했다는 점에서 아쉬움으로 남는

23 조선시대에 임금이 4품 이상의 문무관에게 내리던 사령이다.

다. 『고려사』 편찬자들은 고려의 북방의 지를 소홀히 다루고, 불교적인 내용을 배제하고, 고려 말의 여러 상황을 왜곡한 점이 있다. 그러나 역사적 사실을 왜곡하거나 엄폐하기란 그리 쉬운 일이 아니다. 역사적 사실 하나하나를 거짓 없이 적고자 노력했던 의식과 함께 미미하나마 외세를 배격하고자 했던 고려인들의 자주적 정신을 이해하는 것은 소중한 일이다. 특히 고려왕조가 중국의 내정간섭을 단호하게 거부하지는 못했지만 나

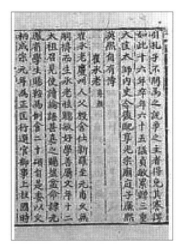

선악의 사실을 전하고자 했던 고려사

름대로 주체성을 지키고자 했던 입장은 충분히 이해할 수 있다.

　『고려사』는 역사서술의 이론이나 방법보다 고려시대의 원천적 사료에 의거해 썼다는 점에서 가치가 크다. 『고려사』를 지은 사람들은 편찬 배경을 설명하면서, 역사가 존재하는 이유가 우리로 하여금 가치 있는 좋은 것을 배움은 물론 버릴 것이 무엇인지를 배우도록 하는 데 있음을 표명했다. 『고려사』는 과거는 미래의 거울이요, 역사는 창조의 원천임을 일깨워준 귀한 유산임에 틀림없다.

### 고려사 집필의 의의

　고려 왕씨는 태봉국에서 일어나서 신라를 항복받고 후백제를 멸망시켜 삼한을 통일한 후로 요를 반대하고 당을 섬김으로써 중국을 고이고 우리나라를 보전하였습니다. 그리하여 이전에 번거롭고 가혹했던 정치를 개혁하고 원대한 규모를 수립하였습니다. 광종 때 과거제도를 시작함으로서 유교학풍이 점차 일어났으며, 성종 때에 조(祧)와 사(社)를 세움으로써 정치기구가 완전히 정비되었습니다.

목종 때에 나라를 잘 다스리지 못하여 국운이 위태롭게 되었다가 현종 때에 중흥의 공적을 이루어 국가가 다시 바로잡혔습니다. 문종은 태평을 누리도록 정치를 잘하여 문물제도가 더욱 빛나게 되었습니다. 그러나 후대 왕들이 혼미하여 권력있는 신하가 전횡을 하고 병권을 잡아 왕위를 엿보게까지 되었습니다. 이러한 일은 인종 때부터 시작되었는데 결국 의종 때는 왕을 죽이는 데까지 이르렀습니다.

방탕한 생활을 했던 충렬왕

이때부터 흉악한 간신들이 번갈아 일어나 왕의 폐립을 바둑판 바꿔놓듯이 마음대로 하였으며 강한 외적들이 번번이 침입하여 백성을 죽이기를 초개와 같이 하였습니다. 그 후 원종이 큰 난을 평정하여 겨우 왕조의 운명을 위기로부터 보존하였으나 충렬왕은 자기의 총애하는 신하들을 가까이 하고 연회와 놀이를 일삼다가 결국 부자간에 불화를 일으키게까지 되었습니다. 또 충숙왕 이후 공민왕 때에 이르기까지 변고가 여러 번 일어나서 나라가 점점 더 쇠약해졌으며 국가의 근본은 다시 우왕 · 창왕 때에 더욱 찌부러졌습니다.

운명은 진정한 임금에게 돌아왔으니 우리 태조 강헌대왕의 용맹과 지혜는 하늘이 주었으며 그의 공적과 사업은 나날이 새로워 신성한 무력으로 전란을 평정하여 백성들을 편안하게 하였으며 하늘의 명령을 받고 왕위에 올라 국가를 창건하였습니다. 태조대왕께서는 고려왕조는 이미 폐허로 되었으나 그 역사를 인멸시킬 수 없다고 생각하여 사관들에게 고려역사를 편찬케 하였는데, 그 체제는 통감의 편년체를 모방토록 하였습니다. 그 후 태종대왕이 이를 계승하여 대신들에게 수정사업을 맡겼으나 필자들이 여러 차례 바뀌고 책은 결국 완성되지 못했습니다.

세종 장헌대왕이 조상의 뜻을 계승하여 문화 사업을 발전시켰고 역사를 편찬하는 데 반드시 모든 서술이 구비되어야 한다고 생각하시어 다시 역사 편집국을 설치하여 이를 편찬하게 하였습니다. 그전에 된 서술들은 연대와 순서가 정확하지 못하며 또 누락된 것이 많을 뿐만 아니라 더욱이 편년체로 되어 있기 때문에 기(紀), 전(傳), 표(表), 지(志)의 서술법과 달라 사실의 서술에 있어 그 본말과 시종을 알 수 없게 되어 있었습니다. 이리하여 왕은 다시 어리석은 저에게 편찬의 임무를 맡기었습니다.

이 역사를 편찬함에 있어서 범례는 다 사마천의 『사기』[24]에 준하고 기본 방향들은 모두 직접 왕에게 물어서 결정하였습니다. '본기'라는 이름을 피하여 '세가'라고 한 것은 대의명분의 중요함을 표시하기 위한 것이요, 신우·신창을 세가에 넣지 않고 열전으로 내려 놓은 것은 그의 참람한 왕위 절도의 사실을 엄격히 논죄하

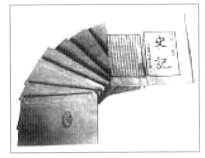

중국 최초의 정사(正史)인 사마천의 사기

려는 것입니다. 충신과 간신, 부정한 자와 공정한 사람들은 전부 열전을 달리하여 서술하였으며, 제도 문물은 각각 그 종류에 따라 분류하여 놓았습니다. 왕들의 계통은 문란하지 않게 하였으며 사건들의 연대를 참고할 수 있게 하였습니다. 사적들은 될 수 있는 대로 상세하고 명확하게 하였으며 누락된 것과 잘못된 것은 기필코 보충하고 시정하도록 하였습니다.

그러나 유감스럽게도 책을 완성하여 활자로 출판하기 전에 왕은 갑자기 돌아갔습니다. 신하 정인지 등은 …… 남아 있는 전대의 사적들을 참고하고 모쪼록 필법의 공정을 기하였습니다. 이것으로써 역사의 밝은 거울을 후대 사람들에게 보이며 선악의 사실들을 영원히 전하도록 하였습니다.

―『고려사』

역사가 인간을 슬기롭게 한다는 말이 있다. 『고려사』를 쓴 사람들은 역사 서술 작업이 비단 과거를 되돌아보는 역할을 넘어 미래를 준비하

---

24 사마천은 중국 최초의 정사(正史)인 『사기(史記)』를 집필하면서 본기(제왕의 연대기)와 열전(일반인의 전기)을 주축으로 삼는 기전체를 확립했다. 다만 왕도 일반인도 아닌 제후(諸侯)들의 역사를 기록한 부분은 세가(世家)인데, 그 방대한 『사기』 중에서도 대단히 중요한 위치를 차지하고 있다. 관포지교의 우정이 낳은 춘추 최초의 패자 제환공, 와신상담의 굴욕을 견딘 끝에 성공한 월왕구천 등 춘추전국시대의 실세인 제후들의 삶이 펼쳐진다. 사마천은 몇 가지 파격적인 서술로 자신만의 역사관을 드러낸다. 대성(大聖)으로 일컬어진 공자와 중국사 첫 농민반란의 지도자로도 불리는 진섭(진승)을 '열전'이 아닌 '세가'에 넣었다. 그러나 공자의 탄생을 '야합'이라 표현하고 숱한 역경을 가감 없이 기록해 '안티 아니냐'는 비난을 받기도 한다.

고 지향하는 되새김이라는 뚜렷한 역사관을 지니고 있었다. 윗글 앞에서 이미 그들은 "새 도끼 자루를 다듬을 때는 헌 도끼 자루를 표준으로 삼으며, 뒷 수레는 앞 수레의 넘어지는 것을 보고 자기의 교훈으로 삼는다."는 점을 부각시켰으며, 결국 지난 시기의 흥망, 곧 과거의 좋고 나쁜 사실 그대로가 장래의 교훈이 되기 때문에 『고려사』를 편찬하게 되었다고도 했다. 편찬자들은 끝에서 다시 '필법의 공정성'과 "선악의 사실들을 영원히 전하도록 했다"는 점을 강조했다.

고려의 긴 역사 속에는 바람직하지 못한 숱한 일들이 있었음을 우리는 잘 알고 있다. 우리 민족은 그런 일들을 숨김없이 역사책에 기록하였던 것이다. 위에서 언급되었다시피 고려왕조가 존속했던 기간 임금에서부터 신하에 이르기까지 부끄러운 일도 많았다. 편찬자들은 목종이 무능하여 국가가 위기에 처했던 점이나 충렬왕이 간신들과 가까이 하며 잔치와 놀이를 일삼았던 사실을 그대로 기록했던 것이다. 한편 이자겸 (李資謙, ? ~1126)이 예종에게 자기의 둘째 딸을 주고 나서 또 인종에게 강요하여 자신의 셋째와 넷째 딸을 비로 삼게 하고, 나중에는 국사를 한 손에 쥐고 권세를 부렸던[25] 사실 등 인종 때부터 시작된 흉악한 신하들의 일을 빠짐없이 적어나갔던 것이다.

---

25 급기야 왕을 독살하려던 이자겸은 유배를 가게 되었고, 영광의 굴비가 그와 관련이 있다는 것은 유명한 이야기이다. 이자겸이 유배간 곳은 영광땅이었다. 그는 그곳에서 처음 굴비를 먹어보고 맛에 반해 바로 왕에게 이 굴비를 장문의 글과 함께 진상했다고 한다. 재기의 기회로 삼으면서도 자존심은 필요했던지 억울하게 귀양을 왔지만 복원될 그날까지 결코 비굴하게 살지 않겠다는 결연한 의지를 보여주기 위해 비굴이라는 글자의 순서를 바꿔 '굽히지 않는다'는 뜻의 '굴비(屈非)'라 이름 지어 보냈다는 것이다. 물론 이자겸은 풀려나지 못하고 그곳에서 죽음을 맞았으나, 그 후 영광 굴비는 궁중 진상품이 되었다.

영광 굴비

특히 의종 때 일어난 무신란 이후의 최씨정권의 그 극악무도함을 강하게 성토하고 있다. 의종은 거제도로 쫓겨났다가 경주로 옮겨진 다음, 결국 이의민에 의해 처참하게 살해되고 말았다. 명종 26년(1196)에 이의민을 살해하고 정권을 잡은 최충헌(崔忠獻) 집안은 이후 60여 년간 4대에 걸쳐 무신집정자를 배출했다. 무신정권은 패륜(悖倫) 행위도 서슴지 않았다. 최충헌·최이(崔怡)·최항(崔沆)·최의(崔竩)로 이어진 최씨 무신정권의 계승관계는 한 마디로 패륜의 시대였다고 할 수도 있다. 우선 최충헌은 집권과정에서 1197년 친동생 최충수(崔忠粹)를 죽이고 권력을 잡았다. 최충헌의 아들 최이는 친동생 최향(崔珦)을 죽이고 집권했으며, 최이가 세상을 떠나자 권좌에 오른 최항이 처음으로 한 일은 문을 닫고 들어앉아 아버지의 첩들을 간음하는 일이었다. 최의는 아버지가 죽자마자 그날로 일찍부터 사통하고 있던 아버지의 애첩 심경(心鏡)을 집에 데려다가 자신의 첩으로 삼았다. 이와 같이『고려사』는 직필의 역사관에 의해 쓰여졌다.

다만, 위에서 밝히고 있듯이『고려사』는 편찬의 기본 방향에 있어 대의명분을 중시했다. 마침내 편찬자들은 '본기'라는 이름을 피하여 '세가'라 하였고, 우왕(禑王)과 창왕(昌王)을 '세가'에 넣지 않고 '열전'에 내려놓기까지 했다. 특히 우왕은 신돈(辛旽)[26]의

MBC TV 드라마 신돈(2005)

첩인 반야(般若)의 소생으로 공민왕이 신돈의 집에 갔다가 얻은 아들이라고 했다. 그리고 우왕은 음주가무로 소일하며 음탕한 생활을 즐기다 이성계에 의해 축출되었는데, 신돈의 아들로서 왕씨 혈통이 아니라는

---

26 신돈은 계집종의 아들로 태어나 중이 되었다. 법명은 변조(遍照)이다.

이유로 폐위시켰던 것이다.

사실 고려 말 공민왕은 혼란스러운 사회와 무질서한 생활을 수습하고 현실을 타개하기 위해 신돈을 선택했다. 정치적 대권을 장악하고 불교 교단의 최고 책임을 맡은 신돈은 토지제도의 개혁, 외교 방식의 전환, 불교의 혁신 등 개혁의 의지를 불살랐다. 그러나 강경파였던 그는 보수 세력에 밀려 죽음을 당한 끝에 개혁을 중단해야 했고, 그에게는 온갖 누명이 씌워졌다. 이성계일파는 공민왕의 뒤를 이은 우왕이 신돈의 아들이라고까지 모략하면서 그를 비난했다. 우왕의 아들인 창왕 역시 이성계, 정도전 등에 의해 왕씨 혈통이 아니라는 이유로 폐위되어 강화로 쫓겨났다가 살해되었다.

한편 『고려사』를 편찬한 때가 바로 고려왕조를 전복시킨 조선 초기임을 감안하면 정인지·김종서 등이 위에서 '태조대왕이 하늘의 명을 받고 왕위에 올라 국가를 창건했다'고 표현한 것과 함께 이 편찬사업을 담당하였던 누구나 대의명분의 기치 아래 가능하면 조선건국을 정당화시키며, 유교적 명분에 부합하도록 이 책을 편찬하였을 것임은 쉽게 수긍할 수 있다. 그렇기 때문에 더욱 역사 서술의 어려움을 느낄 수 있고 이 역사서의 편찬 과정에 난항이 거듭되었음을 이해하게 된다.

━━━━━━━

## 9. 조선후기 사관은 어떻게 달라졌나

조선후기에 이르러 서구사상이 유입되면서 유학자들의 의식이 개방화되고 역사관도 크게 변화되었다. 그 가운데 민족사관의 대두를 간과할 수 없다. 종래의 중국 중심의 폐쇄적인 역사관을 벗어나 민족의 자주적인 사관이 확립되어 갔다.

성호(星湖) 이익(李瀷, 1681~1763)은 한족(漢族)왕조 중심의 정통론을 부정하면서 주체적인 역사의식에 따라 삼한정통론(三韓正統論)을 주장했다. 이 주장에는 미수(眉叟) 허목(許穆, 1595~1682)의 사론(史論)이 영향을 미친 것으로 본다. 성호는 단군이 처음 우리나라를 일으켰고 그 후 기자조선이 계승하여 남쪽으로 옮겨 마한이라는 나라를 연장해 왔기 때문에 우리 역사의 정통은 단군조선→기자조선→마한으로 이어신다고 주장했다. 성호는 한사군의 설치로 역사가 중단된 듯이 여겨졌던 공백기간에, 마한으로 나라가 이어진 계통을 발견한 것이다. 성호에서 비롯한 이 정통론은 안정복·정약용으로 계승·심화되었다.

한영우(국사학) 교수는 성호의 새로운 견해들은 결론의 타당성을 떠나 18세기 초·중엽의 사학 수준으로 볼 때 가장 세련된 문헌고증학적 방법론과 한·중 양국의 문화교류를 보다 폭넓게 이해한 토대 위에서 도출된 점에서 그 선진성이 인정된다고 평가한 바 있다.[27] 우리나라 역사 전반에 대한 이런 검토는 성호의 제자인 안정복으로 이어졌다. 안정복은 『동사강목』에서 삼한정통론을 내세우고 신라 중심에서 탈피하여 고구려, 백제에도 비중을 두었고, 발해에 대해서도 관심을 기울였다. 그리고 고려의 북방진출의 자주적 분위기를 어느 정도 수용하였다.

이 밖에 실학자 중심의 많은 지식인들이 중화주의적 사관을 극복하려는 노력을 보였다. 특히 영재(泠齋) 유득공[28]의 『발해고(渤海考)』로 대표되는 발해(渤海, 698~926)에 대한 연구는 새롭고 합리적인 자의식의 발로

---

27 한영우, 「18세기 전반 남인 이익의 사론과 한국사 이해」, 『조선후기사학사연구』, 1989.
28 유득공(柳得恭, 1748~1807)의 호는 영재이며, 일찍이 규장각 검서가 되고 포천·제천·양근 군수를 역임했다. 외직에 있으면서도 검서의 직함을 가졌으므로 세상에서 이덕무·박제가·서이수와 함께 4검서라 불렸다. 나중에 첨지중추부사를 거쳐 풍천(豊川)도호부사를 지냈다. 박지원의 문하에서 이덕무·박제가·이서구와 함께 교유했으며, 이들과 더불어 조선후기 한학의 4대가로 불리기도 한다. 저서로는 『영재집』이 전하고 있다.

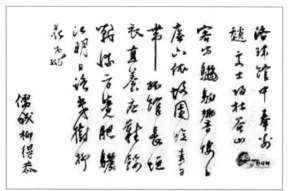
역사의식이 투철했던 유득공의 친필

라 여겨진다. 그의 『발해고』가 없었다면 발해사가 우리 역사에서 자리 잡지 못했을 수도 있다. 발해의 역사를 처음 쓴 학자가 바로 조선후기 실학자 유득공이다.

유득공의 『발해고』이후 발해사를 한국사에 편입시키려는 조선후기 지식인들의 노력은 가속화되었다. 특히 정약용의 『강역고(疆域考)』, 한치윤(韓致奫)의 『해동역사(海東繹史)』, 홍석주(洪奭周)의 『동사세가(東史世家)』, 홍경모(洪敬謨)의 『대동장고(大東掌攷)』 등에서 잘 나타나고 있어서,[29] 19세기 자주적인 발해사 인식이 적극적으로 이루어졌음을 알 수 있다.

유득공은 남다른 역사의식을 토대로 『발해고』외에도 『사군지(四郡誌)』, 〈이십일도회고시(二十一都懷古詩)〉를 저술했다. 2010년에는 유득공의 연행시집 〈열하기행시주(熱河紀行詩註)〉가 최초로 번역되기도 했다. 한문고전 연구모임인 실시학사 고전문학연구회가 번역해 『열하를 여행하며 시를 짓다』(휴머니스트 발행)로 출간한 이 시집은 유득공이 1790년 중국 베이징과 열하를 다녀와 지은 시를 엮은 것이다. 조선후기 연행사절 중 열하의 기행기록을 남긴 인물은 연암 박지원과 유득공뿐이다. 유득공은 청나라 건륭제가 80세를 맞아 각국사절을 열하로 불러들여 베푼 연회에 참석하기 위해 연행을 했고, 여행 기간 중에는 베트남, 몽골 등

---

29 한영우, 『19세기 전반 홍경모의 역사서술』, 일조각, 1990, 517~518면 ; 신병주, 『조선 중후기 지성사 연구』, 새문사, 2007, 340면 재인용.

한국문화를 꿈꾸다

에서 온 외교사절을 만날 수 있었다.

## 10. 찬란한 발해의 역사가 어디갔는가

발해는 우리 역사상 가장 넓은 영토를 가진 나라였다. 9세기엔 동쪽으로 지금의 러시아 땅인 연해주까지, 북쪽으로 송화강 유역까지, 서쪽으로 요동반도까지, 남쪽으로 대동강과 원산만까지 세력이 미쳤다. 발해는 황제의 나라이기도 했다. 발해의 제3세대 문왕은 당나라의 문물제도를 받아들여 통치제도를 마련하고 유학과 불교를 일으켰다. 문왕의 넷째 딸 정효공주 무덤에서 발견된 묘지명에는 공주의 아버지를 '황상(皇上)'이라 했고, 발해는 황제만이 쓸 수 있는 연호를 계속 사용했다. 발해가 크게 국력을 떨치고 문화를 발전시켜가자 중국 당나라에서도 '바다 동쪽의 훌륭한 나라', 즉 '해동성국(海東盛國)'이라고 칭송해 마지않았다. 발해의 삼채도기도 유명한데, 삼채(三彩)란 납으로 만든 유약에 철·구리 등을 섞어 초록·노랑·갈색 등 세 가지 색깔이 함께 나오는 기법이다. 당삼채(唐三彩)가 널리 알려졌지만 발해삼채도 뛰어났으며, 발해의 이러한 삼채 기술은 뒤이은 거란족의 요나라에 계승되어 유명한 요삼채(遼三彩)로 발전하였다.

발해는 대조영(大祚榮)이 고구려 계승을 표방하며 세운 나라로 228년간 존속했다. 그리고 조선후기 새로이 발해에 대한 연구가 활발해졌다. 여기서 중국의 왜곡된 역사관만을 탓하는 것이 아니라 거시적인 틀 속에서 스스로 민족의 뿌리를 발견하고 정체성을 지켜 나가고자하는 인식을 엿보게 된다. 200여 년이 지난 오늘날, 몇 년 전부터 중국이 국책사업을 시작하면서 마침내 고대 중국 동북쪽에 위치한 고조선·고구려·발해 등의 나라를 한족의 한 갈래라고 주장하고 이들의 역사를 중국 지방정권의 역사로 끌어들이려는 의도를 드러낸 것은 참으로 안타까운 일이다.

한민족은 한반도라는 고대로부터의 독립된 민족사의 영역에서뿐만 아니라 주변 다민족 국가의 역사 속에서도 소수민족의 독특한 문화를 유지하고 있다. 불행히도 현재 반도가 동강나고 발해의 영역이 러시아와 중국에 포함되고 많은 역사적 유산이 이들의 무관심이나 의도적 왜곡으로 위기를 맞고 있지만 우리 민족의 활동영역에 대한 역사는 결코 말살되게 해서는 안 된다.

중국 저우언라이 총리

다행스러운 것은 발해를 "말갈족이 세운 당나라의 지방정권이다."라고 주장해온 중국의 동북공정 논리를 정면 반박할 수 있는 유물들이 출토되었다는 점이다. 중국 지린성(吉林省) 허룽시(和龍市) 룽터우산(龍頭山) 일대 발해시대 고분군에서 고구려 조우관(鳥羽冠, 새깃털을 꽂은 관)을 꼭 빼닮은 관(冠) 장식과 묻힌 사람을 '황후(皇后)'라고 밝힌 비문이 확인됐다고 2009년 중국정부 연구소가 발표했다. 황후라는 호칭을 쓴 유물을 발굴하고 확인한 중국정부에 의해 발해가 중국의 지방정권이 아님이 증명된 것이다. 더구나 중국을 누구보다 사랑했고, 중국이 자랑하는 인물 저우언라이(周恩來, 1898~1976)도 1963년 북한과학원 대표단을 만났을 때 "발해는 조선민족의 한 지파였다."[30]고 한 바 있다.

지난 수년 동안 국사학을 넘어서 다양한 분야의 전공자들이 곳곳에 대한 탐사를 벌여온 것도 한국문화의 근원을 찾고 지키기 위한 한 여정이라 볼 수 있다. 세계적 역사·문화전쟁의 흐름은 21세기 지식경쟁시

---

30 〈조선일보〉, 2007. 4. 14.

대에 놓쳐서는 안 될 주요한 기류이다. 우리가 이러한 시대적 과제에 관심을 기울이지 않는 한 발해사가 사라지고 이르쿠츠크(Irkutsk) 한인독립운동사가 사라짐은 물론 최근에 일고 있는 고구려사 같은 불행한 문제가 거듭 발생하지 않으리라는 보장이 없다.

## 발해사 연구의 절실함

부여씨가 망하고 고씨가 망한 다음, 김씨가 남방을 차지하고 대씨(大氏)가 북방을 차지하고는 발해라 했으니 이것을 남북국이라 한다. 남북국에는 마땅히 남북국의 역사책이 있어야 할 텐데 고려가 이것을 편찬하지 않은 것은 잘못이다. 저 대씨는 어떤 사람인가. 그는 바로 고구려 사람이다. 그들이 소유하고 있던 땅은 어느 땅인가. 그땅은 바로 고구려 땅으로서, 동쪽을 개척하고 다시 서쪽을 개척한 다음 또 다시 북쪽을 개척해서 나라를 넓혔을 뿐이다. 김씨와 대씨가 망한 다음 왕씨(王氏)가 모두

남북국시대의 거대한 발해영역

통합하여 차지하고는 고려라 했는데, 김씨가 차지했던 남쪽지방은 전부 통합되었지만 대씨가 차지했던 북쪽지방은 전부 들어오지 못하고 더러는 여진에 빼앗기기도 하고 더러는 거란에 빼앗기기도 하였다.

만약 이 시대에 고려를 위해서 계책을 세우는 자가 있어 마땅히 먼저 발해사를 편찬한 다음 이것을 가지고 여진에 대하여, 어찌하여 우리 발해의 땅을 돌려주지 않는가를 책망하고 발해 땅이 바로 고구려 땅임을 주장하면서 장군 한 사람을 시켜 수복했더라면 토문강 이북지방을 차지할 수 있었을 것이다. 다시 발해사를 가지고 거란에 대해서도, 어찌하여 우리 발해 땅을 돌려주지 않는가

를 따지고, 발해 땅은 바로 고구려의 땅임을 역설하면서 장군 한 사람을 보내어 수복했더라면 압록강 서쪽지방을 차지할 수 있었을 것이다.

그런데도 끝내 발해사를 편찬하지 아니하여 토문강 이북과 압록강 서쪽이 누구의 땅인지 알 수 없게 되어 여진을 책망하려 해도 문서가 없고 거란을 책망하려 해도 문서가 없다. 고려가 마침내 약소국이 된 것은 발해의 땅을 되찾지 못했기 때문이니, 이후 탄식할 수 있겠는가.

어떤 사람은 말하기를 "발해는 요에게 멸망을 당했는데 어떻게 그 역사책을 편찬하겠는가?" 하는데, 사실 이는 그렇지 않다. 발해는 중국을 본받기 때문에, 반드시 사관을 두었을 것이다. 홀한성(忽汗城)이 함락되었을 때 세자를 비롯하여 고려로 망명한 자가 10여 만 명이나 되었으니, 이 가운데 사관이 없으면 반드시 문서라도 있었을 것이며, 사관이 없고 사서가 없더라도 세자에게 물었으면 대대의 계통을 알 수 있었을 것이고, 은계종31에게 물었으면 발해의 예(禮)를 알 수 있었을 것이며, 10여 만 명에게 물었으면 모르는 것이 없었을 것이다.

장건장(張建章)은 당 나라 사람인데도 오히려 『발해국기(渤海國紀)』를 저술했건만, 고려 사람으로서 발해국의 역사책을 편찬할 수 없었단 말인가. 아아, 문헌이 없어진 지 몇 백 년이 되었으니 비록 편찬하고 싶지만 할 수가 없도다. 나는 내각(內閣) 소속의 관리로서 비장의 문헌을 꽤 많이 읽었으므로 발해에 대한 일을 차례로 편찬해서 임금과 신하, 지리, 관직, 의장(儀章), 물산, 국어, 국서, 속국 등 아홉 가지 항목으로 고찰을 하였다. 이것을 세가(世家)·전(傳)·지(志)라고 하지 않고 고(考)라고 말한 것은 아직 역사서를 제대로 이루지 못했기 때문이며, 또 감히 사관으로 자처할 수 없기 때문이다.

— 『발해고』

윗글은 유득공이 규장각 검서관으로 있을 때 발해 역사와 관련된 기록을 발췌하여 정조 8년(1784)에 지은 『발해고』의 서문이다. 그는 고려가 『삼국사기』는 썼으면서도 『발해사』를 쓰지 않은 것은 큰 실수라고 생각했다. 김부식은 자신이 신라의 후예이기 때문인지 신라 중심으로 역

---
31 은계종(隱繼宗)은 발해가 거란에 의해 멸망되자 고려로 귀순해온 발해의 장군이다.

사를 기록하여 고구려가 북방에서 활약하고 백제가 바다로 일본과 연결하여 활동한 것을 소홀이 했으며 발해의 역사를 부각시키지 않았다. 발해에 관한 기록은 『구당서』·『신당서』에 전하는데, 모두 발해를 말갈의 나라로 기록하고 있다. 우리의 고려와 조선시대에는 발해를 신라와 이웃한 나라로 여겼을 뿐, 한국사에 포함시키지 않았다.

신라가 당과 함께 고구려·백제를 멸망시키면서 대동강과 원산만 남쪽의 땅만 차지하고 위쪽은 포기하고 말았다. 이 때 발해가 송화강 유역에 나라를 세워서 고구려의 뒤를 잇고 있었다. 그 후 발해가 거란에게 멸망된 뒤 10여 만 명이 세자(世子) 대광현(大光顯)을 따라 고려로 왔으므로 그 나라에 대한 정보를 충분히 알 수 있었을 것이다. 그런데도 고려가 『발해사』를 쓰지 않았기 때문에 우리가 잃어버린 만주 땅을 영영 되찾지 못하고 우리 민족으로 하여금 약소국으로 남게 했다는 것이다. 그는 신라의 통일이 불완전한 것이고 북쪽에 발해가 있었으므로 발해와 신라를 통합하여 통일신라시대가 아닌 남북국시대로 불러야 한다고 주장했다.

어떻든 한국사의 무대가 반도와 만주에 걸치는 것이었다는 주장은 실학자들의 공통된 의견이었으며, 이와 같은 발해의 연구와 인식은 고구려 강토에 대한 재인식의 촉구였을 뿐만 아니라, 발해의 역사를 한국사의 하나의 줄기로 간주해야 한다는 역사적 자각의 표출이기도 하다. 발해의 멸망과 함께 만주 땅은 우리 역사에서 사라졌다. 물론 최근에 일고 있는 중국의 고구려사 편입의도와 고구려 유적의 세계문화유산 등재로 인한 우리와 중국 간의 외교적 마찰을 우려하여 만주 땅은 우리 것이라는 인식의 차원을 넘어 근본적인 역사의 이해가 필요하다고 주장하는 이들도 있다. 그러나 발해의 역사서만 있었더라도 우리가 만주와 요동 지역을 찾을 수 있었을지 어찌 아는가.

고구려만 하더라도 고구려인이 쓴 역사서가 하나도 남아 있지 않다.

이런 가운데 중국은 중원 왕조의 입장만을 대변하는 자국 측의 자료를 일방적으로 해석, 고구려를 중국 변방 정권의 하나로 규정짓고 있는 상황이다. 나름대로 중국은 기록에 근거해 고구려사를 자기네 역사로 증명하려 노력하고 있는 것이다.

중국고대간사
(베이징대학, 2002)

놀라운 것은 중국 현지에서 입수한 자료에 따르면 인민교육출판사 간행 중국 중등학교 역사교과서에 수와 당 왕조 연간에 한반도와 빈번한 교류가 있었다고 적으면서 각주 부분에서 "당시 한반도에는 고구려·백제·신라 등 3개국이 있었다."고 설명하고 있었던 점이다. 대학의 교재도 마찬가지인데, 베이징대학에서 출간되는 역사교과서인 『중국고대간사(中國古代簡史)』에서도 "수와 당대에 걸쳐 한반도에는 고구려·백제·신라 등 3개국이 존재했으며 이 가운데 고구려는 반도북부와 함께 요동을 점거하고 있었다."고 적었다. 이밖에도 중국 외교부의 공식홈페이지에는 "기원 후 1세기 무렵에 한반도에는 신라·고구려·백제 등 3개의 국가가 존재했다."고 설명하고 있다. 특히 외교부의 이러한 홈페이지의 글은 중국정부의 공식적인 입장이라는 점에서 그 의미가 작지 않다고 할 수 있다.

역사는 기억하지 않는 국민들에게는 실패와 불행이 반복되는 것임을 준엄하게 가르쳐 준다. 1945년 해방되기 전에 우리는 해방 후에 대한 준비가 너무 부실했다. 그래서 해방 후 국론의 분열과 갈등에 시달렸다. 그리고 결국은 1950년 6·25라는 민족상잔의 비극까지 치렀다. 그렇다면 지금 우리는 실패와 불행의 역사를 반복하지 않을 준비를 하고 있는가.

이스라엘 예루살렘의 '야드바셈'은 2차 세계대전에서 학살당한 유대인 600만 명을 추모하기 위한 기념관이다. 야드바셈은 '이름을 기억하

라'는 뜻이다. 기록되지
않으면 기억되지 않고 잃
어 버린다. 2차 세계대전
중 유태인의 학살현장이
었던 폴란드에 있는 아우
슈비츠(Auschwits) 수용소
벽면에는 지금도 "용서하
자, 하지만 잊지는 말자."
라고 씌어 있다. 2005년

벽면에 '용서하자, 하지만 잊지는 말자'라 쓰인
아우슈비츠 강제 수용소

아우슈비츠 수용소 해방 60주년을 기념해 프랑스 파리에 '이름의 벽'이
세워졌다. 프랑스에서 나치 수용소로 끌려간 유대인 7만 6000명의 이름
이 새겨진 대형 석조건물이다. 나라마다 이렇게 영웅과 희생자들 이름
을 기록하고 기억하는 것은 그들을 익명의 다수 속에 묻어 두지 않고 각
각 구체적인 개인으로 기억하겠다는 뜻이다.[32]

　일본보다 우리나라에서 더 많이 팔렸다고 하는『로마인 이야기』(15
권, 한길사, 1995)의 저자인 일본의 시오노 나나미(塩野七生)는 마지막 15
권을 끝내면서, '민족, 종교, 취향 등이 서로 다른 사람들이 함께 공생할
수 있었던 시대의 역사를 쓰고 싶다'는 말을 했다고 한다. 그런데 그 명
성있는 작가가 자국의 역사에 대해서는 다른 태도를 보여 우리를 당혹
스럽게 한다는 말을 들었다. 일본에서 보았던 마음씨 좋은 복덕방 아저
씨로부터 패션모델에 이르기까지 과거사 이야기만 나오면 '증거를 대
라'고 한다는 어느 한국인 기자의 말이 새삼 떠오른다. 그는 이런 역사
인식이 일본에선 특별한 게 아니라고 했다. 남의 나라를 강제 점령하고,

---

32 헝가리의 소설가 임레 케르테스(Imre Kertesz)는 10대에 겪었던 아우슈비츠 수용소 경험
　을 평생 소설의 화두로 삼았으며, 2002년 노벨문학상을 수상한 바도 있다.

독립만세를 불렀다고 약 8,000명을 죽이고, 징용으로 수없는 청년의 목숨을 빼앗고, 식민지 여성들을 위안부로 유린했던 나라의 사람들이 '증거를 대라'고 하는 데서는 더 이상 우리가 남으로부터 무시당할 만큼 어리석어서는 안 되겠다는 각오를 새롭게 다지게 된다. 한편 우리는 정말 증거를 댈 수 없는, 기록의 중요성도 모르고 잃어버리기 좋아하는 역사 인식이 부족한 민족은 아닌가 하는 반성도 해보게 된다.

# 제2장 인륜을 핵심가치로 삼은, 교육

교활한 자제에게는 글을 익히게 해서는 안 된다. 그런 자에게 지혜를 넓혀주면 반드시 도적이 된다. 날뛰는 자제에게는 무술을 배우게 해서는 안 된다. 포학무도함을 길러주면 반드시 사람을 죽인다.

— 이덕무, 『청장관전서(靑莊館全書)』,
「사소절(士小節)」 중에서

서당의 수업 광경

## 1. 오바마, 한국 학교를 배워라

해방 이후 한국은 무엇보다 국민들의 높은 교육열을 활용하여 수많은 내적 어려움을 극복하고 변화하는 국제환경에 적응하는 능력을 보여 주었다. 그리하여 2011년 현재 세계 14위의 경제대국이라는 놀라운 경제성장과 함께 아시아 국가로는 최초로 G20 정상회의 개최국이 되었다.

버락 오바마 대통령

이런 경험은 앞으로도 국제사회에서 지속적인 성공을 거두는 열쇠가 될 것이다.

미국의 버락 오바마(Obama) 대통령에 이어 안 덩컨(Arne Duncan) 교육부 장관이 미국 교육계의 개선을 촉구하기 위한 노력의 일환으로서 한국을 본받아야 할 사례로 거론하기에 이르렀다. 덩컨 장관은 2010년 가을 미국의 외교협회(CFR)가 주최하는 행사에서, 한국은 한 세대가 조금 넘는 단기간에 세계에서 가장 교육수준이 높은 노동력을 배출하고 가장 빠른 경제성장을 한 나라 중 하나가 됐다고 말했다.

이미 오바마 미국 대통령은 2009년 공교육 개혁의 필요성을 강조하며, 한국의 예를 들은 바 있다. 그는 당시 워싱턴 DC의 히스패닉계 상공회의소 연설에서 '미래는 시민들을 가장 잘 교육하는 국가의 것'이라며, 경제위기를 극복하는 과정에서 교육개혁을 중요한 정책 과제로 삼겠다고 밝혔다. 오바마 대통령은 미국이 다른 어느 국가들보다도 풍부한 자원을 갖고 있음에도 불구하고 학교 수준이 뒤처지고 교사들의 질이 다른 나라에 비해 떨어진다며, 미국의 공교육적 현실을 강도 있게 비판했다. 특히 그는 미국 아이들은 매년 한국 아이들보다 학교에서 한 달 정도 덜 보낸다며, 그렇게 해서는 21세기 경제에 대비할 수 없다고 말했다. 그는 학교 교실에서 더 많은 시간을 보내야 한다고 역설했다.

세계적 지도자들이 우리 한국을 교육적 모델로 삼는다는 점은 기분 좋게 하는 일이다. 그러나 한편으로 공교육이 무너지고 있는 우리 현실을 생각하면 부끄럽기 그지없다. 몇 년 전 한국교육은 사회에 기여하는 시민을 육성하는 데 철저히 실패했으며, 자신의 맹목적 야심만 좇는 지식계급만 생산해왔다며, 교육의 실패는 미래 한국의 재앙을 예고하고 있다고 학자들은 경고한 바 있다. 미국에서 괄목할 만한 학문적 업적을 일궈온 재미 한국계 학자들이 한국교육을 '완전한 실패'로 규정하고 특단의 조치를 촉구하는 공개서한을 채택했다. 국내의 공교육 붕괴현상을 보다 못해 재미학자들까지 나선 것이다. 자녀를 가진 모든 가정이 사교육 때문에 엄청난 심리적 · 재정적 압박을 받고 있으며, 자녀교육을 위해 조국을 등지는 이산가족까지 양산하고 있는 현실을 지적한 것이다.

선진문화 국가의 최고지표는 국내총생산(GDP)이나 군사력이 아니다. 예나 지금이나 문화국가의 으뜸 가늠자는 바로 교육이다. 초 · 중 · 고 80%가 공립학교인 프랑스에서 교육분야는 국가예산 중 가장 큰 비중을 차지한다. 세계 젊은이들이 자아실현의 원대한 꿈을 갖고 배우겠다고 밀려드는 나라가 선진문화대국이다. 요즘 우리나라의 사정은 과연 어떤가. 일곱 살짜리 코흘리개서부터 스무 살 청년에 이르기까지 교육의 망명대열은 끝없이 이어지고, 세계 곳곳에 한국의 '교육 난민촌'이 들어선다는 표현까지 나오고 있는 상황이다. 한 해 수십억 달러를 바다 건너 외국학교에 교육비로 바치고 있는 안타까운 실정이다. 2007년 한국무역협회가 발표한 자료에 의하면 우리의 삶의 질은 38위로 낮은 편이었다. 사교육비에 해당하는 민간부문 교육기관에 대한 지출은 GDP의 2.9%로 칠레에 이어 세계 2위였다. 2008년 초 · 중 · 고 학생들을 상대로 하는 사교육 강사 수가 52만에 육박하여 전체 공 · 사립 초 · 중 · 고 교원 수(약 40만)보다 더 많은 것으로 나타났다. 전체 학원 매출액은 무려 약 12조 원이 되었다.

몇 년 전, 서울 잠원동에 사는 주부 김모씨는 중소기업에 다니는 남편의 월급으로 초등학교에 다니는 두 아이에게 매달 들어가는 120만 원의 학원비 부담이 커서 이를 줄이기 위해 오후 8시에 집을 나가 다음 날 오전 3시까지 아르바이트로 대리운전을 하여 겨우 6만 원을 벌어온다든가, 또 K은행 계열 채권추심업체에서 일하는 최모씨는 "밤길을 조심하라"는 협박에 겁도 나지만 아이들을 대학에 보낼 생각을 하면 추심업(빚 독촉)을 그만둘 수 없다고 한다는 언론보도를 들은 적도 있다. 무엇보다 인간의 진정한 행복이나 인간성 고양을 최상의 가치로 두고 인간의 총체적인 삶을 문제 삼아야 할 교육은 사실상 시대와 사회가 변하는 만큼 달라져서는 안 될 것 같다.

2009년 H고교에서 여교사에게 성희롱 수준의 과도한 언행을 하고 이를 찍은 동영상을 유포한 고교생들이 학교로부터 징계를 받는 일이 발생했다. 여교사에게 무례한 언행을 한 이 학교 2학년 A군과 이 장면을 휴대폰에 담아 인터넷에 올린 같은 반 B군에게 출석 정지 10일의 징계 조치를 내렸다. B군은 자신의 인터넷 미니홈피에 45초 분량 되는 '선생님 꼬시기'라는 제목의 동영상을 올렸다. 동영상에서 A군은 수업이 끝난 후 여교사에게 다가가 어깨에 손을 올렸고, 교사가 몹시 불쾌히 여기며 피하자 "누나 사귀자"라는 말까지 해가면서 계속 쫓아다니며 같은 행동을 반복했다. 여교사 성희롱사건은 2010년에 중학교에서도 일어나 논란이 되었다.


## 2. 현실을 고양시키는, 전인교육 절실

우리의 선조들은 용감하고 근면하며 깨끗하고 아름다운 것들을 삶의 주요 덕목으로 여기고, 삼국시대부터 각급 교육기관을 설립하여 인성교육을 비롯하여 자연과학 및 기술 교육에 이르기까지 나름대로의 교육적 목표와 가치를 구현하고자 노력했다. 물론 전근대사회의 한국교육의 일관된 특징 가운데는 교육이 국가의 정치체제 유지를 위한 수단이 되었고, 가부장적 지배윤리에 입각한 동양적 유학교육이었다는 점도 들 수 있다.

1876년 강화조약이 체결된 이후 한일합병에 이르는 동안은 유학적 봉건교육이 붕괴되고 근대교육으로 개편된 한국교육사상 획기적인 시기였으며, 이 때 교육구국운동이 맹렬히 전개되었다. 민족의 선각자들은 교육구국을 실천하기 위해 학회와 교육단체를 조직하여 민중계몽과 반일사상을 고취했으며, 이 민족주의자들에 의해 설립된 각급 사립학교가 1908년 무렵에는 5,000여 개교에 달했다.

문제가 없었던 것은 아니나 이렇듯 우리 교육은 국가와 사회의 구성원으로 살아가야 할 우리들의 인간적 소양과 학문적 성과를 드높이기 위해 최선의 노력을 해왔다. 지금도 교육을 책임지고 있는 정부와 전문교육기관 등이 일정한 목표를 설정하고 그에 도달하기 위해 애쓰고 있는 건 사실이다.

그러나 언제부턴가 정보화시대에 맞춰 대학에서는 사이버교육이다, 원격수업이다 하면서 집에 앉아서 또는 화면만 보면서 수업을 한다고 떠들썩했던 적이 있었으니 걱정이 이만저만이 아니다. 물론 편리함·효율성 등 이점이 있겠으나 남들과 더불어 살아가는 방법

첨단 교육시설을 갖춘 사이버교육 현장

을 가르치지 않고 혼자서 지식만 쌓도록 계도하는 것이 진정한 교육이란 말인가. 또 학생들의 과제물을 받아보면 컴퓨터 인터넷 자료를 죽죽 뽑아 제출하는 경우도 많은데, 자료가 신빙성이 부족한 것은 물론 자료나 정보가 그대로 지식이 아님을 왜 모르는가.

게다가 최근의 교육적 지향을 보면 경제, 언어, 컴퓨터를 포함하는 실용위주 쪽으로 기울고만 있는 듯하니 교육문제의 심각성은 이루 다 말할 수 없다. 순수학문에 속하는 인문학이나 자연과학 등이 고사(枯死) 직

전에 있다고 떠들썩하더니 요즈음엔 이공계 기피현상까지 겹쳐 교육계가 몸살을 앓고 있다. 걸핏하면 사회에 탓을 돌리는데, 현실사회를 보다 낫게 이끌어가야 할 정부나 교육기관에 일차적 책임이 있는 것이 아닌가. 교육이 바로 서면 국가와 사회에 희망이 있음을 왜 모르는가. 입으로는 "교육은 백년대계(百年大計)"[33]라고 늘 말하면서.

요사이 겪고 있는 것과 같은 교육문제가 풀려야 이 땅의 모두가 행복해 질 것이다. 눈치 보며 따라만 가는 게 무슨 교육인가. 현실을 기꺼이 수용하되 한 차원 끌어올리는 노력이 절실히 요구된다. 삼성 · LG · 현대차 · 포스코 등 대기업들이 공동으로 '주니어 공학교실'을 만들고, 기업체 연구원들이 몇 년 전부터 초등학교를 정기적으로 방문해 첨단 공학과 과학을 쉽고 재미있게 가르치고 있는 것도 이 때문이다.

하버드대 최초의 여성 총장이 된 드류 길핀 파우스트 총장

"교육은 사람을 목수로 만드는 것이라기보다는 목수를 사람으로 만드는 것이다." 이는 370년이 넘는 미국 하버드대학 역사상 최초의 여성 총장이 된 드류 길핀 파우스트(Drew Gilpin Faust, 역사학) 신임 총장이 2007년 취임사에서 한 말이다. 대학이 교육과정을 계량화하고 글로벌 인재양성에 초점을 맞추어야 한다고 강조하던 당시 조지 W 부시(Bush) 행정부의 교육정책을 대놓고 비판하면서 학문자체의 중요성과 대학 자율성을 중시하는 전통적인 대학교육관을 부각시킨 것이다.

---

33 제(齊)나라의 정승인 관중(管仲)은 "한 해를 위한 계획으로는 곡식을 심는 것만 한 것이 없고(일년지계 막여수곡(一年之計 莫如樹穀)), 십 년을 위한 계획으로는 나무를 심는 것 만한 것이 없고(십년지계 막여수목(十年之計 莫如樹木)), 백 년을 위한 계획으로는 사람을 심는 것 만한 것이 없다(백년지계 막여수인(百年之計 莫如樹人)), 『관자(管子)』"고 말했다.

교육이 방향성을 상실한 듯한 암담한 상황에서 교육적 위기를 타개하고 교육의 목적과 본질을 회복하는 길은 전통교육의 실상을 올바로 이해하는 데 있다고 하겠다. 인간을 넘어서는 어떤 가치도 없고 그 소중함을 인식케 하는 것 이상으로 중요한 교육도 없음을 끊임없이 환기시켜야 하는 교육의 역할과 성격은 크게 변화되어서는 안 될 것이다. 이렇게 변하는 가운데서도 지켜져야 하는 고귀한 교육적 가치들을 전통적 교육관과 교육내용 속에서 면밀히 찾아보도록 하자. 다만 성인에 해당하는 선비와 여성에 대한 교육, 그리고 아동교육으로 나누어 살펴봄이 적절할 듯하다.

## 3. 국가존립의 근본은, 선비정신

조선 태종은 수많은 정치적 사변을 치른 후에야 즉위할 수 있었다. 이런 태종에게 아무 어려움 없이 세자가 된 양녕대군의 처신은 미흡할 수밖에 없었다. 태종은 재위 18년 "충녕대군은 몹시 추운 때나 더운 때도 밤새 글을 읽는다."며 3남인 충녕을 세자로 낙점했다. 사냥을 좋아하는 양녕과 달리 새 왕조의 기틀을 잡는 데는 충녕의 학식이 필요하다고 본 것인데, 셋째 아들이라는 불리한 상황을 극복하고 즉위한 세종은 과연 새 왕조를 반석 위에 꼿꼿이 올려놓았다.

조선 군주 가운데 정조도 세종과 같은 독서광이었다. 정조에게 책은 지배계층인 사대부의 기를 죽여 왕권을 확고히 하는 수단이었다. 그는 불타는 학구열과 엄청난 독서량으로 문화의 흐름을 주도한 왕이었다. 신하들 머리 꼭대기에 앉아 독서경향을 파악하고 필독서 목록을 정했다. 중국에서 출간된 작은 판형의 경서는 선비들의 책 읽는 자세를 망가뜨린다는 이유로 금했을 정도다. 그가 25세에 왕이 되었을 때는 이미 신

군주 개인의 시문집인 홍재전서의 국역본

하들을 가르칠만한 학문수준에 도달해 있었다. 조선의 왕들 중에서 유일하게 『홍재전서(弘齋全書)』라는 시문집을 남길 만큼 학문적 식견이 뛰어났던 정조는 어려서부터 천재소리를 들었다. 그가 손수 편찬한 책이 2,500권, 그의 지시에 따라 신하들이 편찬한 책이 1,500권에 이르렀다. 동서고금에 드문 일이다.

중국의 막강한 왕조들도 대개 300년을 넘지 못하고 그 주인이 바뀌는데 비해, 이 땅에 존재했던 왕조들은 평균 500년 이상 왕권을 지탱할 수 있었다. 알다시피 조선(1392~1910)은 중앙집권제의 왕조체제로 518년간 지속됐다. 이 시대에 중국사에서는 명(明, 1368~1644)과 청(淸, 1644~1911)의 두 왕조가 포함된다. 일본사에서는 무로마치(室町)시대, 아즈치·모모야마(安土·桃山)시대, 에도(江戸)시대, 메이지(明治)시대[34]를 포함한다. 심지어 한 왕조가 500년 이상 지속되며 재위한 모든 왕의 무덤이 남아 있는 경우는 중국·일본 등 동아시아는 물론 세계적으로도 유례를 찾을 수 없다. 왕권이 그렇게 오랫동안 유지될 수 있었던 근본원인은 무엇이겠는가. 천자(天子)라도 선비의 몸은 죽일 수 있지만 선비의 뜻은 빼앗을 수 없다는 올곧은 선비정신이 있었기 때문일 것이다.

구한말 서양과 일본의 위협 앞에서 맞섰던 도학자 이항로(李恒老)의 제

---

34 메이지유신으로 왕정복고가 이루어진 1868년까지 일본은 1192년 가마쿠라(鎌倉, 지금의 가나가와현에 있는 지명)막부로부터 시작하여 무로마치막부, 또 도쿠가와막부라고도 불리는 에도막부까지 700여 년간 무사들에 의해 세워진 군사정권체제의 막부가 이어졌다.

자 유중교(柳重敎)는 선비란 하늘의 명을 받은 자임을 자각하고 "천자라
도 선비의 몸을 죽일 수 있지만 선비의 뜻을 빼앗을 수는 없다"고 했다.
따라서 왕명이 부당할 때도 천부적 직권으로 거부·저항할 수 있음을
강조했다. 우리의 선비를 흔히 이상적인 남성상으로 일컬어지는 영국의
젠틀맨, 일본의 무사 등과 비교해 볼 수도 있을 것이다. 물론 영국의 젠
트리 계급에서는 피아노 다리마저도 양말을 신겼다 한다. 요즘 자주 거
론되고 있는, 신분이 아닌 정신적 의무로서의 '노블레스 오블리제'도
선비정신과 무관하지 않을 것이다.

사림(士林)은 글자 그대로 대규모 선
비그룹이다. 자신을 먼저 돌아보고 백
성을 다스린다는 수기치인(修己治人)의
프로들이 바로 사림이었다. 사림의 정
치는 언관(言官)의 정치였다. 임금의 잘
못에 대해서는 임금 앞에서 목숨을 걸
고 바른 말을 굽히지 않았다. 바른 말을
굽히지 않음으로써 사약을 받고 유배를
갔던 사림의 인물들이 쌓여 크게는 조
선왕조가, 작게는 사림정치가 생명을
이어갔던 것이다. "삶도 내가 원하는 바

중국의 최고 지리서이자
백과전서인 산해경

요, 의로움 또한 내가 원하는 바이지만, 두 가지를 다 취할 수 없다면 삶
을 버리고 의로움을 취하겠다."는 맹자의 말은 선비의 사생관을 압축해
보여준다. 의리를 목숨보다 귀하게 여기던 선비집단, 도덕적 양심과 행
동이 모범이었던 유교사회였기에 일찍부터 우리나라를 일컬어 중국에
서는 '군자의 나라'(『산해경(山海經)』[35])라고 하지 않았는가.

---

35 중국 최고의 지리서이자 신화서인 『산해경』에는 한국 신화의 원형이 담겨 있다.

한영우(국사학) 교수는 "한국인의 문화적 DNA이자 전통적 공동체 정신이 선비정신, 선비문화"라고 주장했다. 한 교수는 고조선시대의 단군을 우리나라 최초의 선비로 여기면서, 유·불·무가 통합된 실체를 선비로 보았다. 그리고 선비정신의 핵심으로 홍익인간 정신과 천지인합일 사상을 꼽았다. 그는 오늘날 한국사회의 대립과 갈등의 문제도 소통과 통합을 강조하는 공동체적 선비정신으로 완화할 수 있다고 말했다.[36]

선비에게 가장 소중한 것은 유학의 도(道)를 지키는 것이며, 그것을 현실사회에서 구현하는 것이 그들의 최상의 목표이다. 그러므로 인간의 가치도 지식적 측면보다 인격이라 할 수 있는 덕(德)에 비중을 두고 평가되었다. 다만 지적 재능을 포함하여 고상한 인품으로서의 덕을 갖춘 훌륭한 삶을 실현하기 위해서는 학문이 필요했다. 이에 학문의 이상과 내용은 인륜의 범주를 벗어나기 힘들었다. 언어·컴퓨터·경제를 포함하여 지나칠 정도로 실용 위주의 교육을 강조하는 현실에 비할 때 상당한 차이가 있다. 부귀공명을 배척하고 학문과 삶을 일치시켰던 선비정신은 오늘날에도 유효한 덕목이다.


## 4. 선비의 자질요건

조선조 전 시기를 통하여 선비가 되기 위한 초학자로서 가장 중요시한 책은 『소학』과 『효경』이었다. 세자의 제왕수업을 맡은 세자시강원(世子侍講院)의 교재로도 『효경』과 『소학』을 쉽게 풀어 쓴 『효경소학초해』가 편찬되었다. 『소학』은 유교의 도덕규범 중 기본적이고 필수적인 내용을 담은 책으로 유학교육의 입문서 역할을 했다. 중종 때 개혁정치를 펼쳤

---

36 한영우, 『한국선비지성사』, 지식산업사, 2010.

던 조광조 등 사림들이『소학』의
가치와 중요성을 강조함으로써
기묘사화 후 한 때 금서로 취급되
기까지 했던 책이다. 조광조의 스
승 김굉필(金宏弼)은 스스로를 '소
학동자'라 이르며 평생『소학』을
끼고 살았을 정도였다.『소학』은

유학교육의 입문서였던 소학

주석서도 많아서 율곡 이이는『집주소학(集註小學)』을 썼고, 신재(愼齋) 주
세붕(周世鵬)은『표장소학(表章小學)』을 썼다.

　천자문을 뗀 아이들에게 예절을 가르치는 수신서(修身書)가 바로『소
학』이었는데, 조선에서『소학』의 중요성을 가장 먼저 역설한 인물은 판
삼사사(判三司事)를 역임한 설장수(偰長壽)이다. 그는 위구르(uigur)사람으
로 타클라마칸 사막 북쪽 실크로드의 요지였던 고창(高昌) 출신이다. 그
의 부친인 설손(偰遜)이 1359년 과거부터 알고 있던 공민왕을 찾아와 망
명해 이 땅에 정착했다. 설장수는 사역원(司譯院) 제조(提調) 시절『소학』
을 역관 시험과목에 넣고, 손수『직해소학(直解小學)』을 짓기도 했다. 중
종반정으로 연산군이 쫓겨난 뒤 중용된 사림세력이 도덕화 정책을 펴면

서『소학』은 하루에 1,300부가 인
쇄된 날도 있었다.

　7세기 후반 신문왕 때 세워진
국학이라는 교육기관에서는『효
경』을 가장 중요한 교재로 채택했
고, 또 8세기 말 원성왕 때는 귀족
자제들의 학력을 테스트하기 위

효에 관한 최고의 경전인 효경

해 독서삼품과(讀書三品科)라는 일종의 고시를 치렀는데, 여기서도『효
경』을 얼마나 잘 숙지하고 있느냐가 중요한 평가기준이었다.

그리고 선비의 자질이자 전인교육의 요건에 해당하는 지·덕·체를 갖추기 위한 구체적인 학습의 내용은 육예(六藝), 곧 예(禮)·악(樂)·사(射)·어(御)·서(書)·수(數)였다.

선비계급에 거는 기대가 높았던 조선에서 그들이 기대에 부응하지 못하고 지도자적 자질을 잃었을 때 사회는 절망하게 되고 선비들은 혹독하리 만큼 비난의 소리를 들어야 했다. 『열하일기』의 「관내정사(關內程史)」에 나오는 소설 〈호질(虎叱)〉을 요약해 옮겨 보자. 자유로운 지식인이었던 연암 박지원은 호랑이의 입을 빌려 선비답지 못한 자를 단호하게 배척하며 인간으로 여기지도 않았다.

호랑이는 유자(儒者)의 고기를 먹어 보기로 마음을 정한다. 그러던 중 천하에 이름 높은 학자요 도덕군자인 북곽(北郭) 선생을 먹잇감으로 낙점한다. 그러나 호랑이가 정작 그 실체를 접하게 된 북곽 선생은 밤중에 남의 과부 방에 들어가 수작을 걸다가 그 아들들한테 들켜 도망을 가던 중 들판에 있는 똥구덩이에 빠진다. 가까스로 밖으로 기어 나온 그는 호랑이에게 살려 달라고 온갖 아첨을 다한다. 호랑이가 얼굴을 찡그리고 구역질을 하며 코를 가리고 고개를 돌린 채 던진 첫 마디 말은 "선비란 것은 몹시 구린 것이로군!"이었다. 이어서 호랑이는 북곽 선생을 앞에 두고 인간이란 존재를 신랄하게 비난하는 일장 설교를 한다. 인간은 모든 동물 가운데 가장 간사하고 비루하고 탐욕스럽고 부도덕한 종내기란 것이다.

선비가 조선사회에서 모범적인 역할을 다하기 위해서는 무엇보다 아첨이나 변명 따위가 아닌 엄격한 도덕성과 인간적 소신을 지녀야 했음을 확인하게 된다. 진리와 도의에 입각해 자아를 확립하고 완성하려 했던 사람이 진정한 선비이다.

흔히들 '아는 것이 힘'이라 하고 '알아야 면장을 한다'고도 한다. 예나 지금이나 지식의 중요성은 아무리 강조해도 지나치지 않는다. 그러나 참된 지식이 무엇이냐가 문제다. 공자는 "아는 것은 안다고 하고 모르는 것을 모른다고 할 때 그것이 바로 아는 것이다"[37]라고 했다. 여기서 지와 덕을 동일시하는 관점을 느끼게 된다. 진정 아는 것이란 자기성찰적 깨달음, 즉 정직함이라 할 수 있다. 이처럼 우리에게 지식에다 도덕까지 요구함으로써 학문이나 삶에서 정직성이 무엇보다 중요한 것으로 인식되어 왔다. 얼마 전 황우석 박사의 논문 조작이 사회공론의 호된 질책을 피해 갈 수 없었던 것도 이 때문이다.

## 5. 학교는 반드시 있어야 한다

조선건국의 일등공신 정도전

정도전[38]이 말하는 다음 글에서도 알 수 있듯이 선비에게는 교육이 절실히 요구됨은 물론, 반드시 전문교육의 장으로서 학교가 필요하다. 오늘날 정보 통신의 발달로 가상수업 또는 인터넷강의 등 집에서 컴퓨터를 통해 수업이 이루어지면서 야기되는 교육적 부작용, 또는 학원이나 과외 같은 사교육에 치중하면서 공교육의 전당인 학교가 홀대받고 있는 현실을

---

37 지지위지지 부지위부지 시지야(知之爲知之 不知爲不知 是知也), 『논어』 위정(爲政) 편.
38 정도전(鄭道傳, 1337~1398)의 호는 삼봉(三峰)이다. 그는 고려 말에서 조선 초에 이르는 시기의 뛰어난 유학자요, 정치가였다. 이색(李穡)의 문하에서 정몽주(鄭夢周)·이존오(李存吾) 등과 교유하면서 경사(經史)를 강론했는데 특히 문장과 성리학에 능하였다. 고려 말에 성균관 대사성·대사헌 등 요직을 역임하였으며, 이성계를 도와 조선왕조를 세웠다. 『조선경국전(朝鮮經國傳)』·『경제문감(經濟文鑑)』 등을 지어 치국의 제도와 문물을 정비하였으며, 〈문덕곡(文德曲)〉 등 많은 악장을 지어 조선의 건국을 칭송하고 태조의 공덕을 찬양하였다. 그의 문집으로 『삼봉집』이 전하고 있다.

감안할 때 더욱 의미가 크다.

이러한 학교설립의 의의는 많은 지식인들에 의해 주장되었는데, 일찍이 고려시대 문치주의를 정립했다는 성종은 "학교로 기르고 과목으로 취한다."고 했다. 조선조 기대승도 학교가 일어나지 못하면 인륜이 밝지 못하게 되고, 인륜이 밝지 못하면 나라도 믿고 의지할 곳이 없게 되며, 국가를 유지해야 하되 유지할 곳이 없게 되면 백성들도 피로하여 살아남을 수 없다고 한 바 있다.[39]

설흔, 퇴계에게 공부법을 배우다(예담, 2009)

이황도 학교를 가리켜 풍습의 근원이 되며 서울의 땅이 된다고 하면서, 예의를 길러내고 원기(元氣)를 키우는 학교를 세워 선비를 양성해야 한다고 했다. 이황은 53세에 오늘날 국립 서울대학교 총장에 해당하는 성균관 대사성의 책무를 맡으면서 선비란 예의의 원천임을 강조하면서 학생들에게 일상생활이 예의 가운데서 행해질 것을 당부했다. 최근에 『퇴계에게 공부법을 배우다』(설흔, 예담, 2009)라는 책으로 이황은 우리 앞에 다시 나타나고 있다. 퇴계는 "자네는 지금 인(仁)의 마음을 가지고 있는가"라고 묻는다. 공부는 폼 잡기 위해 하는 것이 아니라 남을 위해 하는 것임을 시사하는 것 같다.

이와 같이 선비와 학교는 불가분의 관계를 맺고 있으며, 학교는 선비들의 교육을 책임지고 그들로 하여금 공동체적 삶의 태도를 진작시키는 데 크게 기여했음을 충분히 짐작할 수 있다. 다만 국가가 필요로 하는 인재의 등용을 과거제도에 의존하면서 학교가 인격도야라는 교육 본연의 목적에서 벗어나 입신양명을 추구하는 과거 준비기관으로 전락했다

39 「광주향교중수기(光州鄕校重修記)」, 『고봉전집(高峯全集)』 권2.

는 지적을 피할 수 없다. 하지만 전통사회에서는 인간의 내적 윤리를 비롯하여 사회의 질서나 국가적 평안 등 다원적 삶의 가능성이 학교교육에 달려있다는 인식이 지배적이었다.

학교는 크게 서원중심의 사학(私學)과 성균관이나 향교 중심의 관학(官學)으로 양분되었다. 중국의 경우는 대학으로 국자감(원~청)이, 중등교육기관으로 서원(당~송)이 크게 발달했는데, 서원이 우리와 달리 관학이었다.

## 선비교육을 위해 필요한 학교

학교는 교육의 근본이다.

학교로 인륜을 밝히고, 이것으로 인재를 양성하게 된다. 따라서 삼대(三代) 이전은 학교에 관련된 법이 완전하게 갖추어졌고, 진한(秦漢) 이후로도 비록 온전하지는 못하였으나 모두 학교를 귀중하게 여겼다. 때로는 정치의 성공과 실패가 학교의 흥망성쇠에 좌우되었다.

학교 설립을 주장한 정도전의 글씨와 조선경국전

지나간 자취를 더듬어 이제 그 모든 사실을 알아볼 수 있다.

국가는 서울에 성균관을 두어 공경대부(公卿大夫)의 자제와 백성 가운데 준수한 자를 가르치고, 부학교수(部學敎授)를 두어 학생들을 가르친다. 또 학교법에 근거하여 주·부·군·현에 이르기까지 다 향학(鄕學)을 두고 교수와 생도를 배치하였다. 병무와 법률·서예와 산수·의술과 약학·관상과 통역 또한 비슷한 방법으로 교수를 두어 때때로 힘써 강의를 하니, 그 가르치는 것이 또한 지극하다.

— 『삼봉집』 제7권 『조선경국전』

고려 태조 때도 이미 개경과 서경에 학교가 있었으나 본격적으로 정

중국 베이징에 있는 국자감

비된 것은 성종 때부터였다. 유학정신에 따라 당의 제도를 모방하여 정치기구를 편성했던 만큼 이를 뒷받침할 관료들의 양성이 필요하고 이들을 등용할 과거제도도 필요했다. 성종은 지방교육에 관심을 갖고 성종 6년(987)에 12목에 경학박사와 의학박사 각 1명씩을 보내어 가르치게 한 바 있다.

그리고 성종 11년(992)에는 수도 개경에 국립종합대학격인 국자감(國子監)을 창설하여 교육제도의 터전을 마련했다. 국자감의 명칭이 충렬왕 24년(1298)에 성균감(成均監)으로 되었다가 충선왕 즉위년(1308)에 성균관(成均館)으로 바뀌었다. 공민왕 5년(1356)에 다시 국자감으로 바뀌었고 공민왕 11년(1362)에 또 다시 성균관으로 개칭되어 조선시대로 이어졌다. 6개 학부로 시작된 국자감은 유럽에서 가장 오래된 이탈리아의 볼로냐대학(1119년경)보다도 훨씬 앞서 설립된 세계 최초의 대학이라 할 수 있다. 국자감에는 국자학·태학·사문학·율학·서학·산학의 6개 부문이 있어, 이것을 경사육학(京師六學)이라 했다. 국자학·태학·사문학의 유학학부에는 7품 이상의 자제와 우수한 서인이, 율학·서학·산학의 기술학부에는 8품 이하 관료들의 자제와 서인이 입학할 수 있었다. 설립 당시에는 50여 개 건물이었던 것이 지금은 대성전과 명륜당 그리고 부속건물이 남아 있을 뿐이다.

한편 최씨정권이 붕괴되고 왕권이 복원되어 문관 양성을 위한 유학부흥이 과제로 등장했다. 원종(1260~1274)은 강화도 안에 동서학당을 설치하고 각각 별감을 두어 교학, 교도의 책임을 맡게 했다. 중등교육기관인 이 동서학당은 환도 후에는 개경으로 옮겨졌으며, 고려 말에는 5부학당으로 확충되었다. 조선시기에 들어와서도 이를 본받아 서울에 5부학당을 세웠다. 이는 중국의 교육제도에도 없는 우리나라만의 초등·중등 공립학교였다. 하지만 지방에는 설립하지 않은 한계가 있다. 서울의 5부학당은 동서남북과 중부에 두었는데, 세월이 지나면서 북부학당이 폐지되어 4부학당(4학)으로 개편되었다.

인종 때 경사육학이 정비되면서 지방에 향학을 세워 학생들의 교육을 담당케 한 바 있다. 향학은 조선시대의 향교와 통하는 것으로 중앙의 국자감을 축소한 형태로 지방에 설치하여 지방문화 향상에 이바지했다. 고려는 중앙집권체제를 강화하기 위하여 3경 12목을 비롯한 군현에 박사와 교수를 파견하여 생도를 가르치게 하였는데, 이것이 향학의 시초이다.

조선조는 건국 초기부터 학교를 교화의 근본으로 삼았기 때문에 인륜을 밝히고 인재를 양성하기 위하여 수도에 대학으로서의 성균관을 두어 고급인재를 양성했다. 조선 개국과 한양 천도 후에 숭교방(崇教坊, 지금의 명륜동)에 터가 정해져 태조 7년(1398)에 성균관의 교사(校舍)를 창건했다. 정원 200명[40]이었던 성균관에는 사마시(司馬試, 소과)에 급제한 생원·진사,[41] 사학·향교의 생도, 공신·훈신의 자제들, 즉 15세 이상의 양반 자제들만 입학했다.

중등교육기관으로는 중앙에 4부학당과 지방에 향교를 두어 연소한 학생들을 길러냈다. 4부학당은 성균관의 부속기관으로 운영되었으므로

---

40 본과생의 정원이 초기에는 200명이었고 후기에는 126명으로 조정되었다가 말기에는 100명으로 축소되었다.

41 조선시대 과거는 문과·무과·잡과로 나누어 시행되었는데, 문과를 대과라고 불렀다. 대과의 예비시험이 소과, 즉 생원·진사시다. 생원시는 사서오경을, 진사시는 시와 부를 시험한다. 초시에 이어 복시까지 합격하면 생원이나 진사의 칭호를 얻어 한양의 성균관에 입학할 자격이 생긴다.

4부학당 중 서학의 터(서울 세종로 사거리 부근)

교수와 훈도를 성균관에서 파견했으며 교수법도 성균관의 것을 준용하였다. 입학자격에 있어 처음에는 양반과 평민을 가리지 않았으나 후기에 와서는 거의 양반의 자제들이 입학했으며, 나이는 8세 이상으로 제한하였다. 입학정원은 각각 100명씩이었다. 기숙사를 지어 생활하게 하고 모든 학비는 국가에서 대주었다. 그러므로 학생들이 4학에 입학하기 위해서는 시험 준비에 만전을 기울이지 않으면 안되었다. 이렇게 들어가기가 어려워지자 시험관인 훈도를 매수하여 입학시키는 일도 잦아지게 되었다.

학생들은 어린 나이에 치열한 경쟁을 뚫고 입학하여 5일마다 시험을 치르는 등 까다로운 교육을 받아야 했다. 예조에서는 별도로 한 달에 한 번씩 시험을 보도록 한 뒤 1년 성적을 통계 내서 임금에게 보고까지 했다. 중간 성적이 좋으면 생원시와 진사시에 응시케 하는 특전도 주었다. 이와 같이 엘리트를 양성하기 위한 교육기관이어서 시험성적이 나쁘면 퇴학을 당하는 경우도 있었다. 교육과정은 철저하게 단계를 거치도록 되어 있었다. 특히 마무리 단계에서는 『소학』을 끝낸 뒤 고급과정에서 4서 5경과 성리학 관련 저서의 교육은 물론 역사를 요약하여 가르치게 했다. 대체로 15세가 되면 교육연한이 끝날 수 있었다. 4학의 수료생들은 마지막으로 성균관에 들어가기 위한 진학시험을 치렀다. 당연히 이들의 성균관 입학은 가장 영광스러운 코스였다.

4학에 다니는 학생들은 지방의 향교 출신들보다 남다른 자긍심을 가졌었는데, 조선말기에 들어서자 4학의 교육은 쇠퇴를 면치 못하게 되었다.

무엇보다 서양식 교육기관이 생겨나면서 자연 소멸되었다. 근대식 학교인 배재학당, 이화학당 등의 '학당'이라는 명칭은 바로 4부학당의 이름에서 유래된 것이다. 이와 같이 4부학당은 근대학교가 설립되기 전까지 중등교육기관으로

한국 최초의 근대식 중등교육기관인 배재학당

서의 역할을 다했다. 어릴 때 서당에서 유학의 초보적인 지식을 배우고, 대개 15~16세 이전에 중앙에서는 4학, 지방에서는 향교에 들어가 공부를 다 하고 나서, 그 다음에 과거의 소과에 합격하면 성균관에 입학할 자격을 얻었던 것이다.

관학 가운데 성균관만은 조선말기까지 최고학부로서의 시설과 권위를 유지하였으나,[42] 4학과 향교는 점점 쇠퇴하여 유명무실하게 되었는데, 대신 사학(私學)으로서 서원과 서당이 기세를 떨쳤다.


## 6. 지방마다 향교를 세우다

일본은 문사(文士)가 아닌 무(武)를 중시하는 사무라이, 즉 무사(武士)들이 고급관리로 등용되었고, 학문을 하는 유학자나 스님들은 권력층

---

42 조선 최고의 국립대학에 해당하는 성균관은 일제 강점 직후 해체되었다. 일제는 병합 후 조선시대의 중추적인 선비 교육기관이었던 성균관을 경학원이라는 관제기관으로 개편하여 총독부 학무국에 소속시키고 지방의 향교도 그 아래에 두게 했다. 이는 명백히 조선의 선비정신을 무력화시키려는 의도였다.

의 성향에 따라 그들의 주변에서 조언자 역할을 했을 뿐이다. 일본에는 학자로 이름난 무사가 있기는 했지만 학문하는 것이 무사가 되는 절대적인 조건은 아니었다. 일본에 있어서 학자라 하면 승려 정도를 들 수 있을 것이다. 일본은 한·중과 확실히 달랐다. 일본은 무로마치막부에서 전국시대와 도요토미 히데요시를 거쳐 도쿠가와 이에야스의 에도막부로 이어졌다. 천황은 있으나 마나한 존재였고 막부의 장군이 각 번(藩)의 다이묘(大名, 영주)를 거느리고 통치했다. 조선과 같은 학자를 길러내는 양성기관이 존재했던 것도 아니고 중앙과 지방의 정치는 각 가문에서 대를 이어가며 칼에 의해 이루어졌다. 각 가문에서 길러낸 무사들이 세습해가면서 봉건적 충성관계를 유지하며 통치를 해 나갔다. 일본의 무사가 지닌 무사도(武士道)는 의(義)·용(勇)·인(仁)·예(禮)·성(誠)·명예·극기 등 변용된 유교도덕적 정신을 핵심으로 한다. 요컨대 마지막 봉건왕조인 에도막부 때까지 유교가 핵심종교로 된 적이 없기 때문에 그들에게 유교가 가지는 의미는 한국인의 경우와 달리 그리 크지 않다.

중국과 마찬가지로 조선에서는 관리가 되기 위한 과거시험에서 유학이 필수였으며, 고급관리도 글 솜씨가 뛰어난 유학자, 즉 문사(文士)들이 대다수를 차지했다. 정부는 유학이념을 전국에 보급하기 위하여 조선시대부터 적극적으로 지방(군현)마다 향교를 설립하였다. 향교는 일읍일교(一邑一校)의 원칙대로 수령이 파견된 주읍(主邑)에 반드시 설치되었다. 『경국대전』에 의하면 향교는 부·목·주·현에 1개씩 설치하고 부·목에 90명, 도호부에 70명, 군에 50명, 현에 30명의 학생을 두게 되어 있었다. 조선시대 부·목·주·현이 329곳이니, 향교 전체의 정원은 법제상 1만 4,950명이란 엄청난 숫자에 달했다.

향교는 제사를 지내는 문묘인 대성전(大成殿)과 강의하고 연구하는 명륜당(明倫堂)으로 구분되어 있었다. 그러나 향교는 본래 관학교육기관으

로 교육기능이 선현봉사의
제례기능보다 앞섰다. 따
라서 구성원도 교육을 담
당하는 교수관이나 교생이
중심이었다. 다만 건축의
구조양식의 차이는 물론
건물배치에 있어서도 제사
공간을 신성시하여 대성전

공자의 위패를 모신 대성전

이 항상 명륜당보다 위쪽 중앙에 오도록 했다.

향교는 유학을 널리 보급하는 데 목적이 있으므로 천민을 제외한 평
민과 양반 모두 입학할 수 있었다. 그러나 인원이 제한되어 아무나 입
학할 수 없었다. 향교의 정원은 군현의 규모와 행정구분상의 위계질서
의 등급에 따라 30명부터 90명에 이르기까지 각기 차이가 있었다. 『경
국대전』에는 학생의 입학연령을 17세로 규정하고 있으나 실제로는 지
방에 따라 입학연령이 15세부터 20세까지 다양하였다. 가정이나 서당
에서 기초교육을 받은 뒤 향교에 들어가 2단계 교육을 받았다.

조선 초기 절대적인 지위를 차지하던 향교가 16세기 이후 사학(私學)
인 서원(書院)[43]이 발달하자
우수한 인재들이 모두 서
원으로 몰려 교육적 기능
을 급속히 상실해갔고,
1900년에 창설된 충남 보
령시의 오천향교(鰲川鄕校)
를 끝으로 남한에 234개의

충남 보령시의 오천향교

---

43 서원은 오늘날의 사립대학에 해당하는 고등교육기관이라 할 수 있다.

향교가 존속되고 있는 지금은 석전제(釋奠祭) 등 문묘의 제사를 주관하는
기능만 맡고 있다.

## 7. 서원이 독자적으로 설립되다

조선의 서원이란 소박하게 볼 때 도학으로 이름이 높고 제자를 많이
기른 인물을 추앙하는 곳이다. 따라서 이곳에 스승을 추종하는 제자들이
모여 학문을 익혔다. 하지만 엄밀히 말하면 서원은 학문연마기관인 동시
에 향촌 사림의 결집처로서 정치적 · 사회적 기구의 성격을 강하게 지니
고 있었다. 향촌을 기반으로 했던 사림은 사창제(社倉制) 실시를 요구하며
유향소(留鄕所)를 다시 세우고 향약(鄕約)을 전국적으로 확대하는 등 향촌
자치제 강화를 주장했다. 훈구세력들이 이를 간파하고 방해하자 사림은
자신들의 새로운 세력 구축을 위한 장으로서 서원을 착안한 것이다.

중종 38년(1543) 풍기군수 주세붕(周世鵬, 1495~1554)이 고려 말 학자
로서 성리학을 도입한 안향(安珦)을 배향하고, 유생을 가르치기 위하여
안향의 거처였던 경상도 순흥(順興, 현 영주시 순흥면) 백운동(白雲洞)에 서
원을 세운 것이 최초이다. 그러나 백운동서원은 제사를 지내는 사당이
중심이요, 공부하는 건물은 사당의 부속적인 존재에 그쳤다.

최초로 임금이 이름을 지어 내려 보낸 소수서원

서원이 독자성을 가지고 보
급되기 시작한 것은 이황에
의해서이다. 명종 5년(1550)
에 풍기군수였던 이황의 건
의로 임금이 백운동서원에
'소수서원(紹修書院)'이라는
간판을 하사하고 책, 노비,

밭 등을 주어 국가적으로 지원하였다. 조선 최초의 사립대학이라 할 수 있는 이 소수서원이 사액(賜額)서원의 시초가 되었다. 이황은 그 뒤 고향인 경북 예안에서 우탁(禹倬)의 위패를 모신 역동서원(易東書院) 설립을 주도하는가 하면 서원을 정착시키기에 주력하여, 당시 황폐되어 가는 향교를 대신하여 국가의 보조를 받는 서원이 여러 곳에 설립되었다.

하지만 점점 수가 늘어나더니 조선후기에는 서원의 인재양성 기능이 약화되면서 유학의 도리와 문화가 침체되고 사림의 기강마저 어지러워지기에 이르렀다. 17세기 후반까지 긍정적인 역할을 하던 서원은 18세기에 들어서면서 내부의 모순과 폐단을 집중적으로 노정하기 시작했고, 그 근원적인 문제가 서원의 난립에 있었다. 숙종 연간(1674~1720)까지는 그 수가 600여 개 이상이 되었으니,『숙종실록』 7년 6월 계미조에는 "한 읍에만 7~8곳에 이르고 한 도에는 80~90곳에 이르고 있는데 서원의 번성함이 영남만한 곳이 없다."라는 기사가 있다. 드디어 19세기에 와서는 서원의 수가 900여 개에 이르렀다. 한편 중국에는 송대로부터 명나라에 거쳐 설립된 서원의 숫자가 전부 합하여 300 내지 400여 개에 불과했다.


## 8. 정치화된 조선서원, 교육중심의 중국서원

서원 설립의 보다 더 큰 문제는 화양서원(華陽書院)이나 만동묘(萬東廟)[44]가 극명하게 보여주듯 서원이 스스로 강력한 권력을 만들어가고 있었다는 점이다. 18세기 이래 노론정권 아래서 우암 송시열(宋時烈, 1607~1689)을 모신 화양서원은 무소불위(無所不爲)의 권력을 행사했다. 화

---

44 임진왜란 때에 우리나라를 도와준 명나라의 신종과 의종을 제사 지내기 위하여 세운 사당이다. 만동이란 물이 만 구비를 꺾어 흘러 마지막에는 동해로 들어간다는 말로서 존명의식(尊明意識)을 표현한 것이다.

노론의 수장이었던          송시열의 위패를 모신 화양서원
우암 송시열

양동의 대표 경치로 꼽히는 화양구곡(경천벽 · 운영담 · 읍궁암 · 금사
담 · 첨성대 · 능운대 · 와룡암 · 학소대 · 파천)은 정계에서 은퇴하고 이
곳에 은거하던 우암이 손수 고르고 이름도 지었다. 한때 조선 최고의 위
세를 자랑하다가 '화양묵패(華陽墨牌)'라는 사사로운 세금고지서로 민폐
를 끼치기도 했던 화양서원이다. 같은 곳에 있던 만동묘는 집권하기 전
의 흥선대원군이 하인의 부축을 받고 들어서려다가 그곳의 종에게 발길
질을 당했다는 사당이다.

　하기야 우암 송시열은 『조선왕조실록』에 3,000여 차례나 이름이 거론
될 정도로 17세기 조선사회에 큰 역할을 했던 학자이다. 우암은 성리학
의 대가로 율곡 이이의 학통을 계승했고, 노론을 이끈 조선중기의 대표
적 학자이다. 기호(畿湖)의 좌장이었던 우암이 활동을 개시하면서 노론은
200년 가깝게 정권을 잡았고, 조선후기 200년 노론정권 치하에서 영남의
남인들은 완전히 소외될 수밖에 없었다. 그러나 송시열도 결국 자신이
가르쳤던 효종에 의해 유배를 갔고 전북 정읍에서 사약을 받아야 했다.
그가 사망한 후 간행된 문집을 『송자대전(宋子大全)』이라 했는데, 송나라
대학자 주희의 『주자대전(朱子大全)』을 본떠서 이름을 붙인 것이다.

　조선후기의 서원은 교육과 제사라는 본래의 목적에서 이탈하여 향촌

사회에서 권세를 누리고 횡포를 부렸다. 인조 대부터 서원의 타락상과 권력화에 대해 우려를 표명하다가 숙종 대에 와서는 서원의 신설을 제한했고 영조 때는 174개의 서원을 철폐하기도 했다. 그러나 살아남은 서원은 오히려 권력을 강화해나갔다. 서원은 19세기 후반기로 올수록 붕당의 배후기지 역할을 하고 하층민을 괴롭히며 군역 도피의 근거를 제공하는 등 수많은 폐해를 낳았다.

마침내 흥선대원군이 집정하자 1868년 서원철폐를 단행하였다. 당시 600여 개에 달했던 대부분의 서원은 정비되고 대표적인 서원 47개만 남게 되었다. 서원은 향교와 마찬가지로 봄·가을 두 차례에 걸쳐 제향의식을 거행했는데, 조선말기로 접어들면서 서원의 존립 의의는 강학보다 제향에 있을 정도가 되었다.

중국의 악록(岳麓)서원은 한국의 도산서원에 해당하는 곳이라 할 수 있다. 악록서원은 976년 후난(湖南)성의 성도인 창샤(長沙)시 악록산에 설립된 중국에서 가장 오래된 서원 중 하나이자 중국 최초의 대학이라 할 수 있다. 4,000여 곳에 이르렀다는 중국 서원 중에서 악록서원은 백록동(白鹿洞)서원, 숭양(崇陽)서원, 응천부(應天府)

중국 최초의 대학에 해당하는 악록서원

서원과 함께 '천하 4대서원'으로 불린다.[45] 현재까지 남아 있는 200여 서원 중 국가 유적으로 지정된 3대 서원 중 하나이며, 중국 서원 중 유일

45 악록서원은 백록동서원(장시(江西) 루산(廬山)), 석고서원(石鼓書院, 후난(湖南) 형양(衡陽) 스구산(石鼓山)), 응천부서원(허난(河南) 샹지우(商丘)) 등과 함께 송대의 '4대서원'으로 꼽히기도 한다.

하게 석 · 박사학위 과정이 개설되어 있다. 중국의 서원은 광서 27년 (1901) 서양식 학문을 가르치는 학교로 바뀌었다. 악록서원도 이때 후난고(湖南高)가 됐다가 1920년 후난대(湖南大)로 발전했으며, 건물은 다시 1990년 후난대의 인문대학원으로 부활했다. 마오쩌둥이 공부한 곳으로도 유명하다. 요즈음 서원 건물에서 후난대 역사과 및 철학과 대학원 수업이 진행되고 있으며, 황제들이 내린 책을 보관하던 어서루(御書樓)의 2층은 대학원 도서관으로 활용하고 있다.

8세기 당(唐) 대에 시작된 중국의 서원에 비하여 16세기 서원문화가 이식된 한국의 서원이 더 전통적이었다. 한국은 대원군의 서원철폐 때 살아남은 47개의 서원들이 원형을 보존하였다. 그러나 중국의 서원은 청나라말기에 대부분 서양식 학교로 바뀌었고 그나마도 문화대혁명을 거치며 대다수가 파괴되었다. 악록서원 건물도 대부분 중일전쟁 때 폭격에 의해 불 타 없어진 것을 1980년대 복원한 것이다. 한 · 중의 서원이 이렇게 된 가장 큰 이유를 독립성의 유지와 자율성 상실, 또는 변화에 대한 점진적 대응과 변화에 대한 적극적 반응 등으로 보기도 한다. 결국 이런 차이는 교육중심의 중국서원에 비해 제사중심이라는 한국서원의 특징에서 비롯된 것이라고 할 수 있다.

2010년이 되면서 절에 머무는 '템플 스테이' 처럼 초 · 중학생들이 전국 곳곳에 있는 주요 서원에서 한복을 입고 사자소학을 배우며 전통 유교문화를 맛보는 '서원 스테이' 프로그램이 생겼다. 한국서원연합회는 2010년 7월 24일부터 8월 18일까지 모두 6차에 걸쳐 2박 3일씩 서원순례를 실시했다. 청주향교와 우암 송시열 묘소 등을 찾는 1차를 시작으로 경북 영주시의 소수서원, 안동시의 도산서원 · 병산서원(6차)[46] 등

---

46 임진왜란 당시 명재상으로 이름을 떨친 유성룡을 배향한 서원이다. 건물 안에서 밖을 내다보면 마치 액자 속 산수풍경을 보는 듯해 자연을 관조하는 선비의 풍류를 엿볼 수 있어 서원건축의 백미로 일컬어진다. 특히 대강당으로 쓰였던 만대루(晩對樓)가 압권이다.

에서 이루어졌다.


## 9. 면장 · 동장이 학교를 세우다


일제 폭압에 의한 식민지화의 위기 속에서 오히려 학교설립의 의지와 교육의 열기는 뜨거웠다. 1906년 평안도 용천군(龍川郡)에 광화(光華)학교가 세워졌을 때 학생들은 '자포자기하지 말고, 자주적 애국정신을 수습하여, 교육으로 개명해야 한다'는 내용의 송축가를 지어 불렀다.

1894년 과거제 폐지 이후에도 갑오경장과 함께 교육이 확대되었는데, 가장 큰 이유는 19세기 신분제의 동요와 더불어 교육기회가 평민층으로 확장되었던 점을 들 수 있다. 그 다음으로 개항 이후 서구 근대문명의 충격에 의해 교육을 통한 애국계몽운동에 대한 자각이 높아졌기 때문이다. 특히 1907년 미국에서 돌아온 도산 안창호는 전국 방방곡곡을 돌아다니며 학교를 세워야 한다고 역

교육입국을 역설했던
도산 안창호

설했다. 우리가 이 나라의 주인임을 자각하게 하면서 지금 이방인이 이 땅의 주인인 양 행세하고 있음을 성토했다. 그리고 우리가 모두 개화한다면 그들이 이 땅을 강점할 수는 없을 것이라고 호소했다. 학교를 세워 무실역행(務實力行)하는 인재를 키워 보자며 교육입국(敎育立國)의 의지를 불태웠다.

그 무렵 북한에서 활동 중이던 선교사 한 사람이 자신이 처한 교육적 현실을 직시하는 발언을 해서 화제가 되기도 했다. 그는 당시 상황을 두고 교육혁명이 진행되고 있다 했으며, 기독교나 비기독교를 막론하

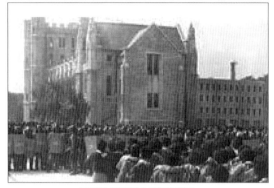

고려대 전신인 보성전문학교

고 학교들이 하룻밤 사이에 생겨나곤 한 다고 전했다. 관찰사 와 군수가 학교를 시 작하고, 면장과 동장 이 학교를 세우고 있 다고 했으며, 선생 한 사람을 놓고 서로 빼 앗아 가려 한다고도

말한 것으로 안다.

조선총독부 조사에 의하면, 보성전문학교 등 조선인이 설립한 사립학 교는 1910년에 2,225개였다. 개항 이후 교육 보급률이 확연히 증가되고 학습내용도 근대적인 것으로 새롭게 바뀌었다. 국가발전의 소중한 자산 인 교육적 관심과 학교설립의 실천은 이미 역사와 함께 시작되었고 조 선시대를 거쳐 주권 잃은 혼미와 위기 속에서도 계속되었다.


## 10. 교육의 목표는, 오류를 밝히는 것이다

오늘날 교사들이 처음 교육계에 발을 들여놓을 때는 남부럽지 않은 수준이라 하지만 교직생활 십수 년 뒤에도 이들이 우리 사회에 엘리트 로 남아 있기는 어렵다. 2008년에 있었던 일이다. 이모 교사의 대기업 입사 동기인 김모 씨가 1년간 받은 재교육을 보면, 마케팅팀인 그는 1 주일간 하루 8시간 마케팅 강의를 듣는다고 했다. 모든 재교육은 수준 별 강의로 구성되며, 실제 사례를 적용한 케이스 스터디로 이뤄졌다. 어느 달에는 5일간 식스 시그마(6 sigma)라는 품질혁신운동교육을 받았다. 그의 목표는 5년차 이상이면 신청할 수 있는 해외 경영대학원(MBA) 입학이다. 김씨는 당시 사내 온라인 강좌로 토플강의를 듣고 회사가 지정한 어학원에서 회화수업을 듣고 있다고 했다. 학비는 전액 회사부담이다.

이에 비해 이 교사가 지난 몇 해 동안 받은 재교육은 명함도 못 내밀 정도였다. 부임 첫 해인 2004년 그는 교사들이 의무적으로 들어야 하는 진로 및 상담과정을 이수했다. 형식적인 이론강의는 학교현장에 적용할 수 있는 게 거의 없었다. 심지어 학생들이 담배를 피우더라도 혼내면 안 되고, 왜 피웠는지 묻지도 말라는 식의 교육을 받았다. 두루 찾아보아도 도움이 되는 연수는 별로 없고, 기다렸던 2주짜리 해외연수는 10년차 이상에게만 기회가 돌아갔다. 교직생활 4년 만에 그는 기대를 접었다고 했다.

대기업 사원 김씨가 받는 사내 연수비용은 시간당 2만 원 정도지만 국내 교사연수에 투입되는 시간당 연수비용은 3,000원이 채 안 된다. 이것이 국민소득 2만 달러가 넘는 시대의 대한민국 교사의 현실이다. 탁월한 인재들이 교육자의 꿈을 품고 들어오지만 잘못된 인식과 시스템으로 이들의 지식과 열정은 어디론가 허무하게 사라지고 있다. 무너진 공교육을 살리려면 먼저 교사들을 일으켜 세우고 권위를 부여해 주어야 한다. 교실에 우수한 교사가 없다면 우리 자녀들에게 우수한 교육도 있을 수 없다.

조선의 교육은 맹목적 교육열에 들뜨거나 천박한 출세주의에 함몰되지 않았다. 세상에 나갈 때 나가더라도 자기의 존재를 성찰하고 때가 되면 욕심 없이 물러나는 것을 자연스럽게 여겼다. 현실적 참여와 함께 절제의 미학을 가르쳤다. 지식과 덕성의 겸비, 학(학문)과 도(도의)의 조화를 이상으로 삼는 교육적 풍토였던 것이다. 학교가 강학과 제향의 공간으로 되어 있었던 것도 이 때문이다.

성균관의 학문공간인 명륜당

이렇듯 인간다운 인간의 형성을 이상으로 한 조선시대에 선비를 양성하는 교육의 목표는 당연히 인륜을 밝히는 것이었다.[47] 때문에 중앙의 성균관에서부터 지방의 향교에 이르기까지 학생들이 수업하는 강당에는 명륜당(明倫堂), 즉 '인륜을 밝히는 전당'이라는 편액이 걸려 있었다.

그리고 선비들이 수업을 하는 명륜당 내부에는 교육의 목표를 실현할 수 있는 교육의 내용과 방법을 명시하고 있는 '백록동서원학규(白鹿洞書院學規)'가 걸려 있었다. 마찬가지로 서원의 강당에도 같은 내용의 학규가 걸려 있었다. 백록동서원은 주희가 성리학을 진흥시키기 위한 방편으로 활용했던 곳으로 중국의 4대 서원 중 하나다. 조선 최초의 서원인 백운동서원은 이를 본 뜬 것이다. 조선시대 선비들은 백록동서원학규를 '주자교법요지' 또는 '백록동규'라고도 불렀다. 이것은 이미 조선 초부터 선비교육의 지표로 사용되어 왔는데 퇴계에 의해 크게 강조되었다. 퇴계는 선조 임금에게 바치기 위해 성리학의 핵심적 내용을 그림으로 요약한 『성학십도(聖學十圖)』를 만들면서 그 다섯 번째 그림에 '백록동

47 2010년 여성가족부가 한국형사정책연구원에 의뢰해 한국 · 미국 · 일본 · 영국 · 독일의 2005~2008년 성범죄 현황을 분석한 결과 19세 미만 청소년을 대상으로 저지르는 성범죄는 '한국〉미국〉영국〉일본〉독일' 순으로 한국이 압도적으로 높게 1등이었다. 13세 미만의 어린이 대상 성범죄 발생률은 일본의 3배에 달했다.

규'를 싣고 그것에 대한 자신의 설명을
덧붙였다.

오륜의 교육목표를 깨닫고 실천하는
학문의 방법은 『중용』에 제시되어 있는
바, 박학(博學)·심문(審問)·신사(慎
思)·명변(明辯)·독행(篤行)의 다섯 단
계로 되어 있다. 사람들은 박학의 단계

학문의 방법을 제시하는 중용

에서 사물에 대해 널리 배우고, 심문의 단계에서 배운 바의 의심나는 것
을 물어 해결하며, 신사의 단계에서 묻고 배운 내용을 신중하게 생각하
고, 명변의 단계에서 사고한 내용을 또렷히 변별함으로써 사물의 이치
에 밝게 된다. 그리고 다섯 번째인 독행의 단계에서 사물의 이치를 독실
한 행동을 통해 선으로 실천하게 된다는 것이다.

───~~─~────

## 11. 여성 학교교육은, 1886년에야

세계 최초의 여자대학은 1869년 영국의 케임브리지대학교에서 여학
생 다섯 명으로 문을 연 거턴 칼리지다. 첫 입학생들은 '선구자'로 불렸
다. 당시의 주요 대학들은 여성의 입학을 거부했기 때문에, 여성만이 다
닐 수 있는 대학을 따로 만들 필요가 있었다. 이에 영국의 여성교육 운
동의 선구자인 에밀리 데이비스(Emily Davies, 1830~1921)는 여성의 대학
교육을 위한 거턴 칼리지를 설립하였다. 그 후 약 100여 년간 여성교육
을 선도하던 거턴 칼리지는 1977년부터 남학생을 받아들이기 시작해 지
금은 남녀공학이 되었다.

동서양을 막론하고 인류의 역사를 살펴볼 때 여성은 남성과 다른 차별적 교육을 받아 왔다. 우리나라에서도 일찍이 삼국시대부터 교육제도를 마련하고 학교를 설립하여 인재를 양성했지만, 여성의 경우에는 그렇지 못했다.

한국 근대 여성교육을 연
메리 스크랜턴

1885년 미국의 감리교 선교사 메리 스크랜턴(Mary F. Scranton, 1832~1909) 여사가 우리나라에 들어와 최초로 학교교육을 실시했던 19세기 말까지 여성들은 제도적인 교육의 혜택을 전혀 받지 못했다. 미국 코네티컷주에서 평범한 주부로 살다 남편과 사별한 메리 스크랜턴은 53세 때인 1885년에 의사인 아들 윌리엄 스크랜턴과 며느리, 손녀까지 데리고 선교를 위해 조선을 방문했다. 미국 개신교계에서 파견한 첫 여성 선교사였다.

스크랜턴이 1886년 서울 정동(貞洞) 현 이화여고 본관 건물자리에 있던 한 한옥에서 한국의 여성교육을 위해 문을 열었을 때 찾아온 여자는 1명뿐이었다. 고관의 소실로 결혼까지 한, 이름을 알 수 없어 김 부인으로 불린 이 여성은 영어를 배워 왕비의 통역관이 되고 싶다는 포부를 밝혔다. 1886년 6월 초라한 모습의 한 여인이 딸을 이화학당에 맡기자 주변 사람들이 나서서, 처음엔 좋은 음식과 옷을 주지만 나중엔 미국으로 데려갈 것이라며 말렸다고 한다. 그러자 이 여인이 아이를 도로 데려가겠다고 하자 학당의 책임자, 즉 교장은 그녀의 딸을 맡아 공부시키되 그녀의 허락없이는 절대로 서방은 물론 조선 어디에도 데리고 나가지 않겠다는 서약서를 써서 가까스로 그 아이를 두 번째 입학생으로 붙잡을 수 있었다는 것이다. 그 교장이 바로 메리 스크랜턴이었다.

이듬해에 학생이 7명으로 늘어나자, 명성황후(明成皇后)가 '이화학당

(梨花學堂)'이라는 교
명을 하사했는데, 정
동에 배밭이 많아
'이화(梨花)'로 지었
다는 설이 유력하다.
스크랜턴 여사는 이
화학당의 규모가 커
지자 학제를 정비하

1887년 설립 당시의 이화학당 전경

고 1904년 중등과를 설치했다. 그리고 1908년 보통과와 고등과를 신설
함으로써 여성에 대한 초등교육에서부터 고등교육에 이르는 일관된 교
육과정과 학제를 갖추었다. 이화학당은 1910년 대학과를 창설했다. 이
화여자대학교는 1935년에 정조의 후궁인 화빈궁의 묘가 있던 현재의 자
리로 이전하여 '신촌시대'를 열었다.

메리 스크랜턴은 조선에서 대부인(大夫人)으로까지 불렸다. 2009년에
는 메리 스크랜턴 여사의 100주기를 맞아 그녀에 대한 추모와 더불어 재
조명이 활발하였다. 스크랜턴 여사가 설립한 이화여대와 이화여고, 동
대문교회·상동교회·아현교회 등은 스크랜턴기념사업회(총재 신경하
감독)를 구성하고 그의 기일인 10월 8일을 전후해서 다양한 기념행사를
마련했다.

숙명(淑明)고등여학교가 문을 연 것은 1906년이다. 고종황제의 계비였
던 황귀비(皇貴妃, 1854~1911) 엄씨가 여성의 신교육을 목표로 명신(明新)
여학교(1909년 숙명고등여학교로 명칭을 바꿈)를 세웠다. 명신여학교는
한성부 박동(지금의 종로구 수송동)에 위치한 용동궁 480평 대지에 지은
75칸의 한옥에서 5명의 양반가 딸들을 첫 학생으로 받아들여 개교하였
다. 귀비 엄씨는 고종황제의 정실인 중전 명성황후를 측근에서 모시는
시위상궁(侍衛尙宮)으로 있다가 을미사변 직후 고종의 총애를 받게 되어

숙명여학교를 설립(1906)한 고종의
계비 엄황귀비

황태자 은(垠)을 낳았으며 일약 귀비로 책봉되어 중궁전의 주인이 되었다.[48] 엄 귀비는 기독교 선교사들의 학교설립과 교육운동에 크게 자극을 받아 한국 여성 교육의 필요성을 인식하면서 여성교육을 위한 학교건립에 뜻을 펼치게 되었다. 1906년 4월에는 진명(進明)여학교를, 5월에는 명신여학교를 설립했으며, 이어 양정의숙(養正義塾)도 세웠다.

오늘날 세계적으로 여자대학의 숫자가 줄고 있다고 한다. 25년 전 무려 300여 개였던 여대가 2011년 이젠 58개밖에 안

된다. 국내에서도 4년제 여자대학은 일곱 개뿐이다. 남녀평등 의식이 높아졌고 남녀공학을 선호하는 여학생이 늘어났기 때문이며, 여대에 대한 편견도 작용한 듯하다. 그러나 경제지 〈포브스〉는 지난 2009년 "여학생이 성공하려면 여대를 가라"며 웰즐리를 비롯한 10대 명문 여대를 꼽은 바 있다. 미국의 웰즐리 여대(Wellesley College)는 클린턴 국무장관, 올브라이트 국무장관과 같은 여성 리더를 숱하게 배출한 곳이다. "여자들끼리 모이니까 외양보다는 자기 능력 계발에 더 힘쓰게 된다"고도 했다.

개화기였던 당시 여성교육의 토양은 척박했다. 부모들은 '여자가 무슨 공부냐'며 현모양처가 되기를 바랐고, 과년한 딸은 서둘러 시집을 보내야 했다. 이화학당에서 기숙사생활을 하던 학생들도 집에 가면 돌아오지 않는 경우가 많았다. 10대에 결혼하는 조혼사회였던 만큼 부모들

---

48 고종의 계비인 엄 귀비는 서울시 동대문구 청량리 홍릉의 영휘원(永徽園, 후궁이기 때문에 원임)에 모셔져 있다.

이 딸을 시집보내기 위해 잡아두었기 때문이다.

개화 이전으로 거슬러 올라가 볼 때, 조선시대까지 여성교육은 가정을 중심으로 한 비형식적인 교육으로 이루어졌다. 유교를 건국이념으로 하는 조선조에 여성들이 학문을 닦는 것은 부도(婦道)에 어긋나는 일로 여겼다. 남존여비사상에 따라 '여자가 너무 똑똑하면 복이 없다'는 말과 함께 여성의 지적인 교육은 뒷전이었으며, 덕육(德育)이 강조되었다고 할 수 있다.

조선시대 남녀의 성을 구분하는 내용의 필독서에 『예기』가 있는데, 이 책에 나오는 '일곱 살이 되면 남녀는 자리를 함께 하지 않고, 여자는 열 살이 되면 문 밖을 나가지 않는다'는 윤리관 아래 여

남녀칠세부동석이 나오는 예법의 원조격인 예기

자는 일찍부터 남자와 어울릴 수 없었으며 바깥출입이 제한되는 터에 여성의 교육기관이란 상상키 힘들었을 것이다. 그리고 현모양처로서의 부덕(婦德)의 함양을 위해서는 굳이 제도적인 교육기관이 필요 없었으며 가정에서의 교육만으로 충분하다고 생각했을 것이다.

그렇다고 우리나라 전통사회의 여성의 지위가 낮았다고만 할 수 없다.[49] 오히려 놀라운 것은 2009년 스위스의 비영리기구인 세계경제포럼(WEF)이 발표한 '세계 성 격차 지수(Global Gender Gap Index)' 보고서에 따르면 남녀평등의 순위가 세계 134개국 중에서 한국은 거의 최하위권인 115위로 나타났다는 현실이다. 2008년엔 128개국 중 97위였고, 2007

---

49 이화형, 『뜻은 하늘에 몸은 땅에』, 새문사, 2009.

년엔 130개국 중 108위였으니 계속 나빠지기만 하는 셈이요, 국제적으로 창피한 일이다.

## 12. 내훈과 여성교육서

고대 가정에서 여성들을 가르치기 위해 사용했던 교재가 무엇이었는지는 확실한 기록이 전하지 않아 자세히 알 수는 없다. 다만 삼국시대에는 중국의 경서를 비롯하여 후한 반고(班固)의 여동생인 반소(班昭, 45~117?)가 지은 『여계(女誡)』 등의 보급에 따라 이에 준하여 교육되었으리라 예측한다. 마찬가지로 고려시대에도 『여계』와 함께 당(唐)의 장손황후가 지었다는 『여칙(女則)』과 같은 책들이 주로 상류계층의 여성들 사이에서 읽혔을 것이다.

여성의 가정교육이 엄해지기 시작한 조선 초기까지 여성교육서는 『여계』, 『여범(女範)』, 『열녀전』, 『명심보감』, 『소학』 등 대부분 중국의 것으로서 모두 한문으로 되어 있었기 때문에 일반여성들로서는 이해하기 어려웠다. 이에 성종 6년(1475) 소혜왕후[50]는 우리나라 실정에 맞는 여성교육서 『내훈(內訓)』을 지었는데, 『여교(女敎)』, 『열녀』, 『명감』, 『소학』 등의 많은 책에서 여성의 모범이 될 만한 내용들을 뽑아[51] 먼저 한문에 한글로 토를 달아 엮은 다음 한글로 국역하였다.

---

50 소혜왕후(昭惠王后, 1437~1504)는 좌의정 한확(韓確, 1400~1456)의 딸로 덕종(德宗) 이장(李暲)의 아내가 되어 수빈(粹嬪)에 책봉되고 성종을 낳았으며 인수대비(仁粹大妃)에 진봉(進封)되었고 세조의 며느리였다. 세조는 며느리로서 늘 효성스러움을 다하는 소혜왕후의 지극한 부도에 감탄하여 '효부'라는 인장까지 만들어 하사하였다.

51 『내훈(內訓)』 서문(序文). 『내훈』 편찬을 위해 참고한 문헌에 대해서 구체적으로 밝힌 연구가 있다(이경하, 「내훈과 '소학·열녀·여교·명감'의 관계 재고」, 『한국고전여성문학연구』17, 한국고전여성문학회, 2008, 237~271면).

소혜왕후는 타고난 성품이 올바르고 엄격했기 때문에 왕손들을 양육시키는 데 허물이 있거나 실수하는 법이 없었다. 그리고 왕손들을 감싸주기보다는 타일러 가르치기에 한 치의 소홀함도 없었다. 그녀가 지은 『내훈』은 세종 때 발간된 『삼강행실도』와 함께 당시 여성교육의 기본서가 되었다. 물론 교육의 내용을 보면 가부장제에 순응하는 부덕을 강조는 것이었거나 가정생활에 관한 것이었다. 그러나 국가의

여성교육의 선구자
소혜왕후의 내훈

정치에 있어 여성의 감추어진 능력을 도외시할 수 없으므로 여성도 가르치지 않으면 안 된다고 역설했던 점 등은 매우 의미 있는 일로 받아들여진다.

대체로 조선전기는 국가권력에 의해 추진되는 열녀상의 제시가 두드러지면서[52] 여성교육의 텍스트가 대부분 이 방면의 중국서적 또는 그 번역서라고 할 수 있다. 그러나 이 책들이 여성들의 생활이나 행동을 적극적으로 막을 수는 없었다. 그래서 국가에서는 여성들의 행동을 규제하는 여러 금지조항을 만들고 이를 『경국대전』이라는 법전에 싣기까지 했다.

조선중기에 들어서서 가부장적 사회규범을 비롯해 실제의 일상생활에 필요한 교육서들이 개인들에 의해 많이 저술되었다. 대표적인 것으로 이황의 『규중요람』, 송시열의 『우암선생계녀서』를 비롯하여 당나라 책을 번역한 이덕수(李德壽, 1673~1744)의 『여사서(女四書)』, 이덕무가 지은 『사소절(士小節)』, 해평윤씨의 『규범(閨範)』, 안동김씨의 『내훈녀계서』 등

---

52 임진왜란 시절 전국의 효자·충신·열녀의 숫자를 비교하면 전체 434명 중에 열녀가 356명을 차지했다고 한다.

이 있었다.

　요컨대 유교를 교육의 기본이념으로 채택하고 있던 조선의 전기에는 비교적 정절을 지키는 열녀의 구현에 치중했고, 후기에는 가정에서의 실생활에 관한 여성의 모든 것들을 교육의 대상으로 삼았다고 하겠다.


## 13. 여성, 자녀교육의 책임자

　전통 여성교육이 자기 계발을 위한 지적인 측면을 소홀히 하고 도덕 관념을 강요했던 한계는 있으나 인격체로서 수용하고 실생활에 활용할 만한 내용도 많이 가지고 있다. 특히 여성들이 받은 교육내용 가운데 자녀교육의 책임자로서 역할을 다해야 한다고 강조된 점은 시사하는 바가 크다.

세계 최초의 태교관련 책이라는
사주당 이씨의 태교신기

　『내훈』에서는 자녀가 올바른 사람이 되고 못되는 것이 진실로 어머니에게 달렸다고 했으며, 세계 최초의 태교관련 단행본이라 할 수 있는, 유희(柳僖)의 어머니 사주당(師朱堂) 이씨[53]가 지은 『태교신기(胎敎新記)』라는 책에서는 태외 10년의 교육보다 태내 10개월의 교육이 더 중요하다고 언급되었다. 『태교신기』는 1800년 사주당 이씨에 의해 한문으로 서술되었다. 그 뒤 1801년 아들 유희가 그 책을 10개의 장구로 나누고 원문에 '석(釋) · 음(音) · 의(義)'를 달고서 언해

---

53 사주당 이씨(1739~1821)는 전주 이씨의 양반가문에서 태어나 진주 유(柳)씨 가문으로 출가하여 경기도 용인에 살다 83세로 세상을 떠난 학덕이 높았던 인물이다. 당호 사주당(師朱堂)은 중국 남송의 주희를 본받겠다는 뜻에서 붙여진 것이다.

(諺解)를 붙인 『태교신기장구대전(胎教新記章句大全)』을 저술하였다. 1966년 이후 계속해서 한글로 번역·해석되어 우리에게 읽히고 있는데, 다른 나라의 태교와는 달리 임신 전의 태교와 아버지의 태교를 강조한 것이 특징이다.

또한 "부생아신 모국아신(父生我身 母鞠我身, 아버지는 내 몸을 낳으시고 어머니는 내 몸을 기르셨도다)"이라는 『사자소학(四字小學)』[54]뿐만 아니라 〈훈민가〉, 〈홍길동전〉 등 대부분의 문헌을 보더라도 '부생모육(父生母育)' 또는 '아버지 날 나으시고 어머니 날 기르시니'라 하였으며, 고려가요 가운데 〈사모곡〉에서는 '아버지도 어버이지마는 어머니 같을 수는 없다'고 했다. 이처럼 전통적으로 자녀에 대한 어머니의 사랑과 어머니의 교육이 부각되어 왔다.[55]

우리가 조선의 지성이자 한국 유학계의 태두로 떠받드는 퇴계 이황도

---

54 중국 송의 주희가 쓴 『소학』을 바탕으로 우리나라에서 편찬된 것이다. 『사자소학』에는 사람 사이 '관계'에 대한 통찰이 가득하다. 부모와 자식, 스승과 제자, 친구 사이에 지켜야 할 처신의 핵심은 '상호 존중'이며, 여기에는 끊임없이 자신의 마음을 갈고 닦는 노력이 필요하다는 것이다.

55 노벨상 수상자의 15%를 차지하는 유대인의 천재교육도 특히 어머니의 역할을 강조한다. 1924년 미국에서 시작된, 학부모와 교사 협의체인 사친회(師親會) 모임이 1953년 우리나라에도 생겼다. 6·25로 파괴된 학교를 복구하고 교원 처우를 개선하는 데 학부모의 도움이 필요했기 때문이다. 그러나 부작용이 심해 5·16 후 학부모는 교문 안으로 들어오지 못하게 된 적도 있다. 학부모 조직은 기성회에서 육성회로 다시 새마을 어머니회 등으로 이어져 왔다. '아이 교육은 엄마 몫'이라는 생각은 장구한 세월 상식으로 통했기 때문에 학부모회에 주로 어머니들이 참여했다. 아버지회가 생겨난 것은 2000년 전후라고 한다. 학교폭력이 사회문제로 불거지면서 학교인근 우범지대 순찰 등에 아버지들이 나서야 한다는 얘기가 나왔다. 아버지회는 한 자녀 가정이나 맞벌이 부부가 늘어나면서 가족구조와 성의 역할이 달라지는 세태 변화와도 관련이 있다. 집안일은 물론 아이 교육에도 적극적인 '수퍼 대디(Super Daddy)'들이 등장한 것이다. 또한 2010년 5월 "이혼한 부부가 자식을 키우는데 엄마가 아빠보다 나을 것이라는 통념만으로 양육권을 줘서는 안 되고, 자식의 의사도 존중해야 한다"는 대법원 판결이 나와 주목하게 한다.

무엇보다 어머니의 훌륭한 교육의 덕을 보았다고 할 수 있다. 퇴계가 "나에게 영향을 가장 많이 준 분은 어머니다."라고 할 만큼 그의 어머니는 엄한 가법을 세우고 올바른 교육관에 따라 자녀를 훌륭하게 키웠다. 퇴계의 어머니 박씨는 8남매의 막내인 퇴계를 낳기 전에 유학의 창시자이자 동양 최고의 스승인 공자를 대면하는 꿈을 꾸었다고 한다. 두 살 때 병으로 아버지를 잃은 퇴계는 홀어머니에 의지해야 했다. 어머니의 훈계는 엄했다. "세상 사람들은 우리를 욕하기 쉽다. 과부가 어떻게 자식을 올바르게 가르칠 수 있겠느냐고 의심한다. 그러니 너희들은 남보다 백 배 더 공부를 해야 한다. 그러지 않으면 이런 비난을 면할 수 없다." 퇴계는 어머니의 가르침을 온몸으로 받아들였다고 한다.

자녀들의 대학입시에서도 취업주부보다 전업주부들의 경쟁력이 단연 높다는 최근의 통계도 예사롭지 않다. 물론 공교육이 제 기능을 해야 하지만, 오늘날과 같이 공교육이 붕괴돼 가는 상황에서는 더욱 교육의 책임이 엄마에게 전가(轉嫁)되는 것 같아 안타깝기도 하다. 그러니 자식을 낳아 제대로 기르려 하지 않고 방치하거나 버리기까지 하는 무책임한 행위야말로 지탄받아 마땅하다고 본다.

하기야 요즈음 젊은이들 가운데는 결혼도 하지 않고, 결혼한 경우에도 아이를 낳으려 하지 않는 경향을 보이고 있어 별로 할 말이 없다. 2010년 9월 40대 남자가 "아내가 결혼 전 불임 시술한 사실을 숨겨 결혼 생활이 파탄 났다"며 낸 이혼 청구소송에 대해 서울가정법원이 원고 패소 판결을 내렸다. 결혼 자체가 선택 사항이 되고 있는 마당이니 결혼하면 당연히 아이를 낳아야 한다는 생각은 더더욱 설 땅이 없어졌다.

대한민국은 2010년 현재 출산율이 1.24명으로 세계 평균(2.52명)의 절반에도 못 미치는 바, 수년 연속 '세계 최저 출산국'으로 기록됐다. 보건복지부는 2011년엔 출산율이 0.96명까지 떨어지며 2025년부터 인구가 점점 감소할 것으로 예상하고 있으니 국가의 흥망 차원에서 걱정이 이만저만이 아니다.

## 여성교육의 필요성과 교육내용

### 교육의 필요성

무릇 사람의 출생이 천지의 영험한 기운을 이어받아 오륜을 머금고 있어 옥과 돌이 다를 바가 없다는 것이 이치라고들 하는데, 난초와 쑥이 다른 것은 어쩐 일인가. 자기 자신의 몸을 닦는 도에 있어서도 다하고 다하지 못함이 있으니 주나라 문왕의 교화가 태사(太姒)[56]에 이르러 더욱더 넓혀져 밝혀지고 초나라 장왕이 제패토록 한 것은 바로 번희(樊姬)의 힘에 따른 것이니, 임금을 섬기고 지아비를 섬기는 일을 어찌 감히 누가 누를 수 있겠는가.

내가 일찍이 글을 읽다가 달기(妲己)[57]의 미소와 포사(褒姒)[58]의 총애와 여희(驪姬)[59]의 울음과 비연(飛燕)[60]의 참소에 이르러 일찍이 글읽기를 포기하게 되었고 마음이 매우 섬뜩했다. 이런 사실에 비추어볼 때 한 나라의 정치가 잘되고 못되는 것은 비록 임금(대장부)의 밝고 어두움에 달려 있다고는 하지만 역시 부녀자의 감추어진 바를 부정하거나 도외시할 수 없으며, 따라서 부녀자도 가르치지 않아서는 안 된다.

대개 남자는 매우 크고 넓은 곳에 마음을 두고 노닐며 여러 미묘한 데서 뜻을 취해 스스로 옳고 그름을 잘 분별하여 능히 자기 몸을 유지하니 어찌 나의 가르침을 기다린 후에야 행동하리오. 여자는 그렇지 아니하여 한갓 옷감 짜는 일에 있어 거칠고 세밀한 것만을 문제 삼지 덕행을 가까이 해야 한다는 것을 알지 못하니 이것이 바로 내가 한스럽게 여기고 애태우는 바이다.

······ 이리하여 『소학』, 『열녀』, 『여교』, 『명감』이 지극히 적절하고 명확하면

---

56 주나라 문왕의 비이며 무왕의 어머니이다.
57 포악한 은나라 마지막 왕인 주왕(紂王)의 아내이다.
58 주나라 유왕(幽王)의 총애를 받아 왕비의 자리를 탈취했던 여인인데, 유왕이 웃기를 좋아하지 않는 포사의 웃음을 보기 위하여 봉화를 올려 제후를 모아놓고 그녀를 웃겼다는 이야기는 유명하다.
59 진(晋)나라 헌공(獻公)의 비로서 태자 신생(申生)을 참혹하게 죽였다.
60 한나라 성제의 비로 '나르는 제비'라는 뜻을 가진 비연은 성황제의 총애를 받아 세상에 못하는 것이 없었다.

서도 권수가 자못 많아져서 쉽게 알지 못할까봐 이 네 가지 책 중에서 중요한 말을 발췌하여 일곱 장으로 저술하여 너희들에게 주는 것이다.

— 『내훈』 서문

### 교육의 내용

여자의 덕이란 반드시 재주 있고 총명한 게 아니며, 여자의 언어는 반드시 말을 잘하여 이익을 도모하는 언사가 아니며, 여자의 용모는 반드시 안색이 좋고 고운 것만을 말하는 것이 아니며, 여자의 일이란 반드시 공교롭게 사람의 능력을 넘어서는 것을 뜻하는 것이 아니다.

맑고 고요하고 여유로우며 정숙하여 절개를 지켜 바르게 정리하며, 행동을 함에 있어서 부끄러움을 느끼며, 움직임과 가만히 있음에 법도가 있는 것을 일러 여자의 덕이라 말할 것이다. 말을 가리고 선택해서 도리에 어긋나지 않는 말을 하며, 시간이 얼마간 지난 후에 말하여 사람에게 싫어하지 않게 하는 것을 일러 여자의 언어라 할 것이다. 더러운 옷을 깨끗이 빨아서 입고 치장하는데 먼저 청결하며, 목욕을 때때로 하여 몸을 더럽게 하지 않는 것을 일러 여자의 용모라 할 것이다. 오로지 길쌈에 전념하여 쓸데없이 놀고 즐기는 짓을 하지 아니하며, 술과 밥을 좋게 하여 손님에게 잘 대접하는 것을 일러 여자의 일이라 할 것이다.

바로 이 네 가지는 여자의 큰 덕이기 때문에 함부로 폐기할 수 없는 것이다. 그러므로 실제로는 행하는 것이 쉬우니 오직 마음 속에 깊이 새겨 둘 뿐이다. 옛사람이 말하기를 인(仁)은 너무 멀고 아득한 것이나 내가 인을 이루고자 한다면 인을 이루리라고 하였는데 바로 이를 말하는 것이다.

— 『내훈』 권1 제1 언행장

위 여성교육의 필요성과 내용에 관한 두 글은 소혜왕후 한씨가 중국의 문헌에서 부녀자의 교양에 알맞은 적절한 것을 가려내어 엮어놓은 『내훈』의 일부이다. 우리나라 여성교육의 개척자라 할 수 있는 소혜왕후가 지은 『내훈』은 우리나라에서 제일 먼저 출간된 전문적인 여성교육서가 되는 셈이다.

여성교육의 필요성을 역설하는 앞의 글은 봉건적 체제와 이념 속에서 소혜왕후가 보여준 진보적인 견해라 하겠다. 무엇보다 "부녀자도 가르치지 않으면 안 된다"는 발언에서는 그녀의 여성교육에 대한 강렬한 열정과 의지를 엿볼 수 있다. 그녀는 맹자의 말을 인용하여 "가르침이 없다면 짐승에 가깝다"[61]고 언급한 바도 있다. 한편 위에서 알 수 있듯이 '옥과 돌'을 변별하고, '난초와 쑥'을 구분하며, '시비'를 가려야 한다고 한 말은 학문의 본질이나 교육의 필요성에 대한 확고한 인식의 소산이라 하겠다.

이러한 교육의 필요성 언급에서 나아가 그녀가 구상했던 교육의 목적이나 의의가 무엇인지를 가늠케 하는 말은 더욱 주목받기에 충분하다. 그녀가 주나라 태사와 초나라 번희를 귀감이 될 만한 왕비로, 나머지 왕비들을 망국의 원흉으로 지목하던 점을 인용 강조하는 데서는 여성이 인격적 주체이자 사회적 자아로서의 역할을 다해야 한다는 소신마저 엿볼 수 있게 한다. 더우기 '치란흥망(治亂興亡)'을 내세워 국가의 흥망이 정치에 달렸음을 언급하면서 국가정치가 잘되고 못되는 것에 여성도 책임이 있음을 시사하는 데서는 예사롭지 않은 관점이 돋보인다.

뒤의 글은 앞서 언급한 여성교육의 필요성에 따라 수행되어야 할 교육의 구체적인 내용을 요약적으로 제시한 것이다. 다시 말해 교육의 목적이 덕행의 수련이라 하겠는데, 그 덕행이 무엇인지를 상술하고 있는 것이다. 먼저 『여계』를 저술한 반소가 처음 제창했다는 '삼종사덕(三從四德)' 중의 사덕을 가리키는 부덕의 강조는 매우 주목할 만하다.

여성이 갖추어야 할 덕성을 설명하는 자리에서 "바로 이 네 가지는 여자의 큰 덕"이라고 논의 되듯이 그녀가 인식하는 덕은 포괄적인 개념이

---

61 『내훈』 권1 제1 언행장.

라 할 수 있다. 사실 반듯한 행동, 신중한 언어, 청결한 용모, 근면한 생산활동 등은 인간으로서 지녀야 하는 소중한 덕목으로 오늘날에도 귀감이 되는 바가 많다. 이는 가부장제를 떠나서도 근원적 사회적 자아로서 갖출 인격의 향상을 위한 것이기 때문이다. 결혼 전이나 그 이후를 위해 여성의 행실을 충분히 익혀 한 인간으로서 기본적이 품격과 생활태도를 지녀야 한다는 것이다.

이 밖에 『내훈』에 나오는 여성교육의 내용으로서 태교의 중요성의 언급과 함께 자녀가 올바른 사람이 되고 못되는 것이 진실로 어머니에게 달렸다면서 자녀교육의 책임자로서의 역할을 강조한 점 등은 시사하는 바가 매우 크다.

## 14. 어린이에게 무얼 가르쳤나

몇 해 전 모 일간지 기사 속에서 읽은 어느 초등학교 6학년 어린이의 글이 지금도 생생하다. 자기도 어린이지만 요즘 어린이들이 너무 예절을 지키지 않아 한 마디 하고 싶다고 했다. 어느 날 학원에 가기 위해 엘리베이터를 탔는데, 그 엘리베이터에는 자기 말고 다른 어린이와 부모가 타고 있었다는 것이다. 그런데 그 어린이가 마치 자기네 집안인 양하도 쿵당쿵당 뛰는 바람에 짜증스러웠지만 아무 말도 못했으며, 거기서 그 어린이의 부모는 한 마디도 하지 않았다는 것이었다. 오늘날 지나치게 공리(功利)교육에 치중하면서 인성교육을 소홀히 한 결과이다.

2010년 교총이 발표한 2009년 교권침해 사건 중에는 이런 사례도 있었다. "초등학교 5학년 학생이 휴대폰을 크게 틀어놓고 수업을 방해해 담임이 휴대폰을 압수하자 학생은 '×××아! 남의 휴대폰을 왜 가져가? 내놔! ×××아!' 라고 욕하면서 담임의 팔과 가슴을 의자로 폭행하여 옆 반 교사가 겨우 진정 시킴." 어느 초등학교에서는 구타한 학생을 겨우 설득해 반성문을 쓰게 했더니 '병원으로 보낼 수 있었는데……' 라고 써서 교사들을 경악하게 했다고 한다. 자기 자식이 최소한의 윤리도 무너진 학교에 다니기를 바라는 부모는 없을 것이다. 2010년 진보성향의 교육감들은 학생인권조례 제정을 추진 중이었다. 공교롭게도 그 시기 학생들에게 상습적으로 폭력을 휘두른 서울 동작구 한 초등학교 교사의 폭행장면이 담긴 동영상과 피해 학생들의 증언이 나와 파문이 일었고 6학년 담임교사 오모 씨는 직위해제 되기에 이르렀다. 학생인권조례 논의도 필요하겠지만 교권조례, 현실성 있는 학생징계방안도 함께 논의해야 할 것이다.

교실의 붕괴현상이 통계로 확인되고 있다. 서울지역 중학생을 대상으로 조사한 결과 '수업시간에 떠든다' 가 1988년 13%→2008년 48%로 나타났다. 지난 20년 사이 중학생들의 수업태도가 급속히 나빠졌음을 말해 준다. 사교육을 받는 학생들이 많아 학교수업에 집중하지 않는다는 것이다. 2010년 언론에 의하면 중고등학생들이 학교에서 잠을 보충하고 상쾌하게 학원에 간다는 것이다.

조선전기의 학자 율곡 이이는 학교의 운영과 학생들의 행동 및 공부하는 방법 등에 대한 모범안을 보여주는 『격몽요결(擊蒙要訣)』을 통해 학문이란 평범한 일상생활을 떠난 특별한 것이 아님을 주장한 바 있다. 즉 "공부라는 것은 일상생활과 일 속에 있다. 평소에 행동을 공손히 하고 남을 진실로 대하는 것이 곧 공부이다. 다만 책을 읽는 것은 이 이치를 밝

이율곡의 격몽요결

병 속에 화살을 던져넣는 투호놀이

히려는 것이다."(『격몽요결』)라는 내용이다. 『격몽요결』은 자식을 낳아서 차츰 사물의 이치를 알 때부터는 마땅히 착한 행실을 하도록 인도해야 한다는 취지에서 만들어졌다. 이전에 쓰던 1000원짜리 지폐를 보면 이퇴계 얼굴 옆에 화살을 던져 항아리에 담는 놀이기구 '투호(投壺)'가 그려져 있다. 퇴계 이황도 공부(학문)는 게임(놀이)과 함께 수행되어야 한다고 믿었던 것이다.

19세기 후반 퇴계학파인 윤최식(尹最植)이란 학자가 지은 『일용지결(日用指訣)』은 당대 선비들이 따라야 할 일상의 지침을 제시한 책이다. 그런데 저자는 여기서 "산더미 같은 집안일이 바로 공부의 참된 장이다. …… 일상의 일 속에서 자신의 병폐를 살펴 과감히 제거할 수 있다면 학문의 방법으로 이보다 더 나은 것이 있겠는가."라는 주희(朱熹)의 말을 인용했다.

옛 선비들의 어린이 교육방법은 크게 두 가지였다. 하나는 글자 자체를 가르치는 지식교육이고, 다른 하나는 뜻이나 행실이 담긴 문장을 가르치는 전인(全人)교육이었다. 지식위주의 자학(字學)에 대해서는 많은 선비들이 문제점을 느꼈기 때문에 자학과 전인교육을 통합하는 방법을 고안했다.

『천자문』, 『유합(類合)』 같은 학습서도 전인교육의 효과를 낼 수 있게 편찬된 교재들이다. 『미암일기』로 유명한 미암(眉巖) 유희춘(柳希春, 1513~1577)이 『유합』에 빠진 글자가 있고 불교의 가치를 높였다는 이유로 『신증(新增)유합』을 지은 것은 역설적으로 『유합』이 심도있는 철학을 내포하고 있음을 방증한다. 역관 최세진이 지은 어린이 학습서는 『훈몽자회』인데, 『신증유합』과 『훈몽자회』는 모두 언해, 즉 한글을 덧붙였다. 한자를 쉽게 가르치면서 자학과 전인교육을

조선시대 은곡 박진(朴瑱, 1477~1566)이 건립한
은곡서당(경북 안동)

통합하자는 의도였다. 가장 대표적인 어린이 학습서는 주희의 『소학』이었다. 『소학』은 "정밀하게 배우면 성인이 될 수 있고, 소략하게 배워도 바른 사람이 될 수 있다."는 말이 있을 정도로 귀하게 여겨졌다.

전통사회 제도교육으로서 계층을 초월하여 우리 생활 가까이에 있었던 서당에 대해 살펴볼 필요가 있다. 예전의 학부모들도 자식들에 대한 교육열이 매우 높았다. 이런 전통이 오늘날까지 이어졌다고 할 수 있다. 물론 당시에는 의무교육제도가 없었으므로 사교육기관인 서당에서 초등교육을 담당할 수밖에 없었다. 이런 교육적 열의와 필요에 따라 마을마다 서당이 생겨났다.

서당의 종류는 대개 셋으로 나눌 수 있다. 첫째는 양반집 또는 부잣집에서 독선생을 앉혔다. 여기서 배우는 학생은 말할 것도 없이 그들 가정의 자식들이었고 때로는 가까운 친척의 자식들도 묻어 배우기도 했다. 둘째는 한 문중이 집단마을을 이루고 사는 곳에 서당을 열고 자기네 문중 아이들만을 대상으로 배우게 했다. 물론 아동의 아버지나 형이 자기 자제를 가르치는 경우도 있었다. 셋째는 마을 주민들이 공동으로 출자를 해서 서당을 설립하고 훈장을 데려다가 마을의 모든 아동들이 배우도록 했다.

## 15. 서당에서 사용한 교재는 무엇이었나

대개 5~6세가 되면 글을 배우기 시작했다. 서당에서는 보통 강독(읽기), 제술(글짓기), 습자(쓰기)의 세 가지를 주로 공부했는데, 읽기에 있어서는 다독을 권장했다. 옛 사람들은 독서의 방법보다는 독서 자체에 의미를 두었다. '독서백편의자현(讀書百編義自見)'은 아무리 어려운 글이라도 여러 번 반복해서 읽게 되면 그 뜻을 저절로 알게 된다는 내용이다. '남아수독오거서(男兒須讀五車書)'는 다독을 권장한 말이다. 이렇듯 옛 사람들이 독서 자체에 의미를 두고 강조했던 이유는 글의 종류와 매체가 한정되고 독서의 목적이 인격 수양에 치중되어 방법론적으로 접근할 필요성을 느끼지 못했기 때문이다

기초적인 문자학습서, 한석봉의 천자문

강독의 교재는 『천자문』, 『동몽선습(童蒙先習)』, 『명심보감』, 『통감절요(通鑑節要)』, 『소학』, 『통감(자치통감(資治通鑑))』 및 사서삼경 등이요, 부교재는 『사기』, 『당송문』 등이었다. 박세무(朴世茂, 1487~1554)의 『동몽선습』은 우리나라 사람이 쓴 최초의 초보 교양도서로서 아이들이 기초적인 문자 학습용 『천자문』을 배운 후 어릴 때부터 윤리를 배우고 나서 『소학』에 들어갈 수 있도록 만든 아동용 윤리교과서이다. 『소학』은 유학의 기초적인 도덕규범을 다룬 책으로 왕공 이하 서민의 자제에 이르기까지 아동들의 필수과목이었다. 『통감절요』는 대체로 8~13세 사이에 배운다. 중국의 춘추시대 이후부터 당·송까지의 정치사를 쓴 『자치통감』을 줄여 놓은 것이다.

『십팔사략(十八史略)』은 원 나라의 증선지(曾先之)가 편찬 한 초학자용 역사교과서인데, 『사기』, 『한서』에서부터 『당 서』, 『오대사』까지 18종의 역 사서에서 풍교(風敎)에 관한 말을 가려 뽑아 한 권의 책으 로 만든 것이다. 우리나라 서 당에서 많이 읽혀진 『사략』

수많은 고사성어가 나오는 중국고대사, 십팔사략

은 삼황오제에 관한 것에서부터 진시황의 천하통일까지의 중국의 역사 를 간추려 기술한 것이다. 놀랍게도 우리의 고전소설, 판소리사설, 민 요, 가사 등에 수용된 고사성구(故事成句)는 대부분 그 출전이 『사략』이라 고 해도 과언이 아니다. 함포고복(含哺鼓腹), 주지육림(酒池肉林) 등의 말 이 전부 『사략』에 나온다. 〈춘향가〉 중에서 '농부가'에 나오는 "천리건 곤 태평시에 도덕 높은 우리성군 강구연월 미복으로 동요 듣던 요임금 에 버금이로다."라든지, "우리성군 덕택으로 시화연풍 때를 만나 격앙 가로 놀아보세." 등은 모두 『사략』에서 유래한 내용들이다.

우리나라 전통의 서당에서는 『천자문』 다음에 곧 『사략』을 읽고 그 다 음으로 『소학』이나 『통감』을 읽고 그 뒤에 사서(四書)를 배웠다. 흔히 과 거 준비를 하지 않는 일반인들의 경우 『소학』이나 『통감』까지만 읽고 그 만두는 사람이 많았다. 따라서 『사략』의 내용은 옛날에는 일반인들에게 널리 알려졌을 뿐만 아니라, 오늘날 학생들이 낯설게 느끼는 것 같이 어 려운 한문 구절이 아니었다. 한국문화 특히 우리의 고유한 문화를 공부 하려면 전통사회의 교재, 특히 초학용 교재를 숙지할 필요가 있다. 텍스 트와 친해지기 위해서 그리고 고전 텍스트의 문맥을 제대로 이해하기 위해서다. 한국의 전통적 인문학을 공부하는 이들은 『사략』과 같은 조

인격수양 입문서인 명심보감

선시대 초학용 교재부터 익혀 두어야 한다.

사회생활의 도리를 다룬 『명심보감』도 중요한 교재였다. 서당에서 쓰는 책은 19세기 『정몽유어(正蒙類語)』, 20세기 『통학경편(通學經編)』 등 계속해서 발간되었으며, 60여 종의 다양한 교재가 있었다. 특히 순조 3년(1803)의 서울 중인 출신의 장혼(張混)이 지은 『아희원람(兒戱原覽)』은 풍속과 생활 등 아동의 현실에 적절히 부응하는 교재였다. 장혼은 또 새로운 아동용교과서인 『계몽편』을 펴내 보급했다. 이 책은 일반교과서와는 달리 하늘, 땅, 사람과 관련된 내용과 동식물 등 기초교육에 필요한 내용을 담았다. 인간생활에 필요한 실질적인 내용을 다루었다고 할 수 있다. 이 책이 출간되자 많은 서당에서 다투어 교과서로 채택하여 『동몽선습』과 『소학』을 밀어내고 그야말로 새로운 베스트셀러가 되었다.

## 16. 인성교육에 올인하다

서당교육의 방법 중에는 윷놀이를 이용해서 관직명을 익히는 종정도(從政圖)놀이, 고을이름을 외우는 고을모듬 등 놀이를 통한 학습, 즉 유희학습도 있었다. 또 훈장이 없는 기간 특히 명절 때는 가마싸움(추석)이나 원놀이(정초) 등 집단놀이를 하며 즐거운 시간을 보냈다. 그런데 옛 서당에서는 놀이를 하면서도 인성과 연계시켰다. 이를테면 아이 셋이 놀고 있는데, 아저씨가 떡 네 개를 주면서 똑같이 나눠 먹으라 하고 떠났다. 어떻게 나눠 먹어야 하는가가 문제다. 하나씩 나눠 갖고 남은 하나까지 삼등분해서 나눠 먹으면 된다. 하지만 훈장은 그 대답에도 만족하지 못한다. 들판에는 작은 돌부처가 서 있기 마련인데 곁에 있는 그 보살과 넷이서 하나씩 나눠 먹는다는 것이 정답이란다. 여기서 놀이도 남을 배려하는 것을 익히게 되는 인성교육임을 알 수 있다.

그러나 서당교육의 문제점이나 결함도 몇 가지 지적할 수 있다. 하나는 유교이념과 관련된 문제로서 유교에 침윤되어 불교, 도교 등을 가르치지 않아 학문, 즉 유학이 교조적인 경향으로 치달았다. 또 유교는 중국에서 탄생하여 발전한 탓으로 우리의 고유의 가치와 학문적 영역을 포괄하지 못한 채 중국의 고전과 역사만을 가르친 점이다. 『동몽선습』에서도 중국 역사를 위주로 하고 우리 역사는 덧붙여 놓았을 뿐이며 『통감』은 전부 중국의 역사였다.

한편 교육의 이상과 이념에 치중하다보니 문자학습이나 실용교육이 도외시되었다. 기초문자를 가르치는 『천자문』도 익히기 쉽고 일상생활에 필요한 글자보다 심오한 뜻을 담은 문구를 먼저 제시했다. 곧 '일(一), 이(二), 삼(三)' 같은 익히기 쉽고 일상에 필요한 글자부터 가르치지 않고 '천지현황(天地玄黃)' 같은 획수가 많아 복잡하고 고상한 의미가 담긴 문구부터 배우게 했다.

끝으로 수학, 과학, 기술의 교과목을 가르치지 않았다. 너무 인성교육에만 치우침에 따라 생겨난 부작용이라 하겠다. 그리하여 조선전기에 발전을 보았던 여러 분야의 과학기술 수준이 후기에 와서 거의 침체되는 결과를 낳기까지 했다. 『계몽편』이 인기를 얻은 것은 이런 데에 그 까닭이 있었을 것이다.

# 17. 항일 및 구국에 앞장섰던, 서당

서당은 조선의 향촌사회 선비들과 백성들이 주체가 되어 마을에 설립한 사설 초등교육기관으로서 기원은 고구려시대의 경당(扃堂)에서부터 출발한다. 『당서』에 경당이 있어 민간의 자제들이 모여 문과 무를 익혔다는 기록이 있는데, 경당은 민중의 초등교육 내지 사회교육기관이었던 것으로 보인다. 몇 년 전 경당이 부활되어 화제다. 미래재단이 주최하고 코리아글로브가 주관하는 '2007 경당' 프로젝트가 '코리아의 신문명을 찾아서'라는 주제로 2007년 6월 25~29일 경북 영주시 동양대학에서 열렸었다. 관계자들은 경당이 엄격한 신분제를 뛰어넘어 평민출신의 청소년들을 대상으로 문무를 겸한 주체, 요즈음으로 치면 글로벌인재로 양성하던 교육기관이었다고 말했다. 과거 경당이 중국의 영토침략에 맞설 힘을 기르기 위해 세워졌다면, 이번에 부활한 경당은 중국의 역사침략에 대항하기 위한 것이라 했다.

고려시대에는 조선의 서당과 같은 경관(經館)과 서사(書社)가 있었다. 조선조에 이르러 서당이 크게 발전하며, 중종 대에 사림파의 향약(鄕約) 보급운동의 일환으로 서당이 대단히 성행하였다. 18세기 경에는 경제적 성장으로 평민의 자제도 자유롭게 서당에서 공부할 수 있게 되었다. 서당의 학생은 7·8세부터 15·16세의 아동들이 주류를 이루었으며, 과정을 마친 다음 중앙에 있는 학당이나 지방의 향교로 진학했다.

서당은 관의 허가 없이 설립할 수 있었으므로 존폐가 자유로웠고, 관의 지원도 없었으므로 문중이나 마을의 공동체적 결속 아래 운영되었다. 학생들은 여름에 보리쌀 한 말 겨울에 쌀 한 말과 땔감 한 다발 정도의 수업료를 냈으며, 책을 한 권 뗄 때마다 배움에 대한 감사의 표시로 '책거리' 또는 '책씻이'라는 간소한 잔치를 베풀었다. 책거리라 하여 자모들이 떡을 빚어 나눠먹게 했는데 이를 '떡거리'라 했다. 이때 훈장은 떡 함지를 들여 놓고 "나 지금 일이 있어 나갔다가 늦게 돌아올 텐데 당장 떡이 먹고 싶으면 하나 이상 가져가서는 안 되고 내가 돌아올 때까지 참았다가 먹으면 두 개씩 먹어도 된다"라고 하면서 나간다. 하고 싶은 일일수록 참는 인성교육이 내포된 '떡거리' 문화다. 참았다 두 개 먹는 아이는 소수요, 앞날을 촉망하는 관행이 있었다.

한말 우리나라를 방문한 영국 여류지리학자 이사벨라 버드 비숍(Isabella Bird Bishop)은 거의 모든 마을에 서당이 있으며 성년남자 1/3이 그곳을 다녔기 때문

휘문의숙 개숙 기념(1906.10.11)

에 장년층의 문맹율이 유럽에 비해서도 높지 않다고 했다. 서당교육은 19세기 말 근대적 교육의 전개와 더불어 여자들도 서당에 출입할 수 있게 되는 등 큰 변화를 맞이하여, 1920년대 한때는 서당이 전국적으로 2만 5,000여 개를 헤아릴 정도로 성황을 이루었다. '휘문의숙'에서 보이는 '의숙(義塾)'은 재래의 서당을 현대식 교육을 병행하는 교육기관임을 드러낸 이름이다. 그러나 항일구국운동에 앞장서기도 했던 서당은 일제강점기에 들어서 탄압과 함께 소멸의 길을 걷게 되었다. 서당은 한국교육사상 민중교화에 크나큰 업적을 남겼다.

요즈음도 자라나는 어린이들의 인성교육을 위해서 서당이 운영되고 있다. 중국에서도 인민들이 자발적으로 아이들에게 『논어』 등을 가르치려고 현대판 서당 보내기 경쟁이 한창이란다. 서당이 있는 아파트단지는 분양도 빨리 될 정도라니 중국인들의 공자 살리기가 어느 정도인지 짐작이 간다.

## 18. 부모의 사랑, 자식의 효도보다 먼저

자식을 격려와 칭찬으로 가르쳤던
시인 백광훈의 유물관(전남 해남)

조선의 삼당(三唐)시인으로 유명한 백광훈(白光勳, 1537~1582)은 아내와 자식들을 고향에 두고 서울에서 혼자 자취생활을 했다. 두 아들 형남(亨南)과 진남(振南)에게 막내아들 흥남(興南)이를 당부하는 편지가 상당수 전하고 있다. 그 가운데 격려와 칭찬의 중요성을 부각시키는 교육관이 특별히 우리를 주목케 한다. "흥남이에게 공부를 권유하되 마구 힐책하지는 마라. 향학의 마음이 절로 일어나도록 해야 한다."라든가 "잘 보살피고 북돋워 저절로 배움을 좋아하는 마음이 일어나도록 해야 한다. 절대로 나무라거나 책망하여 분발함이 없게 해서는 안 된다." 등이다. 퇴계 이황도 마찬가지로 〈훈몽(訓蒙)〉이라는 시에서 "많은 가르침은 싹을 뽑아 북돋움과 한 가지니 / 큰 칭찬이 회초리보다 낫다네. / 내 자식 어리석다 말하지 마라 / 좋은 낯빛 짓는 것만 같지 못하리."[62]라 하여 자식에게 욕심으로 몰아붙이지 말고 자애롭게 격려할 것을 권고했다.

조선후기 실학자들은 학문의 올바른 길을 실사구시에 두고 실생활에 적용되는 교육관을 확립하고자 노력했다. 그 가운데 과거(科擧)위주의

---

62 다교등알묘(多敎等揠苗) / 대찬승달초(大讚勝撻楚) / 막위거우미(莫謂渠愚迷) / 불여아안호(不如我顔好).

교육을 비판하고 학문의 생활화를 강조하였던 이덕무[63]는 교육 부재의 현실을 통탄해 하며, 아동교육의 중요성을 강조하고 지혜로운 교육방법의 실천을 촉구했다. 그는 조선후기 사회적 혼돈 앞에서 도덕성 회복을 강력히 주장했던 실학자이다.

자녀교육은 부모의 큰 사랑을 전제로 시행되어야 함은 말할 나위 없다. 이덕무가 어린이의 타고난 본성과 좋아하는 취미 등을 함부로 막지 말라는 경고까지 한 것도 이 때문이다. 어른이라고 해서 모두 아이들을 가르칠 수 없음을 새삼 깨닫게 하는 대목이다. 마침내 이덕무는 스승의 자질을 문제 삼아 아이들의 입장에서 인품과 지혜 없이 지식과 재주만 뽐내는 자를 스승으로 삼지 말기를 충고하고 나섰다.

이이나 정약용이 부모에 대한 자식의 효도(一寸之親)에 앞서 부모로서의 자식 사랑(半寸之親)을 먼저 언급한 사실도 이와 무관하지 않다. 예뻐하기는 쉬워도 진정 사랑한다는 것은 지극히 어려운 일이다. 요즘 아동상담 전문가들은 '어른다운 어른이 없다'고 큰 걱정이다. 자기 아이만 돋보이게 하고 싶어하는 욕심, 옷과 차 등에서 브랜드를 선호하고 남의 시선을 의식하면서 외적인 것에 치중하는 부모를 보고 자란 아이들이 그걸 보고 배우는 것은 당연하다. 문제는 어른이 되고 싶은 아이들이 아니다. 그를 부추기는 어른들, 보고 배울만한 어른이 되지 못하는 '철없는 어른들'이라고 전문가들은 말한다. 어느 시대든 스승과 부모의 역할

---

**63** 이덕무(李德懋, 1741~1793)의 호는 청장관(靑莊館)·아정(雅亭) 등이다. 그는 평생 서얼이라는 신분으로 불우하게 지냈다. 박지원 제자들인 사가(四家)라 불리는 자신을 뺀 박제가·유득공·이서구를 비롯하여 홍대용·성대중 등과 친하게 지냈으며, 특히 반정균(潘庭筠)을 비롯한 중국의 문인들과 우정이 돈독했다. 39세에 검서관으로 첫 벼슬이 시작되어 15년간 비교적 미미한 관직을 지냈다. 그의 저서는 『아정유고』·『사소절』·『이목구심서(耳目口心書)』 등 12종이나 되며, 모두 『청장관전서』로 묶여 전하고 있다. 이덕무에 관한 최초의 연구 저서로는 졸저인 『이덕무 문학 연구』(집문당, 1994)가 있다.

이 중요하다는 생각이 든다.

교육은 신뢰에서 출발한다. 스승과 제자 사이의 믿음, 동료 교사 간의
믿음, 학부모와 학교 간의 믿음이 없으면 희망을 기대할 수 없다. 2009
년 최근 서울의 어느 중학교에서는 수업 도중 야유를 하며 필기구를 던
졌다는 이유로 교사가 제자들을 경찰에 고소하는 일이 벌어졌다. 안타
깝기 그지없는 상황이 교육의 현장에서 벌어지고 있는 것이다. 더 심각
한 것은 이를 두고 신문에서는 세상에 이런 일도 다 있구나 하는 정도의
가십거리로 다루고 있다는 점이다.

제자복이 많았던 송순이 여생을 보내던 면앙정
(전남 담양)

'선생복'이라는 것도 있
지만 '제자복'이라는 것도
있다. 멘토(mentor) 만나기
도 어렵지만 멘티(mentee)
만나기도 쉽지 않다. 부모
자식의 관계가 첫 번째의
선천적인 인연이라면, 후
천적인 첫째 인연은 사제
관계라 할 수 있다. 조선
시대 제자복이 많았던 인물을 간추려 보면 누구보다도 면앙정(俛仰亭) 송
순(宋純, 1493~1582)을 들 수 있다. 고경명, 기대승, 임제, 정철을 비롯한
기라성 같은 제자들이 송순의 회방식(回榜式), 즉 과거 합격 60주년에 스
승을 자신들의 손가마에 태우고 면앙정 언덕을 내려왔다는 유명한 고사
가 바로 그 제자복을 말해 준다. 80세가 넘도록 제자들의 극진한 예우를
받던 제자복이 있는 팔자는 어떤 경우인가. 먼저 인품과 실력이 있어야
함은 당연하다.

## 19. 엄격한 교육은 참사랑의 기본

이덕무는 무엇보다 자식에 대한 부모의 참된 사랑이나 제자에 대한 스승의 진실한 가르침이 엄격한 교육에서 비롯됨을 역설하였다. 따라서 어린이가 비록 재주와 지혜가 있더라도 너무 추켜세워 교만한 마음을 길러줘서는 안 된다고 했다. 세속의 어린이들 중에는 부모를 속이고 방만하게 행동하는 사람이 많은데 이는 모두 자식이 어릴 때 그 부모가 예뻐하기만 하고 가르치지 않았기 때문이라는 것이다. 이덕무가 아동교육을 말함에 있어 다음에 나오는 『사소절』에 실린 글의 모두(冒頭)에 체벌에 관한 것을 들고 나온 것도 다 그런 깊은 뜻에서였다.

"고운 자식 매 한 대 더 때리고 미운 자식 떡 하나 더 준다"라든가, "매를 아끼면 자식 농사를 망친다."고 하는 속담도 엄격하게 교육하는 것을 미덕으로 여겼던 조상들의 지혜에서 나온 것이다. 물론 지나친 체벌은 예전에도 용인될 수 없었으며, 교육적 효과를 위해서만이 가정이나 사회에서 묵인되었다. 서당에서 체벌을 가할 때도 법도가 있었다. 훈장은 학동에게 일단 경고를 하고, 그런데도 개

회초리 든 훈장/서당 풍경

선의 기미가 없으면 매를 댔는데, 이 때도 매 맞을 아이로 하여금 뒷산이나 앞 냇가에 가서 회초리를 꺾어오도록 했고, 그 사이 훈장은 화난 감정을 삭힐 수 있었다. 또 몇 번을 맞아야 할 것을 선언하고 매 맞는 수를 스스로 세도록 하여 훈장의 매질이 감정에 흐르는 것을 방지했던 것이다.

어릴 적 예닐곱 살이 되면 '내 논'이라 하여 집에서 짓는 논 한 뙈기

갈라주어 농사짓는 생업교육을 시켰다. 모를 심고, 물을 대주고, 피사리를 하고, 김을 맸으며, 벼를 베었다. 허리를 구부리고 김을 맬 때는 아버지가 교관이 되어 함께 김을 맸다. 허리가 끊어질 것 같아 자신도 모르게 허리를 펴면 아버지가 발을 걸어 흙탕물에 쓰러뜨린다. 전통 생업인 벼농사는 인내력이 생명이요, 그렇게 교육을 해서 인내심을 터득케 했다.

몇 년 전에 스무살 먹은 아들이 부모까지 속이면서 가짜 S대 의대생 노릇을 하며 강도행각을 벌이다 경찰에 붙잡힌 사건이 발생, 세상을 경악케 한 바도 있다. 새삼 엄부자모(嚴父慈母)의 의미를 환기시킬 만큼 아버지의 엄격한 가르침과 참된 교육이 얼마나 절실한가를 촉구하고 있다. 또 엄마가 하나부터 열까지 챙겨준 아이가 장가가서 "엄마! 나 색시 오른쪽에서 잘까, 왼쪽에서 잘까?"하고 물어온다는 우스갯소리도 있지 않은가. 남편 없이 부인 혼자서 자식들을 훌륭하게 키웠다는 이황의 어머니 박씨나 김만중(金萬重, 1637~1692)의 어머니 윤씨가 보여준 엄한 교육의 가치가 새삼 그립기도 하다.

엄한 교육 우리 아이를 살린다
(예담프렌드, 2007)

아이들을 자유롭게 키우고자 하는 최근 교육풍토에 정면으로 대응하는 책이 출간되어 화제다. 부모의 권위를 살리고 어렸을 때부터 예절과 인내심을 길러줘야 아이를 큰 인물로 키울 수 있다는 것이 주요한 메시지다. 신간 자녀교육서 『엄한 교육 우리 아이를 살린다』(베른하르트 부엡 지음, 서경홍 옮김, 예담프렌드, 2007)는 자녀가 귀한 줄만 알 뿐 올바른 교육법을 몰라 당황하는 부모들에게 경종을 울리고 인성, 학문적 자질, 리더십 등을 위해 엄하게 가르쳐야 한다고 주장한다.

저자는 30년 동안 살렘이라는 기숙학교를 운영하면서 터득한 경험을 바탕으로 교육방법 하나하나를 제시한다. 읽다 보면 요즘 부모들의 자녀 양육법에서 무엇이 문제이고 어떻게 해야 아이들을 바르게 키울 수 있을지 깨닫게 된다. 21세기에 무슨 엄한 교육이냐며 의아해할 수도 있지만 해외명문가는 자녀들을 엄격하기로 유명한 '아웃워드 바운드'로 보내 교육시킨다는 사실을 알고 나면 수긍하게 될 것이다. 2차세계대전 이후 자유주의 교육방식과 자율학습을 시행해온 일본과 독일은 학생들의 실력저하 때문에 고민하지 않을 수 없었다. 두 나라는 위기를 타개하고자 엄한 교육을 강화했고, 그 결과 인내, 배려, 절제 등 인성을 두루 겸비하고 학업 성취도도 뛰어난 학생들을 배출해내기 시작했다. 2010년 말 다시 위 출판사에서 나온 『부모라면 유대인처럼』(고재학, 예담프렌드)은 프로이트, 피카소, 마르크스, 아인슈타인 등 천재로 불리는 유대인들을 지적하면서 유대인 교육의 핵심은 전인교육이며, 부모에게 교육의 책임을 묻는 원칙을 분석해내고 있다.

사실 국내에서도 우수한 사례가 많다고 한다. 2007년 대학입시에서 서울대 7명을 비롯하여 졸업생 473명 가운데 99%에 해당하는 468명을 4년제 대학에 합격시켰다는 경기도 수원의 수성고도 엄한 교육으로 유명하다. 이렇듯 엄한 교육은 자기 절제와 끈기, 배려 등 인성과 예절을 배울 수 있도록 하며 더불어 긍정적인 학습효과도 볼 수 있게 해준다. 『엄한 교육 우리 아이를 살린다』는 자녀에 대한 깊은 애정을 전제로 하여 엄한 교육, 즉 원칙으로 일관되게 자녀를 가르치는 방법이라고 정의한다. 구체적으로 부모의 권위를 세우고, 일관성 있는 원칙을 세우고, 잘못했을 때는 단호하게 벌을 주고, 아이의 잠재된 능력을 키워주라는 등 무엇보다 부모의 올바른 교육관을 요구하고 있다.

2010년 "엄마는 아들을 결코 혼자서 성장시킬 수 없으며, 아들에겐 아버지가 절대적으로 필요하다"고 말하는 공중파 방송사 의학전문기자이자 정신과 전문의의 저서[64]도 예사롭지 않다. "우리나라의 많은 가장이 추구하고 있는 '친구 같은 아빠'는 불행히도 엄마와 다를 바 없다"는 게 저자의 주장이다. 또 저자는 "아빠는 정신 똑바로 차리고 관찰하고, 아들의 부족한 점을 채워 주고 발달을 이끌 수 있는 적재적소에 자극을 줘야 한다"고 말한다.

## 20. 조상매와 서당비

수원시 수성고 학생들의 진지한 모습

우리나라의 교육문화 속에는 자손들이 매 맞을 짓을 하면 그 자손을 앞세워 선조의 무덤을 찾아 자손에게 회초리를 쥐어주고 종아리를 치게 했던 '조상매'가 있으며, 아들놈 서당에 보낸 부모들이 회초리 한 묶음 꺾어다가 맡긴 싸리가 남아돌아 비를 만들어 썼다는 '서당비'가 있다. 조선말기 이경근(李擎根)이 지은 「고암가훈(顧菴家訓)」에 보면 50세 장년이 70세 노모에게 종아리를 맞고 노모가 힘이 없는 것이 서러워 운다고 했다.

오늘날 체벌을 없애야 한다는 이름 아래 사랑의 매까지 증발해버린 것은 아닌지 모르겠다. 고대 희랍 스파르타의 축제일로 '회초리 치는 날'이 있었음을 상기하게 되는 것도 우리의 교육현실을 돌아보고 내 자녀들의 미래를 생각하는 진정한 우려 때문이 아닌가. 위에 말한 수원시

64 이충헌, 『아들은 아빠가 키워라』, 글담출판사, 2010.

수성고는 학원에 갈 필요가 없을 정도로 딱 부러지게 공부를 시키고 생활습관도 제대로 가르치는 학교로 알려져 있다. '떡매'는 엄격한 생활지도를 상징하는 수성고의 전통이다. 너비 5cm, 길이 50cm인 떡매는 '사랑의 매'다. 학부모들은 학년 초에 떡매 수 십 개를 손수 만들어 학교에 전달한다고 한다. 체벌 부위가 나라에 따라 달라서 그렇지 영국, 프랑스, 중국, 일본, 아프리카 등

유해환경

에서도 매는 있었다. 사실 남의 관심과 협조를 바라면서 '편달(鞭撻)을 부탁'하는데, 이 편달도 회초리로 종아리를 친다는 뜻이다.

미국 테네시주(州)에서 자녀를 초등학교에 보냈었다는 학부모 나성심 씨는 2010년 모 일간지를 통해 '미국에서는 애들끼리 학교에 불을 지르겠다'고 말 한 것이 발각돼 3개월 정학을 받을 정도로 학교 규율이 엄격하다"며 "강력한 제재가 따라야 한다"고 말했다. 하루라도 빨리 망가져 가고 있는 교실, 멍들고 있는 교육을 살려내지 않으면 안 될 것이다.

한편 한창 정신이 왕성한 어린이들이 저속하고 음탕하고 불량한 서적을 읽으면 어떻겠는가? 라고 반문하면서 이덕무가 그러한 책으로부터 어린이를 보호하기 위해 반드시 읽어야 할 독서목록을 제시한 것도 예사로운 일이 아니다. 어린아이들이 탈선을 부추기는 성인비디오나 음란사이트에 노출되어 있는 오늘날의 교육적 상황에 비춰보더라도 그렇듯이 어느 시대 어느 사회든 판단이 미숙한 아동들을 유혹하는 유해환경이나 불건전한 교육여건들은 크나큰 문제점으로 지적될 수 있는데, 이덕무의 우려와 주장은 일찍이 교육전문가의 자질을 보여준 탁견이라 하겠다.

과거시험에 아홉 번 장원을 차지한 율곡 이이는 어려서부터 책을 가

까이 한 '독서의 달인'이었다. 율곡의 어머니 신사임당은 매일 새벽 책을 읽다 좋은 문장이 나오면 옮겨 적어 집안 곳곳에 붙여 놓았다고 한다. 지금 우리 자녀들이 자라는 환경은 어떤가. 게임기, 인터넷, 휴대전화에 익숙해진 2010년대 어린이들은 책과 신문, 글과 활자로부터 점점 멀어지고 있다. 결과 자기 생각을 전달하는 글쓰기는 물론 남의 글을 이해하는 능력마저 떨어지고 생각의 깊이와 폭이 줄어들어 걱정이 이만저만이 아니다.

얼마 전 성북구 D초등학교의 김모 교사는 깜짝 놀란 경험을 했다고 한다. 초등학교 1학년인 제자를 안아주려고 했더니 대뜸 "선생님 변태 아니세요?"라며 물러서더라는 것이다. 정작 놀란 것은 어른들의 단어인 변태라는 말을 뜻도 모르면서 컴퓨터나 대중매체를 통해 쓰고 있다는 사실 때문이었다. 아이들은 드라마의 사랑, 뭔지 잘 모르지만 따라 한다. 아이들은 어른을 닮아가는 게 아니라 매스컴을 닮아간다. 가히 대중매체와 인터넷의 시대에 아이들은 무방비 상태에 놓여 있다.

요컨대 이덕무를 비롯한 이이나 홍대용, 정약용 등 우리 선조들의 교육관을 생각해보면 현대의 획일적인 교육의 문제점을 보완하고 우리 교육의 미래를 새롭게 설계할 수 있는 길이 열릴 것이다. 전통적인 교육관은 각 개인의 소질계발이라는 특수성과 사회구성원으로서 지녀야 할 기본지식과 윤리 교육이라는 일반성의 조화에 있었으며, 궁극적으로는 '홍익인간'이 제시하는 인간화를 지향했다는 점에서 시사하는 바가 크기 때문이다.

## 아동교육의 진정성

자제가 어릴 때부터 자질이 아름답고, 그 심지를 살펴볼 때 세속적인 과거에 관한 학문을 원하지 않거든, 그의 본성을 거스르지 말고 그가 좋아하는 취미에 맡기고, 어진 스승과 벗을 선택해서 그를 맡겨 학업을 성취시킨다면, 저 과거의 영화나 복리에다 비교할 때 그 경중과 대소가 과연 어떠하겠는가. 어른이 아이들과 부담없이 웃고 즐기기를 좋아하면, 아이들은 두려워하는 바가 없으므로 날로 어리석어진다. 그러므로 그와 같은 어른은 비록 글을 잘하고 재주가 있더라도 스승을 삼아서는 안 된다.

아이가 배웠던 글을 돌아앉아서 욀 때에 잔글씨로 베껴 가지고 몰래 보고 왼다면, 마음을 속이는 일이 이보다 더 심한 것이 있겠는가. 불량한 버릇은 막지 아니할 수 없으니, 매를 때려 피가 흐르더라도 애석할 것이 조금도 없다. 경박하고 교활한 아이가 나의 자제를 장기나 바둑 두는 일 또는 비속한 일로써 유인하거든, 먼저 나의 자제를 호되게 다스리고, 그런 다음 그 아이의 부형에게 알려서 그 아이를 때려주게 할 것이며, 후일에 그 아이가 또 오거든 반드시 거절해서 쫓아버려려야 한다.

항상, 세속의 자제 중에는 부모를 속이지 않는 자가 극히 드물다. 그 이유를 생각해보면, 모두 어린 아이 적에 그 부모가 예뻐하기만 하고 가르치지 않았기 때문에 그처럼 속임을 당하게 되는 것이다. 이렇게 되면 그 아들만 불효했을 뿐 아니라, 그 부모도 자식을 제대로 사랑하지 못한 것이다. 예에 관한 문헌을 보면, "아버지가 없는 큰 딸에게는 장가들지 않는다."[65]하고, 또 "뛰어난 재능이 없는 과부의 아들과는 벗으로 사귀지 않는다."[66] 하였는데, 이것은 모두 그 아버지가 없어서 능히 가르치지 못하여, 여자의 경우는 그에게 시집갈 수 없게 되고, 남자의 경우는 그와 벗삼을 수 없게 된 때문이다. 그러나 아버지가 없는 자녀라 해서 어찌 다 사람답지 못하겠는가. 아마 예로써 그릇됨을 막자는 입장에서 그렇게 말한 것이라 본다. 그런데 만일 아버지가 있으면서도 충실히 그 자녀를 가르치지 못한다면 죽은 것이나 마찬가지이니, 어찌 슬프지 않겠는가.

교활한 자제에게는 글을 익히게 해서는 안 된다. 그러한 자에게 지혜를 넓혀주면 반드시 도적이 된다. 날뛰는 자제에게는 무술을 배우게 해서는 안 된다. 포학무도함을 길러주면 반드시 사람을 죽인다. 한산자가 사대부집 자제에게 『세설』[67]을 읽게 하면 훌륭한 것은 본받지 않고 오만한 것을 익히기 때문에 마

---

65 『대대례(大戴禮)』 본명(本命), 『공자가어(孔子家語)』 본명해(本命解).

66 『예기(禮記)』 하권 방기(坊記).

67 남송(南宋)의 장사왕(長沙王), 곧 유의경(劉義慶)이 엮은 일화집 『세설신어(世說新語)』를 가리킨다.

땅치 않다고 했는데, 참으로 좋은 말이다. 『세설』도 오히려 그러한데, 하물며 저속하고 음탕하며 불량한 책이랴. 정신이 한창 왕성할 때 난잡한 것이 먼저 머릿 속에 들어간다면 필경에는 어떠한 사람이 되겠는가. ……

어른에게 가르침을 받을 때는 손을 마주잡고 단정하게 앉아서 공손히 듣고 자세히 물어야 한다. 글 읽는 소리는 온화하면서도 나약하지 않아야 하며, 맑으면서도 촉박하게 내지 말며, 중복되거나 끊어지게 하지 말고, 요란스럽거나 떠듬거려서도 안 된다. 거꾸로 읽지도 말고 그릇 읽지도 말고 글자를 빠뜨리고 읽지도 말고 글줄을 건너뛰어서 읽지도 말라. 몸을 흔들지도 말고 머리를 휘젓지도 말고 하품하거나 기지개를 켜지도 말고 한숨 쉬거나 기침하지도 말라. 강의를 들으면서 다른 말을 곁들지도 말고, 글을 읽으면서 다른 일에 한눈팔지도 말라.

— 『청장관전서』 제31권, 사소절 제8

형암 이덕무는 아동의 미래를 진정으로 걱정하면서 교만하거나 간사함이 없이 아이들이 반듯하게 성장할 수 있기를 바랐다. 우리는 이덕무에게서 아이들의 진정한 미래를 위해 엄격한 교육적 잣대를 아끼지 말아야 한다고 믿었던 참된 교육적 시각을 발견하게 된다. 또한 교육의 목적을 인간성 함양에 두면서도 아동들 개인의 취향과 능력도 중시하는 등 합리적인 교육철학도 목격할 수 있다. 물론 이는 이덕무 한 사람만의 생각과 주장에 그치는 것은 아닐 것이다. 우리 조상들이 지닌 교육적 지혜와 안목을 오늘의 바람직하지 못한 교육현실에 빛을 비추는 희망으로 삼아야 한다고 본다.

합리적인 교육적 관점을 지니면서 도덕성 지향의 인본주의적 사고가 강렬했던 이덕무는 단호하게 교활한 어린이에게 지혜를 넓혀주면 반드시 도적이 되고, 경박한 아이에게 무술을 가르쳐 주면 나중에 사람을 죽인다고까지 했다. 그릇된 교육적 관습을 개선해야 할 당위성과 더불어 새로운 교육적 방향을 제시하고 있는 이상과 같은 이덕무의 어린이 교육에 대한 지극한 관심과 독실한 주장은 우리가 직면하고 있는 교육현실

속에서 진정한 조기교육의 의미를 되새겨주고 있으며, 아울러 교육이 추구하는 궁극적 목표가 무엇이어야 하는가를 새롭게 환기시키기도 한다.

　이덕무는 교육의 구체적인 현장에 관심을 돌려 어린이의 수업방식과 태도에 대해서도 소상히 언급하였다. 학문적 목적과 수업태도 그리고 독서의 가치 등을 고려하여 부박한 독서현실을 경계하면서 우선 책의 내용을 충실히 이해하지 못하고 책읽기를 싫어하는 자세를 날카롭게 비난하였다. 항상 배운 것을 부단히 복습하되 시간을 정해 놓고 글을 읽을 것이며, 글을 읽으면서 과정을 빼먹지 말 것을 여러 번 지적했다. 더욱이 글읽는 횟수와 소리에 이르기까지 독서의 방법과 학문의 진지한 태도 등을 세밀하게 진술하였다. 이덕무는 당시 어린 아이들의 배우는 과정에 원칙과 기준이 없음을 주시하고 이렇듯 합리적인 교육과정과 규칙을 제시한 것이다.

　네덜란드 사람인 마틴 메이어(Martin Mayer) 씨는 유럽에 답답함을 느껴 뉴욕주립대학에 가서 과학으로 학사를, 신학으로 석사학위를 받았다. 미국여성과 결혼한 뒤로는 러시아로 이주 명문 모스크바대학에서 「톨스토이의 가족관」으로 문학박사학위를 받았다. 2000년에 처음 한국땅을 밟았고, 거부할 수 없는 그 어떤 마력에 이끌려 아예 이곳에 눌러 살고 있다고 한다. 2006년부터 경기도 가평에 있는 청심국제중고에서 도덕과 종교를 가르치고 있으며, 이미 한국의 문화와 사회에 대한 책『마틴씨, 한국이 그렇게도 좋아요』(마틴 메이어 지음, 안순자 옮김, 현암사, 2005)를 낸 이 외국인은 이번에는 우리의 교육제도를 수 백 쪽에 걸쳐 조모조목 신랄하게 비판한 『교육전쟁』(조재현 옮김, 글로세움, 2009)이란 책을 냈다.

　집필동기에 대해 "나는 한국의 모든 청소년

교육전쟁(글로세움, 2009)

에게 관심을 갖고 있으며 가능한 한 최고의 교육기회를 제공하고 픈 열망이 있다."고 운을 뗀 뒤 "한 마디로 한국의 교육은 움직이는 인형들을 만들어내고 있는 시스템이다."라고 대못을 박았다. 무릇 교육이란 인간의 다양한 면의 계발을 목표로 해야 하는데 한국은 오로지 지적 능력에만 치중하고 있다는 얘기다. 그는 한국식 빨리빨리 문화로는 교육문제를 해결할 수 없다고 했다. 땅은 좁고 인구는 많고 자원은 없으니 이해는 가지만, 어느 사회나 운영시스템이 톱니바퀴처럼 서로 맞물려 있음을 상기시키면서, 정권이 바뀔 때마다 이리저리 교육제도를 바꾸지만 그렇게 해서는 절대 문제가 풀리지 않는다고 했다. 그는 최소한 수년을 내다보고 용기와 인내심과 창의성을 갖고 접근해야 한다고 말했다.

# 제3장 세계적인 문자로서의, 한글

나랏 나랏ㅆ미 中듕國귁에 달아 文문ㅉ
字와로 서르 ᄉ맛디 아니ᄒᆞᆯ씨

이런 젼ᄎ로 어린 百ᄇᆡᆨ姓셩이 니르고져

ᄒᆞᆯ배 이셔도 ᄆᆞᄎᆞᆷ내 제 ᄠᅳ들 시러 펴디 몯
ᄒᆞᆯ 노미 하니라

내 이ᄅᆞᆯ 爲윙ᄒᆞ야 어엿비 너겨 새로 스
믈여듧字ᄍᆞᆯ ᄆᆡᆼᄀᆞ노니

사ᄅᆞᆷ마다 ᄒᆡ여 수ᄫᅵ 니겨 날로 ᄡᅮ메
便뼌安한킈 ᄒᆞ고져 ᄒᆞᆯᄯᆞᄅᆞ미니라

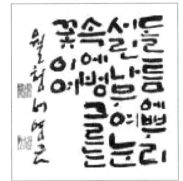

— 세종대왕, 『훈민정음』 해례, 예의 중에서

## 1. 세종의 애민정신과 국보 1호감

모든 언어는 사용자들의 오랜 전통과 지혜를 담고 있는 인류의 지적
재산이요, 특히 문자는 문화의 보존과 발전에 근간이 된다. 오늘날 만주
지역에는 1000만 여명 정도의 만주족이 중국의 소수민족으로 살아가고

있다. 하지만 그들 가운데 고유의 말을 자유로이 구사하고 글을 사용할 줄 아는 사람은 거의 없다. 사실상 한족에 동화되어 버린 것이다. 일찍이 만주족은 청나라를 세워 300년간 대륙을 지배했지만 황실만 만주어를 쓰고 나머지는 중국어를 쓰게 했다. 결과 만주어는 점점 사라져가고 그들의 문화는 물론 민족의 존재마저 희미해지게 된 것이다.

몇 년 전 〈월간중앙〉 '역사탐험'이 실시한 특별기획 '한국사 흐름을 바꾼 역사적 결정(結晶)' 주제의 설문조사가 있었다. 여기에는 교수·교사·전문연구원 등 역사전공자 101명이 참여했다. 결과에 따르면 세종대왕의 훈민정음(訓民正音) 창제가 우리 역사에 가장 큰 영향을 미친 결정으로 평가됐다.

2008년 화재 이전의 숭례문(국보1호)

우리나라 국보 제1호는 숭례문(崇禮門)이다. 도성(都城)의 정문이었던 숭례문은 나라의 보배로 그 가치가 남달라 국가가 보호 관리하는 문화재 1위다. 하지만 우리가 정한 국보가 아니다. 일제강점기인 1934년 조선총독부가 조선중요문화재 보존령을 내리며 지정한 것이다. 그 동안 몇몇 뜻있는 이들이 국보 1호를 바꾸자는 의견을 여러 차례 밝힌 바 있다. 대한민국의 문화적 자존심을 되찾아야 할 때가 왔다고 본다. 우리나라의 당당한 국보 1호감은 무엇일까. 학계와 문화계 인사들이 한 목소리로 주장하는 것이 바로 '훈민정음'이다.

지구상에 현존하는 6,900개 언어 가운데 6,600개가 문자가 없는 언어이며, 그 중 5,800개가 소멸될 위기라고 한다. 그리고 각 언어에는 그 사회의 문화가 반영되어 있다고 하는데, 우리말에 '붉다'는 뜻을 가진 단어만 하더라도 빨갛다, 새빨갛다, 발그스름하다, 불그스름하다, 바알갛다, 발그레하다, 발그무레하다, 불그스레하다, 불그죽죽하다, 울그락불그락하다, 검붉다 등 60여 어휘로 표현될 정도로 한글은 청각적 소리뿐 아니라 감정의 표현 등 글자로 풀이하기 어려운 부분도 표현이 가능하다.

그만큼 우리의 언어와 문화는 다채롭다고 할 수 있다. 언어는 인간 정신의 소산인 문화를 담아내고 발전시키는 가장 중요한 수단 중의 하나이다. 더구나 민족이 사용하는 언어는 민족문화의 산물인 동시에 민족적 사고와 창조적 정신에 직접적으로 영향을 미친다.

민족 고유의 언어와 문화를 대부분 상실했다는 만주족 내

만주족으로 후금을 세운 태조 누르하치와
2대 태종 홍타이지의 황궁

부에서도 최근에 청년층을 중심으로 민족의 정체성을 회복하려는 움직임이 강렬하게 일고 있어 우리의 이목을 집중케 한다. 만주족이 주로 사는 중국의 동북(東北) 3성과 수도 베이징(北京)[68]에 만주어를 가르치는 학원들이 속속 등장하고 있으며, 만주어 학습을 위한 인터넷 사이트들도 개설되고 있어 화제가 되고 있다.

우리 역사상 가장 큰 사건이라 할 수 있을 만큼 문화사적 의의를 지니는 것이 우리 고유문자인 한글의 탄생이다. 조선 4대 임금인 세종은 우리 문화 역사상 가장 백성을 사랑한 군주 중의 한 사람이다. 세종은 여

---

68 칭기즈칸의 손자인 쿠빌라이칸(忽必烈, 재위 1260~1294)이 1272년 수도를 다두(大都 베이징의 옛이름)로 정한 이후, 베이징은 원·명·청의 수도로 600년 이상 군림해오고 있다.

진족과 왜구를 격퇴하면서 이 나라 백성이 살아갈 국토를 보존·확장했다. 특히 여진족을 토벌하여 4군 6진을 설치하고, 우리나라 북쪽의 국경선을 오늘날과 비슷한 압록강과 두만강으로 확장하였다. 삼국 통일 이후 축소된 영토를 확장 유지케 된 것이다. 잘 먹고 편히 살 수 있도록 자격루·측우기 등 여러 과학기구를 발명하고, 곡식 수확량을 늘리기 위해 『농사직설』 등 농서(農書)를 편찬하는 데 주력했다.

생존문제의 해결뿐만 아니라 세종은 백성들의 문화생활을 위해 많은 일을 했다. 의사소통을 원활히 할 수 있도록 언문청(諺文廳) 중심으로 한글을 창제하였고, 갑인자 등의 활자를 제작하여 서적을 보급하고, 아악정리·향악개작·악보제정·악기제작 등 국악[69]의 장려와 발전을 통해 백성의 정서생활을 윤택하게 했다. 특히 임금의 거둥 때나 궁중잔치 때에 아악곡으로 연주하게 했던, '모든 사람들과 즐거움을 함께 한다'는 〈여민락(與民樂)〉이라는 명칭이 시사하듯 백성을 위해 헌신한 임금으로서 한국 역사상 최고의 성군이라 할 수 있다. 세종은 당대와 후대에 모두 높은 평가를 받았다. 세종이 붕어(崩御)하자 사관은 "거룩한 덕망이 드높아 사람들이 해동의 요순이라 불렀다"[70]고 적었다. 1세기가 지난 뒤 율곡 이이(1536~1584)는 "세종이 국가를 안정시켜 후손들이 잘 살 수 있는 길을 터놓았으며, 국운의 상서로운 기틀을 다져놓았다"[71]고 높이 평가했다.

복지정책 차원에서도 세종은 많은 일을 했다. 80세 이상의 노인들에게는 양로연이라는 잔치를 베풀어 위로하고, 90세 이상의 노인에게 관직을 제수하기까지 했다. 더구나 종래 관청의 여자노비에게 주어지던 7

---

69 국가의 의전을 규정한 『국조오례의』를 완성하고, 충·효·열을 확산시키기 위해 『삼강행실도』를 제작케 했던 세종은 중국에서 비롯된 예악사상을 조선땅에 제대로 실현시켜 유교적인 이상 정치를 행하고자 했던 인물이다.

70 『세종실록』 32년 2월 17일.

71 「동호문답」, 『율곡전서』.

일 출산휴가를 대폭 확대하여 100일간 휴가를 주고 노비의 남편인 남자 종에게도 한 달 산후휴가를 주도록 했다. 2010년 프랑스 스트라스부르에서 열린 유럽의회가 여성의 유급 출산휴가를 14주에서 20주로 연장하고 남성에게도 2주의 출산휴가를 주는 법안을 통과시킨 현실을 고려할 때 세종의 의식과 정책이 얼마나 선진적이었는가를 짐작할 수 있다.

이밖에도 세종은 백성들의 건강을 위해 전염병을 관리하고 외국과의 약재를 교류하는 등 의료정책을 혁신적으로 수행했다. 특히 의·약학방면에서 세종 때에 『향약집성방(鄕藥集成方)』이 편찬되었는데, 이는 한국의 풍토에 알맞는 약재와 치료방법을 개발·정리한 것이며, 같은 때에 펴낸 『의방유취(醫方類聚)』는 의학백과사전이다. 또한 법학의 측면에서 세종은 법률안 제정에 직접 감독·감수까지 하면서 철저하게 법에 따른 통치철학을 구현하고자 했다.

우리가 늘 사용하는 1만 원짜리 고액권에 세종대왕이 도안되어 있는 것도 위와 같이 모든 방면에 놀라운 업적을 남긴 것과 밀접한 연관이 있다고 본다. 한국의 정치·경제·사회·예술·문화를 상징하는 중심도로가 세종로이며, 도로 우측의 세종문화회관은 1978년 개관 이후 한국문화예술의 중심무대다. 2009년 한글날인 10월 9일엔 서울 한복판에 세종대왕 동상을 세웠다.[72]

1만 원권의 세종대왕

세종 재위 당시 정인지가 말했듯이 세종은 '하늘이 보낸 거룩한 성인'으로서 천종지성(天縱之聖)이요, '모든 제왕을 초월한 임금'으로서 초

---

72 안타깝게도 세종대왕상이 들어선 세종로 주변의 약 60개에 이르는 간판 중 3분의 1 정도가 한글 없이 영어로만 돼 있다는 사실이 2009년 언론에 보도된 바 있다.

월백왕(超越百王)이었다.[73] 세종은 항상 백성이 나라의 근본이며 백성이 튼튼해야 나라가 평안해진다고 생각했다. 그는 훈민정음 창제 의도를 밝히면서도 백성이 자신들의 뜻을 제대로 펴지 못하는 것이 안타까워 문자를 만들었는 바 이 문자를 통해 백성들의 일상생활이 편리해지기를 바란다고 분명히 말했다. 그러므로 국자의 제정은 백성들이 처음으로 문화생활권으로 들어오는 계기를 만들었다. 그를 우리가 성군(聖君)이 아닌 성인(聖人)이라고 하는 것도 무리가 아니라고 본다. 우리의 세종을 두고서 외국에서 리더십의 모델을 찾는다면 참으로 딱한 일이라 할 것이다.

## 2. 문자혁명을 이룬, 세종의 집념

한글창제는 곧 민족문화 창달에 있어 가장 중요한 과제 중의 하나였다. 당시 중국 한자음 연구의 일인자였던 세종은 국문자 창제의 큰 뜻을

집현전 학자 성삼문

가지고 세종 25년(1443)경 궁중에 언문청을 설치하고 한자의 음운을 연구케 하였다. 그리고 한글창제에 앞서 중국의 음운연구가 필요함을 깨달은 세종은 성삼문(成三問, 1418~1456), 신숙주(申叔舟, 1417~1475)로 하여금 유배 중이던 명나라의 어학자 황찬(黃瓚)을 13차례나 찾아가게 해 중국음의 한글표기법을 배워오도록 했다. 문법보다 발음을 중시했던 세종은 신숙주와 성삼문을 중국에 보내 정확한 발음을 파악토록 해 당시 교재였던 『직해소학(直解

73 정인지 서, 『훈민정음』 해례.

小學』을 바로잡게 했으며, 훈민정음을 이용해 발음사전인 『홍무정운역훈(洪武正韻譯訓)』을 편찬하기도 했다. 세종대왕은 표의문자인 한자와 표음문자인 한글을 병용하는 '1+1'의 이상적인 이중국자(二重國字)시대를 꿈꿨던 것이다.

마침내 세종 25년 12월에 훌륭한 언어학자요 문화창조의 선구자였던 세종대왕은 손수 중국 음운학의 지식을 활용하여 중세국어의 음운을 분석하고 이를 문자화한 훈민정음을 창제하는 데 성공하였다. 훈민정음을 세종이 직접 만들었다는 근거로는 『세종실록』(권102, 세종 25년 12월조)에 나오는 "이 달(12월) 임금께서 친히 언문 28자를 만들었는데 …… 이것을 훈민정음이라 이른다."[74]라고 한 말을 들 수 있다.

그러나 세종 26년(1444) 당대 최고의 학자이자 세종의 총애를 받던 집현전 부제학 최만리(崔萬理, ?~1445)는 "오랑캐만이 자기 글을 만든다"면서 훈민정음이 '야비하고 상스러운 무익한 글자'라며 창제를 반대하는 상소를 끊임없이 올렸다. 훈민정음을 공포하기 2년 전이다. 하지만 세종대왕은 자신의 정책을 끝까지 반대한 최만리를 파직하지 않고 감싸는 등 인재를 아끼는 군주의 풍모를 보였다. 한편 자신이 등용하여 18년간 정승을 지낸 황희(黃喜, 1363~1452)도 어머니가 노비인 천출(賤出)이며, 간악한 소인이니 부패한 관리니 하는 악평이 뒤따랐던 인물이다.

세종은 훈민정음을 만들어 바로 세상에 알리지 않고 3년 동안 〈용비어천가〉 등을 지어 실제로 사용하는 모범을 보인 뒤 드디어 세종 28년(1446)에 세상에 반포하였다. 세종은 우리 문자를 창제하기 위해 사랑하는 신하들을 구속시키기까지 해야 했고, 성종은 한글 번역을 위한 간경도감(刊經都監)을 폐쇄한 바 있으며, 연산군은 자신의 학정을 비판하는

---

74 시월 상친제언문이십팔자 …… 시위훈민정음(是月 上親制諺文二十八字 …… 是謂訓民正音).

우리글로 된 투서에 분노하여 한글을 탄압했는가 하면, 중종은 언문청을 폐지하는 등 우리글이 제자리를 찾기까지 온갖 수난을 겪어야 했다.

이 훈민정음은 언문(諺文), 반절(反切), 암클 등 부정적인 명칭으로 사용되어 오다가 갑오경장 이후 근대화과정 속에서 민족의식의 각성과 함께 '국문(國文)'으로 불렸으며, 그 뒤 한일합병 이후 일본제국주의가 민족정신을 담고 있는 우리의 한글을 없애려고 온갖 악행을 다 부리는 가운데 주시경(周時經, 1876~1914)에 의해 '한글'이라는 이름이 붙여진 뒤 지금까지 한글이라는 명칭으로 쓰이고 있다 한다. 주시경 선생이 1913년에 신문관(新文館) 발행의 어린이 잡지 《아이들 보이》에 집필한 글에서 가로 글씨의 제목으로 '한글'이라고 표기한 것을 두고 말한 것이다. 그러나 '한글' 이름과 관련하여 일찍이 일석(一石) 이희승(李熙昇) 선생은 주시경 또는 권덕규(權悳奎)의 창안이란 말이 있으나 확실치 않다고 말한 바 있다.

잡지 한글(조선어연구회, 1927)

한편 한글이란 이름은 국문연구소 위원을 지냈고 3·1운동 민족대표 33인 중의 한 사람이었던 이종일(李鐘一, 1858~1925)의 「옥파비망록(沃坡備忘錄)」 1898년 7월 4일자 일기와 8월 10일자 일기에 나타나는 것이 처음이라고 한다. 그 후 조선어연구회에서 1927년에 펴낸 《한글》이라는 잡지에서부터 널리 쓰이게 되었다. 결국 '한글'이란 이름이 누구에 의하여 지어진 것인가, 언제 최초로 쓰였는가에 대해서는 자세히 알 길이 없다. 그러나 한글의 '한'이란 하나다, 크다, 첫째가다, 한(韓)나라 등의 뜻을 지닌다고 할 수 있다.

## 3. 문화사적으로 빛나는, 훈민정음(한글)

지구상의 언어는 각기 우수성이 있고 또 그 언어에 근거하여 만들어진 문자도 나름대로의 합리성을 갖고 있다. 함부로 어떤 언어나 문자가 우수하고 어떤 것은 열악하다고 주장하는 것은 자칫 자가당착적인 잘못을 범할 수 있고 국수주의적인 독선에 빠질 우려가 있다.

문화적 맥락 안에서 한글의 창제와 변천과정 및 활용도 등을 살펴봄으로써 한글의 원리는 물론 문화사적 위상을 알 수 있기도 하다. 한글의 우수성은 크게 네 가지 정도로 요약해볼 수 있다.

첫째, 한글은 가장 독창적이다. 세계 문자 중에서 유일하게 언제, 누가, 무슨 연유로 만들었다는 완벽한 논증을 가지고 있는 독창성에서 한글의 우수성을 찾아야 할 것이다. 로마자는 이집트의 상형문자에서 출발하여 페니키아의 음절문자의 단계를 거쳐 오늘날에 이르렀고, 중국의 한자도 갑골문자에서 시작하여 전서·예서 등을 거쳐 지금의 백화문에

1946년 덕수궁에서 열린
한글반포 500주년 기념식장 모습

이르지 않았는가. 그러나 한글은 사물을 본떠 만든 상형글자에서 변모된 것도 아니고 남의 나라 글자를 모방한 것도 아닌, 우리 고유의 독창적인 문자이다. 우리가 한글날을 기념하는 이유도 여기에 있다. 세종대왕이 한글을 반포한 것을 기념하기 위해 1926년 10월 9일 제1회 기념식

을 올렸고 1970년부터 공휴일로 지정했었다.[75] 세계 어느 나라치고 글자의 날을 기념하는 일은 없다고 본다. 그런 날을 기념할래야 할 수가 없을 것이기 때문이다. 그러나 아쉽게도 1990년 우리나라는 한글날을 공휴일에서 제외했다.

둘째, 한글은 매우 과학적이다. 한글은 가장 과학적이고 구체적인 문자라 할 수 있다. 먼저 하나의 음절을 형태가 뚜렷이 구분되는 자음과 모음으로 조합하여 만들었다는 점을 들 수 있는데, 이는 창제자들이 음소에 대한 인식을 하고 있었음을 말한다.[76] 자음의 경우 인간의 발성기관을 모방하여 만들되 5개의 기본 글자를 만든 다음 다시 이 글자에 획을 더하거나 변형하여 다른 글자를 만들었다. 자음이 발음기관의 모양을 본떴음은 현대 음성학의 입장에서 보아도 매우 정확하다고 한다. 가획의 원리에 대해서는 영국의 언어학자 샘슨(G. Sampson) 교수가 1985년 그의 『표기체계(Writting systems)』라는 저서에서 한글을, 역사상 음소의 변별적 자질을 글자에다 적용한 유일한 예라고 평가한 바 있다. 다시 말해 샘슨 교수는 기본 글자에 획을 더해 음성학적으로 같은 계열의 글자를 파생해내는 한글이 지구상에서 가장 진화한 문자라 했다. 모음의 경우도 하늘·땅·사람의 형상을 본떠 3개의 기본 글자를 만들고 나머지는 이를 조합시켜 만들었다는 점에서 넓게 보면 모방과 변형을 통한 진화의 개념으로 설명될 수 있다고 하겠다. 즉 자음과 마찬가지로 모음도 상형의 원리와 가획(합용)의 원리에 따라 만들어졌다고 할 수 있다.

75 독일의 언어학자 하스펠 마트(Haspel Mart)는 한글날인 10월 9일을 세계 언어학의 날로 기념하자는 제안을 하기도 했다.

76 2010년 한글날 무렵 서울 광화문광장의 세종대왕상 앞에서 일본인 나카노(中野耕太) 씨가 "일본 글자가 한자를 음에 맞춰 변형시킨 것과 달리 한글은 입 모양과 천지인이라는 창제원리에 따라 만들어졌는데 15세기에 이런 대단한 일을 했다는 게 놀랍기만 하다"고 했다.

또한 한글은 말소리와 관련하여 체계적으로 만들어졌다. 자음의 경우 소리 나는 자리와 소리의 청탁에 따라서 글자를 체계적으로 분류해 놓았다. 이는 현대 음운학적인 설명과 매우 흡사하다. 먼저 아(牙)·설(舌)·순(脣)·치(齒)·후(喉)에 따른 분류는 현대 음운학적인 관점에서 조음(調音) 자리에 따른 것이고, 전청·차청·전탁·불청불탁에 따른 분류는 현대 음운학적인 관점에서 소리내는 방법에 따른 것이다. 모음의 경우도 기본 자를 바탕으로 입의 오므리고 펴는 소리의 작용에 따라 초출자와 재출자를 체계적으로 만들었다. 따라서『훈민정음』해례의 '정인지[77] 서문' 의 표현대로 바람소리, 닭울음소리, 개짖는 소리까지 어떤 소리라도 적을 수 있을 만큼 강력한 표음능력을 가진 문자라고 할 수 있다.

셋째, 한글은 대단히 철학적인 문자이다. 한글은 우주 만물이 형성되고 운행되는 음양오행의 원리에 따라 만들어진 가장 철학적인 문자이다. 자음의 기본이 되는 'ㄱ' 'ㄴ' 'ㅁ' 'ㅅ' 'ㅇ' 다섯 가지에는 오행사상(자연을 이루고 있는 기본 요소가 쇠·나무·불·불·흙이라고 봄)이 담겨 있다. 모음의 기본이 되는 '·' '_' 'ㅣ' 도 우주의 세 가지 근원이 되는 하늘과 땅과 사람을 각각 상징한다. 훈민정음 창제의 배경을 자세히 설명하고 있는『훈민정음』해례본의 제자해 첫머리에서부터 철학적 원리가 비중 있게 다루어진 것도 예사가 아니다.

넷째, 한글은 가장 실용적인 문자에 속한다. 한글은 익히기 쉬운 아주 실용적인 문자이다. 한글 창제 당시에 예조판서였던 정인지가 말했듯이 한글은 현명한 자는 하루 만에도 익힐 수 있고 어리석은 자도 10일 안에

---

77 정인지(鄭麟趾, 1396~1478)의 호는 학역재(學易齋)이다. 태종 때 사헌부감찰 등을 지냈고 세종 때는 집현전 직제학 등을 지내면서 훈민정음을 창제하는 데 크게 공을 세웠다. 그후 여러 판서를 거쳐 판중추원사가 되었다. 계유정란 때 수양대군의 참모격으로 우의정에 오르고, 세조의 즉위로 영의정이 되었다. 저서로는『치평요람(治平要覽)』,『역대병요(歷代兵要)』,『고려사』 등이 있다.

수업을 듣는 찌아찌아족 학생들

알 수 있을 만큼 배우기 쉽다. 2009년 인도네시아의 부톤(Buton) 섬에 사는 소수민족인 찌아찌아족이 한글을 채택한 것도 한글이 간단하고 배우기 쉬워서였다고 한다. 먼저 한글의 한 글자는 원칙적으로 하나의 음소를 나타내기 때문에 발음하기가 쉽다. 즉 한글은 어느 자리에서나 음가가 같다는 점이다. 로마자 'a'의 경우 위치나 단어에 따라 '어, 아, 애' 등 여러 가지 발음이 나기 때문에 옆에 발음기호를 적어 줘야 정확한 발음을 알 수 있지 않은가. 또 24개의 자음과 모음의 글자만으로 어떠한 소리든지 표기할 수 있을 만큼 기호의 양이 적어 배우기 쉬우며, 글자의 제작원리가 일관성이 있는 것은 이해를 쉽게 하는 요인이다. 세계 최강의 미국민은 79%만 글자를 읽고 쓰고 하는 데 비해 우리나라 문맹률은 거의 0%에 가깝다. 쉽고 간결한 한글 덕분이다.

이 밖에도 한글은 음소문자이면서 음소를 결합하여 음절단위로 모아씀으로써 시각성의 장점을 살렸다는 등 한글이 훌륭한 문자임을 뒷받침하는 예는 얼마든지 있다. 도쿄(東京)대학 유메다 히로유키(夢だ博之) 교수는 한글은 세계에서 가장 발달된 음소문자이면서도 로마자보다 한층 차원이 높은 자질문자라 했다.

## 4. 정보화시대의 세계적 문자, 한글

2011년 현재 세계의 한국어 사용 인구는 약 7,800만 명으로 세계 언어 중 13위에 이르고, 세계지식재산권기구는 한국어를 9번째 국제 공개어로 채택했다고 한다. 언어학으로 세계 최고를 자부하는 영국 옥스퍼드 대학에서 독창성·합리성·과학성 등을 기준으로 세계 모든 문자의 순위를 정한 결과 그 1위는 한글이었다. 물론 지구상의 많은 문자들이 나름대로 합리성을 지닌 우수한 것이라 할 수 있을지라도 특별히 한글의 뛰어난 점은 외국의 학자들로부터도 인정받고 있다.

앞서 언급된 언어학자 샘슨은 "한글은 인류가 쌓은 가장 위대한 지적 성취의 하나로 꼽아야 한다."고 말한 바 있으며, 얼마 전 미국의 유명한 과학전문지 《디스커버리(Discovery)》(1994년 6월호)가 언어학자 제어드 다이어먼드(J. Diamond)의 글을 실어 한글을 '세계에서 가장 훌륭한 문자'라고 격찬했다. 유네스코에서 지구촌의 문맹 퇴치에 공이 큰 사람들에게 포상하기 위해 1989년 '세종대왕상(King Sejong Literacy Prize)'을 제정한 것도 우연한 일이 아니며, 1997년 마침내 『조선왕조실록』과 함께 국보 70호인 『훈민정음』을 세계기록유산(Memory of the World)[78]으로 선정하기에 이르렀다.

한글은 정보화시대에 더욱 빛을 발한다. 세계 다른 문자에 비해 경쟁력을 가졌다. 컴퓨터 자판에서 자음은 왼쪽, 모음은 오른쪽에 배치해 자음과 모음을 번갈아 치면 문자가 완성된다. 이는 손가락의 피로도를 적

---

78 2010년 현재 유네스코(UNESCO)가 지정하는 한국의 세계기록유산은 총 7건으로 『훈민정음』, 『조선왕조실록』, 『직지심체요절』, 『승정원일기』, 『팔만대장경판』, 『조선왕조의궤』, 『동의보감』이다. 특히 『조선왕조의궤』는 서울대 규장각과 한국학중앙연구원 장서각이 소장하고 있는 3,430점이 세계기록유산으로 지정됐다. 의궤는 가례(嘉禮: 결혼)와 국장(國葬) 등 왕실행사를 그림으로 기록해 놓은 책이다. 인류역사상 조선시대에서만 볼 수 있는 귀중한 기록물로, 조선시대의 기록문화를 잘 보여 준다.

서울대학교 규장각

컴퓨터 자판

절히 분배할 수 있는 등 인체공학적으로 생산성을 극대화할 수 있다. 또 한 글자는 하나의 음만을 갖는다는 것도 음성인식·음성합성 등에 대단히 유리하다. 이런 특성은 말로 모든 기기를 움직이게 될 미래사회에서는 아주 중요한 장점이다. 중국어는 자판에 글자를 수용할 수 없어 로마자를 거쳐 입력하며, 일본어도 한자를 많이 쓰기 때문에 정보처리 속도가 늦을 수밖에 없다. 훈민정음은 음이 변함에 따라 주파수가 일정한 비율로 변하므로 컴퓨터에 쉽게 논리적으로 음성인식을 시킬 수 있기 때문에 21세기에는 번역 통역시스템에서부터 인터넷에 이르기까지 세계문자로서 널리 쓰일 수 있을 것이다.

KAIST 문화과학대 한글공학연구소장인 신부용(교통공학) 교수는 2011년 현재 키 12~15개만으로도 한글 입력이 가능한 시스템을 개발 중이다. 그는 현재 컴퓨터 문자 입력키가 35개임을 지적하면서 컴퓨터는 주머니에 넣을 만큼 작아지고 있음을 환기시킨다. 그리고 그는 알파벳과 달리 한글은 적은 수의 키로도 쉽게 소통이 된다고 주장하면서, 전 세계 스마트폰에 알파벳 아닌 한글 자판이 깔리는 것도 불가능한 일이 아니라고 강조한 바 있다. 신 교수는 우리 문자 한글이 로마자를 대체하면서 여기저기서 '한글 좀 가르쳐 달라'고 조를 날이 올 것이라면서 '한글의 세계화'를 예고하였다.

한글은 휴대전화 문자 보내기에선 영어보다도 훨씬 빠른 괴력을 발휘한다. 쉴 새 없이 문자를 찍어 대는 '엄지족'이 생겨난 토양이 한글이다. 일자일음(一字一音) 일음일자(一音一字) 원칙인 한글은 로봇이나 컴퓨터가 음성을 인식하는 데 다른 언어보다 훨씬 정확해 '명령언어'로도 각광 받을 전망이다. 즉 소리와 문자의 일치성으로 인해 음성 인식률이 높아 유비쿼터스 시대에 유리한 문자라는 점을 모든 학자들이 인정하고 있다.

천지인(天地人) 방식을 따르는 휴대전화는 글쇠가 10개밖에 없는데도 일상생활 속의 한국어를 사용하는 데 아무런 불편함이 없다. 휴대전화에 있는 10개 글쇠 중 7개의 글쇠는 각각 두 개의 자음을 표시하고 있으므로 모두 17개의 한글 자모가 글쇠에 표시되어 있는 셈이다. 요즈음 모든 정보통신기기가 휴대전화로 통합되고 있다. 휴대전화에는 단추가 12개밖에 없다. 휴대전화로 모국어를 완전하게 전송할 수 있는 나라는 우리밖에 없다. 사실 우리는 단추가 8개만 있어도 된다. 휴대전화 문자 입력 시 모든 모음자는 · ㅡ ㅣ의 세 글자로 만들 수 있고, 모든 자음자는 기본자음 ㄱㄴㅁㅅㅇ의 다섯 글자로 만들 수 있다. 우리가 휴대전화 최강국인 까닭이 여기에 있다.

정부(문화체육관광부)는 한국어 교육의 강화를 위해 '세종학당' 150곳을 신설하는 계획을 수립, 2015년까지 세종학당을 500곳으로 확대하겠다고 2009년 발표한 바 있다. 정부는 이를 위해 기존의 350개 기관을 '세종학당'으로 전환하여 교재개발 및 교사연수 등

세종학당 설립 추진을 위한 노력

을 지원할 계획이라고도 했다. '한국문화원', '한글학교' 등으로 불리는 한국어교육기관은 2011년 현재 2,100여 곳으로 일본을 비롯하여 북미 등 재외동포 거주지역에 거의 집중돼 있으며, 최근 한국어학습 수요가 급증하고 있는 동남아, 중동, 남미지역에는 아직 찾아보기 힘든 실정이다. 정부는 세종학당을 통해서 국내 체류 외국인과 다문화가정의 결혼 이주여성에 대한 한국어교육도 시행하고 있다.

우리의 국어사 이해와 연구에서 가장 중요하다고 볼 수 있는 세 가지 문헌자료, 즉 세종이 지은 훈민정음에 대해 정인지 등이 해설한『훈민정음』, 훈민정음의 가치를 빛낸 최세진의『훈몽자회』, 한글로써 민족정신을 지킨 주시경의『국어문법』을 중심으로 우리 문자의 특징과 발전상을 대략 살펴보도록 하자. 무지한 백성을 가엾게 생각했던 세종, 특별히 어린 아이들의 장래를 걱정했던 최세진, 그리고 조국을 끔찍이 사랑했던 주시경의 모습이 떠오른다.


## 5. 세계기록유산, 훈민정음 해례

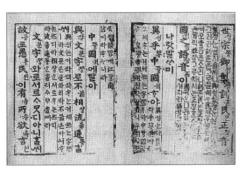

훈민정음 해례의 예의(例義) 부분

훈민정음을 창제한 세종은 자신을 보필했던 신하들로 하여금 이 새로운 문자를 자세히 풀이한 해례서(解例書)를 편찬케 하였다. 이 책의 집필자들은 정인지, 신숙주, 성삼문, 최항, 박팽년, 강희안, 이개, 이선로 등 집현전 학자 8명이다. 이 해례서는 세종 28년(1446) 9월 상순에 한문으로 완성되었는데, 그 책 이름은 새로운 문자 명칭인 훈민정음과 똑같이『훈민정음』으로 되어 있다. 이 책에 '해례' 편이 있다 해서 서명을 '훈민정음 해례본' 이라고도 한다. 1997년 세계기록유산에 등재된『훈민정음』도 바로 이 해례본이다.

이 해례서인『훈민정음』의 체재는 크게는 둘로서 첫 번째는 세종대왕이 쓴 '예의(例義)' 부분이고, 두 번째는 세종의 명으로 학자 8명이 쓴 '해례' 와 해례에 대한 '정인지의 서문' 이다. 좀더 자세히 보면 세 영역으로 되어 있다. 첫째 영역은 세종이 지었을 '예의' 편으로서 먼저 임금이 직접 창제의 의도를 밝힌 세종의 어지(御旨)가 나오고, 다음에 훈민정음의 자음과 모음의 음가가 설명되며, 이어서 종성은 초성을 다시 쓴다는 종성법의 규정이 제시되고, 끝으로 이어쓰기·붙여쓰기 등 글자의 운용법에 대한 설명이 이루어졌다. 둘째 영역은 '해례(解例)' 편으로서 신

훈민정음 해례본을 펼쳐 든
광화문 세종대왕상

하들이 공동으로 훈민정음을 해설한 부분인데, 제자해(制字解), 초성해(初聲解), 중성해(中聲解), 종성해(終聲解), 합자해(合字解), 용자례(用字例)의 순으로 되어 있다. 마지막 세 번째 영역은 '정인지 서(序)'로서 집현전 학자 정인지가 쓴 훈민정음 창제의 취지, 경위, 의의, 가치 등에 관한 글이 실려 있다.

2009년 한글날 서울 광화문 광장에 들어선 세종대왕 동상은 좌상(坐像)형태로서, 세종대왕이 왼손에 『훈민정음』 해례본을 펼쳐 든 채 오른손을 가볍게 들어 보이는 모습을 하고 있다. 『훈민정음』 해례본의 펼쳐진 쪽은 해례 편 중에서 초성·중성·종성 순서를 명시하고, 실제 사례를 들어 보인 용자례(用字例) 편이다.

이 해례본에서 '예의'와 '정인지 서'만을 발췌하여 『세종실록』에 수록한 실록본(한문본)이 있고, 해례본에서 '예의'만을 발췌하여 세조 5년(1459) 『월인석보』에 우리말로 옮겨놓은 언해본이 있다.

해례서 『훈민정음』의 '해례' 편은 훈민정음이 만들어진 원리를 종합적으로 정리한 것으로서 훈민정음이 태극·음양·오행 등의 우주만물

예의(例義)가 들어 있는 월인석보

이 형성되고 운행되는 고도의 이치에 따라 만들어진 것임과 아울러 음가, 운용법, 음운체계 등을 자세히 밝히고 있다. 물론 우주관에 따른 훈민정음의 창제원리가 중국의 음운이론과 상통하는 바가 있기도 하나, 엄격하게는 큰 차이가 있으며 그 결과 음운학 또는 문자학의 새로운 영역을 개척했다는 점에서 그 독창성을 인정하지 않을 수 없다.

중국의 음운학에서는 한 음절을 이분법에 입각하여 성(聲)과 운(韻)으로 나눈 데 비하여, 우리나라 훈민정음의 경우 삼분법에 따라 초성·중성·종성이라 하였는데, 이것은 현대 언어학의 음절이론과 본질적으로 일치한다고 하여 그 과학성이 높이 평가되고 있다. 훈민정음은 제자원리가 현대 음성학·음운학 관점에서 보아도 경탄스러울 만큼 정연하고 세련된 독보적인 문자다.

## 훈민정음의 창제원리

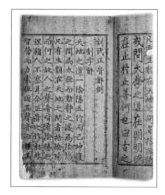

훈민정음 해례 제자해

**훈민정음 창제는 말소리에 따라 음양의 이치를 다한 것이다**

천지의 도는 음양오행 한 가지뿐이다. 곤괘(坤卦)와 복괘(復卦) 사이가 태극이 되고, 동(動)하고 정(靜)한 뒤에 음양이 되는 것이다. 천지 사이에 있는 만물이 음양을 버리고 어디로 가겠는가. 그러므로 사람의 말소리 역시 모두 음양의 이치가 있는 것인데, 다만 사람이 살피지 못할 뿐이다. 이제 훈민정음을 만듦에 있어서도 애당초 지혜나 재간을 가지고 억지로 만든 것이 아니라 다만 그 말소리를 바탕으로 하여 그 이치를 다할 뿐이다. 이치가 이미 둘이 아닌데 어찌 천지 귀신과 그 쓰임을 달리 하겠는가.

### 자음은 조음 위치별로 상형되었으며, 발음이 세게 나는 정도에 따라 획을 더했다

정음 스물여덟 자는 각각 모양을 본떠 만들었다. 첫소리는 모두 열 일곱 자이니, 어금닛소리의 ㄱ은 혀뿌리가 목구멍을 막는 모양을, 혓소리의 ㄴ은 혀가 윗잇몸에 닿는 모양을, 입술소리의 ㅁ은 입의 모양을, 잇소리의 ㅅ은 이(齒)의 모양을, 목구멍소리의 ㅇ은 목구멍 모양을 본뜬 것이다. ㅋ은 ㄱ에 비하여 나오는 소리가 조금 센 까닭에 획을 더한 것이요, ㄴ에서 ㄷ, ㄷ에서 ㅌ, ㅁ에서 ㅂ, ㅂ에서 ㅍ, ㅅ에서 ㅈ, ㅈ에서 ㅊ, ㅇ에서 ㆆ, ㆆ에서 ㅎ도 나오는 소리에 따라 획을 더한 뜻이 모두 같은데, 오직 ㆁ만 다를 뿐이며, 반혓소리인 ㄹ과 반잇소리인 ㅿ 역시 혀와 이의 모양을 본뜬 것이다. 이와 같이 그 형체를 달리하여 획을 더한 뜻이 없다.

### 모음은 기본적으로 천·지·인 삼재(三才)를 상형했다

가운뎃소리는 모두 열 한자인데, ·는 혀가 오그라지고 소리가 깊으니 이는 하늘이 자(子)에서 열린 것[79]이며, 모양이 둥근 것은 하늘의 형상을 본뜬 것이다. ㅡ는 혀가 조금만 오그라지고 소리가 깊지도 않고 얇지도 않으니 이는 땅

---

이 축(丑)에서 열린 것이며, 모양이 평평한 것은 땅의 형상을 본뜬 것이다. ㅣ는 혀가 오그라지지 않고 소리가 얕으니 사람이 인(寅)에서 생긴 것이며, 모양이 서 있는 것은 사람의 형상을 본뜬 것이다.

이 다음의 여덟 소리는 한 번 닫히고 한 번 열리는 것이다. ㅗ는 · 와 같은데 입이 오무라지고 그 모양은 · 와 ㅡ가 합하여 만들어졌으니, 천지가 처음 사귀는 뜻을 취한 것이다. ㅏ는 · 와 같은데 입이 벌려지고 그 모양은 ㅣ와 ·가 합쳐져 만들어졌으니, 천지의 작용이 사물에 나타나되 사람을 필요로 하여 완성되는 뜻을 취한 것이다. ㅜ는 ㅡ와 같은데 입이 오무라지고 그 모양은 ㅡ와 · 가 합쳐져 만들어졌으니 역시 천지가 처음 사귀는 뜻을 취한 것이며, ㅓ는 ㅡ와 같은데 입이 벌려지고 그 모양은 · 와 ㅣ가 합쳐져 만들어졌으니, 역시 천지의 작용이 사물에 나타나되 사람을 필요로 하여 완성되는 뜻을 취한 것이다. ㅛ는 ㅗ와 같은데 ㅣ에서 일어나고, ㅑ는 ㅏ와 같은데 ㅣ에서 일어나며, ㅠ는 ㅜ와 같은데 ㅣ에서 일어나고, ㅕ는 ㅓ와 같은데 ㅣ에서 일어난다. ……

### 초성 · 중성 · 종성이 결합하여 음절을 이룬다

첫소리 · 가운뎃소리 · 나중소리가 합하여 이룩된 글자로 말할 것 같으면 역시 동(動) · 정(靜)이 서로 근본이 되고 음 · 양이 서로 변하는 뜻이 있으니, 동은 하늘이고 정은 땅이며 동 · 정을 겸비한 것은 사람이다. 대개 오행이 하늘에 있으면 신(神)의 운행이 되고 땅에 있으면 자질이 이루어지며 사람에게 있으면 신으로서의 인(仁) · 예(禮) · 신(信) · 의(義) · 지(智)가 운행되고 자질에 해당하는 간(肝) · 심(心) · 비(脾) · 폐(肺) · 신(腎)이 형성된다. 첫소리에는 발동하는 뜻이 있으니 하늘의 일이고, 나중소리에는 정지하는 뜻이 있으니 땅의 일이며, 가운뎃소리는 첫소리의 태어남을 이어받고 나중소리의 이루어짐을 이으니 사람의 일이다. 대체로 자운(字韻)의 요점은 가운뎃소리에 있는데 첫소리와 나중소리가 이에 합쳐져 소리(音)를 이루니, 이는 마치 하늘과 땅이 만물을 생성하고 도를 이루는 데 있어서 반드시 사람을 필요로 하는 것과 같다. ……

아, 훈민정음이 만들어짐에 천지만물의 이치가 모두 갖추어졌으니 참으로 신기하도다. 아마도 하늘이 성스런 임금의 마음을 열게 하고 그의 손을 빈 것이리라.

—『훈민정음』 해례

윗글은『훈민정음』 '해례' 편 중에서 '제자해'의 중요한 대목을 발췌 제시한 것이다. 무엇보다 제자해의 첫머리를 장식하는 훈민정음 창제의 철학적 원리에 주목하게 된다.

우주만물의 생성 원리에 해당하는 태극(太極)에서 둘로 나뉘어진 음(陰)과 양(陽)은 우주가 형성되는 대립적 관계로서 음은 정(靜)이고 양은 동(動)이며, 또한 오행(五行)은 만물을 형성하는 원소이자 우주에 운행하는 기운으로서 금(金)·목(木)·수(水)·화(火)·토(土)를 가리킨다는 것이다. 그리고 훈민정음도 이러한 철학적 배경을 가지고 창제했음을 말하고자 하는 것이다. 한편 곤괘(坤卦)와 복괘(復卦)는 모두『주역(周易)』 64괘에 있는 것으로 곤괘는 음획(陰畫)으로만 되어 있어 오직 정(靜)의 상태이고 복괘는 다시 양(陽) 일획이 가해졌으나 아직은 동(動) 이전의 상태로서 태극이라는 것이다.

문자제정의 원리를 해설해놓은 위 제자해의 내용 전체를 요약하면 대체로 다음과 같다.

1. 훈민정음 창제는 사람의 성음(聲音), 즉 말소리에 따라 음양의 이치를 다한 것이다.
2. 훈민정음 28자, 즉 첫소리 17자와 가운뎃소리 11자가 음양의 이치에 따라 형상을 본떴는데, 28자는 다음과 같다.
   자음(첫소리) : 아음 ㄱ ㅋ ㆁ, 설음 ㄷ ㅌ ㄴ, 순음 ㅂ ㅍ ㅁ,
   　　　　　　　 치음 ㅈ ㅊ ㅅ, 후음 ㆆ ㅎ ㅇ, 반설음 ㄹ, 반
   　　　　　　　 치음 ㅿ
   모음(가운뎃소리) : ·ㅡ ㅣ ㅗ ㅏ ㅜ ㅓ ㅛ ㅑ ㅠ ㅕ

3. 위 첫소리 중 기본이 되는 ㄱ, ㄴ, ㅁ, ㅅ, ㅇ은 음성기관을 본뜬 것이며, 나머지는 그 다섯 음운에다 획을 더한 것이다. 다만 ㆁ, ㄹ, ㅿ은 예외다.

4. 첫소리는 오행, 계절, 음계 등에 결부될 수 있다. 즉 사람의 말소리는 오행에 근본을 두었기 때문에 사계절에 맞춰 봐도 틀리지 않고 오음에 맞춰 봐도 틀리지 않는다.

5. 말소리에는 청탁이 있다. 특히 자음은 소리의 청탁에 따라 음가가 결정된다. 한편 ㅇ을 입술소리, 즉 순음(脣音) 아래 이어 쓰면 입술 가벼운 소리, 즉 순경음(脣輕音)이 된다.

6. 가운뎃소리 중 기본이 되는 ·, ㅡ, ㅣ는 하늘·땅·사람을 본뜬 것이며, 나머지는 그 삼재(三才)의 합성이다.

7. 이 합성에 있어 원(圓), 즉 '·'가 위와 밖, 아래와 안에 있는 위치가 음·양의 이론으로 풀이된다. 다시 말해 가운뎃소리는 『역경』의 수(數)나 방위로 설명할 수 있다.

8. 첫소리와 가운뎃소리는 철학적(음양오행)으로 대비될 수 있다.

9. 첫소리·가운뎃소리·나중소리로 합성된 문자는 하늘·땅·사람으로 설명이 가능하며, 이 문자의 합성에서 가운뎃소리의 역할이 크다.

10. 첫소리(초성)는 다시 나중소리(종성)로 쓰인다.

11. 결론적으로 천지만물의 형성과 운행의 이치에 따라 훈민정음이 창제되었다.

## 6. 국어학 발전에 크게 공헌한, 최세진

16세기 국어학사에서 최세진[80]
이 주목을 받는 이유는 『훈몽자회
(訓蒙字會)』 때문이다. 최세진은 조
선전기 가장 뛰어난 어문학자로
한어(漢語)·한문(漢文)·이문(吏文)
의 세 분야에서 고루 능력을 발휘
한 보기 드문 인재였다. 훈민정음
을 보급하는 데 크게 공헌했으며,
특히 『훈몽자회』의 저술로 국어사

추상적인 내용이 많던 한자교본 유합

에 큰 업적을 남겼다. 한자교본에 있어 종래에 보급되었던 『천자문(千字
文)』, 『유합(類合)』 등은 일상생활과 거리가 먼 고사(故事)와 추상적인 내
용이 많아 어린이들이 익히기에 부적절했으므로 중국어학자인 최세진
이 중종 22년(1527)에 『훈몽자회』를 짓기에 이르렀다. 『훈몽자회』의 첫
머리에 있는 인(引)에서 최세진은 이 책의 편찬목적이 『천자문』과 『유합』
의 결함을 보충하는 데 있음을 분명히 지적하였다.

아동을 위한 한자교습서라 할 수 있는 이 책은 상·중·하 권으로 나

---

80 최세진(崔世珍, 1467경~1542)은 중인계급의 문인으로, 집안이 보잘것없어 기록으로 남
   아 있는 것이 드물다. 따라서 그의 출생연대가 불확실하며 가계에 있어서도 역관 최발
   (崔潑)이 그의 부친이었을 것으로 추측한다. 사망 당시에는 정2품에 해당하는 동지중
   추부사까지 승진하였다. 그의 주요저서로는 『훈몽자회』를 비롯하여 『사성통해(四聲通
   解)』, 『이문집람(吏文輯覽)』 등이 있으며, 역서로 『번역노걸대』, 『번역박통사』 등이 전
   한다.

중국어 학습교재 노걸대를 훈민정음으
로 번역한 최세진의 번역노걸대

누어 한자 3360자를 4자 유취(類聚)로 33개 항목으로 갈라 한글로 음과 뜻을 달았다. 이런 형식의 한자학습서는 이전에 없었다. 그리하여 연산군이후 일시 중단되었던 훈민정음의 사용을 부활시키는 데 큰 공헌을 했다. 상권에는 천문, 지리, 꽃, 풀, 수목, 과실 등이, 중권에는 인류, 궁궐, 관아, 그릇, 음식, 복식 등이, 하권에는 잡어(雜語) 즉 허사(虛辭)가 수록되어 있다. 이는 생활주변에서 흔히 볼 수 있는 사물에 관한 글자로 되어 있어 한글보급에도 공이 크며, 본문 한자를 국역한 것은 국어연구에 귀중한 자료가 된다.

최세진이 남긴 업적 전체를 요약해보면, 크게 중국어연구·한자음연구·국어연구로 나눠볼 수 있다. 먼저 중국 한어의 연구를 들 수 있는데, 그는 사역원(司譯院)의 한어 학습교재를 정비하였으며, 그가 훈민정음으로 『노걸대(老乞大)』, 『박통사(朴通事)』를 번역한 방법은 훗날 사역원의 다른 외국어 학습교재에도 그대로 적용되었다. 물론 당시 사역원은 '말 중심'의 외국어 교육을 실시했다. 한어, 몽골어, 일본어 등에 대한 모든 번역서들이 가장 과학적인 표음문자인 훈민정음으로 발음을 표기하고 그 뜻을 언해하기에 이른 것이다. 국어와 외국어 연구의 중요한 역사적 자료인 번역서의 정비로 외국어 학습에 획기적인 발전을 가져왔다.

그리고 한자음의 연구도 그의 큰 업적인데, 최세진은 한자음의 연구를 통하여 한어음과 다른 우리 한자음을 정리하였으며 이를 『훈몽자회』로 편찬하여 널리 교육하였다. 오늘날에도 『훈몽자회』는 우리나라 중세

한자음 연구의 대표적인 자료로 이용되고 있다.

무엇보다 중요한 것은 최세진의 국어에 관한 업적이다. 『훈몽자회』가 대표적인 예로서, 이 책은 국어사 중에서도 어휘사 자료를 풍부하게 싣고 있다. 특히 이 책의 범례에서는 '언문자모'를 언급하여 국어학 연구는 물론 한글홍보에 크게 기여했는데, 한글자모에 있어 오늘날 쓰이는 것처럼 자모의 배열 순서를 정리하고 자모의 명칭을 정하였으며, 자모의 사용법을 설명한 점이 그러하다.

'언문자모'가 실린 『훈몽자회』의 간행은 훈민정음 반포 81년 뒤의 일로서 훈민정음 사용상의 시간적인 차이를 반영하고 있다. 이는 훈민정음 창제 이후 한글사용의 전체적인 검토와 재평가를 시도한 것으로 언어사적인 의미가 매우 크다. 훈민정음을 사용한 국어 표기사에서 19세기까지의 주류, 가령 음절적·음소적 원리 같은 것은 『훈민정음』해례의 규정을 따른 것이라 할 수 있는데, 『훈몽자회』에 실린 '언문자모'를 통하여 최세진도 그 큰 흐름에 충실하고자 했음을 읽을 수 있다. 그러나 전통적인 표기양상과 함께 실제로는 현실을 수용하고 그에 따라 다음의 표기시대를 여는 변화의 자리에 그가 있었다고 하겠다.

### 훈몽자회와 언문

제가 세상에서 어린 아이들이 글을 배우는 것을 보면 반드시 『천자문』을 읽고, 그 다음에 『유합』을 읽고, 그런 뒤에 비로소 다른 모든 책을 읽기 시작합니다. …… 비록 『천자문』과 『유합』을 배우고 경사의 여러 책을 읽게 된다고 하지만 가만히 보면 다만 그 글자만 알고 그 실물은 모르게 되어서 드디어 글자와 물건으

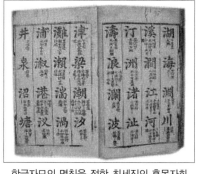

한글자모의 명칭을 정한 최세진의 훈몽자회

로 하여금 다른 두 가지가 되게 하여 조수초목(鳥獸草木)의 이름을 융통해서 알지 못하는 사람이 많은데, 그 이유는 대개 문자만 암송할 따름이고 실제로 보는 것을 힘쓰지 않는 탓입니다. 그래서 저는 구체적인 사물을 가리키는 글자를 뽑아 상·중 두 편을 짓고 반(半) 구체적이고 반 추상적인 문자를 뽑아서 하편을 만들되, 넉자씩 모아서 운에 맞도록 했으니 모두 3360자가 되는지라 이것을 이름 지어 『훈몽자회』라고 하는 바입니다.

—『훈몽자회』인(引)

諺文字母 俗所謂反切 二十七字

初聲終聲通用八字

ㄱ其役 ㄴ尼隱 ㄷ池(末) ㄹ梨乙 ㅁ眉音 ㅂ非邑 ㅅ時(衣) ㆁ異凝

(末)(衣) 兩字 只取本字之釋 俚語爲聲

其尼池梨眉非時異八音 用於初聲

役隱(末)乙音邑(衣)凝八音 用於終聲

初聲獨用八字

ㅋ(箕) ㅌ治 ㅍ皮 ㅈ之 ㅊ齒 ㅿ而 ㅇ伊 ㅎ屎

(箕)字 亦取本字之釋 俚語爲聲

中聲獨用十一字

ㅏ阿 ㅑ也 ㅓ於 ㅕ余 ㅗ吾 ㅛ要 ㅜ牛 ㅠ由 ㅡ應(不用終聲) ㅣ伊(只用中聲) ·思(不用初聲)

初中聲合用作字例

가갸거겨고교구규그기ㄱ·

以ㄱ其爲初聲 以ㅏ阿爲中聲 合ㄱㅏ爲字則가 此家字音也 又以ㄱ役爲終聲 合가ㄱ爲字則각 此各字音 也 餘倣此

初中終三聲合用作字例

간肝갇(笠)갈(刀)감(蛤)갑甲갓(皮)강江

ㄱㅋ下各音 爲初聲 ㅏ下各音 爲中聲作字 如가갸例 作一百七十六字 以ㄴ下七音 爲終聲作字 如肝至 江七字 唯ㅇ之初聲與ㅇ字 音俗呼相近 故俗用 初聲則皆用ㅇ音 若上字有 ㅇ音終聲則下字必用 ㆁ音爲初聲也 ㆁ字之音 動鼻作聲 ㅇ字之音 發爲喉中輕虛之聲而已 故初雖稍異而大體相似也 漢音 ㆁ音初聲 或歸於尼音 或ㆁㅇ相混無別

凡字音高低 皆以字傍點之有無多少 爲準 平聲無點 上聲二點 去聲入聲皆一點 平聲哀而安 上聲厲而擧 去聲淸而遠 入聲直而促 諺解亦同

또 字들이 본딧소리두고 다른 뜯 다른 소리로 쓰면 그 달이 쓰는 소리로 그 줏귀예 돌임ᄒᆞᄂᆞ니 行 녈 힝 平聲本音 行 져제 항 平聲 行 힝뎍 힝 去聲

—『훈몽자회』범례

『훈몽자회』가 국어학 분야의 연구 자료로 주목받는 것은 이 책의 본문내용보다 책머리에 실려 있는 위와 같은 인(引)과 범례 때문이다. 먼저 인에서 말한 바와 같이 종전에 쓰던 한자학습서와 달리 이 책에는 한자음을 당시 사용하던 실용음으로 달아 놓았다는 점에서 국어학 연구의 주요한 대상이 되는 것이다. 다음으로 이 책이 어린이들에게 한자를 가르치기 위해 쓴 것임에도 불구하고 한글 발달에 기여한 공로가 큰은 범례에 나오는 저술원칙 아홉 번째 내용과 같이 최세진은 당시에 한글을 모르는 사람들이 많아 이 사람들에게 먼저 한글을 배우게 하고 다음으로 한자를 배우게 하면 한글도 알게 되고 또 그것을 통해 스승 없이도 한자를 익힐 수 있다고 말한 데서도 짐작할 수 있다.

범례는 저술원칙 '10조'와 부록형식의 '언문자모 속소위반절 27자(諺文字母 俗所謂反切 二十七字)'와 '평상거입정위지도(平上去入定位之圖)'로 이루어져 있다. 범례 중에서도 위에 제시한 바와 같은, 그 부록격인 '諺文字母……'라는 제목의 글은 한글에 대해 간략히 서술하고 있는데, 바로 이 대목으로 인하여『훈몽자회』가 특별히 중요시된다고 본다. 한 마디로 훈민정음 운용에 대한 규범을 정해 놓은 것으로서 이 '언문자모'를 통하여 알 수 있는 내용은 당시 통용되던 사실들을 명문화한 것이라는 점, 한글의 보급과 실용화를 촉진하게 되었다는 점, 국어표기사의 변천을 보여주고 있다는 점 등이다.

사실 범례의 '언문자모'를 구체적으로 살펴볼 때 국어학적 의미는 매우 크다. 원문 차례대로 요점을 정리해보면 다음과 같다.

1. 자모의 배열순서 : 훈민정음 제정 당시의 자음 ㄱ,ㅋ,ㆁ……, 모음 ·,ㅡ,ㅣ……순서와 달리, 자음의 배열순서가 ㄱ,ㄴ,ㄷ, ㄹ……이요, 모음의 배열순서가 ㅏ,ㅑ,ㅓ,ㅕ……이므로 오늘날 쓰이는 것과 아주 비슷하다.

2. 자모의 수 : 훈민정음의 28자모에서 'ㆆ'자가 없어진 27자로 정리했는데, 이는 'ㆆ'이 쓰이지 않게 된 현실의 반영이라 할 수 있다.

3. 명칭 : 기역(其役), 니은(尼隱), 디귿(池末)과 같은 자모의 명칭은 『훈몽자회』에서 처음으로 정해졌다고도 하고, 『훈민정음』 언해에 보이는 접미사를 근거로 삼아 전래의 것이라고도 한다. 다만 초성과 종성에 두루 쓰는 8자에는 한자를 두 자씩, 초성으로만 쓰는 8자 및 중성으로만 쓰는 11자에는 한자를 한 자씩 보였다. 그리고 앞의 8자의 경우에는 원칙적으로 'ㅣ, ㅡ'에 그 글자가 붙는 형식의 한자음을 사용했으나 '귿, 읏' 등에 해당하는 한자음이 없으므로 가까운 음이나 뜻으로 취한 한자를 가지고 왔다.

4. 자모의 운용 : 자음자의 분류와도 관계가 있는 것으로 '초성종성통용팔자(初聲終聲通用八字)'와 '초성독용팔자(初聲獨用八字)'의 규정은 자음자의 용법에 관한 것이다. 최세진은 초성과 종성에 두루 쓰이는 8자(ㄱ, ㄴ, ㄷ, ㄹ, ㅁ, ㅂ, ㅅ, ㆁ)와 초성에만 쓰는 8자(ㅋ, ㅌ, ㅍ, ㅈ, ㅊ, ㅿ, ㅇ, ㅎ)를 구별하여 받침을 8개로 제한했다. 받침으로 여덟자만 쓸 수 있도록 한 이 규정에 대해 관심을 쏟았던 주시경은 이 규정이 『훈몽자회』에서 시작된 것으로 보고 통렬히 비판한 바 있다. 이렇듯 오랫동안 쌓여온 『훈몽자회』에 대한 그릇된 인식들은 1940년에 『훈민정음』 해례본의 내용이 알려진 뒤에 조금씩 고쳐지게 되었다.

5. 합자의 방식 : '초중성합용작자례(初中聲合用作字例)'와 '초중종 삼성합용작자례(初中終三聲合用作字例)'는 합자의 방식을 보인 것 으로 문자의 소개를 넘어 운용의 방법을 알리기 위해 필요한 내 용이었다.

6. ㆁ과 o의 관계 : 초성종성통용팔자로 분류했으면서도 '초성의 ㆁ이 o과 발음이 가까워 초성에는 o을 쓴다'고 하여 실질적으로 ㆁ을 초성자에서 배제하고 있었던 것은 언어현실을 잘 드러내 보인 예다.

7. 성조 : 『훈민정음』 언해와 달리 거성과 입성에 대해 동일한 방 점을 취하도록 하고 있어 성조 표시의 대상이 우리말이 아니라 한자음이었음을 알 수 있다.

## 7. 한글전용을 주장했던, 주시경

20세기 초 우리 한글의 발전에 가장 크게 기 여한 인물 중의 한 사람은 주시경(1876~1914) 이다. 주시경은 고종 13년(1876)에 황해도 봉산 (鳳山)에서 출생하였으며, 11살 때 양아버지를 따라 서울로 왔다.

한글 전용을 주장한 주시경

그의 삶의 궤적은 국어운동·교직생활·연구 및 저술 활동 등으로 나눠볼 수 있다. "그 어렵 고 배우기 힘든 한자에 비한다면, 훈민정음은 얼마나 알기 쉽고 아름다운가? 아무도 돌보지 않는 훈민정음을 내가 빛 내어 보리라." 17세 소년 주시경은 서당을 박차고 나오며 이런 결심을 했다. 수천 년 이어져 온 이 나라 백성의 비정상적인 말과 글의 언어생

활은 주시경 선생의 뚝심으로 하여 바로 잡혔다고 할 수도 있다. 선생은
형태소를 분석해 맞춤법에 반영하고, 글 읽기를 편리하게 했다.

순한글의 독립신문

주시경은 배재학당의 인쇄소에
들어가 잡일을 하다 그 이듬해
18세 때 배재학당에 입학하여 근
대학문에 접하게 되면서, 주경야
독하게 된다. 신학문을 공부하던
주시경은 20세가 되던 1896년 4
월 〈독립신문〉을 창간한 서재필
(徐載弼)에게 발탁되어 순 한글로
된 〈독립신문〉 제작에 참여, 회계
와 교열을 맡는다. 이때부터 국문연구에 관심을 집중하게 된 주시경은
서재필·이상재·이준 등과 독립협회를 결성하고, 21세 때 최초 한글맞
춤법통일안 제정을 목적으로 국문동식회(國文同式會)를 조직한다. 이때
주시경은 "자국을 보존하며 자국을 흥성케 하는 도는 국성(國性)을 장려
함에 있고, 국성을 장려하는 도는 국어와 국문을 숭용(崇用)함이 최요(最
要)하다."고 주장하면서 국어 국문의 중요성을 강조하였다.

이어 주시경은 〈독립신문〉에 소리글자 한글의 우수성을 주장하는「국
문론」을 네 차례 기고한다. 또한 1910년 박은식·최남선과 '조선광문
회'를 창설, 최초 국어사전 '말모이' 편찬에 들어간다. 건양 1년(1896)
독립신문사 안에 창설한 최초의 사설 국어 연구 단체인 국문동식회에서
시작하여 계속된 그의 국어운동은 국운이 이미 기울어진 당시로서는 구
국 독립운동과 다름이 없었다.

주시경 주도의 최초 국어사전 편찬을 시작으로 조선광문회는 '민족국
가기반 한글운동 발상지' 구실을 한다. 조선광문회는 당대 석학들이 모
여 독립의 담론을 나누고, 민족자각의 결의를 다지는 중심이었다. 마침

내 항일애국의 정신과 신문화건설의 계몽사상이 무르익어 이곳에서 3 · 1독립운동선언서를 구상하기에 이른다. 또한 주시경의 국어사전 편찬정신을 뒤에 한글학자들이 조선어학회사건 옥고를 겪으며 목숨까지 바쳐 지켜낸다.

1908년 이래 주시경은 불타는 애국정신으로 한글 교육에 몸 바치면서 국어강습원 · 공옥 · 이화 · 숙명 · 진명 · 휘문 · 보성 · 중앙 · 배재 · 경신 등 무려 스무 학교에 걸쳐 동분서주한다. 그때 제자들, 권덕규 · 김윤경 · 김두봉 · 최현배 · 이병기의 조선연구회는 일제와 분단시대를 거치며 힘차게 자라날 국어학의 씨앗을 뿌린다. 그는 항상 무명옷과 짚신으로 생활했으며 약 10년간 간호원학교를 비롯하여 위와 같은 학교 등에서 교사로 근무했다.


## 8. 대표적 연구업적, 국어문법

주시경의 국어학 연구의 업적은『국어문전음학(國語文典音學)』,『국문초학(國文初學)』,『국어문법』,『말의 소리』등의 저서로 전하고 있다. 1914년『말의 소리』는 세계 최초의 구조언어학 이론을 구체적으로 창안한 업적으로 높이 평가 받는다. 확증은 없으나 '한글'이라는 말도 주시경이 처음 사용하였다는 것을 상기할 필요가 있다. 그는 어느 여름 저녁 무렵에 점심으로 먹은 찬밥 덩어리가 목에 걸린 뒤 체증으로 두어 달 고생하다 세상을 떠났다.

하루 4시간밖에 안 자며 뼈를 깎는 노력으로 국어학 연구에 몰두하다 건강을 해쳐 일찍 세상을 떠나니 눈물 흘리지 않는 이가 없었다. 37세로 요절하면서 민족의 자주독립과 조국 근대화의 정신적 지주였던 그가 만 16세 때(1893) 쓰기 시작하여 18년 만에 이룩한 대표적인 저서가 바로『국어문법』(1910)이다. 이 책은 일본의 강점이 시작되면서 '국어'라는 말을 더 이상 쓰지 못하고 표제가 『조선어문법』(1911)으로 바뀌게 된다. 조선총독부가 일본어를 '국어'로 부르도록 강요하고 우리 국어를 '조선어'라고 명명했기 때문이다.

책의 주요 내용을 살펴보면 크게는 정밀한 국어학 연구와 여러 국어운동으로 양분됨을 알 수 있다. 그의 국어학 연구 가운데 음운론 연구는 최초로 해박하게 이룬 단음분석적 연구였다. 그리고 형태론적 분석에 해당하는 그의 품사론 같은 것은 현행 어원주의적 정서법 이론의 초석이 되었다. 그의 구문분석도 독자적이고 논리 정연하므로 세계 어디에 내놓아도 손색이 없을 정도라고 한다. 다시 말하면, 그의 음운론에서의 음소의 설정, 형태론에서의 어소의 인식, 구문론에서의 계층적 구조분석 등의 구조언어학은 스위스의 소쉬르(Ferdinand de Saussure)나 미국의 새피어(Edward Sapir) 또는 블룸필드(Leonard Broomfield)보다도 앞서는 것이라 평가되기도 한다,

그의 국어운동은 『국어문법』 서문 속에도 뚜렷이 드러나고 있다. 그는 민족의 문화발전을 전제로 국어의 올바른 사용과 국어순화, 사전의 편찬 등 국어의 개선과 창조적 계승을 강력히 주장하였다. 『국어문법』에 담긴 주시경의 국어사랑이야말로 민족적 자주독립의 정신을 반영한 것이라 여겨진다.

다만 그의 국어운동의 이념이 극단적 민족주의의 소산이라는 데 한계가 있었다. 그러나 그의 정열이 시대적 환경에 잘 조화되어, 직접·간접으로 많은 후계자를 만들었다. 이 후계자들은 그가 작고한 지 6년 만인 1921년 12월 3일에 최초의 민간학회로서 창립된 조선어학회[81]의 전신인 조선어연구회의 주동이 되었다. 그리하여 이 학회는 그의 숭고한 이념

---

81 조선어연구회는 1931년 학술단체로 발전하여 그 이름을 조선어학회라 개칭하였다. 광복 이후인 1949년에 다시 그 이름을 한글학회로 바꾸었다.

과 정열적 태도를 이어받았고 일치단결하여 문화사상 거대한 국어운동을 완수해낸 것이다.

## 한글전용의 언어관

우주 자연의 이치로 지구가 이루어짐에 그것은 물과 땅으로 나누어지고 육지는 다시 강이나 바다 · 산악 · 사막으로 각기 구역이 나뉘었다. 인종도 각 경계 구역에 따라 나누어지고, 지역마다 인종이 같지 않으며 언어도 서로 다르니 이것은 하늘이 그 지역을 각기 설정하여

18년 걸려 완성한 주시경의 국어문법

한 구역의 땅에 한 종류의 사람을 생산하고 한 종류의 사람에게 한 종류의 언어를 가지도록 하게 함이라.

이로써 하늘의 섭리에 따라 그 지역에 그 인종이 살기에 마땅하며 그 인종이 그 언어를 말하기 적당하다. 천연의 사회로 국가가 형성되어 독립이 각기 이루어지니 그 지역은 독립의 터전이요, 그 인종은 독립의 몸체요, 그 언어는 독립의 성질(뜻)이다. 이 성질이 없으면 몸체가 있어도 그 몸체가 아니요, 터전이 있어도 그 터전이 아니다. 그러므로 그 국가의 성쇠도 언어의 성쇠에 있고, 국가의 존재여부도 언어의 존재여부에 달려 있다. 따라서 고금의 세계 여러 나라들이 각각 자기 나라의 언어를 숭상하며, 말을 기록하는 문자를 각기 만드는 것이 다 이를 위함이다.……

이 나라 조선조 세종대왕께서는 타고난 위대한 성인으로서 우리말에 상응하는 문자가 없음을 우려하시고 우리 문자 28자를 친히 제정하셨으니, 글자가 간결하고 소리까지 갖춤으로써 한자와 바꾸어 사용함에 통하지 않음이 없으니 이는 천연 특유의 우리나라의 문자이다. 우리 문자가 만들어진 후에 우리말로 짓는 글이 계속 나와 그 서적이 많지마는, 오히려 국문을 적게 쓰고 한문을 숭상했다. 지난 갑오년에는 과거법을 폐기한 후로 한문의 위세가 위축되어 학습하는 자가 드물 뿐만 아니라, 근래에는 우리나라의 교육법이 새롭게 시행되기

에 이르러 예전과 같이 한문을 전공하고자 해도 할 수 없으니 한문의 쇠잔은 피할 수 없는 것이요, 국문은 근래로 공사 간에 왕성하게 쓰이니 가히 차츰 나아가는 운명을 맞았다고 이를 것이다.

— 『국어문법』 서문

품사의 종류 9개 명칭은 국어로 지었다. 혹은 줄인 것(약어)이요 혹은 만든 것이다. 한자로 지으면 그 글자의 뜻으로만 풀려고 하는 버릇이 있어 그 정의를 말하지 않으면 잘못 알기 쉽다. 그러니 국어로 짓든지 한자를 쓰든지 정의를 들기는 일반인데 한자로 만들기는 국어로 만들기보다 편하지 못하다. 요즈음 일본과 중국에서 한자로 문법에 쓰는 명칭이 있으나, 그 중에 본 사실에 어긋남과 부족함이 있고 국어에 부적합함이 있다. 그러므로 한결같이 하느라고 국어로 지었거니와 어떻든지 국어에 국어를 씀이 가하지 않겠는가. 따라서 이 하에도 이와 같은 것이 있다.

— 『국어문법』 기난갈

주시경은 위 서문에서 말한 바와 같이 국가의 성쇠는 물론 국가의 존립여부마저도 언어에 달렸다고 생각했다. 말하자면 그의 국어관은 곧 조국의 독립이라는 국가관과 직결되었던 것이다. 그는 한글주의자라고 불릴 만큼 한글에 대한 사랑이 지극했으며 이 한글의 연구와 국어운동을 통해 국가의 발전을 이룰 수 있다고 확신했던 국어학자요 민족주의자였다.

서문에 해당하는 위 주장에 이어서는 국어사전을 만들지 못하여 사람들이 글자를 잘못 알고 함부로 사용하고 있다고 지적하면서 문화를 책임지고 있는 정부와 국어교육을 맡고 있는 교사들에게 국어개선에 앞장서 줄 것을 호소하기도 했다.

다만 한자는 형상을 나타낸 것으로 미개한 글이기 때문에 폐지되어야 한다면서 한자어까지 축출해야 한다고 주장하는 한편 한글은 말을 기록한 것이니 문명한 글이라 하면서 한글전용을 주장하는 데서는 배타적이고 국수주의적인 태도를 엿볼 수 있다.

주시경이 짧은 인생이나마 정력을 다 바쳐 남긴 업적은 국어연구였다고 해도 과언이 아니다. 그리고 『국어문법』이라는 대표적인 저서를 남겼다. 물론 그가 19세기 서구의 언어학에 크게 영향을 받았으나, 그의 학문적 결과물인 이 저서의 독특하고 섬세하며 체계적인 이론은 당시 구미의 언어학자들보다 앞선 것이라는 평가를 받고 있다. 주시경의 문법에 대한 비판도 있으나 국어발전을 위해 독창적인 이론을 제시했던 그의 노력은 인정되어야 할 것이다.

그의 문법 체계는 6분과의 음학(音學), 자분학(字分學), 격분학(格分學), 도해학(圖解學), 변체학(變體學), 실용연습으로 되어 있다. 그는 음학(소리)이라는 명칭하에 국어의 음운론을 연구했는데, 무엇보다 단음인 홋소리의 귀납적 발견은 구조언어학의 기본단위인 음소의 설정과 같은 것으로서 매우 의미 있는 성과였다. 자음에 있어서는 특히 ㅊㅋㅌㅍ을 '섞임소리'라 하여 각각 ㅎ이 혼합된 것으로, ㄲㄸㅃㅆㅉ은 '짝소리'라 하여 거듭된 것으로 각각 분석했는데, 현재까지도 인정받고 있는 학설이다. 또한 음소가 놓이는 환경에 따라 달리 발음되는 현상을 세밀하게 살펴 두음법칙과 받침법칙, 자음동화 등을 발견했다. 이상과 같이 그의 음소적 분석은 매우 훌륭한 것이었다.

자분학(기난갈 · 씨난갈)의 명칭 밑에 연구된 그의 품사론은 형태론적 분석에 해당한다. 그의 형태론적 분석의 결과는 최소 의미 단위인 어소에 더 가까운 것인데, 9품사에 대한 이 분류는 책 전체에서 가장 비중있게 다루어졌다. 특히 의존형인 기능어는 것(조사) 33종, 잇(접속사) 11종, 끗(종지사) 4종으로 3분되며 각각 놓이는 환경에 따라 다른 이형을 기술해놓았는데, 이처럼 외적 기능에 따른 이형 분석은 형태론적 분석의 극치를 이룬다. 위 제시문에서 자분학(기난갈)의 일부를 볼 수 있다.

격분학(짬듬갈)의 명칭 밑에 연구된 그의 구문분석은 우선 형태구조

면에서 단어·구·문·문장의 계층으로 이루어질 수 있다. 그의 구문분석은 문을 대상으로 하고 어소에 해당하는 단어(기, 씨)를 기본 단위로 했다. 이처럼 그의 구문분석은 어소에 해당하는 단어를 기존 단위로 하여 계층적으로 배열된 구문구조를 대상으로 이루졌는데 이것은 현대 변형생성문법에서 PS규칙을 밟아서 이룩되는 유도과정과 매우 흡사한데, 주시경의 한 도해를 촘스키(Noam chomsky)가 제시한 한 수형도와 비교해보면 더욱 분명해질 것이다.

세종대왕이 한글과 한자라는 이중국자정책을 꿈꾸었으나 현실에서 그 꿈은 이루어지지 못했다. 조선왕조가 끝날 때까지 한글은 크게 쓰이지 못한 채 한자중심으로 문자생활을 해온 것이 사실이다. 그러다 보니 조선왕조가 막을 내리자마자 한글전용이라는 극단적인 주장이 나오게 되었다고 본다.

일본 문부성 문화심의회 국어분과위가 2010년 5월 종래의 상용한자에서 191자가 늘어난 2136자의 '개정 상용한자'를 발표했다. 국어분과위는 "컴퓨터 일상화로 사이버 공간에서 상용한자 범위를 넘어선 한자를 접할 기회가 더 많아져 상용한자를 확대하고 한자쓰기를 강화할 필요가 있다고 밝혔다. 우리는 수십 년 동안 '한글전용'이냐 '국한혼용'이냐 논쟁의 덫에 걸려 한자교육이 한 발짝도 못 나가는데 일본은 컴퓨터 시대를 맞아 오히려 이를 강화하고 있다. 그 결과는 다음 세대 두 나라 국민의 어문생활의 풍요로움과 지력(知力)의 차이로 나타날 것이 뻔하다. 일본에선 컴퓨터 세대일수록 한자를 더 배워야 한다고 생각하고 있는데 어찌하여 우리는 그런 인식이 없는지 안타깝다.

문화란 정서를 공유하는 집단이 지닌 기록문자에 의해 전승되는 것이 일반적인 일이다. 오늘날 우리가 동북아시아의 허브를 외치면서도 2000년 역사의 전통적인 한자 유전자를 살려내지 못하는 어리석음에 빠져서는 안 된다. 하루빨리 G2·G3를 다투는 중국·일본과의 공통적 소통 수단인 고품격 한자문화의 부가가치를 창출해야 한다.

한국을 대표할 만한 인문학자인 조동일(국문학) 교수는 최근 출간한 『동아시아 문명론』(지식산업사, 2010)에서 한문을 동아시아문명의 공동재산으로 규정하고, 동아시아 여러 나라가 한문문명권의 일원이 된 것은 슬기로운 일이었음을 강조했다. 각국의 민족어만큼 동아시아 공동문어인 한문을 아끼고 발전시켜 나아가야함은 당면한 과제이다.

한문을 동아시아문명의 공동재산으로 규정하고 있는 조동일의 동아시아문명론 (지식산업사, 2010)

# 제4장 독자적 품격으로서의, 철학

대개 성은 비록 근본적으로 선하되, 기질에 떨어지게
되면 편벽됨이 없지 않은 까닭에 기질의 성이라 이름하
고, 칠정은 비록 이·기를 겸비하였으나 이는 약하고 기
는 강하여 그것을 통제하지 못하므로 악에 흐르기 쉬운
까닭에 기의 발이라고 이르는 것입니다.

— 이황, 『퇴계집(退溪集)』 서(書) 중에서

## 1. 철학의 진수, 한국문화 속에 있다

이선민 기자는 원효가 살았던 분황사(芬皇寺)를 돌아 나오면서 다음과
같이 말한 적이 있다. 원효는 한국 역사가 낳은 걸출한 사상가이자 실천
가였다. 학문과 실천이 분리되어 있고, 대부분 학자들이 선진국의 논의
를 이해하는 데 급급한 우리 현실에 비추어 보면 당대 동아시아 최고의
이론을 지녔음에도 스스로를 낮추어 대중 속으로 파고들었던 원효의 위
대함은 새삼 두드러진다. 왜 오늘 우리는 원효 같은 인물을 배출하지 못

할까 하는 안타까움을 간
직하며 어둠이 깔리기 시
작한 분황사를 나섰다.[82]

사상은 저절로 태어나
는 것도 아니고 천재 한
사람에 의해 형성되는 것
도 아니다. 사상이란 그
시대를 살아가는 사람들
의 지배적인 생각을 말한

원효가 저술활동을 했던 분황사(국보 30호, 경북 경주)

다. 이 사상은 사람들의 생활과 밀접하게 연관되어 있기 때문에 시대와
사회의 변화에 따라 달라지기 마련이다. 이에 기존의 사상은 새로운 사
상이 나타날 때 조화를 이루기도 하고 갈등을 겪기도 한다. 특히 우리
민족은 다른 토양에서 자라난 외래사상을 받아들일 때 거리를 두고 우
리의 삶 속에 적용 가능한가를 심각하게 고민했다.

삼국시대에 중국을 통해 전래된 불교를 비롯하여 고려 말에 도입된
중국의 성리학과 조선후기에 들여온 서양의 천주교, 그리고 일제시기
에 수용된 사회주의사상 등 들어올 당시 다수의 환영을 받은 것은 거의
없다. 이방의 종교와 사상이 한반도에 정착하기까지는 적잖은 진통을
겪어야 했다. 오늘날 서양의 철학자들 가운데 자신을 찾아오는 한국의
유학생들에게 한국문화의 전통 속에 철학의 진수가 있는데 왜 멀리까
지 왔느냐는 질문을 던진다고 하는 것도 다 이유가 있다고 본다. 하버
드대학 출신의 스님이라 하여 세상의 이목을 집중시키며 한국불교의
세계화에 기여한 현각스님이 『만행·하버드에서 화계사까지』(열림원,
2004)를 저술한 동기를 언급하면서 한국인이 자신들에게 얼마나 아름다

---

82 〈조선일보〉, 2000. 3. 16.

제 1 부 인문·이성과 사고

운 전통과 철학이 있는지 일깨워 주고 싶었다고 한 말도 새삼 의미 있게 다가온다.

부족연합 단계에 있던 초기 국가들이 점차 영토국가로 성장하던 삼국시대에는 확장된 영토와 백성을 효율적으로 다스릴 수 있는 새로운 사상이 필요하게 되었다. 새로 편입된 사람들과 이미 거주하고 있던 사람들 사이의 갈등을 해소시키고 일체감을 갖게 하는 데 기존의 민간신앙으로는 한계가 있었다.

이에 각 국가들은 중국을 통해 유교, 불교, 도교와 같은 선진사상을 수용함으로써 백성을 통합시키고자 했다. 그러나 불교와 유교는 우리 사상의 주류를 형성하였으나, 도교는 주도적인 사상으로 성장하지 못하고 민간신앙과 결부되거나 불교에 흡수되었다.

중국에서 국교로 불릴 만큼 확산 되어 있는 도교는 한 번도 한반도에 제대로 수용된 적이 없다. 다만 이 땅에 처음 들어온 것은 7세기 전반 고구려 명장 연개소문이 불교를 누르기 위해 오두미교(五斗米敎)를 받아들였고, 고려조 옥황상제라는 도교 최고의 신이 유입되었으며, 도교는 우리나라에 들어와 전통적인 민간신앙이나 불교와 융합되었다고 인식해왔다. 그러나 우리의 도교의 기원에 대해 한국에서 독자적으로 발생했다는 자생설이 있는가 하면 중국의 전래설이 있다. 전래설의 경우, 『삼국사기』고구려본기 영류왕편의 당 고조가 보낸 도사를 통해 받아들였다는 것과, 보장왕편의 연개소문의 주청으로 도교를 받아들였다는 내용이 있다. 최근에는 정재서(중문학) 교수가 보하이만(渤海灣) 일대 동이족 문화에서 비롯한 원시도교문화가 중국과 한국에 동시에 전파됐고 중국에서 이론화한 도교가 다시 한국으로 건너오면서 공명현상을 일으킨 것으로 판단하여, 자생설과 전래설을 넘어 동아시아 공유설을 주장했다.[83]

---

83 〈동아일보〉, 2006. 11. 7.

우리 역사 속에서 불교나 유교가 각기 고대사회와 중세사회의 모습을 변화시키는 데 결정적인 작용을 했으며 천주교로 상징되는 서양문명과 가치체계가 근대사회로의 변혁을 추동하는 데 일정한 역할을 했다는 것은 상식처럼 되어 있다.

그러나 외래 종교나 사상이 이 땅에 전래되어 토착화되기까지는 상당한 시간이 필요하다. 밑바닥 깊이 그 가르침과 진정한 의미가 스며들고 그 영양분을 공급받아야 그 종교나 사상을 대표할 만한 스타급 인물들이 배출된다. 여기까지 걸리는 시간은 대략 200년쯤 되지 않나 한다.

먼저 불교를 보자. 삼국 중 가장 늦은 458년에야 신라에 불교가 전래되었다. 고구려에서 내려온 묵호자(墨胡子)가 신라에 인과(因果)와 윤회사상을 토대로 한 불교를 전파하기 시작했다. 그 후 이차돈(異次頓, 506~527)이 목이 잘리는 순교를 겪어야 했다.[84] 이차돈은 자청해서 죽었다. 얼마든지 죽지 않고 잘 나가는 인생을 살 수 있었으나, 법흥왕에게 포교를 위해서 자기가 죽어야 한다고 간청했다. 이때 이차돈의 나이 불과 만 21세였다. 칼로 이차돈의 목을 자르니 흰색의 피가 하늘로 치솟는 기적이 일어났다. 『능엄경(楞嚴經)』의 「유가수련증험설(瑜伽修煉證驗說)」에서는 아나함(阿那含, 불교에서 욕계의 번뇌를 끊어버린 성자를 일컫는 말)의 경지에 이르면 온 몸의 붉은 피가 다 흰 연고처럼 변한다[85]고 설명되어 있다. 전래되고 나서 200년쯤 흐른 600년대 중반에야 원효(617~686)와 의상(625~702)이 배출되었다. 그 시기는 신라가 하루도 쉬지 않고 전쟁을 치러야 할 정도로 혼란스럽고 살벌하였다. 이 때 원효와 의상 등은 신라

---

84 이차돈이 죽은 다음 바로 불교가 공인된 것도 아니다. 7~8년이라는 세월이 지나서야 귀족들의 반발을 잠재우고 불교가 공인되었다.

85 편신적혈개성백고(遍身赤血皆成白膏).

안향이 중국에 가서 필사했던
주자전서

인의 마음을 달래주는 역할을 톡톡히 했다.

성리학도 마찬가지다. 고려후기 충렬왕 16년 (1290)경 안향(安珦, 1243~1306)은 중국 연경에서 『주자전서(朱子全書)』(50권)를 베껴가지고 고려에 들어왔다. 성리학은 당시 국교였던 불교를 삿된 이단(異端)으로 몰아붙이면서 조선의 국교가 되었고, 1500년대에 이르러 퇴계와 율곡을 배출하게 된다. 논리·합리를 뜻하는 이(理)를 표방하는 성리학의 입장에서 직관·공(空)을 중시하는 불교를 허무맹랑하게 치부하는 것은 자연스런 귀결이다. 그러나 유교가 논리적 이론을 갖추는 단계, 즉 성리학 형성시기에는 화엄불교와 같은 데서 영향을 받았다. 이(理)가 화엄철학의 이사론(理事論)의 핵심이기 때문이다. 성리학이 국내에 들어오면서 순교자는 없었다. 그러나 1500년경 전후하여 무오·갑자·기묘·을사사화라는 4대 사화를 치러야 했다. 이 사화를 겪고 나서야 퇴계와 율곡이 등장한 것이다. 안향 이후 200년이 지나서이다.

故 김수환 추기경

천주교의 경우, 이승훈(1756~1801)이 당시 베이징에서 포교하고 있던 포르투칼 그라몽(de Grammont, 梁棟材) 신부로부터 세례를 받고 조선에 들어온 시기는 정조 8년(1784)이다. 불교가 한반도에 전래될 때도 순교가 있었지만, 불교나 성리학에 비해 서양에서 들어온 천주교는 토착화의 과정이 더 혹독했다. 특히 제사(祭祀)문제로 많은 희생이 일어났다. 2009년에 선종(善終)한 김수환 추기경의 등장도 천주교 전래 이후 약 200년이 되는 셈이다.

세 철학사상[86] 가운데 가장 장기간에 걸쳐 사회적 영향력을 행사한 것은 맨 처음 들어온 불교였다고 한다. 불교는 왕실 주도하에 수용된 만큼 국가와 지배층을 옹호하는 데 기여했다. 올바른 교법으로 온 세상을 통일하고 다스려야 한다는 주장은 당시 빈번하던 정복전쟁을 정당화했고, 전생에 선한 일을 한 사람은 복을 받고 악했던 사람은 벌을 받는다는 윤회사상은 불평등한 신분질서를 합리화시켰다.

## 2. 유학의 한국유입

기원전 108년의 한사군(漢四郡) 시대쯤에 유입되었을 것으로 추정되는 유교는 삼국시대부터 학교에서 가르치는 『논어』, 『효경』 등의 교과목과 더불어 발전해갔다. 고려에 들어서는 광종 때 유교경전으로 시험을 보는 과거제도가 실시되면서 유교의 영향력은 더욱 넓혀졌다. 호족의 세력을 약화시키고 왕권을 키우기 위해 실시했던 과거(科擧)란 '시험과목에 따라 인재를 선발해 쓴다'고 하는 뜻이다.

성리학을 들여온 고려의 안향

국립대학인 국자감의 설립과 해동의 공자로 칭송되던 최충(崔冲, 984~1068)에 의한 12공도(公徒)의 설립이 뜻하는 고려중기의 난숙한 유학문화는 안향과 백이정(白頤正)이 주도한 성리학의 수용으로 한층 심화되

---

86 이밖에도 최제우가 새롭게 이룩한 동학(東學)사상을 비롯하여 국가와 임금의 기원(祈願)과 관련된 도교(종교적 도교 또는 철학적 노장사상) 등 고찰할 만한 통치계층문화 속의 철학사상은 상당히 많다. 한국인이 중국인과 비슷한 면이 없는 것은 아니나 기질적으로 다른 면이 더 많다고 한다. 이는 양국인이 신봉하는 종교나 철학이 다르기 때문이라 한다.

세종 대 집현전으로 사용되었고, 임진왜란 때 소실되었던 것을
고종 대 재건하였고, 이후 일제가 허물어버린 것을 최근에
복원한 경복궁 수정전

었다. 새 왕조에서 벼슬하지 않고 절의를 지킨 길재(吉再, 1353~1419)[87] 등에 의해 성리학은 더욱 발달할 수 있었고, 고도의 도덕체계인 성리학을 기반으로 신왕조가 탄생하면서 유학은 본격적인 국가이념으로서 사회전반에 크게 영향을 미치게 되었다.

유학이 교육기관이나 과거의 시험과목으로 채택되어 더욱 발달되었고, 집현전(集賢殿)을 통해 훌륭한 유학자들이 많이 쏟아져 나왔다. 조선시대에는 나라를 다스리는 일이나 일상생활에 있어서나 유학의 가르침을 따르는 것이 원칙이 되었다. 대체로 공자의 사상을 적은, 유학의 경서(經書) 혹은 경전(經典, 經에 대한 해설은 傳이라 함)은 6경에서 시작, 나아가 4서 3경으로, 다시 4서 5경[88]에 이르는 것으로서 특히 조선 선비들의 필독서였다.

유학의 중심사상은 인(仁)이라 할 수 있다. 인이 무엇인가는 예(禮)와의 관계로 설명될 수 있다. 공자의 제자 안연(顔淵)이 스승에게 물었다. "어짊(仁)이란 무엇입니까?" 공자가 대답했다. "자기를 이기고 예로 돌아가는 것, 즉 극기복례(克己復禮)이다" 변덕과 탐욕의 유혹을 이겨내고 땅에 떨어진 예를 바로 세우면 천하가 어질게 된다는 얘기다. 공자는 예에 대해

---

87 길재는 조선이 들어서자 고려의 녹을 먹은 자로서 조선에 충성할 수 없다는 불사이군(不事二君)의 소신을 고수한 채 향리에 은거, 노모를 봉양하고 후학을 양성해 영남 사림의 시조가 되었다.
88 4서 5경은 춘추전국시대에 성립되었으며, 중국에서는 신해혁명 이전까지 춘추전국시대에 이루어진 제도·사상·문화 등 거의 모든 것이 이어졌다고 볼 수 있다.

『논어』에서만 48번이나 언급했다. 이렇듯 예는 공자 학문의 핵심으로, 유학사상에서 인은 내용이요, 예가 형식인 셈이다.[89] 인을 실천하는 방법은 두 가지가 있는데, 소극적으로는 '기소불욕물시어인(己所不欲勿施於人, 안연(顔淵))'이라 하여 '자신이 하고 싶지 않으면 남에게도 시키지 말라'는 것이요, 적극적으로는 '기욕립이립인 기욕달이달인(己欲立而立人 己欲達而達人, 옹야(雍也))'이라 하여 '자기가 서고 싶으면 남을 먼저 서게 하고, 자기가 도달하고 싶으면 남을 먼저 도달하게 하라'는 것을 들 수 있다.

## 3. 유학의 사회적 확산

유교를 이념으로 하는 조선에선 국가가 행하는 모든 과정이 예를 실천하고 가르치는 통치행위였다고 해도 과언이 아니다. 예절을 다루는 예학의 표현 방식은 시대에 따라 조금씩 달라졌지만 겸손한 마음가짐으로 웃어른을 공경하고 주변 사람들을 섬기는 근본정신은 21세기에도 더욱 빛을 발한다고 할 수 있다.

특히 지배계층인 양반들은 유학의 가르침을 학문으로 익혀 과거에 급제하거나 그 가르침을 일상에서 실천하여 인품과 덕망을 쌓는 것이 대단히 중요한 일이었기 때문에 유학은 가정과 사회생활의 기준이 되었다. 유학적 전통에서는 학문을 연마했으면 그 다음에는 벼슬을 하는 것이 자연스러운 행보였다. 수기(修己) 다음으로 치인(治人)이요, 수신제가(修身齊家)하고 나면 치국평천하(治國平天下)해야 하는 것이 유학이 제시하는 이상적인 선비상이자 인생의 목표였다.

요즈음 우리 사회에서 대학총장, 특히 서울대 총장을 하다가 총리로 가는 일이 빈번한데, 우리의 유학적 전통에 비춰 크게 이상하지 않게 느

---

89 불교의 경우 예와 상통하는 것이 법을 실현하는 봉사의 뜻을 지닌 보시(布施)이다.

끼는 것 같다. 이웃나라 일본만 해도 우리와 다르다. 17세기 후반부터 '수신'과 '치국'을 같은 차원으로 보지 않는 새로운 유학이 등장하였다. 고학파(古學派)라 불리는 오규 소라이(荻生組來, 1666~1728)가 그 대표적인 인물인데, 그 학설의 핵심은 도덕과 정치의 분리이다. 다시 말해 '수신 제가'를 못해도 '치국평천하'를 할 수 있다는 주장이다. 일본은 정치의 주체가 학자가 아닌 칼을 잘 쓰는 사무라이(武士)들이었다.

연산군 이후 명종에 이르는 사화(士禍) 시기를 통하여 현실은 훈구파와 사림파로 극명하게 분화되었다. 연산군을 둘러싼 훈구파의 정치권력을 비판하는 사림파의 의리론에 의해 무오·갑자사화가 일어나자 연산군은 사림세력을 제거하고 날이 갈수록 교만 방자하게 폭정을 자행하다 결국 반정(反正)에 의해 쫓겨나고 말았다. 폭정의 원인은 역시 아버지 성종 때 일어난 어머니 폐비 윤씨의 죽음이다. 아버지 성종에 대한 연산군의 분노와 증오는 표현하기조차 민망하다. 성종의 초상 때 아버지가 기르던 사슴을 쏘아 죽여 구워 먹었고, 아버지의 영정을 걷어 손으로 때렸으며 나중에는 그것을 표적으로 삼아 활을 쏘기도 했다.[90]

중종은 연산군 대에 파괴된 유학문화의 부흥을 꾀하였다. 정암(靜庵) 조광조(趙光祖, 1482~1519)를 특채하여 도덕정치를 구현하고자 했고, 중국의 「여씨향약(呂氏鄕約)」을 본보기로 유학적 미풍양속을 정착시키려 했으며, 현량과(賢良科)를 설치하여 덕행이 있는 인물을 뽑고자 했다. 그리고 도교의 신들[91]에게 제사를 지내는 소격서(昭格署)를 폐지하여 유교적 질서를 바로잡았다.

---

90 김범, 『연산군』, 글항아리, 2010.

91 도교의 신앙대상은 옥황상제부터 시작해서 태상노군(太上老君), 서왕모, 관우 등 중국
   인들에게 친숙한 수많은 신들이 있다. 경전은 『도덕경』을 비롯해 도교를 연구하는 학
   자들이 가장 많이 살핀다는 방대한 『도장경(道藏經)』이 있다. 사원으로는 베이징에 있
   는 백운관(白雲觀)과 같은 도관(道觀)이나 원(院) 혹은 궁(宮)으로 불리는 것들이 있다.

사실 동양의 고대사상가 집단인 제자백가 가운데 도가는 개인의 자유를 중시하고 자연을 추구한다. 자연의 리듬에 맞춰 사는 것이 도가의 이념이다. 『도덕경』의 키워드 무위(無爲)라는 것도 세상을 자기 생각에 따라 재단하

베이징에 있는 도교사원 백운관

는 흑백논리를 조심하라는 뜻이다. 도가에서 내가 자연과 하나 되는 물아일체는 궁극적인 관심이었다. 유서 깊은 베이징의 백운관엔 십수 년 전까지만 해도 전기가 들어오지 않았다. 노자의 심오한 사상은 중국 역대로 수많은 학파와 제왕들에게 영향을 끼쳐 사상의 원류가 되거나 통치술의 근간이 되었다. 억지로 딴 과일은 달지 않을 것이다. 노자가 "만족할 줄 알면 욕되지 않고, 그칠 줄 알면 위태롭지 않나니 그래야 오래 갈 수 있다."[92]고 한 것처럼 도가의 사상은 인위적 태도를 경계했다. 한편 장자는 초나라 왕이 정치를 맡아 달라고 요청하자 "나를 욕되게 하지 마시오(『사기』)"라고 했다. 자유인이었던 장자는 공자를 비웃고 조롱했다. 유교의 인의(仁義)는 사람의 본성을 속박하니 옳지 않다고 본 것이다. 이에 따라 성리학에서 장자는 이단일 수밖에 없다.

## 4. 유학의 심화 및 학파형성

중종반정 이후 소생하던 사림파는 다시 기묘 · 을사사화를 거치면서 철

---

92 지족불욕 지지불태 가이장구(知足不辱 知止不殆 可以長久, 『도덕경』 제44장).

학문에만 뜻을 두었던
학창의를 입은 화담 서경덕

저하게 위축되었다. 이에 사림파는 더욱 도덕과 의리에 관심을 집중하는 한편 막강한 반체제적 세력으로서 훈구파와 대적할 정도로 정치 세력화되기도 했다. 성리학[93]의 경향도 이제 단순한 지식으로서의 『성리대전(性理大全)』[94] 중심의 이학(理學, 도학)보다 『소학』 존중의 마음을 수양하는 심학(心學, 양명학)[95]으로 전환되어가는 한편 예교(禮敎)를 중시하는 쪽으로 흐르면서 더욱 관념화되었다. 을사사화가 끝난 뒤 문정왕후를 중심으로 훈구파가 보인 기세에 위기감을 느낀 사림파는 심학에 치중, 이를 심화시키면서 정권에 참여하게 됨에 따라 여러 학파를 형성했다.

조광조·김안국을 비롯하여 이들을 추앙하는 화담(花潭) 서경덕(徐敬德, 1489~1546)[96]과 회재(晦齋) 이언적(李彦迪, 1491~1553)이 양립하여 중심 역할을 했고, 사단칠정론(사칠론) 등을 중심과제로 이황(李滉, 1501~1570)과 기

---

93 1세기 중엽 한(漢)대 중국에 유입된 불교가 당대에 정점에 올라간 이후 송대부터 쇠퇴하기 시작하는 가운데 중국 유학의 입장에서 불교에 가장 밀리는 것이 형이상학이나 명상 수련 쪽임을 깨닫고 있었다. 그리하여 종래 유교의 인의(仁義)에서 나아가 새로이 이기(理氣)를 중심으로 하는 신유학이 등장한 것이다. 신유학자들은 '이'와 '기' 개념을 불교나 도교 철학에서 차용하였다.

94 중국 명나라 성조 14년(1415)에 호광(胡廣) 등 42명의 학자가 영락제의 명에 따라 편찬한 70권으로 된 책이다. 이 책은 주자(周子), 장자(張子), 주자(朱子) 등 여러 학자의 성리설(性理說), 이기설(理氣說)을 모아 13가지 항목으로 분류 완성했다. 요컨대 『성리대전』은 성리학을 이루는 여러 사상을 집약해 놓은 책이다.

95 성리학은 '성즉리(性卽理)'라 하여 성품이 이치라고 한 데 비해, 양명학은 '심즉리(心卽理)'라 하여 마음이 이치라 함으로써 선불교에 가까이 갔다.

96 서경덕의 영향을 받은 것으로 보이는 잠곡 김육은 말하길 "동방의 이학은 정몽주로부터 시작되었으니 …… 후일 그 학문의 진전을 얻은 사람으로는 조광조와 서경덕을 넘는 사람이 없다."(『잠곡유고』 권7 계사(啓辭))고 한 바 있다.

대승(奇大升, 1527~1572), 성혼(成渾, 1535~1598)과 이이(李珥, 1536~1584)가 일련의 심성 논쟁을 전개하였으며, 마침내 이황과 이이의 도학적 체계가 나오게 된 것이다. 사림파는 대체로 이론적 차이에 따라 주리파와 주기파로 분화되었으며, 지역적으로 기호의 화담학파와 영남의 퇴계학파가 학통의 중심에 서게 되었다. 사림정치가 확립되던 선조 대에 이르러 당파·당론과 결합하면서 더욱 체계화되었다.

그러나 조선중엽의 사상적 경향은 매우 다기한 측면이 있다. 실제 16세기 중반까지 조선사회에는 성리학이 대세를 이루지는 못하였고, 이 시기 사상계에는 성리학·불교·도교의 3교 회통(會通)은 물론 다양한 사상적 모색이 이루어지고 있었다. 즉 조선중기의 사상계는 성리학 일변도의 경직된 분위기가 아니라 보다 개방적이고 폭넓은 학풍과 사상이 공존했다. 한백겸(韓百謙, 1552~1615)·유몽인(柳夢寅, 1559~1623)·이수광(李睟光, 1563~1628)·신흠(申欽, 1566~1628)[97] 등에게서 볼 수 있듯이 정학(正學)인 성리학과 이단사상을 절충하려는 경향이 존재했다.

무엇보다 이수광이 저술한 『지봉유설』(1613)은 유학사상뿐만 아니라 불교나 도교 등을 망라하는 최초의 문화백과사전의 면모를 보인다. 이 책을 통해서 당시의 서양, 남방의 각국이 소개되었고 기독교도 처음으로 알려지게 되었으며, 고추가 한국의 문헌에 처음 기재된

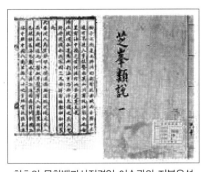

최초의 문화백과사전격인 이수광의 지봉유설

것도 『지봉유설』에서이다. 처음으로 베트남에 간 조선 선비는 정유재란

---

97 소론을 대표하면서 당시의 영남지역 소외를 없애기 위해 노력했던 논객이 반남 박씨 박세채(1631~1695)인데, 박세채의 외조부가 상촌 신흠이다.

평생 벼슬을 거부했던 유건(儒巾)을
쓴 선비 남명 조식

때 왜군에 납치당한 진주 출신의 조완벽(趙完璧)인데, 해외무역을 하는 일본상인의 노예가 된 조완벽은 뛰어난 한문 실력으로 상인을 도왔고, 그를 따라다니면서 지금의 베트남인 안남(安南)을 방문하게 된다. 당시 베트남에서는 지봉 이수광의 시가 널리 읽혔고, 그 덕에 그는 베트남관리들로부터 환대를 받았다.

특히 화담 서경덕과 남명(南冥) 조식(曹植, 1501~1572)의 학맥을 기반으로 하는 학자들에게서 개방과 절충의 학풍이 두드러졌다. 남명은 평생 벼슬을 거부하고 지리산 자락에 은거하여 성리학 연구와 제자 교육에 힘쓰면서 현실정치의 폐단에 대해 적극적인 비판의 자세를 취했다. 오늘날 남명 조식은 같은 1501년생인 퇴계 이황과 함께 영남유학의 양대 산맥으로 초등학교 교과서에까지 등장한다. 그러나 40년 전만 해도 수많은 조선의 유학자 중 하나에 불과했다. 당대에 '퇴계를 내려다본다(택당 이식)'는 평가까지 받았던 남명이 그토록 잊혀졌던 이유는 무엇보다 조정에 항거해 문묘에 배향되지 못했던 점을 들 수 있을 것이다.

더욱이 화담학파와 남명학파를 계승하는 북인(北人)들의 학문적 경향은 16세기 처사형(處士型) 학풍을 대표했다. 이 사상의 흐름은 17세기 중후반의 근기(近畿)남인 학자들의 실학풍에 접목되었다. 즉 허목(許穆, 1595~1682),[98] 윤휴(尹鑴, 1617~1680), 유형원(柳馨遠, 1622~1673) 등 근기남인

---

[98] 미수 허목은 조선후기 남인을 대표하는 대학자로서 천하장사의 기세를 지녔던 노론의 송시열을 담담하게 대적했던 큰 인물이다. 미수의 외할아버지는 일세의 풍류남아로서 말을 타고 전국 명산대천을 유람한 시인 백호 임제(1549~1587)이다. 미수가 거의 60세에 이르기까지 벼슬을 하지 않고 자유로이 강호유람을 즐긴 것은 외가쪽 유전자 때문이라고도 한다.

학자들은 정치적으로 퇴계학파를 계승하지만 학문적으로는 화담학파나 남명학파의 영향을 크게 받았다. 임진왜란 때 의병활동의 주축이 되면서 선조 후반부터 부상하기 시작한 남명학파는 조선중기 학파 중에서 가장 개혁적인 성향을 지니고 있었다. 백성을 기반으로 한 정치행위, 이것은 남명학파의 실천성의 바탕이기도 했다. 왜란과 호란의 양란을 경험하고 난 17세기의 사상적 흐름은 여전히 성리학이 주류를 이루고 있었지만 양명학·불교·도교 등 소위 이단에 대한 관용이 심화되었다.[99]

성리학은 우주의 질서와 인간의 심성을 포괄적으로 연구하는 철학으로서 우주만물은 보편성을 지닌 이(理)와 차별성을 가진 기(氣)로 이루어진다고 보는 것이다. 그리하여 조선의 성리학은 이(理)를 강조하는 주리론(主理論)과 기(氣)를 중시하는 주기론(主氣論)으로 양분되면서 이황과 이이가 각각 사상적 체계를 형성했다. 주리론은 눈에 보이는 현실보다 궁극적으로 지향해야 할 이상을 목표로 제시한 반면, 주기론은 사회 현실 문제에 대한 관심과 개혁을 앞세웠다. 조선은 이념과 원칙과 정신의 나라였다. 우주의 논리로부터 통치원리(理)를 도출하고, 이것을 현실세계(氣)에 적용하는 데에 한 치의 오차도 없었다. 현실은 이념의 정통성에 비하면 아무것도 아니었다. 이기(理氣) 합일의 영역에 봉사하면 무사했고 이탈하면 위험했다. 사대부라도 이단(異端)의 혐의가 보이는 자는 목을 베어 종묘사직에 고했다. 삭탈관직된 자, 유배된 자, 참수된 자가 수백을 헤아렸다.

사회계층의 불평등을 합리화시킬 수 있는 이러한 성리학적 논리는 조선의 새로운 지배층으로 등장한 신진사대부들의 지위를 뒷받침하게 되었다.

---

99 17세기 중·후반의 절충적, 개방적인 사상은 18, 19세기에도 이어졌다. 18세기 지성사(사상사)에 있어서는 성호 이익, 19세기에서는 특별히 오주 이규경을 주목하게 된다.

## 5. 유학의 새로운 변모

양란을 겪은 뒤 정치적 위기와 가치관의 혼란 등 사회적 해체현상이 두드러졌다. 이에 대처하는 새로운 사상적 동향이 뚜렷해지면서 성리학의 동요도 불가피했다. 성리학은 경직화현상을 보이는 가운데 도덕과 그 실천을 중요시하는 기풍에 따라 예학(禮學, 예절을 다루는 학문)으로 발전되어갔고, 17세기 후반에는 예송(禮訟)과 당쟁이라는 정치문제로까지 비화되기도 했다. 1674년 2월, 현종의 어머니 인선왕후가 사망하자 정국이 혼란스러워졌다. 왕후의 시어머니자 효종의 계모인 자의대비(인조의 두 번째 부인)가 며느리 상(喪)을 당해 상복을 몇 개월 입어야 하느냐는 문제 때문이었다. 오늘날 상복이 정치현안으로 된다면 웃을 일이지만 당시 예(禮)는 헌법과 같은 것이었다.

예학을 완성시킨
이재의 사례편람

예컨대, 중국에서 태묘(太廟, 우리의 종묘와 같음) 의례가 없어지는 동안 조선은 500여 년 내내 돌아가신 왕들에게 한 분도 빠뜨리지 않고 제사(종묘제례)를 올렸고, 중국에서 단절된 문묘의례도 우리나라에서는 지금까지 행해지고 있다. 성리학이 들어오던 고려 말부터 사대부들은 본채인 집을 짓기 전에 먼저 사당, 즉 가묘(家廟)를 지었다. 일반서민들도 마루의 한 모퉁이나 집의 적당한 곳에 신주를 모시고 제사를 받들었다. 예학은 유학적 예교질서를 이론화한 것으로 송익필(宋翼弼, 1534~1599)에서 시작되어 『가례집람(家禮輯覽)』을 지은 김장생(金長生, 1548~1631)[100]에서 대성했

---

100 조선중기 예학을 완성하고 높은 인격을 가졌던 김장생과 그의 아들 김집은 유일하게 부자로서 문묘에 배향되었다. 김씨 부자의 스승이 송익필이었다.

고 『사례편람(四禮便覽)』을 지은 이재(李縡, 1678~1746)에서 완성되었다.

반체제적 시대상에 대처하기 위해서는 유학적 의례를 존중하는 것이 당연하였고 이런 예교적 형식화는 성리학을 더욱 배타적이게 하여 18세기에 들어와 사상의 경직화는 심각할 정도가 되었으며, 예학과 다른 한 편으로 심학의 심화와 함께 기호학파에서는 호락(湖洛)논쟁이 일어나 인성(人性)과 물성(物性)에 대한 논의가 19세기 말까지 이어졌다. 16세기 중엽부터 전개된 사칠논쟁이나 그 후 일어난 호락논쟁 등을 통해 조선 사상계가 주자의 이론을 무비판적으로 수용하지 않고 합리적으로 재검토하여 독자적 사상체계를 발전시켜왔음을 알 수 있다.

그러나 양란이후 사회변화에 능동적으로 대처하지 못한 채 성리학적 전통을 고수하고자 했던 지배층들의 태도에 일대 비판이 일기 시작했다. 일찍이 율곡 이이를 비롯해서 조헌,

율곡 이이가 태어난 강릉의 오죽헌

이수광, 최명길, 박세당, 유형원 등에게서 볼 수 있듯이 국가적 위기를 직시하고 조선후기 사회를 적극 구원하려는 움직임이 일면서 영·정조대의 실학풍을 선도했다. 즉 우리 현실에 부합하는 실질적인 학문이 필요하다는 각성에서 실학사상이 대두되기에 이르렀다.

이러한 새로운 학풍은 중국이나 우리를 막론하고 근대정신이 싹트면서 형성된 것이라 하겠다. 지금까지 16세기 사상사에 대해서는 성리학의 심화라는 측면에서 주로 퇴계와 율곡에 관한 사상 연구가 이루어졌고, 17세기 후반 이래 사상사연구는 실학의 태동과 발전이라는 점에서 연구가 집중되었다고 볼 수 있다. 한편 실학을 연구하다 성리학으로

'역행'하는 이유에 대해 김언종(한문학) 교수는 "성리학은 예절을 아는 학문, 실학은 먹고 사는 문제를 해결하는 학문이기 때문"이라고 말한 바 있다.

그러나 요즈음 성리학과 실학의 관계에 대해 대립·충돌했던 것이 아니라 성리학을 끌어안고 업그레이드시킨 것이 실학이었다는 컨버전스(convergence, 수렴·융합) 개념에 가까운 시각으로 해석하고 있다. 사실 한국의 전통적 문화라고 하면 유학이요, 실학은 한국 유학의 최고 발전된 형태라 하겠다.

## 6. 유학, 국가구원의 초석

항일운동을 하던 의병들

영·정조 실학풍의 대두 이후 순조에서 고종에 이르는 왕조말기 유유히 침공해 들어오는 서학세력에 대응하는 한국유학의 기본 방향은 유학적 전통 아래 반(反)서학적 위정척사(衛正斥邪)와 항일의병활동[101]을 전개하는 것이었으며, 한편으로 유학에 바탕을 두고 개화에 참여하는 유교개신운동이었다. 이 땅에 일제에 충성하는 노예, 즉 충노(忠奴)가 크게 세 사

---

101 조선시대 선비들의 활동이 왕성했던 경북 안동지역에서만 326명이라는, 전국에서 가장 많은 독립유공자를 배출할 수 있었던 원동력이 선비정신이라는 것을 우리는 잘 알아야 한다. 일제가 두 차례나 퇴계 종갓집을 불태워버린 것도 이 때문이다. 저들 눈에 퇴계 종택은 의병활동의 정신적인 온상으로 비쳤던 것이다.

람이 있었다고 한다. 단재 신채호(申采浩)는 〈대한매일신보〉(1908. 4. 8)에서 "……제3 충노 신기선(申箕善)은 이토 히로부미의 돈 1만 환으로 대동(大同)학회를 확장하여 유림을 위협하고 일본 권력에 복종케 하니……"라고 적었다. 이와 같이 단재는 논설을 통해 '대동학회'의 신기선을 일본의 충실한 종으로 질타했다. 대동학회는 1907년 이완용이 신기선 등 전직 관료들을 내세워 신·구사상의 통합을 명분으로 조직한 친일유교 단체이다.

일제가 진행한 유교계의 친일화 조작에 대해 박은식(朴殷植, 1859~1925)과 장지연(張志淵, 1864~1921) 등 민족적이고 개혁적인 유학자들은 1909년 대동교(大同敎)를 창립해 항거하였다. 인간의 마음이 천지만물과 하나되는 경지를 지향하는 대동교에서는 주자 등에 의해 가려졌던 공자의 민본적 대동사상을 왕양명의 지행합일설 등을 통해 회복해야 한다고 주장했다. 박은식은 이미 〈서북학회월보〉(1909. 3. 1)에 발표한 「유교구신론(儒敎求新論)」에서 유교의 침체와 폐단의 원인을 파악하고 개혁의 방향을 제시했다. 그리고 유교의 힘이 백성의 의식을 계발하고 민권을 신장케 하는 방면으로 나가야 한다고 역설했다. 대동교의 활동이 일제의 탄압으로 실패한 뒤 박은식은 중국으로 망명(1911), 민족사의 정리와 독립운동에 생애를 마쳤다. 한편 장지연은 공자의 탄신의례와 문묘의 석전제례 등 유교의례의 재정립과 활성화를 핵심으로 하는 대동교를 내세웠다.

망국의 공허와 비탄 속에서 민족주의적 유림들은 유학의 변화와 개혁을 모색했다. 그들은 대한제국 정부가 후원하는 친일유림조직인 대동학회에 맞서 『예기』에 나오는 대동사상을 기초로 평등사회를 지향하는 대동교를 창설하고, '제왕적 유교'를 '인민사회의 유교'로 전환하는 새로운 방향을 선택했다. 이렇듯 유교사상 속에서도 국민의 나라가 움트고 있었다.

이와 같이 한말의 민족적 위기 앞에서 구국운동으로 대처한 것이 바로 우리 유학이 지닌 역사적 의의라 하겠다. 일제가 왜 조약문서를 날조하는 편법까지 동원하였을까? 왕실의 반대는 물론 재야의 수많은 선비의 결연한 저항이 있었기 때문이다. 〈절명시(絕命詩)〉를 남기고 순국한 매천 황현, 병합이 되자 유서를 쓴 뒤 24일간 단식 끝에 순국한 향산 이만도, 종가 재산을 모두 팔아 만주로 무장투쟁 길에 나섰던 석주 이상룡 등 많은 선비가 망국의 한을 품고 기꺼이 목숨과 기득권을 버렸다. 사실 개화에 참여했던 박규수, 김윤식, 이유원, 김홍집 등의 개화론[102]도 국가의 이익을 전제로 제한된 서양문명의 수용이었던 것을 감안하면 한국유학이 갖는 전통문화의 주체성과 합리성을 새삼 깨닫게 된다.

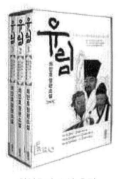

최인호의 소설 유림

중견 작가로 지금도 왕성하게 활동하고 있는 작가 최인호 씨는 2007년 자신의 장편소설 〈유림〉(열림원, 2005)의 청소년판을 냈다. 청소년들에게 인성교육으로 유교의 덕목인 예의를 가르치고 싶어서 자기가 먼저 출판을 제의하였다고 밝힌 바 있다. 그는 예의야말로 가장 중요한 가치이고 아이들에게 철학적 사유의 씨앗을 뿌리고 싶다고 말하기도 했다.

몽골에서 한국으로 시집온 차강 앙흐토야라는 주부(다문화 어린이 도서

---

102 대한제국기에는 서양의 근대 학문과 사상인 신학(新學)을 수용하자는 것이 대세를 이루게 되었다. 그에 따라 신학을 어떠한 범위로 수용하고 구학(舊學)인 유교를 어떻게 처리할 것인가를 둘러싸고 논쟁이 벌어졌다. 박지원의 손자로서 실학자로부터 개화사상가로 진화한 박규수(朴珪壽)는 1870년대에 초기 개화파의 주요 인물을 양성하였는데, 개화파는 1880년대 전반 동도서기파(東道西器派)와 변법(變法)개화파로 갈라졌다. 이 중 동도서기파는 유교 도덕을 기본으로 삼고 근대기술을 도입하자는 '유교근대화론'으로, 변법개화파는 제도의 포괄적 개혁을 추구하여 '유교비판론'으로 이어졌다. 유교근대화론의 대표적인 인물이 김윤식이다.

관 '모두'에 근무)는 2010
년 언론을 통해서 "나는
땅이 넓고 사람이 적은
나라에서 사람을 무시한
다는 게 뭔지 잘 모르고
컸다. 한국에 와서 무시
하는 게 뭔지 알았다."고
말한 바 있다. 또 그는 한

성균관 대성전에서 거행되는 문묘제례의 유교의식

국인은 외국인을 차별하는 게 아니라 '못사는 나라 사람'을 차별한다고
꼬집었다. 그리고 한국은 잘사는 나라인데 어째서 살고 싶어 하는 사람보
다 떠나고 싶어 하는 사람이 더 많은지 모르겠다며 비웃기까지 했다.
남을 배려하던 우리의 유교문화적 전통이 오늘날 사라지고 만 것일까.

　요즈음 우리는 공동체의 위기를 걱정한다. 2010년 한 조사에서 "전쟁
이 나면 나가서 싸우겠다"는 우리나라 청소년의 비율이 10.2%로 한·
중·일 세 나라 가운데 가장 낮을 뿐 아니라 일본의 4분의 1 수준에 머
물렀다. 우리는 정신적인 전통을 새로이 올바르게 확립하지 않으면 안
된다. 우리는 그 희망의 싹을 선비정신에서 찾아야 한다. 자연을 사랑하
고 생명을 존중하는 마음, 타인과 공동체를 우선시하는 태도, 정도(正道)
경영 등 오늘날 부딪히고 있는 문제들을 타개할 수 있거나 올바른 방향
을 제시해 줄 수 있는 지혜가 그 속에 가득하다.

　조선족인 진징이(金景一) 중국 베이징대(국제관계학) 교수는 "수천 년
동안 한국에 큰 영향을 끼쳤던 중국에서 한국 드라마가 시청률 1위를 기
록하는 것은 전대미문(前代未聞)의 현상"이라며 한류에 대해 흥미로운 분
석을 했다. 중국의 국가주석이 〈대장금〉을 즐겨보며 이영애의 이름이
함께 언론에 오르내릴 정도로 인기를 끄는 것에 대해 "전통적인 것 전부
를 배격한 문화대혁명으로 중국은 유교를 잃었지만 자주독립과 애국애

족의 코드로 유교적 정신문화를 온전히 남겨 온 한국의 드라마가 중국인들의 향수를 강하게 자극하기 때문"103이라는 주장이다.

## 7. 중국의 공자 부활

안타깝게도 유학의 고향인 중국은 공자104를 부인함으로써 문화적 정체성을 부정하는 호된 결과를 겪었으며 그동안 후유증에 많이 시달려 왔다.

일찍이 춘추전국시대 이후 한(漢, B.C. 202~A.D. 220)의 무제(武帝)가 지배자로서의 권위를 이데올로기 면에서 정당화하기 위해 동중서(董仲舒) 등의 협력을 얻어 유교를 한나라의 학문으로 채택한 바와 같이 유교가 국가의 학문이 되기에 이르렀다. 그 후 유학은 계속 이어져오면서 송나라 때는 성리학으로 발전했고, 청나라에 이르러서는 실학(고증학)으로 면면히 발전해 나갔다고 볼 수 있다.105 이와 같이 유교는 한대에 관학으로 자리를 잡은 뒤 중국의 마지막 왕조인 청대까지 그 자리가 거의 흔들리지 않았다.

---

103 필립 라스킨 외 지음, 안기순 외 옮김, 『세계가 사랑한 한국』, 파이카, 2010.

104 춘추시대 노나라의 대학자요 유교의 시조로 추앙받는 공자(孔子)의 본명은 구(丘)이다. 성인 공(孔)에다 스승의 의미인 자(子)가 붙어 공자라 불리는 것이다. 공자를 공부자(孔夫子)라고도 하는데, 부자(夫子)는 자(子)보다 더 높은 극존칭에 해당한다. 우리나라에서는 퇴계 이황과 우암 송시열에게 '자(子)'를 붙여서 각각 '이자', '송자'라 불렀다.

105 유학은 한대 초기에 중국 역사상 최초로 관학의 자리를 부여받게 되고, 그 이후부터 마지막 왕조인 청대까지 지속되면서 중국문화에 실로 엄청난 흔적을 남겼다. 유학의 창시자인 춘추시대의 공자가 그 중심에 있었다. 공자는 특히 예악의 가치인식과 더불어 음악교육의 중요성을 강조했다. 그가 마련한 교육과정인 '예(禮) 악(樂) 사(射) 어(御) 서(書) 수(數)'에 음악이 포함되어 있다는 것, 학생의 성품을 "시를 배움으로써 촉발되고(興), 예를 배움으로써 확고해지며(立), 음악을 배움으로써 완성된다(成)"고 하여 음악을 인품을 이루는 최후의 단계로 삼았던 것이 주요사례이다.

하지만 진시황(秦始皇)의 천하통일기에 분서갱유(焚書坑儒)로 공자사상을 말살하려 했던 적이 있다. 진시황의 개혁정치인 강력한 중앙집권제를 유가들이 반대하자 분서를 건의한 것은 승상 이사(李斯)였다. 분서갱유사건으로 460여 명이 생매장되었다. 그 후 공자가 뭇매를 맞게 된 것은 1919년 5·4신문화운동 때부터다. 신해혁명 후 일어난 중국의 신문화운동은 민중의 개성을 해방한다는 명분 아래 오랫동안 중국을 지탱해 주던 유교적

분서갱유했던 진 시황제

가치관을 여지없이 무너뜨렸다. 유교문화의 핵심가치였던 예절마저도 버티지 못했으니, 우리나라에서 쉽게 볼 수 있는 인사법인 큰 절도 사라지고 말았다. 지식인들은 공자와 유교로 대표되는 전통을 무너뜨려야 근대화를 이룰 수 있다고 믿었다. 천두슈(陳獨秀)는 "민주주의를 옹호하려면 공자교를 반대할 수밖에 없다"고 했고, 루쉰(魯迅)도 "중국을 지배해 온 유교가 사람을 잡아먹는 사회를 만들었다"고 했다.

1949년 중화인민공화국이 창설되고 사회주의혁명이 성공하면서 공자는 더욱 청산의 대상으로 몰렸다. 권력의 조종을 받아 이성을 잃은 군인과 민중들이 공자의 고향으로 달려가 공자상에서 눈을 파내고 배에 구멍을 뚫었으며, 그가 죽어 묻힌 곳에 있는 공자의

공자를 비판했던 천두슈

공자의 고향인 산둥성 취푸의 공자사당 대성전

묘(廟, 사당)[106]까지 불살랐다. 1973년 중국 공산당 이론지 〈홍기(紅旗)〉는 마오쩌둥(毛澤東)의 정적 류샤오치(劉少奇)와 린뱌오(林彪)를 '혁명을 망치는 현대판 공자'로 몰아붙였으며, 〈인민일보〉도 '공자가 노예제를 옹호했다'고 깎아내렸다. 문화대혁명의 광기가 빚은 '비림비공(批林批孔)'이었다. 신해혁명 후 중화민국 시대(1911~1949)만 해도 공자의 탄생일(9월 29일)은 중국에서 '스승의 날(敎師節)'이었다.

편협한 이데올로기에서 벗어나 중국이 당국 차원에서 공자 제사를 주관한 것은 2004년부터다. 공자 탄신 2555주년을 맞아 공자의 고향인 산둥(山東)성 취푸(曲阜)시에서 한국인 552명까지 참여한 '공자 치전(致奠, 제사)' 행사가 열렸다. 제사는 한국의 유림인 박약회(博約會)가 주관했다.

---

106 중국에서 신에게 제사를 지내는 시설은 크게 단(壇)과 묘(廟)로 구분된다. 단은 천·지·일·월·사직·선농 등에 제사를 지내는 시설로, 모두 자연신에 해당하기 때문에 건물을 짓지 않고 야외에서 의례가 행해진다. 반면 묘는 태묘·종묘·가묘·공묘·관왕묘처럼 조상, 성현, 영웅 등 인격신이 머무는 시설로, 인간의 집과 크게 다를 이유가 없다. 원래 중국의 황제들은 산둥성 태산(泰山)에서 천지신에게 봉선(封禪)의 식을 거행했다. 봉이란 천신에게 비는 것이고, 선이란 지신에게 비는 것이다. 최초로 봉선한 것은 진나라 시황제이다. 그러나 남송 이후 황제들은 더 이상 태산에 오르지 않고 황제가 거주하는 도시에 천단, 지단 등을 지어 제사 지내게 되었다. 관묘(관제묘)의 관우는 싸움을 승리로 이끌어주는 군신(軍神), 부자가 되게 해주는 재신(財神), 나쁜 것을 막아주는 수호신(守護神)이다. 문화혁명으로 두들겨 부수기 이전에는 중국에서 관우를 모시는 관제묘 없는 마을이 없었다. 지금의 3대 유적은 그가 태어난 산시성 해주진의 관제묘, 형주고성(荊州古城)의 그가 살았던 집터에 관제묘, 그의 머리가 묻힌 뤄양의 관림묘(關林廟)이다. 우리나라에서는 조선조 임진왜란 이후 중국의 요구로 관제묘를 모시게 되면서 전국적으로 관제묘가 생기게 되지만 지금 남아 있는 대표적인 것은 서울 숭인동에 있는 동묘(東廟), 남산의 와룡묘(臥龍廟) 등이다.

박약회는 퇴계 이황의 유학이념 계승을 목표로 1987년 창립됐다. '박약'이란 명칭은 『논어』 옹야편에 나오는 '박학이문 약자이례(博學以文 約之以禮)' 즉 널리 학문을 배워 그것을 예절로 요약해 실천한다는 뜻에서 따왔다. 이용태 회장은 "전통 예법이 남아 있는 한국의 제례형식을 유교의 본향에 와서 보여주었다"고 말했다.

2004년 하반기 중국 문화계는 개혁·개방 이후 심화되고 있는 부정·부패는 도덕의 붕괴 때문이며, 이를 치유하기 위해서는 유가 경전 등 중국의 전통 고전을 어릴 때부터 암송하도록 해야 한다고 주장했다. 또 중국 정부는 그 해 11월 서울을 시작으로 중국어와 중국문화 보급을 위한 '공자학교'를 세계 각국에 설립해 나가고 있다. 2011년 초 현재

2008 베이징올림픽 개막식이 열린 주경기장 냐오차오(鳥巢)

전 세계에 320개 넘는 공자학원이 세워졌다.

중국은 2005년 유네스코와 함께 공자문화제를 개최한 이후 대대적인 공자 복권에 나서고 있다. 문화대혁명 때 홍위병이 부쉈던 공자상이 곳곳에 다시 들어서는 등 요즈음 공자를 부활하고 유교를 회복시키려는 중국 정부의 노력은 치열하다. 2008년 베이징 올림픽 개회식 문화행사에서 극명하게 보여주듯 행사가 시작되는 순간 전광판에 비친 문구, 즉 공자의 『논어』에 나오는 "유붕자원방래 불역락호(有朋自遠方來 不亦樂乎)"는 시사하는 바가 크다. 개회식 내내 공자의 흔적을 지울 수 없었다. 중국은 자국이 나아갈 방향성을 '부흥지로(復興之路)'로서의 '한당(漢唐)문화의 회복'으로 삼아 역설하고 있으며, '중국의 미래는 유교다'라고 끊임없이 주장하고 있는 상황이다.

후진타오 주석은 2010년 초 영화 〈공자〉가 개봉되기 앞서 제작진을 만나 공자의 사상과 위대한 업적을 다시 세계에 알릴 계기라며 격려했다. 2011년 마침내 톈안먼(天安門)광장에는 청동으로 된 공자상이 들어섰다. 베이징 인민대학의 초빙교수를 지낸 마틴 자크(Martin Jacques)는 『중국이 세계를 지배하면(원제 When China Rules the World)』(안세민 옮김, 부키, 2010)이라는 책에서 유럽의 중국관을 비판했다. 그는 중국의 유교적 도덕관이 가치관 경쟁의 중심에 서고, 소프트파워로서의 중국문화, 중국음식, 중의학 등이 확산될 것으로 전망했다. 헤게모니가 미국에서 중국으로 이동하면서 '중국천하'가 온다고 했다.

최근 서울에서 진행된 '2010년 중국 청년대표단 한국문화 고찰' 프로그램에 참가한 공자의 후손 쿵더푸(孔德福)는 "한국의 유교를 어떻게 보는가?"라는 기자의 질문에 "안동 도산서원에서 한국 선비들의 일상생활을 체험했다. 선비들의 엄격한 자기관리가 인상적이었다. 일정한 형식을 갖춘 조상 제사가 한국 가정에서 이뤄지고 있는 것에 놀랐다. 사람과 사람의 조화, 공동 목표를 향한 협력 등이 유가사상의 핵심이다. 그런 전통이 현대기술과 어우러졌기에 한국경제가 발전했다고 본다. 중국도 마찬가지다."라고 했다. 그는 행사를 마치면서 "한중 양국이 공통점을 바탕으로 다름을 추구하고(以同求異), 다른 것을 인정하고 협력을 모색하는(以異求同) 자세가 필요하다고도 했다.107

— ⌒⌒ —

## 8. 일본에 전파한, 한국불교

소수림왕 2년(372)에 전진(前秦)의 순도(順道)와 2년 후 아도(阿道)가 들

---

107 〈중앙일보〉, 2010. 6. 22.

어오자, 고구려에
서는 그 이듬해 수
도인 국내성에 초문
사(肖門寺)[108]와 이
불란사(伊弗蘭寺)라
는 두 절을 지어 이
승려들을 머물게 했
다. 이것이 우리나
라 절이 세워진 최

현존 최고(最古)의 사찰이라는 강화도 전등사의 대웅보전

초의 일이다. 하지만 375년 한국불교 최초로 건립됐다는 초문사와 이
불란사는 현존하지 않는다. 어느 지역에 세워졌는지조차 기록으로 남
아 있지 않다. 현존하는 가장 오래된 사찰은 381년 창건된 강화도 전등
사(傳燈寺)이다.

소수림왕이 왕권을 강화하기 위하여 여러 가지 제도를 정비하였고 불
교를 공인한 것도 그런 목적에서였다. 광개토대왕은 즉위하자마자 교시
를 통해 불교를 숭상하고 복을 구하라는 명령을 내렸고 다음 해에 평양
에 아홉 개의 절을 새로 지었다. 그 후 고구려의 승려들이 일본으로 건
너가 눈부신 활동을 하였는데, 특히 혜자(惠慈)는 595년 일본에 귀화하여
쇼토쿠태자(聖德太子, 573~627)의 스승으로서 백제로부터 온 혜총(慧聰)과
더불어 일본불교 융성의 밑거름이 되었다.

문화적으로 특별히 중국으로부터 불교의 영향을 입은 백제는 6세기
중엽 일본에 불교를 크게 전파하기까지 했다. 성왕은 538년에 2명의 승
려를 비롯한 16명의 설법사와 함께 불경과 불상 등을 일본 최초로 국가

---

108 『삼국사기』와 『삼국유사』에는 절의 이름이 초문사로 나오나, 각훈의 『해동고승
전』에서는 성문사(省門寺)가 초문사로 잘못 기록되어 있다고 했다. 그러나 이덕일 씨
는 현재로서는 『삼국사기』의 불교기록을 덮을 만한 자료가 없다고 했다.

일본 불교전래에 관해 최초로 기록되어 있는
일본서기

형태를 갖춘 야마토(大和) 조정에 보냈고,[109] 나중에는 일본왕에게 호국신앙으로 불교를 받아들일 것을 종용하기까지 했다. 그 후 일본은 백제를 비롯한 삼국의 불교적 영향을 받으며 발전하게 되었다.

특히 6세기 일본 최초의 수도가 있었던 나라현(奈良縣)의 아스카(飛鳥)[110]땅에 백제불교를 꽃피운 사람은 백제인 소가노 우마코(蘇我馬子, 550~626) 대신과 그의 조카딸 스이코천황(推古天皇, 592~628)

---

109 『일본서기』흠명(欽明, 긴메이) 13년(552)조가 "백제 성왕이 사신을 보내 금동 석가불 1구, 번(幡, 깃발)과 천개(天蓋 : 일산) 약간, 경론 몇 권을 보냈다"고 전하는 것이 일본의 불교 전래에 관한 첫 기록이다.

110 흔히 규슈(九州), 나라와 아스카, 오사카(大阪), 교토(京都)로 이어지는 지역은 일본 속 한민족사 탐방의 요충지다. 삼국시대 한반도의 선진문물이 일본에 전해진 통로이자 조선시대 통신사들이 지나간 길이다. 1987년부터 잘못된 한일관계사를 바로잡자는 취지로 '일본 속의 한민족사 탐방'이 시작되어 주목을 끌고 있다. 〈조선일보〉가 주최하고 신한은행과 포스코가 협찬하며 삼성서울병원이 의료를 지원하고 있다. 대형 크루즈선을 타고 부산항을 떠나 규슈를 거쳐 나라,

일본 3대 성의 하나인 오사카성

교토, 오사카로 이어진다. 대개 규슈에서는 후나야마(船山)고분 등을 둘러보고, 나라에서는 삼국의 불교문화가 결집된 호류지(法隆寺) 등을 방문하며, 교토에서는 일본의 국보1호인 미륵보살반가사유상이 있는 코류지(廣隆寺)를 방문하고, 오사카에서는 임진왜란을 일으킨 도요토미 히데요시의 오사카성을 찾는다.

재위),[111] 또 소가노 우마코의 외손주뻘되는 스이코의 조카 쇼토쿠태자이다. 6세기 중엽 중국에서 백제를 거쳐 전래된 불교문화가 없었다면 과연 오늘의 일본문화를 생각할 수 있을까. 쇼토쿠태자는 당시 일본 고유신앙이었던 신도(神道)의 강렬한 반대에도 불구하고 불교를 적극적으로 받아들여 고대 일본문화를 꽃피웠다. 일본인들이 쇼토쿠태자를 추앙하는 이유는 일본문화의 토대를 그가 구축했기 때문이다. 쇼토쿠태자는 태어나자마자 말을 했고 10명의 말을 동시에 들을 수 있었다고 한다.

그 후 일본불교 융성에 기여한 주목할 만한 인물로는 백제 왕인박사의 후손인 교키(行基, 668~749)스님을 들 수 있다. 왕인박사는 오경에 통달하여 18세에 진짜 박사 벼슬을 받았던 대학자라 한다. 특히 일본에 최초로 한문과 유학을 전한 사람으로 오사카 지역에 있는 묘소와 왕인공원을 비롯하여 도쿄의 우에노 등 여러 곳에 그의 비석이 세워져 성인으로 대접받고 있다.

백제인 소가노 우마코 대신은 596년 나라현 아스카 땅에 일본 최초의 사찰 아스카테라(飛鳥寺, 원래이름은 호코우지(法興寺))를 건설하였다. 아스카테라는 백제의 왕흥사(王興寺)를 모델로 삼아 지었다. 이 절은 20여 년 전부터 과거 백제지역에 있었던 한국의 수덕사(修德寺, 충남 예산군 덕산면 덕숭산 소재)와 활발히 교류를 하고 있다.

백제인이자 일본 최초의 여왕인 스이코천황과 그 조카인 쇼토쿠태자가 607년 건립한 나라현에 있는 호류지(法隆寺)는 세계문화유산에 속하는 일본 최고의 사찰로 성덕종(聖德宗)의 총본산이기도 하다. 거기에 있는 48

---

111 고대에 한반도와 일본열도는 그만큼 깊은 교류관계를 맺었다. 일본 아키히토(明仁)천황도 2002년 자국의 선조가 백제 왕조의 후손이라고 밝힌 바 있다. 다시 말해 간무(桓武)천황(교토를 최초로 건설하여 천도한 인물)의 생모가 무령왕의 후손이라는 것이었다.

일본에서 최초로 세계문화유산이 된 호류지

개의 불교기념물이 모두 세계문화유산이 되었다. 5층목탑(높이 31.5m)을 비롯한 일부 건물은 세계에서 가장 오래된 목조건축이다. 고구려 담징(579~631)이 그렸다는 유명한 금당의 벽화를 비롯해 국보급 문화재만 190점에 달한다.[112]

세계 최대의 대불전이 있는 나라의 도다이지

쇼무천황(聖武天皇)의 부탁에 의해 745년 나라 땅에 고구려인 고려복신(高麗福信, 709~789)의 총지휘로 도다이지(東大寺)가 건설되었다. 세계문화유산이 된 도다이지는 일본불교 화엄종의 총본산으로 수도였던 헤이조쿄(平城京, 나라의 옛이름)의 '동쪽에 선 큰 절'이라는 의미다. 신라인 건축가 이나베노모모요(猪名部百世)에 의해 현대건물 16층 높이(48m)의 세계 최대의 목조건물이라는 대불전(大佛殿)이 만들어졌으며, 이 전당 안에 약 15m나 되는 세계 최대의 금동불상

---

112 나라의 호류지에 대해 우리 삼국문화의 종합판이라 불러도 과언이 아닐 정도로 건축물, 불상, 그림을 통해 일본이 한반도의 영향권 아래 있었음을 확인하게 된다. 나라시대에 관찬으로 이루어진 정사(正史)인 『일본서기』(720)에는 담징이 일본에 건너가 종이 만드는 기술을 전해주었다는 사실도 적혀 있다. 그러나 호류지의 유명한 금당벽화를 고구려의 담징이 그렸다고 단정 지을 역사적 증거는 없다.

인 비로자나불이 백제인 조각가 구니
나카노키미마로(國中公麻呂, 705~ 774)와
신라의 승려 심상(審祥)에 의해 주조되
었다. 손가락길이만도 2m 정도가 된
다. 그러나 그 거대한 불상을 만드는
데는 엄청난 돈이 필요했다. 이때 전국
의 신도들로부터 추앙을 받던 교키(行
基)스님에 의해 재정문제가 해결될 수
있었다. 이런 업적들을 인정받아 마침
내 그는 일본 최초의 대승정이 되기도
했다.

도다이지 대불전의 비로자나불상

## 9. 신라통일의 밑거름이 된, 불교

신라의 승려 자장(慈藏, 590~658)은 당에 가서 문수보살의 수기(授記)를
받고 화엄(華嚴)[113]을 배운 후 귀국하여 신라불교의 제도적 발전과 사상적

---

113 불교의 경전은 용어도 다양하고, 종류도 방대하다. 서기 전후로부터 6~7세기에 이르
는 긴 세월에 걸쳐 만들어진 대승불교의 경전만도 2900여 종이 있는데, 가장 먼저 성
립된 것은 '반야경(般若經)'이다. 이 명칭으로 한역(漢譯)된 경전만 해도 『금강반야
경(金剛般若經)』·『반야심경(般若心經)』 등 42종이 있다. 이 반야경에 이어 2~3세기
에 걸쳐 성립되었다는 중요한 것은 『유마경(維摩經)』·『법화경(法華經, 대표 묘법연
화경)』·『화엄경(華嚴經, 원명 대방광불화엄경)』·『정토삼부경(淨土三部經)』 등이다.
금강경은 불교의 기본경전 가운데 하나이며 선종에서 특별히 중요시한다. 기원전에
성립된 것으로 보이며, 402년부터 412년 사이의 구마라십(鳩摩羅什)의 한역본을 널
리 이용한다. 특히 '진리의 상징'이라는 비로자나불(毘盧遮那佛)을 중심으로 한 경
전이 화엄경이듯이 경전에 따라 중심 부처가 각기 다르다고 하겠다. 한편 비로자나불
을 모시는 건물이 비로전(毘盧殿) 또는 대적광전(大寂光殿)이듯이 모시는 부처에 따라
전각이름도 각기 다르다. 우리나라에서는 해인사나 불국사의 대적광전이 유명하다.

경주에서 가장 컸다는 황룡사의 복원 모형도

폭을 넓히는 중대한 역할을 했다. 당시 일본, 중국, 오월, 거란, 말갈 등 9적의 침범을 막기 위해 황룡사에 9층탑을 세울 것을 요청한 것도 자장이다.

한편 신라가 반도를 통일하는 데 결정적 역할을 한 것은 원효(元曉, 617~686)였으며, 불교는 신라에서 통일의 이상을 제시해주었고 그 방법을 준비할 수 있게 하였다. 통일과 평화의 근본원리가 바로 화엄에 의해 추출되고 원효에 의해 강조된 것이다. 원효는 '일심(一心)' '화쟁(和諍)' 사상으로 통일신라 사상의 초석을 닦았고 '무애(無碍)'의 삶을 실천했다.

사실 우리 역사에서 불교는 도입 당시부터 호국적 성격을 띠었다. 고구려의 보장왕 때는 당태종의 대군에 맞서 승려군단 3만 명이 항전했고, 백제의 승려들이 나당연합군에 저항하며 백제부흥운동을 일으켰다. 신라의 경우 법흥왕이 불교를 공인하여 국가사상의 지주로 삼은 이후 진

한국에서 가장 오래된 목조불이자 통일신라시대 유일의 목조불상이 헌강왕 9년(883)에 제작된 해인사 대적광전에 있는 비로자나불이다. 지금까지 알려진 가장 오래된 목조불상은 12~13세기 제작된 것으로 추정되는 서산 개심사의 아미타불(阿彌陀佛)이었다. 아미타불이란 극락에 머물며 중생을 제도하는 부처인데, 이 부처를 모시는 전각은 무량수전(無量壽殿)이다. 석가모니불을 모신 전각이 대웅전으로서 가장 많다.

해인사의 대적광전에 있는 비로자나불

흥왕은 불교를 국가발전의 계기로 삼고 미륵부처를 신봉하는 화랑을 국가에 유용한 인재로 양성하였던 바, 신라통일의 주역이었던 화랑도가 지닌 불교가 백성의 단합과 충성을 이끌어내는 역할을 했다.

세계문화유산이 된 쑹산의 소림사

그러나 발전을 구가하던 교종불교는 신라 하대(780~935)에 들어 현학적 불교로서 제구실을 다하지 못했다. 이 때 중국으로부터 선(禪)사상이 전래되었다. 불교는 보리수 아래에서의 석가의 깨우침에서 시작된다. 그 깨우침을 말로써 전하고자 했으나 인간의 말이 불완전하며 듣는 사람의 능력이 모자라 석가는 그 깨우침의 모두를 설법할 수가 없었다. 석가가 설법하지 못한 그 심오한 것들을 모아 전수하려는 것이 선(禪)이다. 선은 '고요히 생각하다'라는 뜻의 범어 '선나(禪那)'의 준말로 이는 인도의 각 종교가 공동으로 상용하는 수행방법이나, 인도에는 선종은 없었다. 남북조시대 인도의 달마대사(達磨大師)가 중국으로 와서 선법을 전수함으로써 선종(선불교)이 창시된 것이라 본다. 선종의 초조(初祖) 달마대사는 서기 520년 인도에서 배편으로 중국(광저우(廣州)에 도착)에 와서 150세로 입적했는데, '오등회원(五燈會元)'에는 남천축국(南天竺國, 남인도) 향지왕(香至王)의 셋째 아들로 기록되어 있다. 허난성(河南省) 덩펑현(登封縣) 쑹산(崇山)에 위치한 소림사(少林寺)가 달마가 머물렀던 성지다. 140세 넘어 중국에 왔다는 사실 때문에 실존 인물이 아니라는 주장도 있다.

신라에서는 헌덕왕 13년(821) 도의(道義)선사가 달마의 제자인 6조(六

祖) 혜능(惠能, 638~713)의 선법을 도입하였고, 선의 유입이 쉼 없이 이루어져 구산선문(九山禪門)이 형성되었다.[114] 신라의 역사를 보면 상대는 우리가 신라라 부르는 700년여 년간이고, 통일신라는 선덕왕(780~784) 이전을 중대, 이후를 하대라고 했다. 중대 신라의 상징이 불국사와 석굴암이라면 하대 신라의 상징은 장흥 보림사 가지산문(迦智山門)이다. 보림사 이후 전국각지에서 약속이나 한 듯이 유학승과 고승들이 호족들의 지원을 받아 남원 실상사, 보령 성주사, 문경 봉암사 등 후대에 구산선문이라고 부르는 선종사찰을 창건하였다.

중국 4대 불교명산의 하나인 안후이성의 구화산

한편 신라말에서 고려초기 선종계열의 불법을 익히기 위해 중국을 왕래하던 승려들은 주로 남방항로를 이용했는데, 이 항로를 이용해 한국의 구산선문이 중국의 남방지역과 인연을 맺게 되었다. 대표적인 인물이 구화산(九華山)을 불교성지로 가꾼 김교각(金喬覺, 법명 김지장(金地藏), 696~794)과 항저우에 머물며 불법을 익혔던 대각국사 의천(義天, 1055~1101)이다.

---

114 부처가 죽은 몸으로 기다렸던 제자 마하가섭에 의해 선종이 열렸다고도 한다. 가섭을 초대 조(祖)로 한 선종은 그 뒤 달마에 의해 중국으로 전해져 혜가·승찬·도신·홍인으로 의발(衣鉢)이 전수되고 그러다 제6조 혜능에 이르러 크게 중흥되었고, 그 영향으로 한국과 일본 불교에도 선풍(禪風)이 진작됐다고 한다. 지금은 나무의 바다를 이룬 구(舊) 왕사성 유거지를 고스란히 내려다볼 수 있는 자리에 영취산(靈鷲山)이 솟아 있다. 그 산꼭대기의 영산회상(靈山會上)에서 부처는 법화경을 설했다. 그날 자리에 좌정한 부처는 오래도록 입을 열지 않았다. 그러다 문득 연꽃 한 송이를 들어 보였다. 제자들은 어리둥절했고 가섭만이 빙그레 웃었으며, 그 '염화시중의 미소'로 가섭은 선종의 초조(初祖)가 된다는 것이다.

김지장 스님은 통일신라 696년 성덕왕의 큰아들로 태어나 24세경 권력의 무상함을 깨닫고 삭발 출가한 뒤 당나라로 건너가 안후이성에 있는 구화산을 중국 4대 불교명산[115]으로 만든 등신불이다. 794년 99세까지 지속적으로 수행을 하던 지장은 높은 정신적 도력으로 앉은 채 열반했고 불교를 신라에 건네준 중국본토에서 오히려 지장왕보살로 추앙받았으며, 오늘날에도 해마다 70여 만

등신불 김지장(김교각) 스님

중국 불교신자의 참배를 받는 인물이다. 차(茶)도 그가 중국에 되수출하여 구화산 일대에 퍼뜨렸는데, 그 차는 지장의 이름을 따 '금지차(金地茶)'로 불린다. 시선(詩仙) 이백(李白)은 지장을 찬양하는 〈지장보살 찬〉이라는 시를 남겼고, 당나라 숙종은 황제의 옥새나 다름없는 신표인 '지장이성금인(地藏利成金印)'을 하사했다고 한다. 2008년 KBS 1TV에서는 〈등신불이 된 신라왕자 김교각〉을 방영한 바 있다.

고려 문종의 넷째아들인 대각국사 의천은 화엄종과 천태종의 교리상 차이점을 알아보고자 1084년 송나라로 유학길에 올랐었다. 고려 숙종 2년(1907) 무렵 마침내 의천은 천태종을 개창하기에 이르렀다. 천태종은 법화경을 소의경전(所依經典, 근본경전)으로 삼았다.

이 밖에도 궁예가 미륵불정치를 했고, 고려를 건국한 왕건이 도선대사의 도움을 받았던 것을 비롯하여 거란 침입을 막는 데 승려들의 활약이 컸고, 여진 정벌 시에 승려들이 별무반의 항마군으로 참전했던 것 등이 고려시대까지 보여준 불교의 호국적 활동의 대표적인 예이다.

---

115 구화산(九華山, 안후이성) · 보타산(普陀山, 쩌장성) · 아미산(峨眉山, 쓰촨성) · 오대산(五臺山, 산시성)을 가리킨다.

## 10. 불교통합을 이룬 국사, 지눌

보조국사 지눌스님

고려시대에 이르러 다시 지배층의 통치이데올로기로 자리잡은 불교는 국가의 종교로서 더욱 발전하게 되는데, 무엇보다 교종과 선종의 통합운동이 일어나면서 호국불교로서의 면모를 뚜렷히 드러내었다. 고려후기 지눌(知訥, 1157~1210)의 출현 이전까지만 해도 고려불교는 교종과 선종이 서로 원수처럼 여기며 대립하는 상태에 머물러있었을 뿐 양종이 융합하는 단계에 이르지 못했다. 호가 목우자(牧牛子)[116]인 보조(普照)국사 지눌은 8세 때 선종 사굴산파(闍崛山派)의 종휘(宗暉)에게

출가했다. 이후 일정한 스승을 따르지 않고 배움에 정진했다. 그리고 명종 12년(1182)에 승과에 합격했다. 이 무렵 보제사(普濟寺) 담선법회(談禪法會)에 참석했다가 동료들과 함께 후일 결사(結社)를 하기로 약속했다.

곧이어 남쪽지방으로 내려가 창평 청원사(淸源寺)에 머물 던 20대에 『육조단경(六祖壇經)』을 읽고 처음 깨달음을 얻은 뒤 『육조단경』의 주인공인 중국 선종의 6대 조사 혜능을 '먼 스승'으로 삼았다. 30대에는 3년간 대장경을 공부하면서 '선은 부처님의 마음이요, 교는 부처님의 말씀'이라는 것을 확인하고는 선정(禪定)과 지혜(智慧)가 다르지 않다는 가르침을 불교운동으로 잇는 '정혜결사(定慧結社)'에 들어갔다. 40대에 현

---

116 만해 한용운의 집이 심우장(尋牛莊)이고, 사찰의 벽면에서 심우도(尋牛圖)를 볼 수 있듯이 불교에서는 '소'를 부처를 깨닫는 인간의 본성으로 여겼다고 할 수 있다. 송광사에 남아 있는 지눌의 비문에는 "몸가짐이 소걸음 호랑이 눈 같았다."고 적혀 있다.

재의 송광사로 옮긴 지눌은 이곳에서 10여 년을 보내며 선과 교, 깨우침과 닦음, 선정과 지혜, 자리(自利)와 이타(利他)를 아우르는 독특한 불교전통을 확립했다.

지눌은 권력과 결탁한 불교계를 비판하면서 선종과 교종 사이의 갈등을 넘어서서 신라의 화엄전통을 재인식하고 한국의 독창적인 사상체계를 마련한 승려로서 평가받고 있다. 특히 지눌에 의해서 오늘날

서울시 종로구 수송동 소재 조계사의 조계종 법회

한국불교의 최대세력이자 27개 종단 중에서 단연 으뜸이 된 조계종(曹溪宗)[117]이 크게 일어났고, 이것이 고려시대 가장 큰 종파가 되었다. 한국 조계종의 명칭은 중국 선맥(禪脈)의 씨를 뿌린 달마대사의 제자인 6조 혜능선사가 법문을 했던 광둥성(廣東省) 남화선사(南華禪寺)의 뒷산인 조계산에서 유래했다. 지눌이 있던 송광사도 조계산[118]에 있는데, 국내 불교문화의 요람이란 뜻에서 조계(曹溪)라 이름 붙여졌다.

한국은 물론 동북아시아 선불교[119]에서 혜능이 차지하는 위치는 독보적이다. 그런데 과연 혜능선사가 누구인가. 당시만 해도 오랑캐 지역 출

---

117 본존불은 석가모니불이며 소의경전은 금강경이다. 2009년 현재 1만 3,000여 스님(비구니 약 7,000명)이 소속된 국내 최대 종단이다.

118 조계산은 순천시 승주읍과 주암면, 송광면, 낙안면 등 4개 읍면에 걸쳐 있다.

119 중국의 남북조시대에 배태되어 당대(唐代, 618~907)에 인도의 불교사상과 중국의 노장사상이 결합해서 선불교라는 중국 특유의 종교, 즉 가장 중국적인 불교가 탄생되었다. 당나라를 세운 이씨 가문은 출신이 빈약했기 때문에 자신들과 성이 같은 노자를 조상으로 삼고 신격화했다고 한다. 당대에 도교를 가장 좋아했던 황제는 양귀비와의 사랑으로 유명한 현종으로서 그는 『도덕경』을 과거과목에 넣기까지 했다.

신으로 5조 홍인(弘忍)선사의 불목하니에서 수제자가 된 자로서 남종선(南宗禪)을 우뚝 세운 인물이다. 그와 관련하여 회자되는 선문답은 한두 가지가 아니다. 어느 날 한 법사의 강론 도중에 폭풍우가 일어 번(幡)이라는 깃발이 펄럭였다. 법사가 대중에게 물었다. "바람이 움직이는가, 깃발이 움직이는가?" 그러자 대중 사이에서 "바람이다", "깃발이다" 다툼이 일었고, 아무도 대답을 못했다. 이때 행자 혜능이 "바람도 깃발도 아니요. 그대들의 마음이 움직이는 것입니다."라고 대답했다고 한다.

인도에서 온 달마대사 이후 몇 사람의 조사(祖師)가 지나간 뒤 중국의 선불교를 정착시켰다고 할 수 있는 혜능선사는 만물의 평등과 정신의 해방을 설파했다. 혜능이 남긴 유명한 말인 '사람에게는 남북의 구별이 있지만, 불성에는 남북의 구별이 없다'[120], '수행은 집에서도 가능하다. 굳이 수행을 위해 절에 가야 할 이유는 없다'[121], '중생이 곧 부처다'[122]등은 중국 최초의 인간 평등사상이다. 일자무식 나무꾼이었던 혜능은 초조 달마로부터 내려온 '관념'의 불교를 '실천'의 불교로 돌려놓았으며, 동북아 종교 · 사회 · 문화 전반에 지대한 영향을 미쳐왔다. 이런 차원에서 한국불교선학연구원장을 지낸 이은윤 씨는 혜능을 기독교 종교개혁을 이룬 마르틴 루터에 비견되는 불교혁명가로 지목했다. 마오쩌둥(毛澤東)은 혜능의 설법을 모은 『육조단경』을 '노동인민의 불경'이라고 말한 바 있다.

'깨달았다 하더라도 계속 수련해야 한다'[123]는 지눌의 가르침은 한

---

120 인즉유남북 불성무남북(人卽有南北 佛性無南北).
121 약욕수행 재가역득 불유재사(若欲修行 在家亦得 不由在寺).
122 중생시불(衆生是佛).
123 돈오점수(頓悟漸修). 해인사에 있던 성철스님은 보조국사 지눌의 돈오점수(깨달은 후 점차 닦는다)를 비판하며 돈오돈수(頓悟頓修, 단박에 깨치면 더 이상 닦을 것이 없다)를 주장했다. 조계종 창시자인 지눌에 대한 정면 도전이었다. 원래 중국 북쪽의 북종선(北宗禪)의 노선은 점진적인 수행과 깨들음을 내세우는 점오점수(漸悟漸修)요, 남쪽의 남종선의 노선은 일거에 깨달음에 도달하는 돈오돈수이다.

국불교의 특색이 되어 오
늘날까지 영향력을 보이
고 있다. 전남 순천의 송
광사(松廣寺)가 우리나라의
승보(僧寶)사찰[124]로 불리
며, 그 곳에 있는 국사전
(國師殿)이 국보 56호로 지
정된 것도 지눌과 같은 훌

승보사찰인 송광사의 국사전

룽한 스님들, 즉 16국사가 배출되었기 때문이다. 국사(國師)는 '나라의
스승'을 가리킨다. 나라의 중대사를 결정할 때는 국왕이 직접 국사에
게 자문을 구하였다. 고려시대는 불교국가였으므로 불교의 고승들이
국사가 되곤 했다. 조선시대 유교로 넘어오면서 국사 제도는 사라진다.
2010년 무소유의 가르침을 전하고 떠난 법정스님이 성북동에 창건한
길상사(吉祥寺)는 송광사의 옛 이름이며, 법정스님의 오랜 보금자리였
던 송광사 불일암(佛日庵)은 지눌의 시호(사후에 왕이 내리는 이름) '불
일보조(佛日普照)'에서 따왔다. 법정스님의 다비식은 뒷산 조계산에서
거행되었다.


## 11. 국난 극복의 원동력, 팔만대장경

고려후기 혼란한 틈을 타 30여 년에 걸쳐 7차례의 몽골 침입이 있었는
데, 그 가운데 고종 22년(1235) 몽골군이 세 번째로 침략해 왔을 때 불교

---

124 불보(佛寶)사찰인 통도사(通度寺), 법보(法寶)사찰인 해인사(海印寺)와 더불어 우리나
라 3보(佛·法·僧) 사찰의 하나다.

5,200여만 자나 되는 글자 한 자 쓰고 새길 때마다 몽구
격퇴와 국태민안을 염원하고 빌었다는 팔만대장경판

는 위력을 발휘했다. 유목민족으로서 전쟁을 선호하는 몽골의 군사와 달리 농경민족인 고려는 병력이나 군비 면에서 그들과 대항할 수 없었다. 강화도로 피난한 고려의 최우(崔瑀, ?~1249)정권이 부처님의 힘으로 몽골군을 물리치기 위해 팔만대장경(八萬大藏經) 경판을 제작한 것은 민족사에 영원히 남을 만한 일이다. 팔만대장경은 고려 고종 23년(1236)에 강화도에 대장도감(大藏都監) 본사(本司)를 두고 진주목 관할의 남해섬에 분사(分司)를 설치한 다음 화엄종의 중심사찰의 하나인 개태사(開泰寺)의 승통이었던 수기(守其)와 같은 학승으로 하여금 엄밀한 교정을 보게 하여 16년간의 세월을 걸쳐 고종 38년(1251)에 완성한 것이다. 따라서 현존하는 대장경 가운데 가장 오래된 것일 뿐만 아니라 가장 정확한 것으로 평가받고 있다.

팔만대장경은 목판으로서 총 1513종, 6844권, 8만 1,258매이며, 경판에 글씨를 쓰고 새기는 일에 참여한 사람들만도 무려 3,000여 명이었다. 그들이 쏟은 정성이 얼마나 지극했던지 그들은 5,200여만 자나 되는 글자 한 자를 쓸 때마다 '몽구격퇴(蒙寇擊退)'를 염원했고, 한 자를 새길 때마다 '국태민안(國泰民安)'을 빌고 또 빌었다. 한 글자 새길 때마다 세 번씩 절을 했다고 한다. 이렇듯 한민족의 위대한 가치이자 뛰어난 서각(書刻)예술품이기 때문에 국보 32호로 보호되었고 경판을 보관한 국보 52호의 장경판전(藏經板殿)과 함께 인류문화의 보고(寶庫)로 인정받아 세계문화유산에 등록되기에 이르렀다.

원래 강화도 선원사(禪源寺)에 보관되었던 팔만대장경은 현재 법보사찰인 경남 합천의 해인사(海印寺)[125]의 장경판전에 보존되어 있다. 국난극복의 원동력이자 민족화합의 원천이었던 이 목판 팔만대장경은 영구히 보존하고 활용을 극대화하기 위해 수명이 1만 년이 넘는 9만여 장의 동판으

팔만대장경을 보관한 법보사찰 해인사의 장경판전

로 다시 제작될 것이다. 그 속에는 민족문화의 정수(精粹)를 소중히 보존하는 동시에 우리 사회의 숱한 갈등과 분열을 원융의 정신으로 치유하자는 뜻이 담겨 있다.

## 12. 조선인의 가슴에 살아 있는, 불교

조선시대는 중종 때까지 승려 대부분이 종이 만드는 부역을 맡아 1년 내내 그 일에만 매달렸고, 산성이나 궁궐 축조 등 숱한 토목공사에 강제 동원되는가 하면, 그들은 4대 문 안 출입을 못할 정도였다. 배불숭유[126]의 대세 아래 함허득통(涵虛得通, 1368~1433)은 위정자들에게 불교와 유교의 근본교리가 일치함을 설득시키기 위해 나섰으나, 세조 대의 일시적 불교비호시책 이후 연산군은 원각사(圓覺寺)를 기방(妓房)으로 만들 정도로 15세기 말부터 16세기 전반에 걸쳐 불교는 암흑시대를 맞고 말았다.

---

125 해인사에는 국내 최고(最古)인 헌강왕 9년(883)의 목불이라는 법보전 비로자나불상과 쌍둥이라는 대적광전의 비로자나불상도 있다.

126 조선시대는 숭유억불 시대로 알려져 있지만, 불교는 시대와의 공조를 통해 존립과 계승을 모색했고, 한국불교의 유·무형적 자산과 그 원형은 조선후기에 형성됐다고 보기도 한다.

그래도 불교가 찬란한 전통을 계승할 수 있는 계기가 된 것은 명종대 섭정을 했던 문정왕후(文定王后)에 의해서다. 1546년 왕후는 설악산 백담사의 보우(普雨, 1509~1565)를 중용하여 그의 의견에 따라 봉은사(奉恩寺)를 선종, 봉선사(奉先寺)를 교종의 근거로 삼고 보우와 수진(守眞)을 두 절의 주지로 명했으며 승과(선교양과)를 부활하여 불교재건의 기틀을 마련했다. 다섯 차례의 승과에서 서산대사 휴정(休靜, 1520~1604)과 사명대사 유정(惟政, 1544~1610) 같은 인재가 배출되고, 보신각(普信閣) 종과 같은 많은 불교문화재가 파괴의 위기에서 벗어날 수 있었던 것도 문정왕후에 의해서이다.

에도막부 첫 쇼군이 된
도쿠가와 이에야스

그 후 임진왜란을 맞아 서산대사와 그 제자들은 승려 7,000여 명을 이끌고 호국적 전통을 유감없이 발휘하였다. 서산대사의 제자 사명대사는 선조 27년(1594) 임진왜란 중에도 왜장 가토 기요마사(加藤淸正)의 진중을 네 차례나 방문 왜군의 철수조건을 협의했다. 전쟁 후 1604년 국왕의 친서를 휴대하고 일본에 건너가 도쿠가와 이에야스(德川家康)를 만나 강화를 맺고 조선인 포로 3,500명을 인솔해 귀국하기도 했다. 도요토미 히데요시(豊臣秀吉)의 죽음(1598)으로 인해 조선과의 전쟁이 끝나고 도쿠가와 이에야스의 시대가 되면서 두 나라의 관계 수복이 진행되었다. 도쿠가와는 도요토미와 달리 우리나라에 대해 우호적이었고 선린관계를 원했다고 한다. 그리하여 당시 사명당이 좋은 대접을 받고 돌아왔을 뿐만 아니라 도쿠가와 막부가 있을 때인 조선후기에는 우리와 일본이 지속적으로 우호적 관계를 유지할 수 있었다.

사명대사의 업적은 이후 아홉 차례의 통
신사 왕래의 서막을 연 것이었다. 임진왜란
후 조선통신사의 가장 큰 임무 중의 하나는
포로를 데려오는 것이었다. 당시 일본으로
끌려간 조선인은 약 10만여 명에 이른 것으
로 추정되지만 통신사가 데려온 포로는
7500여 명 정도라고 한다. 사명대사를 한일
평화외교의 선구자라고 하는 것도 이 때문
이다. 그로부터 400년이 지난 2004년 한일

한일평화외교의 선구자인
사명대사

학자들 300여 명이 모여 성황리에 심포지엄을 통해 사명대사의 여정을
되새겼다. 언기(彦機), 태능(太能)은 스승 서산대사의 정신을 계승하여 저
마다 제자들을 키워 조선불교의 맥을 이었다.[127] 국가의 쇠잔한 운명과
함께 순조 이래로 불교는 부진을 면할 수 없었지만 언제나 민중들의 가
슴에 위안을 주는 원천이 되었다.

흔히는 글자 그대로 원효(元曉)를 한국불교의 새벽, 지눌은 한국불교의
유구한 전통인 간화선(看話禪, 화두를 받아 끝없이 의심해 들어가는 수행법)[128]
의 효시, 서산대사는 한국 중세선(禪)의 기둥, 경허(鏡虛, 1849~1913)선사
는 한국 근대선의 중흥조라고 일컫는다. 조선조 억불정책으로 인해 사
명대사에게까지 법맥이 간신히 이어졌으나 경허선사가 다시 그 법맥의

---

127 신라의 불교가 화엄학을 통한 일통(一統)사상이 중심이었다면, 교려의 불교계는 교종
   과 선종의 통일을 모색했다. 그리고 조선전기의 불교계는 유교에 영합하면서 불교 내
   에는 선교 대립을 타파하고자 했다. 임진왜란 이후 호국불교의 전통이 재현되었지만
   민중불교의 실현은 제대로 이루어지지 못했다.
128 중국 선종의 역사에서 많은 화두를 남긴 것으로 유명한 조주(趙州)선사는 화두를 들
   어 깨치는 간화선에서 가장 자주 등장하는 스님이다. 선불교에서 수행의 실마리를 가
   리켜 화두라 한다. 정작 간화선이 태동한 중국이나 한국을 통해 간화선 전통을 이어
   받은 일본보다 한국에 간화선의 전통이 그대로 살아있다고 한다.

한국 근현대 선불교를 개창한
경허스님

불씨를 일으킬 때까지 200여 년간 끊어졌던 것이다. 홀로 선사들의 발자취를 더듬어 경계 없는 세계를 열고 들어간 경허는 퇴락해가던 한국불교의 선맥(禪脈)을 잇고자 전국의 사찰을 돌며 선방을 열었다. 경상도 지역의 범어사 · 해인사 · 동화사, 전라도의 송광사 · 화엄사 등에 선원이 개설됐고, 지리산 실상사 · 쌍계사 · 내원사 · 천은사 · 표충사 · 대성사 · 파계사 등에 선풍(禪風)이 일기 시작했다.

그리고 경허에게서 나온 만공(滿空), 혜월(慧月), 수월(水月) 등의 제자들은 중부와 남부 그리고 북부지방에서 선풍을 일으키면서 이후 한국불교의 선맥을 면면히 이어갔다. 선불교에서는 직관적인 깨달음을 중시한다. 그 깨달음은 단번에 획득해야지 천천히 수행, 즉 점수(漸修)해서 얻는 것이 아니다. 그래서 화두를 갖고 명상하는 공안법(公案法)이 나온 것이다. 선불교가 논리적인 인도불교와 달리 중국의 노장사상에 가까운 것도 이 때문이다. 인도불교에는 불교의 논리학이라는 '인명론(因明論)'처럼 극도로 발전된 논리학이 있다. 특히 용수(龍樹)가 주창한 중론(中論)에 이르면 그 논리의 현란함은 이루 다 말할 수 없다. 삶의 도구에 지나지 않는 언어와 지식에 사로잡혀 있는 현대인들에게 삶과 존재의 본질을 들여다볼 것을 요구하는 선사상, 선불교는 등불과도 같다.


## 13. 세계로 향하는, 한국의 선불교

1960년대 후반에는 숭산(崇山)스님에 의해 한국의 선불교가 미국에 알려졌다. 숭산스님은 1966년부터 일본, 홍콩 등에서 한국불교를 전하고 있었다. 몇 달 미국을 둘러보러 간 그는 비행기 안에서 만났던 한국인 교수의 집에 다니러 갔다가 주저앉아 버렸다. 그는 한국불교보다 훨씬 떨어지는 일본불교가 미국을 휘젓는 것을 보고 참을 수 없었기 때문이라 한다. 그는 선방 개설 반년 만에 조계종 승인을 얻어 재미 홍법원(弘法院) 간판을 내걸었다. 그리고 계속 활동무대를 넓혀 하버드대가 있는 보스턴에 대각사, 예일대가 있는 뉴헤이번에 무각사, 그리고 뉴욕에 원각사를 세웠다.

숭산이 나이 스물 둘에 덕숭총림(德崇叢林) 수덕사[129]에서 스님이 될 때 스승인 고봉(高峰)스님은 "너의 법(法)이 세계에 크게 퍼질 것이라"고 예언했다. 그 후 숭산은 고봉의 스승인 만공스님이 주창했던 '세계일화(世界一花)'를 내세웠다.

덕숭총림인 수덕사 대웅전(충남 예산)

---

129 방장(方丈)은 선원·강원·율원 등을 두루 갖춘 초대형 사찰의 최고 어른을 가리킨다. 초대형 사찰은 총림(叢林)이라고도 한다. 선원(禪院)은 참선 수행을 전문으로 하는 곳이고, 강원(講院)은 불교경전을 교육하는 곳이며, 율원(律院)은 계율을 연구하고 교육하는 곳이다. 방장이란 용어의 유래는 수많은 사람이 들어갈 수 있는 작은 방이라는 뜻으로서 수행력이 뛰어난 어른 스님을 가리키는 것으로 설명되고 있다. 현재 해인사·통도사·송광사·수덕사·백양사 등 5개 사찰이 방장을 모시고 있다. 중국 불교에서는 단순히 '주지'의 의미로 '방장'을 사용하기도 한다. 방장과 비슷한 용어가 조실(祖室)이다. 문자적으로 조실이란 조사(祖師)의 방을 말하며, 선원의 가장 높은 승려를 뜻한다. 사찰에서 주지가 행정 책임자라면, 방장·조실·회주(會主, 법회를 주관하는 법사)는 정신적인 최고 지도자이다. 그래서 주지는 임기가 4년이지만, 방장·조실·회주는 한 번 추대되면 종신인 경우가 많다.

제
1
부

인
문
-
이
성
과
사
고

205

티베트의 정신적 지도자 달라이라마

숭산스님의 제자인 현각스님

세계는 한 송이 꽃처럼 보편적 진리에 의해 하나로 연결돼야 한다는 것이었다. 2004년 숭산스님은 9,000여 명의 불자와 500여 명의 외국스님이 참석한 가운데 수덕사로 돌아가서 열반에 들었다. 세계 32개국에 120개 선방을 열었던 숭산 큰스님의 가르침은 인류화합의 소중한 교훈이 될 것이다. 그는 서구에서 '동쪽에서 온 달마' 또는 티베트의 달라이라마, 베트남의 틱 낫 한, 캄보디아의 마하 거사난다와 함께 세계 4대 생불로 추앙받아 왔다.

숭산의 가르침을 받은 현각(玄覺, 미국본명은 폴 뮌젠 Paul Muenzen)스님은 세계에서 선불교의 전통이 가장 온전하게 보존 되어 있는 한국불교계의 중심에 들어온 최초의 미국인이다. 그가 2009년에 출간한 『부처를 쏴라』(현각 지음, 양언서 옮김, 김영사)라는 책 속에는 스승인 숭산선사가 1982년 미국에 머물면서 당시 전두환 대통령에게 보낸 편지의 내용이 들어 있다. 그 편지의 주요 내용은 '자기 자신도 모르면서 어떻게 국민을 다스린다는 말인가!' 하는 것이었다. 무시무시한 권력을 쥐고 있던 독재자에게 이런 편지를 쓴다는 것은 대단한 용기였다. 선승들이 지닌 검객 기질의 발로였던 것으로 보인다. 선종 사찰 내에는 '칼을 찾는 집'의 뜻을 지닌 심검당(尋劍堂)이라는 건물이 있다. 선불교의 기본정신은 반형이상학이다. 어떤 우상이나 도그마도 허용치 않는다. 한국불교의 세계화를 상징하던 현각스님은 2008년 돌연 한국을 떠나 2009년 독일 뮌헨에 정착하여 '불이선원'을 열었다.

미국 하버드대학원 비교종교학 석사과정 재학 중이던 2000년 조계종 스

칼을 찾는 집이라는 심검당(尋劍堂)

님으로 출가해 화제가 됐던 혜민스님은『젊은 날의 깨달음』(클리어마인드, 2010)을 통해 미국에서 포교하는 생활을 담담히 전한다. 혜민스님은 출가 후 프린스턴대에서 박사학위를 받고 현재 매사추세츠의 햄프셔대 교수로 있다. 그는 일본식 젠(Zen, 禪)이나 티베트불교는 알아도 한국의 선(禪)은 잘 모르는 미국사회에 한국 선을 제대로 알리고 싶다고 한다.

세계불교의 3대 흐름을 언급하는 학자도 있다.[130] 첫째는 티베트불교로서 이에 대해서는 영적·신비적 힘이 있음을 특징으로 지적한다. 둘째는 선불교로서 시작은 중국[131]이었지만 문화대혁명 때 씨를 말려 현재는 한국의 조계종이 그 본좌라 한다. 셋째는 교학불교로서 일본불교가 그 선두에 있다고 본다.

한국의 문화는 동아시아문화의 보편사 속에서 우리만의 특수성을 함께 살펴야 그 특질이 드러난다. 동아시아의 고대문화는 불교를 바탕으로 했는데 가령 가람배치에서 중국은 전탑의 나라, 일본은 목탑의 나라,

---

130 조용헌, 〈조선일보〉, 2008. 9. 5.
131 인도의 논리적 사변적인 불교는 중국인들에게 호감을 받지 못했다. 중국에서 청나라 말기까지 남은 것은 지극히 중국적인 선불교와 토속적인 정토종뿐이다.

한국은 석탑의 나라로 발전한 것은 좋은 예가 된다. 또한 목탁을 치며 경을 외거나 신발을 벗고 절을 하는 등의 모습은 우리에게만 있다.

## 14. 절에서 서학을 공부하다

조선에 천주교를 처음 알린 천주실의

서양의 선교사들은 천주교를 동양에 전파하기 위해서는 유교의 본원지인 중국을 공략하는 것이 최선의 방법이라고 판단하고 그 수단으로 과학적 지식과 문물을 보급했다. 중국을 통해 우리나라에 들어온 최초의 서양문물도 이탈리아의 마테오 리치(利瑪竇)(Matteo Ricci, 1552~1610) 신부가 만든 세계지도인 〈곤여만국전도〉와 천주교 해설서인 『천주실의(天主實義)』였다. 그러니까 천주교, 즉 서학(西學)이 조선왕조에 처음으로 소개된 것은 16~17세기로서, 이같이 우리의 천주교 유입은 중국에 와있던 예수회 신부가 쓴 저서를 통해 간접적으로 이루어졌다. 다시 말해 1603년 중국에서 마테오 리치가 한문으로 천주교를 설명하는 『천주실의』라는 책을 펴냈는데, 그 책을 1614년 이수광(1563~1629)이 『지봉유설(芝峰類說)』이라는 책을 통해 조선에 처음 소개했으며, 1621년 유몽인(柳夢寅, 1559~1623)도 『어우야담(於于野譚)』에서 『천주실의』를 언급했다.

현재 베이징 셴우먼역(宣武門站) 북쪽의 셴우먼대가(大街) 동쪽에 천주교 남당이 있고, 왕푸징대가(王府井大街) 북쪽의 롯데백화점 옆에 천주교동당이 있다. 이 천주교 성당인 남당과 동당은 1644년 아담 샬과 만난 소현세자를 비롯하여 1630년 명나라에 갔던 정두원 등 천주교 관련된 인물들이 자주 찾아갔던 곳이다. 물론 홍대용·박지원·김창업 등 조선 사신사 일행도 숙소와 가까워 자주 찾았다.

조선에 유입된 최초의 천주교 관련문건을 기도문에 해당하는 '게12장(偈十二章)'[132]이라 하기도 한다. 천주교가 한국에 잠입하던 시대에 이를 알고 '서학'이라는 말을 전한 사람은 17세기를 대표하는 학자 유몽인, 이수광, 허균 등이었다. 유몽인은 『어우야담』에서 "일본을 비롯한 동남쪽의 여러 오랑캐들이 서교를 믿고 있는데도 유독 조선만이 알지 못하였는데 허균이 중국에 가서 그들의 지도와 '게십이장'을 얻어가지고 왔다."고 기록하였다. 박지원도 『연암집(燕岩集)』에서 말하길, "'게십이장'이 있는데 허균이 중국에 사신으로 가서 그것을 얻어 온 것이다. 그렇다면 서교가 동쪽으로 온 것은 아마 허균으로부터 시작되어 주창된 것이리라. 지금 서교를 배우는 무리들은 허균의 뒤를 좇는 무리들이다."라고 했다. 또한 이규경(李圭景, 1788~?)은 이식(李植)의 『택당집(澤堂集)』에 근거하여 이렇게 썼다. "허균이 처음 천주교의 책을 얻어가지고 와서 배우고는 말하기를 '남녀의 정욕은 곧 천성이요, 윤기의 구분은 성인이 가르친 것이다. 하늘이 성인을 내어 가장 높였으니 내 하늘을 따를 것이요 성인을 따르지는 못하겠다.'고 하니, 그 천주를 믿는 조짐이 이에 나타났다."

마테오 리치는 르네상스가 끝나갈 무렵 이탈리아의 작은 도시에서 태어나 1582년 중국 선교의 전초기지였던 지금의 마카오에 도착하고 1601년 베이징에 진출함으로써 중국에 처음으로 상륙한 예수회 선교사이다. 서양과 동양 문명을 동시에 체험한 최초의 인류이자 동서양의 종

---

132 허균은 1614년 명나라에 사신으로 가서 수천 권의 책을 구해왔는데, 그 중에 천주교의 12가지 기도문이 있었다고 한다.

이탈리아의 마테오 리치 신부

교와 사상의 다리를 놓은 진정한 세계인이라 한다. 자동으로 돌아가는 시계, 즉 자명종(自鳴鐘)을 중국에 처음 소개하는 등 서양의 지식을 중국대륙에 이식했다. 그리고 그는 한문으로 저서를 집필한 최초의 서양인이었다. 놀라운 기억력을 발휘하여 사서삼경을 줄줄 외우고 심지어 거꾸로 외우기까지 해서 중국인들을 경악시켰다. 천주(天主)·구라파(歐羅巴)·아세아(亞細亞)라는 한자표기도 물론 그가 처음 지어 부른 것이다. 그는 1610년 베이징에서 세상을 떠나기까지 중국의 사상을 서양에 알렸으며, 오랫동안 섬으로 알려져 있던 조선이 반도임을 유럽에 확실하게 알린 것도 그였다.

한국천주교의 기원은 세계 천주교 선교사상 유례가 없는 독특한 것이었다. 서구열강이 총과 성경을 앞세워 아프리카·아메리카에 식민지를 건설하면서 이식한 것과 달리 우리가 자발적으로 수용했기 때문이다. 당시 조선의 지식인들은 국가 이데올로기였던 성리학이 더 이상 시대의 변화를 선도하기에 부족하다는 한계를 절감하며 새로운 철학사상을 모색하고 있었다.

정조 3년(1779) 일군의 조선유학자들은 불교사찰인 천진암(天眞菴)에 모여 중국을 통해 들어온 새로운 학문인 서학을 공부하는 모임을 만들었다.[133] 한국천주교의 발상지인 이 곳 경기도 광주시 퇴촌면 우산리 앵

---

133 몇 달 전까지 일간지 인터뷰 전문기자로 이름을 날렸던 최보식 씨가 2010년 8월 역사소설 〈매혹〉(휴먼앤북스)을 냈다. 조선후기 정조 연간을 배경으로 당시 서학으로 불렸던 천주교를 새로운 정치이념으로 발 빠르게 받아들여 '주자학의 조선'을 개혁하려다 좌절한 일군의 신진사대부를 소재로 한 장편이다. 그는 소설의 중심인물인 이벽과 정약용을 비롯한 당시의 젊은 사대부들은 '운동권'이었다고 말한다.

자봉(鴬子峰) 아래에 있
는 천진암 자리에 한
국천주교회 창립 300
주년을 맞는 2079년까
지 100년 계획[134]으로
천진암대성당이 건설
될 것이다.

한국 천구교의 발상지인 천진암(경기 광주)

## 15. 유학자들이 천주교를 받아들이다

천진암 모임에 참석했던 가장 연장자인 권철신(權哲身, 1736~1801)을 비
롯해 이벽(李檗, 1754~1786), 이승훈(李承薰, 1756~1801), 정약종(丁若鍾, 1760
~1801) 등은 어렸을 때부터 성리학을 공부했던 선비들로서 성호 이익의
제자들이었다. 광암(曠菴) 이벽은 자발적으로 수용된 한국천주교의 진면
목을 보여주는 우리나라 최초의 교단조직인 이른바, '가성직자(假聖職者)
계급'의 지도자였으며, 『성교요지(聖敎要旨)』를 짓기도 했다. 이벽은 정
약용의 큰 형수의 친동생으로서 정약용보다 나이가 여덟 살 위였다. 이
벽이 죽은 뒤에도 정약용의 기억 속에 가장 강렬한 인상을 남겼다는 이
야기도 유명하다.

정조 7년(1783) 겨울 아버지 이동욱(李東郁)이 동지사 서장관으로 중국
에 가게 되자 아버지를 따라 베이징에 간 이승훈은 북천주당(北天主堂)의
프랑스 그라몽(J. J.de Grammont, 중국명 梁棟林) 신부를 찾아가 영세 받

---

134 2차대전 때 폭격을 맞은 독일 쾰른(Köln)성당은 기둥 하나를 복원하는 데 10년씩 걸
    렸고, 스페인 성 파밀리아(familia)성당은 1882년 짓기 시작해 완성까지 앞으로도 200
    년이 더 걸린다고 한다.

최초의 한글 교리서인 정약종의 주교요지

기를 요청했다. 선교사 파견 전에 스스로 영세 받기를 자청한 것은 세계 천주교사상 최초의 일이다. 조선인 최초로 영세를 받은 이승훈은 베이징에서 돌아와 정조 8년(1784)에 국내에 천주교회를 창설했다. 이벽은 바로 이승훈에게 부탁하여 많은 서양서적을 읽었으며 이승훈에게 영세를 받고 은밀하게 선교활동을 한 것이다.

정약종은 한국 첫 천주교 신학자로서 1795년 중국인 주문모(周文謨, 1752~1801) 신부가 입국한 뒤 주 신부가 결성한 평신도 단체인 명도회(明道會)의 회장으로 활동하다 1801년 2월 체포된 뒤 서소문 밖에서 참수되었다. 그가 쓴 『주교요지(主敎要旨)』는 한국 천주교회 최초의 한글 교리서이다.

천진암 참석자들은 만민평등의 인간관, 인간중심적 자연관, 탈중국중심적 세계관, 천지창조와 영혼불멸의 우주관 등 새로운 사상을 담은 서학에 점점 매력을 느꼈다. 그리고 그것이 유학과 상충되는 면이 있다는 것을 알면서도 받아들이게 되었다. 다시 말해 선비들은 서학을 공부하면서 차츰 이것이 단지 학문적 이론이 아니라 일종의 종교임을 깨닫게 되었다. 정치와 종교와 학문이 분리되지 않았던 당시 사회에서 유학에 대한 도전은 종교적 박해와 정치적 탄압을 각오해야 하는 것이었지만, 이들은 종교적 신념을 갖고 목숨을 건 논쟁을 벌이며 서학 즉 천주교의 토착화에 기여하게 되었다.

한국천주교는 양반 지식층 속에서 탄생했으며 양반의 절대 조건인 조상의 제사를 두고 교리와의 갈등은 필연이었다. 천주교 교리와 제사가 위배되는지 여부를 두 차례나 물었으나 구베아 베이징 주교는 교황 베네딕토 14세와 클레멘토 11세의 교시를 근거로 제사를 허락하지 않았

다. 결국 한국의 양반 신자들은
배교 아니면 순교의 양자택일을
하지 않을 수 없었다. 순교의 길
을 선택한 최초의 신도는 어머니
의 신주를 불태운 전라도 금산에
사는 윤지충(尹持忠)이었다. 그는
전라감영의 참수대에서 목이 잘리
고 공개되는 효수(梟首)를 당해야

전라감영 감옥터에 선 전주 전동성당

했다. 이 전라감영 감옥터에 지은 것이 전주 전동(殿洞)성당으로 이곳이
한국 최초의 순교자가 탄생한 현장이다. 천주교에서는 신앙 시련으로 순
결을 지키는 동정(童貞) 관행이 있었다. 전동 상당은 세계적으로 드문 동
정결혼의 성지이기도 하다.


## 16. 천주교 탄압이 시작되다

최근 선종(善終)한 김수환 추기경의 조부 김보현(金甫鉉)도 고종 5년
(1868)의 무진(戊辰) 박해 때의 순교자로 알려지고 있다. 외부의 선교가
아니라 내부에서 천주교를 수용했던 한국천주교의 역사는 순교의 역사
이다. 이런 주체적 수용의 정신과 순교의 피가 한국천주교를 건강한 민
족종교의 반열로 올려놓는 거름이 될 것이라 한다.

1799년 남인을 지켜주던 재상 채제공(蔡濟恭, 1720~1799)이 사망하고 이
어 이듬해에 정조가 49세의 나이로 승하한 후 11세의 순조가 즉위한 것
은 천주교 탄압의 신호탄이었다. 노론에서는 정조에게 여러 차례 사학
(邪學, 천주교) 탄압을 주장하는데, 그때마다 정조는 "정학(正學, 성리학)이
바로 서면 사학은 저절로 소멸한다."는 논리로 천주교를 사실상 용인했

천주교박해의 주역인 영의정 심환지

다. 정조가 재위 24년(1800) 6월 의문사하자마자 정권을 잡은 노론 벽파의 수장으로서 영조의 계비이자 정조의 정적이었던 정순왕후 김씨가 대신 수렴청정하게 됐는데 그녀는 순조 1년(1801) 천주교를 반역죄로 다스리라는 교서를 내리는 것으로 세계 천주교사상 유례를 찾기 어려운 신유(辛酉)대박해의 문을 열었다.

"선왕께서는 매번 정학이 밝아지면 사학은 저절로 종식될 것이라고 하셨지만 지금 사학이 옛날과 다름이 없어서……"라고 정조의 논리를 부정하는 것으로 시작되는, 이른바 '사학 임금교서'를 내렸다. 이 교서의 핵심은 천주교도를 "역률(逆律)로 다스리겠다"는 것이었다. 정조 사망 당일 영의정으로 승진한 심환지는 2월 5일 "이 무리들에게 일률(一律, 사형)을 적용하지 않는다면 징계하여 면려할 방도가 없다"고 가세했다. 이때 노론벽파와 소론시파의 연합정권은 서학을 빌미로 채제공을 따르던 남인시파와 천진암에서 모임을 갖던 이익의 제자 등 남인에 대한 본격적인 탄압을 시작했다.

권철신이 옥중에서 장독(杖毒)으로 죽고, 이가환(李家煥, 1742~1801)이 매맞아 죽었으며, 이승훈과 정약종이 목을 잘리는 등 참혹한 박해가 이어졌다. 이때 정약종의 아우인 약전(若銓)은 흑산도로, 약용(若鏞)은 강진으로 유배되었다. 천주교 박해 기록인 「신유사옥 죄인 이가환 등 추안(辛酉邪獄罪人李家煥等推案)」에 따르면 이때 정약용의 형인 정약종은 국문하는 곳에서 "저는 본래 천주교를 정학으로 알았지 사학으로 알지 않았습니다."라고 항거했다. 프랑스 선교사 샤를르 달레(Charles Dallet, 1829~1878)

의 『한국천주교회사』(1874)는 정약종이 처형
장에서 "하늘을 쳐다보며 죽겠다"면서 하늘
을 향해 누웠다고 전한다. 황사영의 '백서'
는 "그는 칼에 맞아 목과 머리가 반쯤 잘렸
는데도 일어나서 성호(聖號)를 긋고 다시 엎
드렸다."고 전한다. 이때 정약종과 아들 정
철상, 홍낙민, 최창현, 최필공, 홍교만 등 수
많은 신자가 순교했다.

샤를르 달레의 한국천주교회사

그 후 조선은 과학기술을 포함한 서구문
화 전반에 대해 문을 굳게 닫아걸었고, 서학은 철저한 탄압 끝에 학문적
접근이 거의 차단된 채 지하의 종교로 전파되었다. 이렇듯 시대를 고민
하던 조선의 지식인들은 주체적으로 서학을 수용하는 가운데 기존의 성
리학을 반성하며 새로운 철학적 돌파구를 찾았던 것이다.


## 17. 비공입회수(鼻孔入灰水)의 물고문

앞에서 말했듯이 외국인 선교사 입국 전에 자발적으로 천주교를 수용
했다는 점에서 한국천주교사는 다른 나라에서 볼 수 없는 특징을 지니
고 있으나 천주교가 이 땅에 들어와 자리를 잡는 데는 이루 다 말할 수
없을 정도로 박해와 시련을 겪어야 했다. 천주교 박해 때 배교시키는 수
단으로 불법적 고문을 자행했는데 그 중에는 '비공입회수'라는 물고문
이 있었다. 배교하지 않는 신도를 거꾸로 매달아 놓고 콧구멍에 횟가루
를 탄 물을 부었던 것이다.

한편 수많은 여성들이 순교를 자청했는데, 이 점도 우리천주교사의
특징이라 하겠다. 조선 교회 최초의 여회장을 지낸 강완숙(姜完淑, 1760

한강의 모래사장인 새남터에 세워진 천주교성당(1987)

~1801)은 여성 순교의 중심에 있던 인물이다. 그녀는 신유박해 때 여성 신자들의 수괴이자 중국인 주문모 신부의 은닉 혐의로 6회나 주리(周牢)를 트는 심한 고문을 받았다. 물론 주 신부는 1801년 4월 19일 한강의 새남터에서 참형 당함으로서 최초의 외국인 순교자가 되었다. 그는 한국 교회 역사에서 한국에 입국한 최초의 외국인 선교사이며, 천주교 신부였다.

우리 사회의 필요에 의해서 천주교를 받아들이면서도 계속 박해사건이 일어나고 수많은 순교자를 낼 만큼 이 땅에 외래사상이 토착하는 데 고난이 뒤따랐다. 하지만 교세는 여전히 확장되었고 1845년 우리나라 최초의 신부가 된 김대건(金大健, 1822 ~1846)이 선교에 노력하다가 헌종 12년(1846) 25세의 나이로 한강변 새남터에서 처형되었으나, 철종 말인 1860년대 초에는 신도수가 2만 3,000여

한국 최초의 신부인 김대건

명에 이르렀다. 김대건의 유해는 나중에 이민식이라는 신도에 의해 미리내(美里川)로 옮겨졌다. 미리내 성지는 경기도 안성시 양성면 미산리에 위치한 한국 천주교회의 사적지로, 성지의 이름인 미리내는 한국의 고유어로 은하수라는 뜻이다.

미리내성지는 1801년 신유박해와 1839년 기해박해 당시 경기도와 충

청도의 천주교 신자
들이 마을을 이루어
살았던 지역이며,
1846년 병오박해 때
순교한 김대건 신부
와 1866년 병인박해
때 순교한 이윤일의
시신이 이곳에 안장
되면서 순교 사적지
가 되었다. 1853년 4

미리내 성지(경기 안성)

월 12일에는 김대건 신부에게 신품을 준 천주교 조선교구 교구장인 페레올(Ferreol)주교도 이곳에 안장되었다.

1984년 5월 서울 여의도에선 천주교 전래 200돌을 기념하여 신자 100만 명이 모여 순교자 103인을 성인으로 올리는 시성식(諡聖式)을 거행했는데, 순교자 103명이 가톨릭 최고의 명예인 성인대열에 오른 것은 세계 가톨릭 2000년 역사에서 처음 있었던 일이다.

쇄국정책으로 천주교를 박해하던 대원군이 10년 권좌에서 물러나자, 새 정권은 구미 열강에 문호를 개방했다. 일본에서 활동하던 미국 감리교 선교사 매클레이(M.S. Maclay)가 1884년 6월 내한하여, 김옥균의 중개로 고종으로부터 학교와 병원 사업의 윤허를 얻었다. 이후 정권의 묵인하에 새문안교회 · 정동교회 등이 설립되었다. 한 세기 동안 사교(邪敎)로 몰린 천주교도 1886년 한불조약의 체결로 전교의 자유를 획득했다.

한국의 철학과 사상 가운데 우리나라 유학을 독자적인 위치에 올려 놓은 이황(李滉)[135]의 견해, 한국적 불교를 대표하는 원효의 주장, 천주교를 이 땅에 정착시키기 위해 노력했던 순교자들과 정하상(丁夏祥)[136]의 활동 등을 통해 우리가 얼마나 인간존중의 심오한 의식을 지닌 철학적 민족인지를 살펴보도록 하자.


## 18. 서원창설의 선구자, 이황

유학은 도덕을 연구하는 학문이라 하여 도학(道學)으로도 불린다. 우리나라 최고의 도학자인 퇴계 이황은 아홉 살 때 '이성이란 무엇인가'라는 화두를 갖고 평생 학문에 매진하게 된다. 그의 주된 활동은 서원창설에 관한 것이다. 그가 지방에서 서원창설운동을 전개한 것은 당시 중종의 썩은 정치도 싫었을 것이며, 출세를 떠나 자유로운 분위기에서 순수하게 학문연구에 몰두하고자 했기 때문이다. 반계 유형원에 의하면 퇴계는 공부가 아주 원숙하여 끝이 어디인지 알기 어렵다. 반계가 퇴계의 인품에 대해 읊은 시가 가운데는 "그윽한 난초 빈 골짜기에 있어도 / 뭇 풀과는 저절로 구별되지(유란재공곡 幽蘭在空谷 / 자여중훼별 自與衆卉別)"(「언행록」, 『반계잡고』, 290면)라는 구절도 있다.

퇴계는 끊임없이 현실을 걱정하고 논의하면서도, 누구 못지않게 풍류를 즐기는 남성였다. 그는 "남녀 간의 사랑은 비도 오고 바람이 부는 만

---

135 이황(1501~1570)의 호는 퇴계(退溪)이다. 경북 예안(禮安)현 온계리에서 출생하여 두 살 때 아버지를 잃고 어머니와 숙부에게 양육되었다. 성장기에는 특별히 도연명의 시를 좋아했다. 21세에 첫 장가를 들었다가 27세에 첫 부인과 사별했다. 영예로운 벼슬자리보다 매화를 더 사랑했다. 50세에 고향 시냇가 퇴계로 물러나 자리를 잡다. 그가 죽자 선조는 영의정을 추증하였으며 광해군 2년(1610) 문묘에 모셔졌다.
136 정하상(1795~1839)은 정약종의 둘째 아들이요, 정약용의 조카이다.

물의 생성이다."[137]라는 성리
학적으로 로맨틱한 발언도 남
겼다. 퇴계가 즐긴 풍류 중에
서 가장 유명한 것은 매화(梅
花)[138]에 대한 지독한 사랑[혹
호(酷好)]이다. 세상을 떠나던

1천 원권 앞면의 퇴계 이황과 매화나무

해 12월 8일 아침 퇴계가 남긴 유언은 "저 매화나무에 물을 주라."였다
고 한다. 최근 새로 나온 1000원권 지폐의 앞면에는 퇴계의 얼굴과 함께
매화나무가 담겨 있다. 푸르스름한 지폐에 인쇄된 매화나무가 인상적이
다. 퇴계가 충청도 단양군수 시절 두향(杜香)이라는 기생과 로맨스를 펼
쳤다는 일화는 완전히 날조라고 한다. 정석태 박사는 그럴 겨를이 없었
다고 하며, 두향은 비슷한 시기 다른 단양군수와 관계를 맺은 인물이라
고 했다.

퇴계는 중종 때 진사에 합격하고 문과에도 급제했으며, 홍문관 수찬
(修撰)이 되기도 했다. 그 후도 계속 관직이 주어졌으나 항상 벼슬에 뜻
이 없었으므로 사직하고 고향에 돌아가 학문에 전념하곤 했다. 그 다음
에도 조정의 부름이 있어 부득이한 경우에는 외직을 자처하였는 바, 명
종 초에 단양·풍기 등의 군수를 역임한 것도 이 때문이다. 퇴계가 벼슬
에서 물러나고자 한 까닭은 자신의 소신과 성품이지만, 한 고을을 다스
릴 만한 벼슬에 머무르라는 어머니의 뜻을 지키고자 했던 효성 때문이

---

137 권두경(權斗經), 『퇴계언행록』.
138 매화를 좋아했던 당나라의 맹호연(孟浩然)이나 송의 임포(林逋) 시인과 견줄 수도 있
   으며, 매화로 유명한 일본의 오사카성(大阪城)이나 교토 니죠성(二條城) 등과도 함께
   살펴볼 수 있을 만큼 한·중·일에서 매화는 존중의 대상이었다고 할 수 있다. 물론
   매화의 경우 3000년 전 중국이 원산지로 한국에 전해졌고 이어 일본에 건너갔지만 그
   문화적 함의는 모두 다르다. 한국에서는 절개과 금욕의 상징, 일본에서는 홍매라는
   성적인 상징으로 이용됐다.

우리나라 최초의 사액서원이 된
백운동서원의 강학당(강의하던 곳)

이황을 기리는 경북 안동의 도산서원

기도 했다고 한다. 그가 34세에 벼슬길에 들어선 뒤 70세에 사망할 때까지 140여 차례 임명, 79번의 사퇴라는 기록이 말해 주듯 그는 높은 학문과 고고한 삶으로 국가의 신뢰를 받았다. 물론 퇴계는 생전에 서너 채의 집, 150여 명의 노비, 수천 두락(斗落)의 전답을 소유했다. 이런 경제적 뒷받침이 있었기에 번번히 관직에서 쉽게 물러날 수 있었다고도 말한다.

그는 풍기군수로 있을 때 국가에 건의하여 그 지역의 백운동서원(白雲洞書院)을 국가의 지원을 받는 사액서원(賜額書院)으로 만들었다. 그 후 다시 여러 관직에 임명되었으나 모두 사양하고 명종 10년(1555) 고향으로 내려갔다. 이 시기 도산서당을 건립하고 학문과 사색의 생활을 계속했는데, 율곡 이이(李珥)가 그를 방문한 것도 이 때이다. 명종이 그가 관직에 나오지 않자 애석히 여겨 화공에 명하여 도산의 경치를 그려오게 하여 완상한 것도 이 당시의 미담이다.

이황이 타계하자 선조 8년(1575) 그의 학덕을 기리는 제자들이 도산서당이 있던 자리에 도산서원(陶山書院)을 건립했다. 퇴계의 위패가 모셔져 있는 이 서원은 제5공화국 때 국비 보조로 크게 보수, 증축되어 우리나라 유림의 정신적 고향으로 성역화 되었다. 도산서원은 크게 전교당(典

敎堂) 중심의 학문공간과 상덕사(尙德祠) 중심의 제사공간으로 구분된다.

## 19. 조선유학을 독자적인 경지로

이황 학문의 기본적 성격은 도학의 철학적 근거를 밝히고 인격적 실현을 추구하는 것이다. 즉 선악의 원천을 하늘의 이치(천리)와 인간의 욕망(인욕) 또는 이(理)와 기(氣)에 따라 차별화하는 것이다. 이렇게 보면 사단과 칠정은 그 근원이 다르게 된다. 따라서 악한 욕망과 감정을 다스려서 선한 사단과 천리를 회복하지 않으면 안 된다.[139] 이황의 사단칠정설은 당시 학계에 관심을 집중시켰음은 물론 후대 성리학자들의 필수적인 연구과제가 되면서 학파의 형성을 가져왔다. 그리하여 조선성리학이 다른 나라와 달리 심성론을 중심으로 한 내향적 이론 추구의 경향으로 발전하면서 더욱더 강한 독자성을 지니게 되었다.

결국 그는 16세기 중반에 주리론의 토대 위에서 고봉(高峰) 기대승(奇大升, 1527~1572)과의 사단칠정론을 통하여 한국 성리학의 특징인 심성론을 높은 수준으로 끌어올리고, '천리를 간직하고 인욕을 억제하는'[140] 도학적 수양방법을 규명함으로써 성리학의 기본 틀을 정립하는 데 결정적

---

139 오늘날 한국의 이미지는 어떤 것일까. '조용한 아침의 나라' 혹은 '동방예의지국'이라는 과거의 이미지가 그대로 통용될까. 아쉽게도 외국인들로부터 우리나라는 '비인권국가'니 '천박한 상업국가'라는 말들을 듣고 있다. 경찰통계에 따르면 전국에서 일어나는 살인사건 가운데 흔한 게 애인이나 배우자의 배신이 원인인 치정사건이라 한다. 얼마 전(2004) 상영된 〈주홍글씨〉는 그런 위험한 사랑에 대한 이야기다. 영화 속에서 두 사람은 목숨을 잃는다. 놀라운 건 주인공이었던 여배우가 자살하고 말았다. 욕망이 헛됨을 말하는 영화만큼이나 현대의 우리의 삶은 욕망 속으로 자신을 내던지고 있다고 해도 과언이 아니다. 유학자들이 욕망의 억제를 인생의 최대 과제로 여길 만큼 강조했던 이유를 알 만하다.

140 존천리알인욕(存天理遏人欲).

기호학파를 이끈 율곡 이이

역할을 했다. 이황과 기대승이 주고 받았던 사칠논쟁은 이론적으로 극명하게 대조되는 학문적 진지성과 자신의 심성론적 논거를 밝히는 분석의 치밀함에서 한국유학사의 학문적 논쟁의 모범이 되고 있다.

뒤이어 우계 성혼과 율곡 이이 사이에 사칠논변이 재연되면서 조선시대 성리학의 두 주류로서 퇴계학맥의 이기이원론적 경향과 율곡학맥의 이기일원론적 경향이 양극적으로 발전해갔다. 이기심성을 집대성한 이황의 학설이나 이이의 학설이 다 같이 중국 주자의 학설에 근거를 두고 있기 때문에 그 범주를 벗어나는 것은 아니었다. 어디까지나 개별성을 지닌 이들의 특수한 주장이나 학설이 중국 주자학의 일반성과 보편성 위에서 창출되었기 때문이다.

그러나 논쟁하는 과정에서 훨씬 깊고 다양한 견해가 개발될 수 있었다. 그리하여 중국에서 발생한 주자학, 특히 이기심성론이 조선에 와서 더욱 수준 높게 발달되었다. 이들의 견해 가운데는 독특한 자득(自得)의 경지를 보여주는 것도 없지 않다. 심지어 퇴계학이나 율곡학이 비(非)주자학이라는 주장과 함께 탈(脫)주자학적 성격이 새롭게 조명됨으로써 조선 성리학 연구에 새로운 역사를 만들어 가고 있기도 하다.

## 20. 21세기의 희망이 된, 이황

이황의 사상은 여러 저술로 전하는데, 그 가운데 『천명도설(天命圖說)』, 『자성록(自省錄)』, 『계몽전의(啓蒙傳疑)』, 『주자서절요(朱子書節要)』 및 기대승과 문답한 『사단칠정분이기서(四端七情分理氣書)』 등 유명한 것이 많다.

명종 말에 예조판서가 되고
선조 초 대제학, 판중추겸지
경연 등이 되어 『무진육조소
(戊辰六條疏)』와 『성학십도(聖
學十圖)』를 지었는데, 이는
국은에 보답하고 학문을 계
발하기 위한 만년의 대표작
이다. 특히 『성학십도』의 성

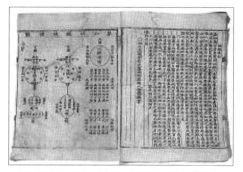

성리학을 10개의 그림으로 설명한 이황의 성학십도

학이란 성인이 되기 위해 배워야 하는 학문이다. 68세의 노학자 이황이
16세의 젊은 선조 임금에게 제왕의 길을 제시한 것이다.

　『천명도설』, 『자성록』, 『주자서절요』, 『성학십도』 등은 중국과 일본에
까지 보급되어 그 업적이 널리 평가되었다. 임진왜란 이후 이황의 문집
은 일본으로 반출되어 근세유학사[141]상의 주류인 기몬(崎門)학파와 구마
모토(熊本)학파에 깊은 영향을 미쳤는데, 구마모토학파의 시조인 오쓰카
다이야(大塚退野)는 본래 양명학자였으나 퇴계의 서간집인 『자성록』을 읽
고 성리학으로 전향했다고 한다. 오쓰카는 퇴계를 존경한 나머지 이황
의 호인 퇴계(退溪)를 모방하여 퇴야(退野, 일본발음 다이야)를 자신의 호로
삼기도 했다. 오쓰카는 만약에 이황이 없었다면 주자(朱子)의 속뜻이 드
러나지 않아 저속한 학문이 되어버렸을 것이라고까지 말했다.

　일본 에도(江戸, 도쿄의 옛 이름)시대의 대표적인 유학자인 야마자키 안
사이(山崎闇齋, 1619~1682)는 퇴계의 모든 저서를 독파하고 자신의 학문적
기초로 삼았다. 퇴계를 존경했던 안사이는 "퇴계와 같은 이는 조선에서
(주자보다) 수 백년 후에 태어났음에도 직접 주자의 가르침을 받는 것과

---

141 일본 근세유학의 시조인 후지와라 세이카(藤原惺窩)는 자신을 깨우쳐 준 최고의 저서
　　로 퇴계가 발문을 써서 편찬한 『연평문답(延平問答)』을 들었다.

일본 왕실의 성지인 쇼교지(규슈 후쿠오카현)

다름이 없으니 나 또한 분발하고자 한다.”고 말한 바 있다. 특히 야마자키는 『자성록』을 '신명이나 부모같이' 존중했다고 한다.

이황의 학설은 일본 근대화를 상징하는 메이지(明治)시대의 교육이념의 근간을 형성하기도 했으며, 2003년 7월에는 후쿠오카(福岡)[142]현에 있는 일본 왕실의 성지인 쇼교지(正行寺) 경내에 이황의 학덕을 기리는 기념비(5.16m)가 세워졌다. 일본의 '이퇴계를 배우는 학회' 가 비석을 건립하는 데 중심이 됐다. 호소카와 전 일본총리의 부인 호소카와 가요코(細川佳代子) 여사는 이 학회의 초대 회장을 맡으며 중추적 역할을 했다. '이퇴계를 배우는 학회'의 부회장이기도 한 쇼교지의 다케하라 지묘(竹原智明) 주지스님은 퇴계사상을 연속적으로 강의하기 위해 '경신학림(敬信學林)' 이란 현판을 세웠고, 퇴계의 비석과 경신학림의 설립으로 쇼교지는 일본 퇴계학의 중심지 역할을 하게 될 것으로 보인다.

1719년 파견된 조선통신사의 제술관이었던 청천(青泉) 신유한(申維翰, 1681~1752)은 『해유록(海遊錄)』에서 “일본인들이 가장 숭상하며 그들에게 인기 있는 서적이 『퇴계집』이고, 집집마다 갖고 있을 정도로 왜인들은 필담할 때 반드시 퇴계선생 이야기가 첫 번째로 나온다.”고 적고 있다.

한편 중국 개화기의 대표적 사상가인 량치차오(梁啓超)는 그를 찬양하는 시 속에서 “아득하여라, 이부자(李夫子) 님이시여!”라고 성인으로 칭

---

142 한반도의 흔적이 도처에 남아있는 후쿠오카는 일본인들에 의해 가장 살기 좋은 곳으로 자주 선정도곤 한다.

송했다. 이황이 후대에 끼친 영향은 이익의 『이자수어(李子粹語)』나 정약용의 『도산사숙록(陶山私淑錄)』 등 국내학자들에 의해서도 확인됨은 물론이다. 특히 『이자수어(李子粹語)』는 실학자 이익이 이황과 그의 제자들의 글 가운데 좋은 것을 뽑아 엮은 책[143]으로서 이익은 우리나라 사람이 존경할 분으로는 퇴계보다 앞설 이가 없으므로 '이자(李子)'라 부른다고 했다. 결국 '이자'란 퇴계에 대한 존칭이고, '수어'란 순수한 말씀이라는 뜻이다.

명예를 초월한 고결한 성품을 지닌 그가, 벼슬을 사양하고 고향에 돌아가는 〈귀거래사(歸去來辭)〉를 읊은 중국의 도잠(陶潛, 365~427)을 좋아한 것도 당연하며, 그의 호가 계곡으로 물러난다는 뜻의 '퇴계(退溪)'인 것도 예사로운 게 아니요, 다 이유가 있는 것이다.

2001년 경북 안동에서 열린 '퇴계 탄신 500주년 기념 국제학술회의'에서 「퇴계와 21세기의 희망」을 주제로 마이클 칼 튼(Michael Kalton) 워싱턴대학 교수는, "퇴계는 세계와 우주에 대한 종합적 이해를 깨닫게 해준 나의 스승이다."라고 전제한 뒤 이어서 "세계화와 자유시장을 내건 요즘 자본주의는 보다 많은 부와 행복을 얻으려는 인간의 이기적 욕망을 채우기 위해 생명을 고갈시키고 있습니다. 인간을 자연과 우주의 일부로 생각한 퇴계는 우리 모두가 관련을 맺고 있는 생명공동체가 이기주의에 완전히 굴복하지 않도록 인간의 마음을 움직일 수 있다고 보았어요."라고 말한 바 있다.

한국의 전통유학 속에 민주주의에 반하는 권위주의적 요소 등 버려야 할 부정적인 것도 없지는 않겠지만, 집단과 공동체를 앞세우고[144] 자연

---

143 주희와 그의 문인들의 기록인 『근사록(近思錄)』의 예를 따른 것이라 할 수 있다.
144 조선중기에 지어진 전남 구례의 유명한 한옥 운조루(雲鳥樓)에 있는 뒤주 밑의 쌀 나오는 구멍의 마개에는 '타인능해(他人能解)'라는 글씨가 새겨져 있다. 다른 사람도 마음대로 이 마개를 열고 쌀을 퍼갈 수 있다는 뜻이다. 주인과 얼굴이 마주치지 않는

환경을 중시하면서 인간의 생명을 존중하는 등의 장점이 많음을 새삼
느끼게 한다.

## 감정을 다스려 본성을 찾아야

주자께서 말씀하시기를, "사람은 천지의 중심을 받
아 태어나고, 외부의 사물에 감촉되지 않았을 때는 순
수하고 지극히 선하여 온갖 이치가 갖추어 있게 되니,
이것을 성(性)이라 한다. 그러나 사람이 이 성이 있으면
곧 형체가 이루어지고, 이 형체가 있으면 곧 마음(心)이
있게 되어 사물에 느낌이 없을 수 없게 되고, 사물에 감
응하여 움직이게 되면 성의 욕(欲)이라는 것이 나오게
되어 선과 악이 이에서 나누어지게 되는 것이니, 성의
욕이란 곧 이른바 감정(情)이다."라고 하셨습니다.

이황의 퇴계집

이 몇 마디 말씀은 사실 『악기(樂記)』라는 책의 동(動)과 정(靜)의 뜻을 해석
한 것으로서 말은 비록 간략하나 이치는 두루 포함되어 있습니다. 따라서 성정
의 설에 대해 극진하여 오묘한 이치를 남김이 없다고 말할 수 있을 것입니다.
그러나 그 정이란 기쁨 · 분노 · 슬픔 · 두려움 · 사랑 · 증오 · 욕심의 감정으로
서 『중용』에서 말하는 기쁨 · 분노 · 슬픔 · 즐거움이란 것과 동일한 감정입니
다. 대개 이미 마음이 있으면 사물에 감응하지 않을 수 없으므로, 감정이란 이
(理)와 기(氣)를 겸한 것임을 가히 알 것입니다. 사물에 감응하여 움직임에 선과
악이 비로소 나누어지게 되면, 감정의 선과 악이 있는 것도 역시 알 수 있을 것
입니다. 그리고 기쁨 · 분노 · 슬픔 · 즐거움이 발동하여 다 절차에 맞는 것은
곧 이요 선이지만, 절도에 맞지 않게 발동하는 것은 바로 기의 편벽 때문이며
이로 말미암아 불선이 있게 되는 것입니다.

곳간채에 갖다 놓았다. 퍼가는 사람의 자존심에 대한 배려이다. 정월이나 10월 상달
에 낯모르는 스님이 시주를 청하는 일이 많았으며 이때에 적어도 그 집 세대주의 식
기 뚜껑으로 소복하게 쌀을 떠서 시주를 하는 풍습이 있었다. 쌀 한 뚜껑의 분량은 밥
한 그릇이 될 수 있다는 생각에서 나온 것이다. 화합의 정신으로 덕을 베풀고 살았던
조상의 숨결이 느껴진다.

맹자의 이른바 사단이란 이(理)와 기(氣)를 겸비하고 선과 악을 동시에 갖춘 감정에 있어서 그 가운데 이(理)에서 발동하여 선하지 않음이 없는 것만을 추려내어 말씀하신 것입니다. 대체로 맹자께서는 성선의 이를 발명하시면서 사단을 가지고 말씀하셨으니, 사단이 이(理)에서 발동하여 선하지 아니함이 없는 것을 분명히 아셨을 것입니다. 주자께서도 말씀하시기를, 사단은 이의 발동이요, 칠정은 기의 발동이라고 하셨습니다. 이는 대개 사단은 이에서 발동하여 선하지 아니함이 없으므로, 이의 발동이라 함은 진실로 의심할 수 없는데 비해, 칠정은 이·기를 겸하고 선·악이 있는 바, 그 칠정이 비록 기에서만 발동되는 것은 아니지만 기의 섞임이 없지 아니한 까닭에 기의 발동이라 이르는 것이니, 이것은 바로 기질성의 학설과 같은 것입니다.

대개 성은 비록 근본적으로 선하되, 기질에 떨어지게 되면 편벽됨이 없지 않은 까닭에 기질의 성이라 이름하고, 칠정은 비록 이·기를 겸비하였으나 이는 약하고 기는 강하여 그것을 통제하지 못하므로 악에 흐르기 쉬운 까닭에 기의 발이라고 이르는 것입니다. 그러나 칠정이 발동하여 절도에 맞는 것은 바로 이(理)에서 발동하여 선하지 아니함이 없으니, 사단과 함께 칠정이 처음에는 다르지 않습니다. 그런데 사단만을 가리켜 이의 발동이라 함은 맹자의 뜻이 바로 사람으로 하여금 확충하게 하고자 함이니 학자들이 어찌 체득하여 확충하지 않겠습니까.

칠정은 이·기의 발동을 겸하였으나 이의 발동한 바가 어쩌다가 기를 주재할 수 없게 되면 기가 흐르는 것이 도리어 이를 가리움이 있을 것입니다. 그런데도 학자로서 칠정의 발동을 관찰하여 잘 다스리지 아니하겠습니까.

— 『퇴계집』 서(書)

우주만물은 이(理)와 기(氣)의 이원적 요소로 구성되어 있으며, 도덕적으로 이는 순진무구한 절대적 가치를 지녔고 기는 가선가악(可善可惡)한 상대적 가치를 지닌 것이라 한다. 그러나 이황의 학문적 기본입장은 이론에서 진리를 찾는 데 있지 않았다. 오히려 진리는 평범한 일상 속에 있다는 것이 그의 신념이었고, 따라서 지(知)와 행(行)의 일치를 주장하면서 그 기본이 되는 것이 성(誠)이요, 그에 대한 노력으로서 경(敬)이 있을 뿐이라 하였다.

그는 주희의 유학이론을 충실히 받아들여 이를 보다 상세하게 보완하

성리학을 완성한
송나라의 주희

고 확충하는 데 온갖 노력을 기울였다. 따라서 그의 경우 절대 원리인 이(理)를 강조하고 도덕과 수신을 중요시 여기며 주리론을 주장한 것으로 평가되고 있다. 결국 그는 성리학을 한국적인 풍토에 맞도록 재정립한 업적으로 '동방의 주자'라 일컬어졌으며, 이황의 이러한 유학적 사상과 학문은 당시 양반관료 국가의 지배이념을 확립하고 위정척사파의 정통이론으로 계승되는 데 크게 공헌하였다.

윗글에서도 알 수 있듯이 이황의 유학적 진수는 그의 이기심성론에 있었다. 그에 의하면 마음(心)은 이와 기를 겸비하고 있다는 기본 인식 위에서 마음을 성(性)과 정(情)을 통괄하는 주체로 파악했다. 곧 성과 정은 인간의 마음에 내포된 두 갈래의 존재양상이며, 성은 이(理)로서 마음의 본체요, 정은 이와 기가 동시에 드러나는 마음의 작용이라는 것이다. 즉, 마음 속의 사단(四端)은 악이 없는 이발(理發)로서 순수한 선이고, 칠정(七情)은 기발(氣發)로서 선과 악이 섞여있다는 것이다. 이렇듯 이와 기의 개념을 성과 정의 구조에 적용하여 정밀하게 분석함으로써 한국 성리학의 독자성을 확립하였다.

이황의 이기심성론은 고봉 기대승[145]과의 사단칠정논쟁에 가장 잘 나타나 있다. 기대승과 이황은 성리학을 문답하면서 사단칠정을 주제로 한 편지 왕복만도 8년[146]을 계속했을 뿐 아니라 후세 유학자들이 이 문제를 언급하지 않은 이가 없다. 이황은 이언적의 영향을 받았으며, 기대

---

145 기대승(奇大升, 1527~1572)의 호는 고봉(高峰)이다. 명종 때 문과에 급제한 후 선조 때 벼슬이 대사간에 이르렀으나, 뜻이 맞지 않아 그만두고 병을 얻어 귀향하다가 고부(古阜)에서 객사하였다.
146 정석태 박사는 자료를 다시 분석하여 8년이 아니라 딱 2년 만에 끝났다고 한 바 있다.

승은 서경덕의 가르침을 받았다. 노련한 학자로서 혼탁한 정치판과 인간의 이기적인 면을 적나라하게 보았던 이황은 칠정 너머에서 사단을 그리워했고, 신예 학자로서 사회의 갈등과 인간의 문제를 합리적으로 조율할 수 있다고 판단했던 기대승은 칠정 속에서 사단을 찾아내려 했다. 두 사람의 사칠논쟁은 거듭되었고, 그후 이 문제는 조선조 유학자들의 중요한 논쟁거리로 되어왔다. 더구나 남인은 이황의 학설을 따르고 노론은 기대승의 학설을 따라 사칠이기설은 당론으로 비화되기까지 했다.

한편 기대승의 학설은 율곡 이이에게 이어짐으로써 이이의 이기설은 뒤에 기호파 학자들에게 전수되어, 영남파 학자들이 계승한 이황의 이기설과 함께 조선유학사상사의 두 개의 주류를 이루게 되었다. 『효종실록』에 보면 송준길(宋浚吉, 1606~1672)은 효종에게 퇴계는 물러나서 지조를 지키고자 하였고, 율곡은 나아가서 도를 행하고자 하였다고 말한 바 있다.

---

## 21. 원효의, 자유와 평등

원효는 압량군(지금의 경북 경산) 남쪽 불지촌(佛地村)에서 태어났다. 소년시절 화랑무리에 속했으나 출가를 결심하고 자기 집을 헐어 초개사(初開寺)라는 절을 짓고 31세 때 신라 최대의 사찰인 황룡사(皇龍寺) 승려가 된 원효는 한국불교사에 있어 누구보다도 중요한 위치에 놓인다고 본다. 그는 불교를 우리나라에 알맞게 토착화시킨 위대한 인물이자 한국불교가 낳은 최대

한국불교가 낳은 최대의 사상가
원효대사

사상가라 하겠다. 그의 가장 두드러진 업적은 사회통합의 주된 동력으로서의 불교의 대중화와, 믿음과 실천을 일치시키는 불교의 생활화이다. 그는 『유심안락도(游心安樂道)』에서 '정토의 깊은 뜻은 본래 범부(凡夫) 위함이지 보살을 위함이 아니다'라며 불교의 대중화에 나섰다. 원효는 훗날 하나의 전설이 되었고 전국 사찰 중 120곳이 원효의 창건으로 되어 있다.

인간은 평등하므로 불경의 깊은 교리를 터득하지 못하더라도 중생을 위해 자비를 베푼다는 아미타불에만 전념하면 누구나 극락에 갈 수 있다는 그의 정토사상은 대중들을 사로잡았다. 물론 정토(淨土)란 진(眞)과 속(俗)이 만나는 곳, 즉 진과 속이 다르지 않은 진속일여(眞俗一如)의 세계로서 아미타불이 세운 극락을 가리킨다. 오늘날까지도 아주 쉽게 '나무아미타불'이 낭송될 만큼 우리나라에 아미타불이 널리 전파된 것은 원효의 공적이다.

대승불교의 최고경전인 화엄경

우연히 얻은 뒤웅박을 본따서 악기를 만들어 대승불교의 최고경전이라는 『화엄경』의 "일체 막힌 데가 없는 사람은 죽고 사는 것에서 벗어난다."[147]는 구절을 따라 '무애호(無碍瓠)'라 이름을 붙였다. 태종 무열왕의 딸이었던 과부 요석(瑤石) 공주와의 사이에서 설총(薛聰)을 낳았던 그는 진정 자유인이었다. 가무와 잡담에 불법을 불어넣고 240여권의 저술을 남긴 그는 성사(聖師)로 남을 만한 최초의 파계승이다. 『화엄경』에 대한 해설서를 쓰다가 제4권

147 일체무애인 일도출생사(一切無碍人 一道出生死).

'십회향품(十廻向品)'에 이르러 붓을 꺾고 말았다고 한다. 십회향품은 보살이 그동안 닦은 여러 가지 공덕을 모두 중생에게 돌려주고 이를 바탕으로 깨달음을

원효대사와 요석공주의 로맨스가
어린 곳으로 유명한 요석궁(경북 경주 교동)

향해 나아간다는 내용을 담고 있다.

우리나라에 맞는 불교노래 〈무애가〉를 만들어 부르고 '무애무'를 추고 다니던 그를 따라 백성들은 모두가 나무아미타불을 외웠다.[148] 큰 깨달음을 얻었기 때문에 어떠한 일에도 구애되지 않고 자유롭다는 그의 무애사상과 평등을 중시하는 그의 정토사상은 모든 종교와 사상의 편협성을 극복하고 대중의 호응을 얻게 되었다. 그의 전도 이후 신라인 대부분이 불교를 믿었다고 한다.

---

148 성현의 『용재총화』에 아웃사이더로 자처한 스님 이야기들을 모아 놓았다. 조선 초에 장원심(長遠心)이라는 스님이 있었는데 남녀 의복을 구분하지 않고 입고 다니며 반상(班常)·빈부·내외를 가리지 않는 거리낌 없는 무애의 인생을 살았다. 그는 다비(茶毘)가 취미라면서 화염 속에 싸였다가 빠져나와서는 슬퍼하고 있는 제자승들을 비웃기도 했다. 얼마 전 입적한 걸레스님 중광(重光)도 마찬가지다. 죽거들랑 가마니에 둘둘 말아 날짐승과 들짐승이 먹게 하라는 유언을 남겼던 그는 장애인이나 매춘부와 어울려 살면서 깨달음을 얻었다고 한다. 거침없는 말투로 위선투성이인 세상을 사심 없이 풍자하며 주변의 유명 화가며 시인들과도 교유했다. 이들에게 원효의 자유·무애사상이 영향을 미쳤다고 하겠다.

## 22. 근본은 하나, 일심사상

신라는 삼국통일을 위해 나가고 있었다. 소용돌이치는 한 시대를 살면서 그에게는 왕실과 귀족도 인도해야 할 대상이었고 서민과 고통 받는 하층민은 더욱 감싸 안아야 할 중생들이었다. 원효는 처음으로 이룬 한반도의 통일이 굳건한 정신적 바탕 위에 지탱될 수 있길 기대하면서 모든 것을 포용하는 범세계적 가능성을 불교에서 발견했다.

당시 신라불교계를 좌우하던 교단에 속하지 않았고 이렇다 할 제자도 없었던 원효는 그때까지 중국을 통해 들어온 불교의 잡다한 종파들을 하나로 통합해내는 일에 나섰다. 파벌 간에 논쟁이 일고 있는 소승불교와 대승불교, 천태와 화엄 등 모든 이론을 받아들이고 또한 이론과 생활을 합일시켜 나가고자 했다. 『십문화쟁론(十門和諍論)』이 그의 가장 중요한 저작이 된 것도 이 때문이다. 서로 모순되는 종파의 형이상학적 논점 10가지를 분석하여 종합적 시각에서 '일승(一乘)불교'라는 이름으로 이끌어낸 이 책은 한국불교사상의 핵심이 되었다. '화쟁(和諍)'이란 모든 현상의 양면성을 인정해 원만하게 융합하는 사상으로 원효사상의 근본이다. 2010년 6월 대한불교 조계종은 화쟁위원회를 구성하여 4대강사업, 봉은사사태 해결에 적극 나서겠다고 한 바 있다.

그의 불교사상은 당시의 종교적 또는 사회적인 갈등과 혼란을 뛰어넘어 하나로 통일 화해시키려는 노력의 산물이다. 지눌의 제자이자 조계종 제2대 조사(祖師)였던 혜심(慧諶, 1178~1234)이 강론에서 보여준 것처럼 '주먹을 펴면 다섯 개의 손가락이 각각인 것 같지만 주먹을 쥐면 하나'인 것이 원효의 일심(一心)사상이다. 불이(不二)사상을 압축하는 뜻으로 왼손의 집게손가락을 오른손 손바닥으로 감싸 안은 모습의 지권인(智拳印)도 마찬가지로 볼 수 있다.

그는 모든 대립과 갈등은 그 근본이 하나임을 모르는 데서 비롯되는 것임을 깨닫고 하나로 화합할 것을 호소했던 것이다. 이렇게 외래불교를 훌륭하게 우리의 불교로 승화시킨 원효의 종교를 '해동종(海東宗)'이라고 부르게 되었다. 특히 지금의 경기도 화성에 있던 당항성 근처 토굴에서 하룻밤 자다가 해골 물을 마시고 이때의 깨달음을 바탕으로 해동종이라는 독자적인 불교사상을 개척했다고 하며, 이를 담은 대표적인 저술 중 하나가 『대승기신론소』라는 것이다.

## 23. 세계문화의 중심에 선, 원효

원효는 신라가 고대 국가의 면모를 갖추고 본격적인 발전의 길에 들어서던 진평왕 39년 압량군 자인면에서 태어났다. 원효의 출생지인 율곡(栗谷)이 어딘지는 의견이 분분하다. 오늘날 자인면

원효 탄생지에 세워진 제석사(경북 경산)

에는 제석사(帝釋寺)라는 작은 절이 있는데, 그 입구의 도로 옆에는 '원효성사(元曉聖師) 탄생지'라는 표지석이 서 있어 지나는 사람의 발길을 멈추게 한다. 사찰측은 제석사가 원효가 자신이 태어난 곳에 세웠다는 사라사(娑羅寺)라고 말한다. 원효는 지금의 경산에서 태어나고 경주 분황사를 중심으로 활동했는데, 그가 70세에 세상을 떠났을 때 아들 설총은 그 유해를 빻아 원효의 흉상을 만들어 분황사에 안치했다고 한다.

그는 신라사회에서 존경받았음은 물론 고려의 균여 · 의천 · 지눌 등에게 크게 영향을 주었다. 특히 원효를 대승불교를 일으킨 인도의 용수(龍樹)나 마명(馬鳴) 스님에 버금가는 인물로 생각했던 대각국사 의천은

천태종을 개창한 대각국사 의천

원효의 저서를 수집 간행하고 이를 중국에 널리 유포했다. 원효는 진덕여왕 2년(648) 황룡사에서 승려가 되어 수도에 정진하다 2년 뒤에 당나라 유학길에 올랐다가 고구려 순찰대에 붙잡히고 말았다.[149] 그는 젊은 시절 두 차례나 시도했던 도당유학을 단념하고 국내에 머물었으나 노자의 '불출호 지천하(不出戶 知天下)'란 말처럼 그의 학문과 사상은 중국, 일본, 인도로 멀리 영향을 미쳤다.

현장(玄奘)법사[150]의 오류를 지적한 원효의 '상위결정비량(相違決定比量)' 논의가 당나라에 알려지자, 중국의 학승들, 즉 당나라의 인명(因明)학자들이 원효가 사는 동쪽을 향해 세 번 절하며 존중하여 찬탄했다는 기록도 있다. 일본 승려 장준(藏俊, 1104~1180)의 「인명대소초(因明大疏抄)」에 보인다. 불교 논리학으로 불리는 인명론을 완성한 것이 신라의 원효라고 한다. 우리의 선조 원효가 오래 전에 주장한 판비량론(判比量論)은 마치 칸트의 순수이성비판과 같은 것으로 높이 평가된다. 중국에서의 원효의 영향은 송대에까지 계속되었으

---

149 최치원 「의상전」. 원효에 관한 이야기는 『삼국유사』는 물론 중국 문헌인 『종경록(宗鏡錄)』, 『송고승전(宋高僧傳)』, 『임간록(林間錄)』 등에 전하고 있다. 원효가 해골 물 마시고 깨달았다는 이야기는 우리의 역사 기록에는 없으며, 1107년에 중국의 덕홍(혜홍)이 쓴 『임간록』에 실려 있다.

150 현장법사는 당나라 초기인 7세기에 불법(佛法)을 구하기 위해 국법까지 어기며 사막과 설산(雪山)을 넘어 인도에서 수학하고 많은 불경을 가져와 번역하였다. 명나라말기인 1590년대 오승은이 쓴 소설 〈서유기〉는 현장법사를 대중에게 각인시키는 데 결정적으로 기여한 작품이다. 하지만 〈서유기〉는 현장이 1400년 전 당나라 때의 역사적 인물이라는 사실 이외에는 대부분 허구이기 때문에 현장의 서역(西域)여행을 이해하는 데 오히려 걸림돌이 된다.

며, 그의 『십문화쟁론』이 번역되어 인도에 전해졌다.

원효의 노래하며 춤추는 염불불교는 일본에 건너가 고승 행기(行基, 7세기), 공야(空也, 10세기), 일편(一遍, 13세기) 등에게 영향을 끼쳤으며, 일본불교 정토종(淨土宗)의 개조인 13세기 법연(法然, 1133~1212) 스님은 종명(宗名)이나 종지(宗旨)를 정할 때 원효가 지은 『유심안락도(游心安樂道)』에 의지할 정도였다. 원효의 대부분 저서가 전해졌을 만큼 일본에 끼친 영향은 8세기 초부터 오늘날에 이르기까지 계속

일본 교토 고잔지에 소장 된 의상대사 영정

되고 있다. 원효와 그의 후배인 의상은 대명신(大明神)으로 신격화되어, 그들의 생애를 그린 『화엄연기(華嚴緣起)』 6권은 일본의 국보로 전하고 있다. 특히 일본의 고찰인 고잔지(高山寺)에는 일본 국보로 지정된 〈화엄종조사회전(華嚴宗祖師繪傳)〉이라는 무려 30m의 두루마리 그림이 있는데, 고잔지를 창건한 묘에(明惠, 1172~1233) 스님이 평소에 흠모하던 원효와 의상의 행적을 일본에도 알리기 위해 제작한 것이다. 또 이 절에는 두 스님의 영정도 있다.

원효의 화합의 논리는 현재까지 우리 불교계와 문화사에 귀감이 되고 있다. 동국대와 미국 스토니 브룩 뉴욕주립대가 지난 1997년 함께 설립한 국제원효학회가 공동 추진해온 영어판 『원효대사전집(Complete Works of Wonhyo)』(전5권) 번역 작업이 시작되어 2007년 전집 5권 영역본 시리즈 가운데 제1권 『금강삼매경론(Cultivating Original Enlightenment)』(하와이대학

영역본 제1권 금강삼매경론

235

출판부)의 영역화 작업을 마쳤다. 이는 한문문화를 세계인들이 이해할
수 있게 보편화시키는 일이요, 원효를 세계문화의 중심에 섰던 인물로
재조명하는 일이다.

원효의 저술은 7세기 동아시아 불교의 정점에 있었다고 할 만하다. 현
존하는 20여 종의 원효 저술은 대부분 논(論)·소(疏)·종요(宗要)들로 불
교문헌의 장르적 구분에 따르면 주석서에 속하는 것들로서 불교경전에
대한 그의 독특한 해석이 돋보인다. 이를 통해 원효의 경전 이해방식을
파악하게 되고 그가 얼마나 대중교화에 적극적이었는지 깨닫게 된다.

## 모든 것이 마음하나에 있음

일심(一心)에서 이문(二門)을 열어 능가경의 넓은 가르침을 총괄하였으며, 현
상의 물든 것에서 본성의 깨끗함을 보여 승만경의 깊은 뜻을 널리 종합하였다.
그 밖에 열반경의 가르침과 법화경의 이치와 금광명광과 대승동성경의 삼신[151]
의 지극한 결과와 화엄경과 보살영락경의 사계[152]의 깊은 인연과 대품반야경
과 대방등대집경의 넓고 호탕한 지극한 도리와 대승대방등일장경과 대방등대
집월장경의 은밀한 현문(玄門)에 이르기까지 모든 이러한 것들 가운데 여러 경
전의 핵심을 하나로 꿰뚫은 것은 오직 이 기신론(起信論)뿐이다. 그러므로 "여
래의 광대하고 깊은 법의 한량없는 뜻을 총섭하려고 하기 때문에 이 기신론을
설명해야 한다"고 말한 것이다.

이 논의의 뜻이 이미 이러하여 펼쳐보면 무량무변한 뜻으로 근원을 삼고 합
해본다면 이문일심의 법으로 요체를 삼고 있다. 이문의 안에 만 가지 뜻을 받
아들이면서도 어지럽지 아니 하며, 한량없는 뜻이 일심과 같아서 혼융되어 있
으니, 이러므로 펼침과 합함이 자재하며 세움과 깨뜨림이 걸림이 없어서, 펼쳐
도 번잡하지 않고 합하여도 협착하지 않으며 세워도 얻음이 없고 깨뜨려도 잃

---

151 법신(法身, 만유의 본체로 형상도 없는 이불(理佛)임), 보신(報身, 인(因)에 따라 나타
난 불신으로 아미타불과 같음), 응신(應身, 역사적 존재를 인정하는 석가모니불과 같
음)을 가리킨다.
152 소승의 보살이 도과(道果)를 얻어서 성불하는 4단계의 순서를 말한다.

음이 없으니, 이것이 마명의 뛰어
난 술법이며 기신론의 정신이다.

　그러나 이 논의의 의미가 심원
하여 종래에 주석하는 사람들 중
에 그 근본을 갖춘 사람이 적으니,
이는 진실로 각자 익힌 바를 벗어
나지 못한 채 문장에 이끌려서 마
음을 비워 요지를 찾지 못하였기
때문이다. 그러므로 논지의 뜻에
가깝지 아니하니, 어떤 이는 근원

잎을 잡고서 줄기를 설명하지 말라는 원효의
대승기신론소

을 바라보면서 지류에서 헤매고, 어떤 이는 잎사귀를 잡고서 줄기를 잃으며, 어
떤 이는 옷깃을 끊어서 소매에 붙이며, 어떤 이는 가지를 잘라서 뿌리에 두르기
도 한다. 이제 바로 기신론의 글에 따라 이 논이 의거하여 찬술한 경전을 끌어
다 해당시켰으니 뜻을 같이하는 이는 참작하기 바란다. 기신론의 핵심을 드러
냄을 마친다.

　　……

　더러움과 깨끗함의 모든 법은 그 본성이 둘이 아니므로, 진여문(眞如門)과
생멸문(生滅門)의 두 문에도 다름이 없다. 그러므로 일(一)이라고 하는 것이다.
이 둘이 아닌 곳이 모든 법 중의 실체인지라 허공과 같지 않으며, 본성이 스스
로 영묘하게 이해하기 때문에 심(心)이라고 말하는 것이다. 그러나 이미 둘이
아닌데 어떻게 하나(一)가 있겠는가. 하나인 것도 없는데 무엇을 두고 마음(心)
이라 하겠는가. 이러한 도리는 말을 떠나고 생각을 끊은 것이니 무엇이라고 지
목할지를 모르겠으나 억지로 이름을 붙여 일심(一心)이라 하는 것이다.

　　　　　　　　　　　　　　　　　　　　— 『대승기신론소(大乘起信論疏)』 권1

　윗글은 '대승의 믿음을 일으키는 논의'라는 『대승기신론』의 의의와 내
용을 말하고, 그 주요내용에 해당하는 일심의 개념을 지적한 것이다. 2
세기경 인도의 시인이자 고승인 마명(馬鳴)이 지은 것으로 전해지는 『대
승기신론』에 원효가 해설·주석을 단 것이다. 원효는 『대승기신론』을 보
고 감명을 받아 9종의 연구서를 내놓았다. 그 가운데 4권(『대승기신론

소』 2권, 『대승기신론별기』 2권)이 현재 남아 전하고 있다. 『대승기신론』
에 관해서는 수백여 종의 주석서들이 나와 있다. 대표적인 것은 『기신론
삼소(起信論三疏)』라 일컫는, 중국 혜원(慧遠, 523~592)의 『정영소(淨影疏)』,
신라 원효의 『해동소』, 중국 화엄종의 3대조인 법장(法藏, 643~712)[153]이
지은 『현수소(賢首疏)』이다.

이 3소 중에서도 원효의 것이 가장 뛰어남은 당나라의 징관(澄觀, 738~839)
이 스승인 법장으로부터 원효의 소(疏)를 배웠다고 증언(『송고승전』)하는
데서 알 수 있다. 실제로 법장은 원효의 소에 큰 감동을 받고 이후 불교
경전에 의문 나는 점이 있을 때마다 그에게 편지로 물어보았다고 한다.

원효 이전에는 일반인들이 알기 쉽도록 쓰여진 불교서적이 없었다.
이에 원효는 불경의 어려운 말뜻에 하나하나 주석을 달아 대중들이 쉽
게 익힐 수 있도록 했다. 더욱이 경론 해석상의 오류나 편협성에 대해서
는 가차 없는 비판을 통해 부처님의 올바른 가르침과 참뜻을 밝히고자
했다. 그의 대표작인 『대승기신론소』[154]에서도 원효는, 기신론을 편협

---

153 화엄종의 시조는 두순(杜順, 557~690)스님이며, 제2조인 지엄(智儼, 602~668)스님을
거쳐서 제3조인 법장(法藏, 643~712)스님에 의하여 화엄학(華嚴學)이 집대성되었다.
지엄스님의 제자로는 의상(義湘)·법장(法藏)·혜효(慧曉) 등이 있었으며, 법장은 중
국 화엄종의 대성자가 되었고, 신라의 의상스님은 귀국하여 우리나라 화엄종의 개조
가 되었다. 법장스님의 자(字)는 현수(賢首)로 17·8세쯤 지엄스님이 운화사(雲華寺)
에서 『화엄경』을 강설하는 것을 듣고 그 문하에 들어갔다. 그러나 현수스님은 지엄
문하에서 머리 기른 제자로 지냈는데, 나중에 지엄스님이 입적할 때 '내가 입멸한 후
법장을 스님으로 만들라' 라는 유언에 따라 그의 나이 28세에 머리를 깎고 측천무후가
세운 태원사(太原寺)에서 거주하였다.

154 2010년 『대승기신론소』의 8~10세기 필사본이 실크로드의 요지인 중국 둔황 석굴사
원들, 즉 막고굴의 고문서 속에서 발견됐다. 이 필사본은 지금까지 가장 오래된 저본
이었던 1696년 일본판본보다 700년 이상 앞서는 것으로 영국 런던의 대영박물관에
소장되어 있던 것이다. 이는 원효의 저술이 당대 동아시아 불교계에 커다란 영향을
미쳤다는 사실을 구체적으로 보여주는 증거라고 할 수 있다. 『대승기신론소』는 원효
가 설파한 해동종 불교철학의 기본원리를 저술한 명저로, 당시 동아시아 불교계에
『해동소』라는 이름으로 널리 보급되면서 국제적 명성을 떨쳤다.

되게 해석하는 이들에 대해 '원천을 바라보면서 지류를 말하고, 잎을 잡고서 줄기를 설명한다' 고 신랄하게 비판했던 것이다.

『대승기신론』을 현대적으로 재해석한[155] 이홍우(교육학) 교수를 '21세기 원효대사' 라 부르기도 한다. 이홍우 교수는 "이제까지와 다르게 사는 데 집착하기보다는 본래 간직한 본성을 잃지 않도록 해야 한다는 것이『대승기신론』의 가르침이다"라고 말했다. 그리고 그는 교육학적으로『대승기신론』을 본다면 교사의 삶과 교사가 가르치는 교과내용은 처음부터 따로 떼어 놓을 수 없다고 했다. 교사의 삶 속에 들어 있는 도덕적 의미가 곧 교육이라고 했다.

『대승기신론』이란 책은 마명대사가 대승불교에 대해 설명한 것이다. '대승' 이란 진리를 나르는 것을 말하며, '기신' 이란 믿음을 일으킨다는 뜻으로서 결국『대승기신론』이란 참된 진리를 포용하고 믿음을 발견해내는 것에 대해 해설한 책이다.『대승기신론소』의 맨 처음은 불교의 핵심을 이루는 불(佛, 부처님), 법(法, 부처님 말씀), 승(僧, 불제자)의 삼보(三寶)에 대한 찬양으로부터 시작된다. 이 삼보에 귀의한다는 것은 부처님의 가르침에 따른다는 것을 의미하며, 곧 번뇌를 끊고 모든 현상의 근원이자 인간이 본디부터 가지고 있는 맑은 마음 즉 일심으로 되돌아간다는 뜻이 된다.

일상적인 말이나 생각으로는 알 수 없는 절대진리를 중시하고 모든 것이 오직 순정한 마음에 달렸다는 이러한 일심(一心, 또는 일각(一覺), 일승(一乘))사상이『대승기신론소』의 본질적인 내용이자 원효사상의 핵심이다. 진리의 근원인 이 일심사상에서 화쟁(평등)사상과 무애(자유)사상이 파생되는 것이다. 원효는 자신의 사상을 "한 마음의 근원으로 돌아가 중생을 이롭게 한다"[156]고 말했다. 그리고 그의 법어 중에는 "참으로 어려

---

155 이홍우,『대승기신론통석』, 김영사, 2006.
156 귀일심원 요익중생(歸一心源 饒益衆生).

운 것을 능히 참는 것이 보살의 행함이요, 말할 수 있는데도 말하지 않는 것이 대인의 마음이다."[157]라는 말도 있다.

그런데 일심에는 두 개의 문이 있으니, 하나는 차별이 없는 본체로서의 '진여문'이고 다른 하나는 온갖 차별이 있는 현실로서의 '생멸문'이다. 그러나 이 두 가지를 포괄하는 일심의 경지에서 보면 차별적인 것은 없어지고 모든 것은 평등하게 된다. 다시 말해 더럽고 깨끗함이 둘이 아니며(염정불이(染淨不二)), 진리와 세속이 융합할 수 있다(진속일여(眞俗一如)). 따라서 사람은 누구나 인격의 완성 단계인 일심의 세계를 향해 부단히 수행 정진해야 한다. 의상대사와 함께 당으로 가던 원효가 한밤중 해골바가지의 물을 마시고 나서 자신의 진로를 바꾸었던 것[158]도 바로 '마음 밖에 법(진리)이 없는데 어찌 따로 구할 것이 있겠는가?'라는 깨달음 때문이었다.

수덕사 방장을 지낸 원담스님

결국 원효는 이 일심사상을 기반으로 대중의 평등과 자유, 화합과 통일을 이끌어냄으로써 민중의 교화, 불교의 대중화라는 불멸의 업적을 남기게 되었다. 지눌도 말하길 "진리를 구하려 하면서도 멀리 성인들에게서만 찾고 부처를 찾으려 하면서도 자신의 마음을 살피려 하지 않는다. …… 그것은 모래를 삶아 밥을 짓는 것과 같아서 헛수고만 더할 뿐이다."[159]라고 했다.

---

157 난인능인보살행 가언불언대인심(難忍能忍菩薩行 可言不言大人心).
158 중국의 『임간록(林間錄)』에 나오는데, 이 책은 북송(北宋)의 혜홍 각범(慧洪 覺範, 1071∼1128) 스님이 찬술(撰述)한 것으로 불법 종지와 총림의 수행에 관한 300여 편을 상,하 2권에 싣고 있다.
159 지눌, 『수심결(修心訣)』.

한국 근대 선불교의 큰 산맥이었던 경허·만공스님의 선맥(禪脈)을 잇고 수덕사를 덕숭총림으로 일으켜 세우며 선필(仙筆)로도 일가를 이루었던 원담(圓潭, 1926~2008)스님은 이렇게 말했다. "불교는 부처를 배우거나 따르는 것이 아니고 바로 자기를 배우고 자기를 찾는 것이다. 내가 나를 찾는 것이 불교다" 생전의 원담스님은 '깨달음'을 묻는 사람들에게 "이리와 봐, 알려 줄테니"라며 '꿀밤'을 주는 시늉을 하곤 했던 것으로 유명하다.

---

## 24. 1급 천주교박해문화재, 황사영백서

조선은 자주적으로 내부의 필요에 따라 천주교를 받아들였다. 그러나 성리학의 철학적 이데올로기로 무장한 지식인들에게 천주교는 도교나 무교처럼 혹세무민하는 미신적인 것으로 이해될 수 있었다. 18세기 초까지만 하더라도 이익(李瀷, 1681~1763)·안정복(安鼎福, 1712~1791)[160] 등의 실학자들도 천주교를 비판적으로 이해하는 경향이었다. 이익의 제자인 신후담(慎後聃, 1702~1761)은 『서학변(西學辨)』을 저술하면서 서학을 사학(邪學)으로 단정하고 유학을 옹호하였다. 그러나 18세기 말부터는 오랫동안 정권에서 배제되어 있던 남인시파(南人時派)에 속하는 지식층뿐만 아니라 신분적 질곡에서 헤어나지 못하던 평민들도 천주교의 평등사상에 끌려 신도가 되는 사람이 많았다.

정조 1년(1777)부터 권철신·정약종 등이 천진암 주어사(走魚寺)에 모

---

160 이익이 각별히 아꼈던 안정복은 다른 사람들과 달리 천주교에 대해서는 어디까지나 비판적이었고 철저하게 성리학을 고집했다.

여 서학교리연구회를 여는가 하면, 1784년 이후에는 이벽 등이 김범우 (金範禹, 1751~1787)의 집에서 자주 모이기도 했다. 이벽 등이 주도하는 사설천주교회는 1785년에 형조금리(禁吏)에게 발각되어 처벌을 받기에 이르렀는데, 사대부 자제들은 다 돌려보내고 중인이었던 김범우는 가두었다가 배교의 기미가 없자 단양으로 유배 보냈다. 장형(杖刑)을 당한 상처의 악화로 1년 만에 죽음으로써 김범우는 우리나라 천주교의 첫 순교자가 되었다. 그 후 고종 24년(1887) 한불수호조약(韓佛修好條約)으로 신교의 자유를 얻을 때까지 천주교도들은 100여 년 동안 10여 차례 크고 작은 박해를 받아왔다.

순교자 황사영 초상

정치적으로 노론벽파(老論辟派)는 남인시파를 몰아내기 위해 기회를 엿보다 드디어 순조 1년(1801)에 천주교에 대한 일대 박해를 가하여 신자 300여 명을 죽이는 신유사옥(辛酉邪獄)을 일으켰다. 이는 천주교 전래 이후 처음으로 일어난 대규모 박해사건으로서 이 참상을 베이징에 있는 구베아(A. de Gouvea) 주교에게 호소하는 글까지 보내려 했던 황사영백서(帛書)사건은 잘 알려진 일이다.

황사영(黃嗣永, 1775~1801)은 진사에 급제한 양반 자제로서 정조가 그 재주를 특별히 아낀 유망한 청년이었다. 정약용의 형인 남인의 거두 정약현의 사위가 되면서 천주교에 입신, 처삼촌인 교우회장 정약종의 문하에 들어가 주문모 신부에게 사사하기에 이르렀다. 황사영은 주문모 신부의 처형소식을 듣고 충북 제천의 토기 굽는 가마굴 속으로 들어가 구베아 주교에 보낼 박해의 내용과 사후대책 등을 흰 비단에다 적었다. 그러나 이 백서는 믿음의 자유를 얻기 위해 외세를 끌어들이려 했다는 이유로 매도돼야 했다. 내부고발로 체포되면서 27세의 황사영은 대역죄

인이 되어 목과 손발이
절단되는 능지처참(陵遲處
斬)을 당하였다. 어머니는
거제도에 아내 정씨는 제
주도에 아들은 추자도에
유배되었다.

절두산순교박물관(서울 마포)

의금부에 보관되어 있
던 1급 천주교박해문화재
인 이 백서는 파기 직전에 당시 조선교구장이었던 뮈텔(Gustave Charles
Marie Mutel, 1854~1933) 주교에게 전해졌고 1925년 조선 순교자 79위
시복식(諡福式) 때 뮈텔주교가 교황 비오 11세에게 헌정하여 바티칸 교황
청 민속박물관에 순교문화재로 소장되었다가 2001년 이 원본이 고국으
로 돌아왔다. 그리하여 서울시 마포구 합정동 한강변의 절두산(切頭山)에

뮈텔주교일기(1890~1932, 전8권)

있는 절두산박물관에 전시되었
다. 천주교 제8대 조선교구장을
역임한 프랑스 출신 뮈텔주교가
교구장 재임기간(1890~1933)에
쓴 『뮈텔주교일기』(전 8권)가 한
국교회사연구소(소장 김성태 신
부)에 의해 2009년 완역 출간되었다.

　파리외방전교회[161] 소속인 뮈텔주교가 조선교구장으로 임명된 것은
1890년 8월이었다. 하지만 그는 교황 알현 등의 절차를 마치고 나서
1891년 2월 배편으로 제물포에 도착했다. 이로부터 43년 세월에 걸친 그
의 조선 사목 생활이 일기에 고스란히 남아 있다. 뮈텔주교는 교구장 임

---

161 한국인 순교자들의 시복(諡福) 작업도 파리외방전교회가 맡았다.

명 전인 1880~1885년 선교사로 이미 조선에 왔다 간 적이 있다. 그런 이해 덕분에 일제시대까지 이어진 그의 주교 문장(紋章)엔 한민족을 상징하는 태극이 새겨져 있었다.

천주교 신자인 안중근

천주교 신자인 안중근(1879~1910) 의사[162]가 1909년 10월 헤이룽장성 하얼빈역에서 이토 히로부미를 저격했을 때 조선 천주교계의 책임자로서 겪었던 갈등과 고뇌도 일기에 등장한다. 사실 이 시기에 천주교는 명동성당과 죽림동의 약현성당을 만들었고, 계성학교와 남대문상업학교(현 동성중고교) 등 교육기관을 설립했으며, 〈경향신문〉·〈경향잡지〉 등 언론·출판사업을 시작했다. 천주교가 한국에 본격적으로 뿌리 내린 시기가 뮈텔 주교의 재임기간이었던 것이다.

1898년 5월 29일 마침내 명동성당이 완공되던 날 뮈텔주교는 이 성스러운 건축물이 수많은 신자의 피와 노력으로 이뤄진 것을 떠올리며 "값비싼 영광"이라고 했다. 명동성당은 프랑스인 코스트(Coste, 1842~1896) 신부가 고향 몽펠리에의 성당을 본떠 설계했다. 벽돌은 천주교 신자 처형장이었던 용산 새남터 근처의 흙을 퍼다 찍었다. 국내엔 서양식 건축기술자와 미장공이 없어 중국인을 불러다 썼다.

---

162 안중근의 '천당지복 영원지락(天堂之福 永遠之樂, 천당의 복은 영원한 즐거움이다)'은 17세에 천주교 세례를 받은 후 죽는 순간까지 독실했던 신앙인의 면모를 느끼게 한다. 그는 어머니와 부인에게 남긴 유언에서는 큰 아들 분도를 신부로 키워줄 것을 당부했다(이선민, 「안중근이 우리에게 남긴 말」, 〈조선일보〉, 2009. 10. 31). 2010년 안중근 의사의 순국 100주년을 맞아 안 의사의 생애와 사진, 유묵이 담긴 자료집(안중근의사숭모회, 『대한국인 안중근』)이 출간됐다.

## 25. 여인들을 벌거벗기고, 8000여 명을 학살하다

권력을 장악한 노론은 정적인 남인들을 공격하고 축출하기 위한 구실을 찾아 그들이 믿고 의지하던 천주교를 무자비하게 탄압하기 시작했다. 그러나 이러한 가운데도 천주교도들은 비밀리에 교세를 확장해 나갔다. 그러자 헌종 5년(1839)에는 두 번째 대박해라 할 수 있는 기해사옥(己亥邪獄)을 일으켰다. 이 사건은 노론벽파인 조헌영(趙憲永) 등 풍양(豊壤) 조씨 세력이 일으킨 것이기는 하지만 이 사건으로 정하상을 비롯한 200여 명의 천주교도가 희생되었다.

기해박해 때 20대 신도 김효임(콜롬바)·김효주(아네스) 자매가 온갖 혹독한 고문에도 굴하지 않자 무당을 불러 몸 안에 든 귀신을 쫓는 굿까지 벌였다. 물리적 고문에 이어 주술적 고문도 효험이 없자 이번에는 정신적 고문을 자행했다. 젊은 두 여인을 벌거벗겨 실오라기 하나 걸치지 않은 알몸으로 사나이들이 갇힌 감방에 들여놓은 것이다. 어찌 할 수 없는 상황인지라 자매는 당당하고 의연하게 대처했고 오히려 당혹하여 얼굴을 돌린 것은 사나이 죄수들이었다. 순교의 역사는 "주님은 성총으로 이 자매의 알몸을 가려 일당 십의 힘을 베풀어 주셨다"고 적고 있다.

흥선대원군 때는 외세와의 대항이라는 긴박한 정치적 상황과 관련하여 천주교도 박해가 더욱 심해졌다. 한국 천주교 역사상 최대의 순교사건은 1866년 병인(丙寅)박해였다. 프랑스 선교사 12명 중 9명을 비롯한 천주교인 8,000여 명이 학살되는 병인대박해가 일어났다. 프랑스 정부는 극도로 격분했다. 조선을 제쳐놓고 청나라 정부에 달려가 "중국이 책임을 지라"고 강하게 요구했다. 조선을 중국의 속국으로 여기고 종주국에 항의한 것이다. 이때 청나라가 내놓은 답변은 우리 역사에 큰 획을 긋게 된다. 놀랍게도 "조선은 청나라의 속국이지만 내치(內治)와 외교는 자주적으로 해왔다. 청나라가 책임질 일이 아니다."라는 것이었다. 유사

이래 현실적으로 우리는 인접한 초강대국 중국과의 관계가 원활하지 않으면 국가 생존이 어려웠다. 그러다가 이 사건을 계기로 우리는 중화질서에서 벗어나 세계질서 속으로 본격 편입된다.

천주교신자 3천여 명이 처형된 해미읍성(충남 서산)

가톨릭이 한국에 뿌리를 내리는 과정에서 죽은 순교자의 총수는 약 3만 명에 달한다. 특히 박해의 현장으로 유명한 곳은 김대건(金大建) 신부 이래로 천주교가 널리 퍼져 있던 충청도 내포땅을 들 수 있으며, 박해의 주역인 대원군은 서산시 해미면에 있는 해미읍성을 감옥소로 썼다. 얼마 전까지도 읍성 안에는 당시 처형 장소였던 고목나무 한 그루가 못이 박히고 철사가 감긴 채 덩그러니 서 있어 처참했던 광경을 떠오르게 한다. 특히 1866년 병인년 대박해 때는 관헌들이 신자 수십 명씩을 읍

1천여 명의 신자가 생매장된 해미면 여숫골

성 서쪽 해미천변으로 끌고 나가 손을 묶어 산 채로 구덩이에 집어넣어 흙과 자갈로 덮어버리는 생매장을 하기도 했다. 그곳을 '여숫골'이라 하는데, 죽음의 길을 가던 이들이 '예수 마리아, 예수 마리아'라고 소리치는 것을 사람들은 '여수머리'라 하는 줄 알고 여숫골이라 부르게 되었다.

## 26. 죽음을 통한 선교, 정하상

뒤에 나오는 글의 필자인 정하상은 경기도 양근군(현 양평군) 마현(馬峴)에서 출생했다. 어려서 서울에 이사하여 살다가 신유사옥 때 아버지 약종과 맏형 철상(哲祥)이 순교하고, 백부 정약전과 숙부 정약용은 유배되고 사촌 매형 황사영은 능지처사되어 온 집안이 쑥대밭이 되었다. 당시 그의 나이는 겨우 여섯 살이었다. 정하상은 양근에 있는 숙부 약용의 집에 가서 지내기도 했으며 어머니 문화(文化) 유씨(柳氏)의 인도로 동생 정정혜와 신앙을 받아들였고 지하 천주교계의 지도자가 되었다.

정하상은 순조 16년(1816) 중국 베이징에 가는 동지사 이조원(李肇源, 1758~1832)의 통역관 밑에 종으로 따라 가서 피레스주교를 만나 조선에 신부를 파견해줄 것을 요청했으며, 그곳에서 비로소 영세를 받았다. 순조 25년(1825)에는 로마 교황 그레고리오 16세에게 요청하여 조선교구를 베이징교구로부터 독립시키는 데 성공하였다. 그는 중국인 신부 유방제(劉方濟), 불란서 신부 모방(Maubant, P.P.) 등을 맞아들이고, 나중에 조선교구 제2대 교구장인 앙베르(Imbert, L.M.J) 주교를 도와 많은 일을 했다.

그러나 아직도 그에게는 할 일이 많이 남아 있었다. 처형되기 직전 감옥에서 쓴, 뒤에 실린 글에서 알 수 있듯이 정하상은 신유년의 비극을 거론하면서 천주교 박해의 부당성을 주장했다. "오호라! 성교(聖敎)를 믿는 사람들만이 우리 임금님의 자식이 아니란 말입니까? 슬프다! 옥 안에서는 지쳐서 죽고 문밖에서는 목을 베어 죽임이 연달아 끊이지 아니하니, 눈물과 피가 도랑을 이루고 통곡하는 소리가 하늘까지 뻗어 오르며……"(「상재상서(上宰相書)」, 1839) 특히 그는 천주 교리의 합리성과 하느님의 실재성을 근거로 우리가 천주교를 받아들일 만한 충분한 이유가 있음을 설명했다. 그리고 그는 조용히 죽음을 맞아야 했다. 헌종 5년

서울 서소문 밖 순교성지

(1839) 기해사옥으로 앙베르주교가 순교하고 자신도 가족과 함께 체포되어 서소문 밖에서 처형되었다.

정하상은 천주교가 우리 민족이라면 누구든 잘 알고 있는 하느님을 공경하는 것이기에 외국에서 들어온 이상하거나 위험한 종교가 아니라고 강변했다. 외래적인 천주교를 하늘을 숭배하는 우리의 고유한 정서와 접목시키고자 한 것이다. 정하상이 지적하듯이 우리 민족의 의식 속에 하느님의 존재에 대한 절대적인 숭배가 있었고, 또 그러한 한국인의 의식구조를 천주교리에 적용시킬 만한 선구자들이 있었기에 그토록 정부의 완강한 탄압에도 불구하고 천주교는 확산될 수 있었을 것이다. 아울러 천주교가 널리 수용될 수 있었던 다른 이유는 초기 천주교도들의 대부분을 차지하는 사대부집안의 지식인들에게 목자(牧者)로서의 하느님의 모습을 강조했기 때문이라 본다.

## 하느님이 천지를 주재한다

우리나라에서 천주교를 금지하는 뜻은 어디에 있습니까? 애당초 의리가 어떠한가를 불문하고 지극히 원통하게도 사도(邪道)라고 몰아붙여 사형죄로 다스렸기 때문에 신유년 전후에 걸쳐 많은 사람이 죽었습니다. 그러나 한 사람도 그러한 일의 근원을 조사하고 검증한 자가 없습니다. 아, 이것을 배우면 유학에 해

천주교 박해의 부당성을 알리는
정하상의 벽위편

가 되기 때문입니까? 장차 백성을 어지럽히기 때문입니까? 이 도는 천자로부터 서민에 이르기까지 날마다 쓰고 행하는 도이니, 이것을 해가 되고 어지럽히는 것이라고 말할 수는 없을 것입니다. 이에 감히 천주 교리가 나쁘지 않음을 대략 말씀드리고자 합니다.

대체로 천지의 위에는 천지를 스스로 주재하는 하느님이 있습니다. 그것을 뒷받침하는 세 가지 증거가 있으니 첫째는 만물이요, 둘째는 양지(良知)요, 세째는 성경입니다.

무엇을 만물이라 합니까. 집으로 비유하겠습니다. 집에는 기둥과 주춧돌이 있고 대들보와 서까래가 있으며, 문과 벽이 있습니다. 칸칸이 한 치의 실수도 없고, 네모지고 둥근 모양들이 각기 규격을 갖추고 있습니다. 만약 기둥, 주춧돌, 대들보, 서까래, 문, 담벽 등이 스스로 서로 합해서 우뚝 섰다고 한다면 미친 사람의 말이라고 할 것입니다. 천지는 커다란 집입니다. 나는 것, 달리는 것, 동물, 식물 등 기기묘묘한 물체가 어찌 자연적으로 이루어진 것이 있겠습니까. …… 그런데 이처럼 커다란 천지를 어찌 작자가 없다고 하겠습니까. 이같이 만물로써 주재자 하느님이 있음을 알 수 있습니다.

무엇을 양지라고 합니까. 만약 대낮에 갑자기 어두워지고 천둥 번개가 치면 비록 아이들이라도 곧 무서워할 줄 알아, 눈을 동그랗게 뜨고 발을 떼지 못하며 몸둘 곳을 모를 것이니, 이것으로 선한 자에게 상을 주고 악한 자에게 벌을 주는 하느님이 마음에 꽉 박혀 있다는 것을 알 수 있습니다. 마을의 어리석은 남녀들이 갑작스럽게 급박한 처지를 당하거나 슬프고 한탄스러울 때를 만나면 반드시 하느님을 부르면서 하소연합니다. 이것은 본연의 마음과 떳떳한 본성에서 우러나오는 것으로서 감출 수 없는 것입니다. 따라서 가르치지 않아도 저절로 알고 배우지 않아도 자연히 능한 것입니다. 단지 어떻게 하느님을 섬기는 것인가를 모르고 있지만, 하느님을 두려워하는 것만은 모두가 마찬가지입니다. 그러므로 이와 같은 양지로써 하느님이 있음을 알 수 있습니다.

무엇을 성경이라고 합니까. 옛날의 요, 순, 우, 탕, 문, 무, 주공의 업적도 경서와 사서가 있어서 전해 내려오는 것입니다. 경서와 사서가 아니었다면 요, 순, 우, 탕, 문, 무, 주공이 마음을 바로잡는 어떤 방법을 전했으며 무슨 제도와 문물을 만들었는지 누가 어떻게 알겠습니까. 마음을 바로 잡는 방법과 제도·문물들이 서적에 실려 있기 때문에 훌륭한 법칙으로 여기고 금석처럼 굳게 믿

는 것입니다. 우리 천주교가 전하는 것도 경전에 의해서 내려오는 것입다. 개
벽 이후부터 역사책에 수없이 쓰여졌으니, 고경(古經)과 신경(新經)으로 분명히
살필 수 있습니다.

······

명나라 만력(萬曆) 연간에는 서양 사람들이 많이 들어왔는데 그들이 저술한
여러 글들이 지금까지 중국에 전하고 있습니다. 한편 하느님께서 묵묵히 우리
나라를 도우사 동양이 함께 행복을 누리게 된 지 벌써 50여 년이나 됩니다. 이
와 같이 볼 때 성경으로써 하느님이 있음을 깨닫게 됩니다.

— 『벽위편』

윗글의 저자인 정하상은 조선교구 개척에 선구적 업적을 남긴 바 있
고, 이미 조선인 최초의 신부가 되기로 결정되어 있었던 인물이다. 그는
한국 최초의 천주교 신학자이자 신유박해 때 순교한 정약종의 아들로서
1839년 7월 11일 정부에 체포되었다. 이 후 같은 해 9월 22일 서소문 형
장에서 순교했는데, 죽기 전 감옥에 있는 동안 당시 천주교 박해의 주역
이었던 우의정 이지연(李止淵, 1777~1841)에게 위와 같은 글, 즉 「상재상
서」를 지어 바친 것이다.

이 글은 우리나라 천주교회사상 한국인 최초의 호교론(護敎論)으로서
1887년 홍콩교구에서 출판되어 중국에서도 전도에 널리 활용되었다. 정
하상은 1925년 로마교황에 의하여 복자위(福者位)에 올랐고, 1984년에 시
성(諡聖)이 되었다. 왜인지 아버지 약종과 형 철상은 성인으로 시성되지
못했다.

정하상은 윗글에 앞서 말하길 맹자가 양주와 묵적[163]을 배척한 것은

---

163 전국시대 초기의 학자들로서 양주(楊朱)는 위(衛)나라 사람으로 남을 위해서는 털 한
개도 안 뽑는다고 할 정도로 철저한 이기주의자였으며, 묵적(墨翟)은 주(周)나라의 절
상(節喪)과 예악(禮樂)의 간소화를 역설했다. 맹자는 이와 관련하여 양주는 임금이 없
으며 묵적은 아버지가 없는 교(敎)라고 신랄하게 비판하였다

그들이 유학을 멋대로 해칠까 두려워했기 때문이고 한유(韓愈, 768
~824)[164]가 불교와 노장사상을 공격하고 배척한 것은 그것들이 백성을
속이고 어지럽힐까 두려워했기 때문이라 했다. 그리고 이어서 말하길
옛날 군자가 법을 세우고 규칙을 만드는 데 있어 중요한 기준으로 삼았
던 것은 이치에 부합하는지 그렇지 않은지의 문제, 또는 인간과 사회에
끼치는 이해(利害)와 득실(得失)의 문제라고 했다. 그런 다음 위와 같이 당
시 천주교를 무조건 박해하는 행위의 부당함을 지적하고 새로운 종교의
자유를 인정해 줄 것을 간청하고 있다.

　무엇보다 천주교리의 정당성을 뒷받침하는 세 가지 증거로서 만물·
양지(良知)·성경을 들고 있음에 주목할 수 있다. 만물이 자연적으로 이
루어진 것이 아니라 하느님이 창조했으며, 어떻게 하느님을 섬기는 것
인가를 모르지만 마음 속에 하느님을 두려워하는 양지가 있으며, 하느
님에 대한 언급이 역사책에 수없이 쓰여졌다는 사실로써 하느님의 존재
를 부각시키고 있는 것이다. 정하상의 글이 실린『벽위편(闢衛)』은 조선
시대말기 천주교 탄압에 관련된 글을 모은 책으로, 순조 때 이기경(李基
慶, 1756~1819)이 수집하여 1931년에 4대 손인 만채(晩采)가 증보·간행
한 것이다.

---

164 중국에 외국의 불교가 들어온 뒤로 유교와 마찰을 피할 수 없었다. 그 가운데 가장 비
　　판적이었던 유학자가 당대(唐代)의 한유였다고 할 만하다. 지금도 그의「원도(原道)」
　　는 불교와 도교에 대한 배척문으로 유명하다.

# 제2부 예술 – 감성과 표현

마음이 평화롭지 못하면 온 몸조차 거슬려져서 동작을

비롯하여 하는 일 모두가 법도를 잃게 된다. 그렇기 때문에

성인이 거문고나 비파, 종, 북, 경쇠, 피리 등의 악기를 만들어

아침저녁으로 귀에 익고 마음에 젖게 하여 그 혈맥을 맑게

흔들어서 화평하고 공손한 뜻을 진작시켰던 것이다.

— 정약용, 『여유당전서(與猶堂全書)』 권11, 논에서

# 감성과 표현

2010년 5월 가장 창의적인 젊은 예술가를 지닌 세계 7대 국가에 한국이 당당히 선정됐다. 세계적 반도체칩 메이커인 인텔과 진보적 글로벌 미디어인 바이스(Vice)가 7대 국가를 뽑았고, 이들을 서로 연결하는 '크리에이티브 프로젝트'를 출범시켰다. 이 프로젝트에 포함된 7대 국가는 한국을 비롯하여 미국·영국·프랑스·독일·브라질·중국 등이다. 그리고 각 국가별로 10여 명의 예술인을 선발·발표했다. 우리나라에서는 미술가 최정화, 가수 DJ소울스케이프, 미디어 아티스트 송호준, 디자이너 예란지 등 12명이 뽑혔다. 데비 콘래드 인텔 최고마케팅책임자(CMO)는 인터뷰에서 한국은 모든 아시아의 예술이 모이는 곳(art community)이라면서, 한국이 아시아를 대표하는 창의적 국가에 포함되어야 하는 데는 이견이 없었다고 말했다.

인간은 아주 옛날부터 자신이 느낀 감각과 감정 그리고 깊은 생각들을 다양한 방식으로 드러내 왔다. 흔히 예술이라고 말하는 글과 그림과 노래와 춤 등도 이를 매개로 우리 인간의 사고와 느낌을 아름답게 표현하고자 한 것이다. 이 아름다움을 추구하고 표현하는 예술작품들을 통해서 오늘의 우리들은 지나간 시대의 삶과 역사 그리고 정신과 문화를 엿보게 된다.

서양예술을 '자연으로부터'라고 하는데 비해, 동양예술을 '자연 속으로'라고 말한다. 완벽한 균제에서 오는 세련미가 아니라 다소 흐트러진

듯한 자연미는 우리 예술의 모든 부문에서 쉽게 발견된다. 일정하지 않은 소리나 꽉 차지 않은 그림뿐만 아니라 법주사의 쌍사자 석등이나 하회탈 중의 각시탈과 같은 불균형의 조형물, 선운사의 대웅전에 쓰인 다듬지 않은 자연목 기둥이나 주춧돌 등에 이르기까지 인간을 압도하지 않는 소박함이 우리를 매료시킨다. 왕들이 살았던 궁궐마저도 권위적이기보다는 우아하고 단정한 느낌을 갖게 하는 독특함이 묻어난다. 이게 우리의 미의식이요 사람이 아니었을까. 자연과 가까이하고 인간과 조화를 이루고자 하는 정직하고 굳센 정신이 자랑스럽기까지 하다.

예술의 근본이 무엇인지, 진정한 아름다움이 어떤 것인지를 너무도 잘 알았던 우리 민족이었다. 그러기에 온갖 노력을 통해서 자연미를 달성하고자 했던 것이며, 자연이 그러하듯 꾸미거나 뽐내지 않으려 애쓴 정신이 요소요소에서 배어나오는 것이다. 또 어렵사리 만든 것이어야만 정신이 배어 있는 것이 아닌가. 그러기에 영혼으로 만드는 우리 예술의 멋이 나오려면 느림의 정서와 은유의 정취를 살려야 했을 것이다.

21세기는 문화와 예술이 사회의 모든 분야를 이끌어가는 새로운 힘으로 등장하고 있다. 철강, 조선, 석유화학 같은 규모가 커다란 굴뚝산업에서 부피가 작은 반도체산업으로 전환되기에 이르러 요즘 산업의 화두는 온후지정(溫厚之情)의 문화라는 것이다. 다시 말해 문화예술산업은 영상, 공연, 음반, 패션, 디자인, 건축 등 그 영역이 확대됨으로써 새로운 시장수요를 창출하고 있다.

문화예술은 무엇보다 인간의 감각이 작용한 결과라고 한다. 우리 민족처럼 오감이 발달한 민족이 또 있을까. 우리가 지닌 훌륭한 문화콘텐츠를 지혜롭게 개발하고 우리의 뛰어난 감각을 되살려 한국의 문화예술을 세계적인 상품으로 만들어야 한다. 그러면 터미네이터나 미키마우스로 대표되는 할리우드 문화상품도 문제가 되지 않을 것이다.

# 제1장 성품을 바르게 하는, 문학

옛사람들의 문장이 반드시 간략했던 것이 어찌 그들의
재주가 부족한 때문이었으리오. 대개 들뜨고 헛된 것을 버
리고 정성스럽고 진실한 것만 취해서 사실대로 나타내고자
했을 뿐이다. 글을 짓는 사람들은 이것을 본받아 항상 신중
해야 할 것이다.

— 최자, 『보한집(補閑集)』 하권 (21) 중에서

## 1. 문학은 밥이요, 도를 싣는 그릇

2010년 전국 종합 베스트셀러 1위는 고종황제의 딸 덕혜옹주의 삶을
그린 장편소설 〈덕혜옹주〉(권비영, 다산책방)였다.[1] 한편 2009년 전국도

---

1 〈덕혜옹주〉는 2010년 상반기 최고 베스트셀러로서 2010년 9월까지 60만 부가 팔렸다.
덕혜옹주는 어린 나이에 아버지 고종황제의 죽음을 목격했고, 13살에 일본으로 끌려가
냉대와 감시로 점철된 10대 시절을 보냈다. 이후 일본의 하급영주인 대마도주와의 강제
결혼, 10년 이상의 정신병원 감금생활, 외동딸의 자살을 겪으며 그녀는 국적도 없이 낯

무협소설가로 저명한 중국의
진융

서관 대출 순위 1위는 문학장르인 중국 진융 (金庸)의 〈천룡팔부(天龍八部)〉(초판 홍콩 〈명보 (明報)〉와 싱가포르 〈남양상보(南洋商報)〉에 동시 연재, 1963)였다. 2007년까지 중국 중학교 교과서에 실렸던 루쉰(魯迅)의 작품 〈아큐정전 (阿Q正傳)〉(1921)이 빠지고 대신 들어간 것도 진융의 작품이다.

문학을 하면 밥이 나오느냐, 돈이 나오느냐 라고 하는 사람들도 있다. 몰라도 한참 모르는 말이다. 문학을 하면 밥이 나오고 돈이 나온다. 아니, 요즈음은 문학을 해야 밥도 나오고, 돈도 나온다. 설화문학(구비문학)에 해당하는 '이야기'가 문화의 원형이요, 이야기가 문화산업의 원천이기 때문만이 아니다.

세계적인 갑부 빌 게이츠

세계에서 제일 부자인 빌 게이츠(William Henry Gates III)는 뜻밖에 다음과 같은 말을 했다. "지금의 나를 만든

---

선 땅에서 37년 동안 유령처럼 떠돌아야 했다. 한편 고종의 아들인 조선의 마지막 황태자 영친왕(英親王)도 11살에 일본으로 끌려가 이방자 여사와 정략결혼을 하고, 50여 년을 일본에 머물렀다. 1963년 들것에 실려 귀국했다가 실어증과 지병으로 7년간 병상에 누워 지내다 한많은 일생을 마쳤다. 대한황실에 대한 일본침략의 목표는 흡수통합이었다. 고종황제가 스스로 나라를 바쳤다고 외국에 거짓 선전을 하고는, 법으로 모든 황손들을 일본인과 강제결혼하도록 했다. 2005년 일본의 한 호텔에서 객사한 채 발견된 마지막 황태손 이구의 삶은 대한 제국 황실의 비극을 그대로 보여준다.

덕혜옹주와 대마도주 소 다케유키

것은 하버드대 졸업장도 아니고(그는 하버드대를 스스로 중퇴했다) 미국이라는 나라도 아니고 내 어머니도 아니다. 내가 살던 마을의 작은 도서관이었다." 정보기술(IT) 산업 시대의 대표적 인물로 추앙받는 그는 이어서 "100년이 지나도 200년이 지나도 결코 컴퓨터가 책을 대체할 수 없다."는 말까지 했다. 한편 얼마 전 미국에서 발표된 통계에 따르면 미국의 최고경영자(CEO) 중 70% 이상이 대학에서 문학을 전공한 것으로 나타났다. 요즈음은 우리나라의 많은 CEO들도 스스로 독서광이거나 책을 많이 읽는 사원을 선호하며, 특히 인문학분야의 독서에 관심이 크다고 한다.

『삼봉집』(권3)에서 정도전(鄭道傳, 1342~1398)은 일월성신은 천지문(天之文)이요, 산천초목은 지지문(地之文)이요, 시(詩)·서(書)·예(禮)·악(樂)은 인지문(人之文)이라 했다. 그리고 천은 기(氣)로, 지는 형(形)으로, 인은 도(道)로써 존재한다고 말했다. 그러므로 문(文)은 도(道)를 싣는 그릇이라고 함은 인문(人文)을 말한 것이라 했다. 이 때 역사와 철학 그리고 문학 등이 뚜렷이 구별되지 않았다. 뿐만 아니라 그 후 오랫동안 문학은 도덕적일수록 최상의 가치를 인정받아 왔다.

『점필재문집』(제1권)「윤선생상시집서(尹先生祥詩集序)」에서 김종직(金宗直, 1431~1492)은 문장이란 것이 경술에서 나온 것이니, 경술은 곧 문장의 기초다. 풀이나 나무에 비유한다면 뿌리가 없는 나무가 무성하며 꽃과 열매를 맺게 할 수 있겠는가라고 했다. 『성종실록』(권98)에서 성현(成俔, 1439~1504)도 문장을 지으면서 육경(六經)에 근본을 두지 않으면 파도를 넘는데 노가 없는 것과 같다고 한 바 있다.

그러나 『보한집(補閑集)』 서문에서 평론가 최자(崔滋, 1188~1260)는 기운을 돋워 듣는 사람을 감동시키기 위해 때로는 험악하고 괴이한 말도 하게 된다. 하물며 시를 짓는 데는 비·흥·풍유를 근본으로 하는 것이니,

보한집 번역본
(이화형, 2010)

반드시 기괴함에 의탁한 연후에야 그 기운이 씩씩하고 뜻이 깊으며 말이 또렷하여 사람의 마음을 감동시켜 깨닫게 하고 깊고 미묘한 뜻을 드러내어 마침내는 올바른 데로 돌아가게 할 수 있다고 했다. 고려의 문인 최자가 글이란 도를 실천하는 문(門)이어서 도에 어긋나는 말을 쓰지 않는다고 전제하면서도 문학적 효용과 예술적 감동을 위해서는 도덕적 또는 일상적인 언어를 파괴할 수 있다고 한 발언은 매우 설득력이 있다.

"승리한 자가 기록한 사실(fact)이 역사라면, 예술은 패배한 자가 찾아낸 진실(truth)의 기록이라 할 수 있다. …… 시인은 고개를 든 자가 보지 못하는 삶의 길바닥에서 진실을 줍는다."고 얼마 전 유안진 시인은 말한 바 있다. 문학은 사실의 기록을 넘어서 진실의 도를 전하는 것임을 알 수 있다.

사실 문학은 상상의 언어를 매체로 하여 인생을 구체적으로 표현하는 창조의 세계다. 그리고 한 시대의 문학이 외래사조나 경직된 이데올로기에 의하여 위기에 봉착할 때는 언제나 전통적인 시가와 산문으로 회귀함으로써 새로운 활로를 타개할 수 있었다.

## 2. 한국문학의 역사성

우리는 문학이란 무엇인가? 라는 질문에 직면하곤 한다. 문학이란 분명 언어를 통해 꾸며낸 상상(진실)의 세계다. 그러나 완전히 꾸며진 것이 아니다. 허구의 문학세계는 반드시 현실 혹은 사실에 기반을 둔다. 그러므로 문학에서 문제 삼는 것 가운데 가장 중요한 것 중의 하나가 사실성, 즉 리얼리티(reality)이다.

일필휘지를 믿지 않는다는 최명희의 혼불(5권 10부작)

작가들이 끊임없이 사실성 확보를 위해 체험과 지식을 찾아나서는 것도 이 때문이다. 특히 경험을 축적하기 위해 치열하게 사는 모습에 숙연하기조차 하다. 작가 최명희는 〈혼불〉에서 "물 흐르는 소리를 표현할 가장 정확한 단어와 문장을 찾기 위해 추운 바람이 부는 겨울 강가에서 오래오래 앉아 있었다"고 한다. 그녀는 "나는 일필휘지(一筆揮之)를 믿지 않는다"고도 했다.

한국의 작가라면 스스로 의식하지 않더라도 '선비'의 기개와 강직함을 본받아, 초야에 묻혀 있으면서도 역사의 방향을 바로 잡아야 한다는 사명감과 함께 쟁론하는 상소문과 같은 작품을 쓰고자 했을 것이다.

우리 문학사의 벽두에 놓이는, 거북이 등장하는 〈구지가(龜旨歌)〉 역시 상징성이 강한 문학작품임에도 불구하고 가락국의 김수로왕(金首露王)의 탄생을 집중적으로 문제 삼는다. 또한 김해 김씨의 시조인 김수로왕이 인도의 허황옥(許黃玉, 33년~89년)과 혼인하였다는 것도 관심의 대상이 된다. 허황옥은 본래 인도 아유타국의 공주로, 48년에 배를 타고 가야에 와서 왕비가 되었으며 거등왕을 비롯해 아들 10명을 낳았다. 이 아들 중 둘이 어머니 허황후의 성을 따라 허씨가 되었다. 허씨는 우리나라에서 최초로 모계(母系)의 성을 좇은 것이다. 김해 김씨와 김해 허씨는 다른 성이지만 같은 혈족으로 여겨지고 있다. 그리고 허씨에서 갈려나간 인

윤호진의 뮤지컬 몽유도원도

천 이씨가 있다. 따라서 이들은 서로 혼인하지 않는다.[2]

백제의 〈도미(都彌)의 아내〉 이야기(설화)를 생각해 보자. 이 설화가 기반이 되어 탄생한 박종화의 〈아랑의 정조(貞操)〉, 최인호의 〈몽유도원도(夢遊桃園圖)〉, 윤호진의 〈몽유도원도〉 등은 새로운 창조의 결실로서 예술장르의 범주에서 논의가 가능하다. 그리고 〈도미의 아내〉는 무엇보다 주인공의 캐릭터를 문제 삼을 수 있는 서사 구조가 큰 매력이다. 도미의 아내는 미모, 정절, 지혜, 용기가 돋보이는 인물이요, 개루왕은 포악, 음탕, 우직, 성격파탄의 인물로 볼 수 있다. 자연스럽게 작품의 가장 중요한 문제로 정절(貞節, 절개)을 거론할 수도 있을 것이다.

그러고 나면 이제 정절의 역사가 궁금해진다. 한국의 역사 속에서 정절이 가장 크게 요구되었던 시기는 조선중기(성종 이후)이다. 특히 임진왜란과 같은 국란 시 정절관념은 극에 달했다. 그러나 도덕과 윤리에 반하는 성적 자유와 분방함은 끊임없이 일어났고 간통이 지속적으로 문제시

---

2 '단군의 자손'이나 '한민족(韓民族)'의 신화를 이어온 한국이지만 학계에서 우리나라가 단일민족이 아닌 다민족국가였다는 학설이 대세를 이루고 있다. 특히 삼국시대 이전엔 정치적 망명, 피난, 정략결혼 등의 이유로 외국인들이 다양하게 귀화하여 한반도에 정착했다. 한반도의 첫 귀화인이 바로 약 2000여 년 전 인도 아유타국에서 온 공주 허황옥으로, 이는 김해 허씨의 시조가 되었다. 13세기 고려로 귀화한 베트남 출신의 이용상도 몽골군과 맞서 싸운 공로를 인정받아 화산 이씨의 시조가 됐고, 임진왜란 때 일본 군인으로 한반도를 침략했던 사야가(沙也加)는 우리나라에 조총과 화약제조법을 전수하고 조선인 김충선으로 다시 태어났다. 특히 역사학자들은 고려시대 전체인구 210만 명중 중국, 일본, 몽골, 베트남, 아랍 출신 등 무려 20만 명이 귀화인이었다고 추정한다.

되었다. 대표적으로는 조선조 유감동(兪甘同)과 어우동(於宇同)을 들 수 있다. 유감동은 세종조 평강현감의 부인으로서 왕자, 영의정을 포함 39명의 남성들과 관계를 가졌다. 세종은 유연하게 대처하여 지방관기로 보내는 선에서 사건을 마무리 지었다. 어우동은 성종조 왕족에게 시집을 갔으나 당시 그토록 금기시했던 근친상간과 노비와의 간통을 서슴지 않

은밀한 궐내의 통정을 다룬
SBS TV 드라마 왕과 나(2008)

았다. 물론 교형(絞刑)을 당했다. 성종도 어우동과 관계를 가졌다는 음모론도 대두된다(SBS TV 〈왕과 나〉, 2008).

신라의 향가(鄕歌)란 신라인들이 향찰(鄕札)로 적은 우리 문학이다. 향찰은 한자의 음과 훈을 빌어 쓴 표기로서 비록 국자(國字)는 아니지만 우리 문자의식으로 사용했다는 점에서 의의를 인정받고 있다. 신라인들의 고유하고 심오한 사상을 향찰이라는 표기로 적은 최초의 정형시가(定型詩歌)가 향가였던 것이다. 이렇게 독특한 장르로서의 향가와 일본의 유사한 장르로 곧잘 와카(和歌, 일본단가)가 논의의 대상이 되곤 한다. 즉 와카는 아스카(飛鳥), 나라(奈良)에 걸치는 점에서 향가와 시대가 비슷하고, 향찰과 같이 한자의 음을 빌려 쓴 일본의 고대문자(만요가나(万葉仮名))라는 점 때문이다. 2003년에 별세한 국내유일의 와카시인이었던 손호연 여사는 "와카의 뿌리는 한국의 향가라는 자부심으로 시를 지었다"고 했다. 지난 60년 동안 한국적 정서를 담은 2000여 수의 와카를 지어 일본에서도 최고의 단가시인 중 한 사람으로 평가받아 왔다. 특기할 것은 5세기부터 8세기경에 걸쳐 한자의 음독과 훈독을 통해 수록한 4500여 수로 된, 일본에서 가장 오래된 시가집이라는 〈만요수(萬葉集)〉를 지은 가인들 절반 이상이 한반도에서 건너간 백제인들이라는 점이다. 한편 향

원의 지배를 받던 시기의 궁정사
를 다룬 영화 쌍화점(2008)

가의 기원이 페르시아시가라는 설도 있다.

고려시대를 대표하는 문학으로는 궁중음
악으로 편입된 속요를 들 수 있다. 전하고
있는 10여 편의 고려속요 가운데 〈쌍화점〉
을 예로 들어보자. 최근 영화로 거듭나기도
했는데, 충렬왕이 왕위를 잇기 위해 심복에
게 왕후와의 합궁을 명하는 〈쌍화점〉 속의
연인들의 노골적인 사랑도 몽골 침입의 혼
란과 위구르인(회회아비)들의 유입이라는 역
사적 배경하에 이루어졌다고 본다. 무슬림
(위구르인)들이 이미 궁중에 들어왔고 장사를 하고 있었다고 한다.[3] 더
욱이 제목 '쌍화(雙花)'가 지닌 '만두'의 의미에 대해서는 역사적인 고찰
을 할 필요가 있다.

원래 만두는 중국 남만인(南蠻人)들의 음식이라고 한다. 송대의 고승(高
丞)이 지은 『사물기원(事物紀原)』의 「주예음식부(酒醴飮食部)」 '만두(饅頭)'
에 의하면 그 기원은 다음과 같다. 제갈량이 오늘날의 베트남쯤에 해당
되는 남만(南蠻) 정벌에 나서 위나라 맹획(孟獲)이란 장수를 잡았다가 풀
어주기를 거듭했다. 맹획은 본디 용감한 만족(蠻族)의 장군출신이다. 제
갈량이 칠종칠금(七縱七擒)한 것이다. 개선길에 오른 제갈량은 만족의 병
졸이 수없이 빠져죽은 여수(瀘水)라는 강물을 만났다. 광풍이 불어 건널
수 없게 되었을 때 어떤 사람이 49명의 머리를 제물로 바쳐 귀신의 화를
풀어줘야 한다고 권했다. 그리하여 제갈량은 사람머리 모양의 밀가루
반죽에 소를 넣어 삶아 냈다. 처음으로 만두(蠻頭, 만족의 머리)를 만든 이

---

3 2009년 7월 5일 일어났던 위구르유혈사태는 빈부격차와 함께 근원적으로는 고유문화의
  불인정에 대한 분노가 원인일 것이다.

x

한국문화를 꿈꾸다

264

가 바로 제갈량이요, 이 만두(蠻頭)가 음식의 이름으로는 적당치 않아 오늘날 만두(饅頭)로 바뀐 것이다.

우리나라에서 만두를 먹기 시작한 것은 〈쌍화점〉이 나온 고려시대라 할 수 있다. 영화 〈올드보이〉에서 주인공이 15년 동안 감옥에서 매일 만두를 먹는 얘기가 설정될 만큼 이제 우리에게도 흔한 음식이 되었다.

## 3. 민족의 시가문학, 시조와 가사

민족문화의 발전을 위해 불완전한 문자생활을 벗어나 자국의 말에 부합하는 문자를 갖고자 하는 것은 당연한 일이다. 조선조 세종 때의 한글 창제는 우리 문학을 비로소 한 차원 끌어올리는 창조적 계기를 마련했다. 하지만 한글창제가 근대적 문화를 이끌어내지 못한 아쉬움이 있다. 선진 중국문화를 압도할 만한 역사적 조건도 마련되어 있지 않았고 당시 학자들조차 지각이 부족했기 때문이다.

한글이 창제된 뒤에도 한문학이 융성한 가운데 한글문학은 소수의 선비들과 궁중의 부녀들에 의하여 명맥이 유지되고 있었다. 그러나 조선 초기에 나온 〈용비어천가〉, 〈월인천강지곡〉과 같은 서사시풍의 송도적(頌禱的) 성격을 지닌 악장들이 한

훈민정음으로 기록된 최초의 문헌이자
악장문학의 대표적 작품인 용비어천가

글로 쓰여졌다는 것은 우리 민족문학사에 획기적인 일이었다.

많은 양반과 선비들이 한글을 천하게 여기는 가운데 연산군을 비난하는 한글벽서사건이 터진 1504년(연산군 10년)에 들어서면서 한글 사용이 실질적으로 금지되기까지 했다. 백성들이 지나치게 유식해질까 두려

워 한 나머지 중종 1년(1506)에 이르러서는 한글 연구와 관련된 정부기관 정음청(正音廳)까지 폐쇄시켰다.

그러다가 16세기에 이르러 시조와 가사를 통해 한글은 다시 활발하게 보급된다. 한글이 창제된 후 우리 문학사에 있어 가장 큰 발자취를 남긴 것은 시조(時調)문학으로 지금까지도 생명이 유지되고 있는 민족적인 시형이다. 3 · 4조, 4음보 율격 중심의 단형시조가 고려 말 우탁, 이조년, 이색, 이존오, 정몽주, 길재 등 신진사대부들에 의해 발생은 되었으나 우리 시가의 대표적인 장르로 꽃을 피운 것은 조선시대에 와서이다.

부안 기생 매창의 시비

비교적 초기에는 사대부의 유교적인 딱딱한 윤리관에 억눌려 발랄한 정감을 자유롭게 담아내지 못한 작품도 많이 있기는 하나, 자연을 관조한 것에서부터 그리움과 기다림을 읊은 것, 원한을 노래한 것 등 가작이 많아 우리 문학사에서 귀중한 전통유산으로 자리를 지키고 있다. 더욱이 사대부들과 수작했던 황진이[4]를 비롯한 소춘풍, 계랑(매창), 솔이 등 기생들의 애정시는 우리 시조문학의 폭을 넓히는 구실을 했으며, 윤선도(尹善道, 1587~1671)[5]에 이르러서는 아름다운 시어의 발굴과 순수자연의 묘사가 절정에 이르렀다. 조선후기에는 『청구영언』·『해동가요』·『가곡원류』 등의 시조집이 편찬되었다.

---

4 황진이(黃眞伊)는 조선 중종~명종 연간의 이름 있는 기생인데, 그녀의 생몰연대를 자세히는 알 수 없다. 별명은 진랑(眞娘), 기명(妓名)은 명월(明月)이다.
5 윤선도는 호가 고산(孤山)으로 인조 때 과거에 급제한 후 여러 벼슬을 하였으나 곧은 성격에다 당쟁에 말려들어 수 차례 고난을 당했다. 문집으로 6권 6책의 『고산유고』를 남기고 있으며, 이 책 별집에 단가 77수가 실려 전하고 있다.

한 미국인 교수에 의해 '한류' 업그레이드
가 진행되고 있어 매우 고무적이다. 주인공은
하버드대 한국문학과 교수이자 한국학연구소
장인 데이비드 맥캔(McCann) 씨이다. 그는 우
리나라 시조를 영어로 짓는 법을 대학에서 강
의하고, 지역사회에서 시조를 읊는가 하면 미
국 중·고등학생을 대상으로 시조경연대회를
벌이고 있다. 지금까지 드라마·비보이·가요
등 한국 대중문화가 선도하고 있는 한류의 다

하버드대에서 우리 시조를 강의
하고 있는 데이비드 맥캔 교수

른 갈래로 우리의 시조를 미국사회에 끌어들이고 있는 독특한 현상이
다. 마치 일본 고유의 단시인 '하이쿠(俳句)'가 일본문학과 역사를 알린
것처럼 시조가 한국문화의 첨병 노릇을 할 것으로 기대되고 있다.

최초의 가사작품이라는 상춘곡

가사문학도 시조와 비슷하게
고려 말에 발생했다고도 하나 일
반적으로 조선 초 정극인의(丁克仁,
1401~1481)의 〈상춘곡(賞春曲)〉을
가사의 효시로 잡고 있다. 가사는
시조와 함께 조선조에 우리 시가
를 대표하는 장르로 각광을 받았
다. 가사는 시조의 단형(短型)을 확
대한 것으로서 장가(長歌)라 불릴 만큼 서사와 서경에 더 적절한 형태라
할 수도 있다. 그러나 가사도 시조와 마찬가지로 3·4조, 4음보에 결구
가 3·5·4·3이라는 점에서 형식상 매우 유사한 장르라 할 만하다.

가사를 여러 가지 면에서 나눌 수 있는데, 성별에 따라 남성가사와 여
류가사, 신분에 따라 사대부가사와 평민가사, 지역에 따라 영남가사와

기호가사, 표현방법에 따라 몽유(夢遊)가사와 의인(擬人)가사 등으로 구분한다. 다양한 소재와 폭넓은 주제를 지니고 있는 장형(長型)의 수많은 가사 작품 가운데, 단연 정철(鄭澈, 1536~1593)[6]의 〈관동별곡〉, 〈사미인곡〉, 〈속미인곡〉 등을 가사의 절조로 꼽고 있다. 그 후 노계 박인로(朴仁老, 1561~1642)의 〈노계가〉나 정학유(丁學游, 1786~1855)의 〈농가월령가〉, 김진형(金鎭衡, 1801~1865)의 〈북천가(北遷歌)〉, 김인겸(金仁謙, 1707~1772)의 〈일동장유가(日東壯遊歌)〉 등도 나왔으며, 갑오경장 이후에도 개화가사들이 많이 창작되었다.

## 4. 의식의 확장과 산문의 도래

소설은 산문문학의 대표적인 양식이다. 우리나라에서 소설의 발생은 설화를 비롯한 가전체 등 패관문학이 시초가 되고, 중국의 〈태평광기(太平廣記)〉나 〈전등신화(剪燈新話)〉와 같은 전기소설의 영향을 받은 것이 직접적인 동기가 되었다. 특히 조선시대 인기작품 중 하나가 명나라 구

한국 최초의 소설인 김시습의 금오신화

우(瞿佑)가 지은 〈전등신화〉였다. 외설적이라는 말도 많았지만 연산군조차 귀신이야기를 다룬 이 책을 읽고 싶어 사람을 시켜 사오라고 할 정도였다. 우리나라 최초의 소설 〈금오신화(金鰲新話)〉도 그 영향을 받아 유

---

6 정철의 호는 송강(松江)이며, 어려서 김인후(金麟厚)·기대승(奇大升)에게서 글을 배우고, 명종 때 별시에 장원으로 급제한 후 선조 때 영의정에 올랐다. 문집인 『송강가사(松江歌辭)』에는 4편의 가사작품 〈관동별곡(關東別曲)〉, 〈사미인곡(思美人曲)〉, 〈속미인곡(續美人曲)〉, 〈성산별곡(星山別曲)〉과 107수 정도의 시조작품이 전하고 있다.

행한 것이다.

〈전등신화〉는 귀신에 대한 고정관념도 바꿔버렸다. 전통적으로 설화 속에 등장하는 귀신은 원한을 품고 죽어, 한이 풀리면 사라지는 편이었다. 권선징악의 임무만 완수하면 되는 것이다. 이에 반해 〈전등신화〉 속 중국의 여자 귀신은 총각을 홀려 사랑을 나눈 뒤, 그를 죽음의 세계로 이끈다. 일반적으로 귀신 이야기의 핵심이 죽은 자를 내세워 산 사람의 이야기를 하는 것이라면, 〈전등신화〉의 유행은 당시 독자들의 변화된 세계관을 반영한 것이라 할 수 있다.

천재와 광인으로 불리는
김시습

결국 우리나라 소설의 효시로 흔히 매월당 김시습(金時習, 1435~1493)이 세조의 즉위에 분격하여[7] 금오산에 들어가 지었다는 〈금오신화〉를 든다. '5세 신동'(『해동잡록(海東雜錄)』)으로 세종의 귀여움을 받았던 김시습은 수양대군의 왕위 찬탈로 뒤바뀐 세상과 타협할 수 없었다. 그래서 "백년 뒤 내 무덤에 / 꿈꾸다 죽은 늙은이라고 써 주오"라는 시처럼 고독과 방황으로 점철된 그의 삶은 더욱 우리에게 어떻게 살 것인지를 생각하게 한다. 가령 〈용궁부연록(龍宮赴宴錄)〉의 한생(韓生)은 왜 속세의 명예나 이익을 뒤로 하고 산에 들어갔고, 〈만복사저포기(萬福寺樗蒲記)〉의 양생(梁生)이나 〈이생규장전(李生窺牆傳)〉의 이생(李生)이 귀신과의 이룰 수 없는 사랑을 포기하지 않은 이유 등에 관해 독자에게 질문을 던진다.

---

7 김시습이 삼각산의 중흥사에서 글공부를 하고 있을 무렵 수양대군에 의한 '왕위찬탈' 소식을 듣게 되었다. 이 소식에 비분강개한 그는 대성통곡을 하며 공부하던 책들을 모두 불사른 뒤 그 길로 삭발하고 정처 없이 유랑의 길을 떠났다. 광릉수목원(현 국립수목원)으로 유명한 광릉(光陵)이 세조의 능이다.

민족의식이 강렬했던
김만중의 구운몽

그 후 〈원생몽유록〉, 〈수성궁몽유록〉 등이 나왔으나 이때만 해도 완전한 인간생활을 그려내지 못했다. 임진왜란 이후 허균(許筠, 1569~1618)[8]의 〈홍길동전〉이 나왔는데, 이는 최초의 한글소설[9]이라는 역사적 의미도 크지만 봉건적인 사회제도에 대한 비판으로서 근대소설의 초석이 되었다고 할 수 있다. 상류층 사대부 소설로서는 김만중(金萬重, 1637~1692)의 〈구운몽〉과 〈사싸남정기〉 등을 들 수 있다. 서포 김만중은 조선에서 가장 한글을 사랑한 선비였다. 그는 대제학(정2품)과 대사헌(종2품) 등을 지낸 고위 관료였지만 나무하는 아이들이나 물 긷는 아낙들이 주고받는 일상적인 말에서 진실과 감동을 읽을 줄 아는 문화적 인물이었다. 그러기에 그는 송강 정철의 〈관동별곡〉과 〈사미인곡〉과 〈속미인곡〉을 최고의 문학작품으로 평가할 수 있었고, 특히 한자어가 적은 〈속미인곡〉에 대해서는 칭찬을 아끼지 않았던 것이다.

---

8 허균은 조선조 선조·광해군 때 사람으로 호는 교산(蛟山)이다. 그는 허엽(許曄)의 셋째 아들로 태어나, 26세에 문과에 장원급제하였고, 삼척부사, 형조정랑, 형조판서 등을 거쳐 좌참찬에까지 이르렀다. 그는 소설 외에도 『학산초담(鶴山樵談)』·『성수시화(惺叟詩話)』 같은 시화를 저술했고, 『국조시산(國朝詩刪)』이라는 시선집을 엮기도 했으며, 그 밖에도 『성소부부고(惺所覆瓿稿)』, 『도문대작(屠門大嚼)』 등 많은 저술을 남겼다. 특히 『도문대작』은 도살장 문 앞에서 크게 입을 벌리고 씹는 흉내를 낸다는 뜻으로, 우리나라 최초의 음식품평서이다. 1611년 허균이 전라북도 함열지방에서 귀양살이 중 쓴 향토음식백과사전이다. 당대 사대부 남성들이 요리에 관심을 갖기 어렵고, 먹는 것을 이(利)에서 온 것이라 하여 음식의 중요성을 간과하던 풍토를 감안하면 더욱 주목할 만하다.

9 1997년 이복규(국문학) 교수에 의해 발굴된 〈설공찬전〉의 국문번역본에 의해 논란이 일고 있다.

김만중이 국문소설의 백미로 꼽히는 〈구운몽〉과 〈사씨남정기〉를 집
필한 것은 결코 우연이 아니다. 유복자(遺腹子)로 태어난[10] 그는 장렬하
게 산화한 아버지에 대한 그리움과 함께 당시 조선사회가 보여주는 안
타까움, 홀로 사는 어머니에 대한 연민 등으로 많은 갈등을 겪고 있었을
것이기 때문이다. 그는 가난하고 열악한 환경에 있지만 관청의 서고(書
庫)에서 책을 베껴 오는 수고를 마다하지 않은 어머니의 뒷바라지 덕분
에 29세 나이에 정시(庭試) 문과에 급제한다. 하지만 신념을 굽히지 않는

강직한 성품 때문에 한 번의
삭탈관직과 두 번의 귀양살
이를 겪게 된다. 희빈 장씨
의 아들을 왕세자로 책봉하
려는 남인들과의 정치적 투
쟁에 휩쓸려 결국 1689년 남
해의 노도(櫓島)로 떠난 유배
생활이 마지막이 되고 만다.

김만중이 유배 갔던 남해의 노도

그러나 그는 가시울타리 속에서 생활해야 하는 위리안치(圍籬安置)의 혹
독한 귀양살이를 한국문학사에 찬연히 빛나는 한글소설을 쓰는 시간으
로 살려냈다. 우리의 언어와 역사를 사랑한 그가 자신의 문집 『서포만
필』에 남긴 글은 지금도 우리에게 큰 기쁨과 위안이 되고 있다.

특히 김만중의 문학과 삶에 보이는 여성상의 문제는 연구대상이 되기
에 충분하다. 청상과부로 사는 어머니의 외로움을 달래기 위한 〈구운몽〉
을 비롯하여 궁중 왕비들의 갈등을 소재로 삼은 〈사씨남정기〉만이 아니

10 1636년 12월 병자호란으로 강화도가 함락되기 직전 한 부인이 다섯 살배기 아들을 데
리고 섬을 빠져나오고 있었다. 뱃속에는 아이를 또 품고 있었다. 부인은 곧 남편이 청
나라 군대와 맞서 싸우다 강화도에서 장렬하게 최후를 마쳤다는 소식을 듣게 된다. 전
란이 수습된 후 부인이 친정에서 아이를 낳으니 그가 바로 김만중이다.

다. 그는 병자호란으로 인한 여성들의 수난과 청나라로 끌려갔다 돌아온 환향녀(還鄕女)들의 비애까지 심각하게 인식하고 있었던 듯하다. 시골 관기의 정절을 다룬 그의 서사시 〈단천절부시(端川節婦詩)〉 또한 여성문제를 제기하는 소중한 자료라 할 수 있다. 김만중은 벼슬을 시작한 첫 해에 예조좌랑(禮曹佐郎, 정6품)을 지내면서 〈단천절부시〉를 지었는데, 이는 기생 일선(逸仙)의 절개를 찬양하면서 그녀를 표창하라는 내용의 장편 서사시이다. 심경호(국문학) 교수는 김만중이 〈구운몽〉의 주인공 여덟 선녀의 '하소연'을 통해 여성을 억압하는 조선조 현실을 고발하는 것으로 해석했다.[11]

궁중여성 작가의 소설로는 〈한중록(閑中錄)〉·〈계축일기(癸丑日記)〉·〈인현왕후전(仁顯王后傳)〉[12] 등이 있는데, 이 소설들은 모두 수필적 일기체라는 것에 주목할 필요가 있다. 일상생활을 서술하는 근대소설의 특징을 감안할 때 일기체라는 것은 일상적 소재를 다루는 데 적절한 수법이 되기 때문이다. 결국 일기체의 궁중소설은 인정과 풍속을 사실적으로 묘사하는 우리의 근대적인 소설의 한 전통을 이룩한 것이라 할 수 있다. 또한 이 소설들은 단순한 픽션이 아니라 실제로 있었던 일을 기술한다는 의미에서 역사소설이기도 했다. 그 중에서도 〈한중록〉은 사도세자의 죽음과 관련하여 정치적·심리적 분석이 요구되는 독특한 작품으로 평가받고 있다.

고전소설이 갖고 있는 특징상, 주제 면에서 충(忠)·효(孝)·열(烈)이 대

---

11 이진경, 『고전의 향연』, 한겨레출판사, 2007.
12 한편 희빈 장씨를 주인공으로 한 역사소설(최정미, 〈장희빈, 사랑에 살다〉, 유레카엠앤비, 2008)이 등장하여 화제다. 장옥정은 패션 감각과 재능, 영민함으로 왕비에 등극한 조선 최고의 알파걸이었다고 작가 최정미는 단호히 말한다. 더불어 이 당당한 여인의 죽음은 한 여자로서 한 남자에게 주었던 지고지순한 사랑으로 인한 것이었다고 단언한다. 이 소설은 인현왕후와 장희빈, 두 사람이 살았던 시대에 대한 해박한 지식과 해설을 기반으로 뛰어난 지성을 지닌 장옥정이라는 한 여인의 삶을 조망하고 있는 역사소설이다.

종을 이루고, 구성이 평면적이며, 인물이나 사건이 비현실적이고 문체가 과장과 수식이 강하다는 점 등을 들 수도 있다. 조선후기를 대표하는 〈흥부전(興夫傳)〉·〈심청전(沈淸傳)〉·〈춘향전(春香傳)〉 등도 이러한 일반적 성격을 보이고는 있으나 여기서 그치지 않는 새로운 특성으로 풍자와 해학을 잘 드러내고 있다. 특히 〈춘향전〉은 양반계층을 조롱하는 풍자와 해학이 가장 뛰어날 뿐만 아니라 구성도 매우 극적이므로 소설적 근대성이 두드러진 작품이라 할 수 있다.

## 5. 박지원과 그의 소설

손자 박주수가 그린
연암 박지원의 초상

조선시대 한문소설 가운데는 중국식의 전통을 벗어나서 우리들의 독자적인 한문학을 개척한 예도 적지 않다. 연암(燕巖) 박지원(朴趾源, 1737~1805)의 문장은 중국의 한문투를 혁신한 독창적인 표현과 함께 작품의 내용에 있어서도 유학자들의 현학적인 태도와 기성사회의 부패한 현실을 파헤치면서 날카로운 비판의 정신이 발휘되었다. 권신 홍국영(洪國榮)에 의해 벽파(僻派)로 몰려 신변의 위협을 느끼자 황해도 금천(金川)의 연암골로 도피한 연암은 정조 4년(1780) 친척 형인 박명원(朴明源, 1725~1790)이 진하사(進賀使) 겸 사은사(謝恩使)로 청나라에 갈 때 동행한다. 병자호란을 겪고도 소중화의식과 명분론에서 벗어나지 못하고 있던 조선사회에서 청국 기행은 경이로운 기회와 보람으로 다가왔을 것이다.

황제들의 피서지였던 열하의 피서산장(세계문화유산)

『열하일기(熱河日記)』[13]는 연암이 청나라 건륭황제의 생일인 만수절(萬壽節)을 축하하는 사신 일행에 끼어 1780년 중국에 다녀온 일을 기록한 기행문이다. 압록강을 넘어 베이징(당시 이름은 연경)을 거쳐 당시 청나라 황제의 여름 피서지였던 지금의 청더(承德) 부근 '열하(熱河)'에 이르는 3,000리에 달하는 여정 중 6월 24일에서 8월 20일까지를 다루고 있다. 연암은 『열하일기』에서 비록 황제들이 피서를 한다고 하지만 실제로 황제들의 열하 행차는 몽골지배의 속셈과 관련이 있다고 했다. 열하와 베이징의 신문물을 본 느낌을 바탕으로 조선에 대한 비판과 개혁 방향을 제시한 『열하일기』는 새로운 글쓰기와 시대에 대한 통찰로 사람들을 놀라게 했다. 당시 지식인들이 베이징을 경험하고 '연행(燕行)'[14]을 지었던 데 비해, 그는 미지의 땅 '열하'를 제목으로 내세워 독자들의 눈길을 사로잡았다.

그러나 그의 선진사상은 당대 주류 선비들에게 외면 당했고, 그의 책들은 '옛 성현의 글과 다르다'는 이유로 금서처분까지 받았다. 심지어

---

13 『열하일기』의 최초 이름은 『연행음청(燕行陰晴)』 또는 『연행음청기』였다. 이덕무·성대중·유득공·박제가·이서구 등 연암의 동지들이 초고본 계열의 『열하일기』 필사본을 열람하면서 비평을 보태 내용을 보완하였고, 연암 후손들이 『열하일기』 편명 및 작품명, 소제목을 수정하는 등 완성도를 높이기 위해 노력했다. 『열하일기』는 19세기 내내 필사본으로 유포되다가 1900년에 활자본으로 간행됐다. 총 26권 10책으로 구성되어 있다.

14 조선후기에 국가 외교사절로 청나라의 수도 연경(燕京, 지금의 베이징)을 방문하는 것을 '연행'이라 했는데, 연행의 횟수는 1637년부터 1893년까지 250여 년간 478회에 이르렀다. 연행은 조선에 큰 영향을 끼쳤으며, 연행 사신들이 남긴 일기 등 연행록만 300여 종이 넘는다.

연암의 친척인 박남수(朴南壽)조차 "우리나라 글을 저속하게 만든다."며 『열하일기』를 낭송하는 연암에게 촛불을 들고 달려들어 태워버리려 하기까지 했다. 『열하일기』의 초고본에 있던 서양과 서학 관련 내용이 대대적으로 삭제·수정됐는데, 이는 천주교에 대한 대규모 탄압인 1801년의 신유사옥과 관련된 것으로 보고 있다.

우리 문학의 윤리와 풍자, 흥미와 골계 등의 전통이 그의 〈호질(虎叱)〉·〈양반전(兩班傳)〉·〈허생전(許生傳)〉·〈예덕선생전(穢德先生傳)〉 등과 같은 작품을 통해 이루어졌다고 할 수 있다. 그의 소설 가운데 〈양반전〉, 〈예덕선생전〉, 〈광문자전〉 등이 20대 이전의 작품들인 것을 보면 그의 세상을 바라보는 시각이 이미 스물 넘기기 전에 어느 정도 갖춰진 듯하다. 〈허생전〉은 『열하일기』의 '옥갑야화(玉匣夜話)'에 수록된 한문소설이다. 남산골에 사는 허생은 장안의 제일 갑부인 변씨(卞氏)로부터 빌린 금 1만 냥으로 장사를 해서 거금을 모은다. 그는 이 돈 중에서 반을 좁은 조선에서는 다 쓸 수 없다며 바닷물 속에 넣어버리고 나머지는 백성에게 다 나눠주고 10만 냥을 변씨에게 갚은 뒤 변씨 등과 함께 국가 경영에 대해 논의한다. 오늘날의 용어로 '매점매석'에 해당하는 허생의 치부술(致富術)과 부국이민(富國利民)의 근대적 경제관에 놀라움을 금할 수 없다. 연암을 우리나라 최초의 '신자유주의자'라고 표현하는 것도 크게 무리는 아니라고 본다.

정조시대 돌풍을 일으킨 박지원은 과거(科擧)조차도 거부한 자유정신의 표상이었다.[15] 규장각의 젊은 초계문신(抄啓文臣)들과 교우하면서 성

---

15 다만 1786년 처음 벼슬에 올라 선공감감역(繕工監監役)에 임명된 이후 평시서주부(平市署主簿), 의금부도사(義禁府都事), 한성부판관(漢城府判官), 안의현감(安義縣監), 제용감주부(濟用監主簿) 등을 지낸 바 있다. 1797년에는 면천군수(沔川郡守)를 지내고 빠르게 1800년 양양부사로 승진했으나, 몸이 쇠약해져 1801년 봄에 사직했다. 이후 건강이 악화되어 순조 5년(1805) 69세에 서울 가회방 재동 자택에서 "깨끗이 목욕시켜 달라"는 유언만 남기고 숨을 거두었다. 그의 묘는 지금 북한 땅인 장단(長湍) 송서면(松西面) 대세현(大世峴)에 있다.

리학의 근본을 비웃는 글까지 써댔다. 초계문신이란 당하관(堂下官, 3품 이하)으로, 37세 이하의 문신 20명 정도를 뽑아 다른 직책을 맡기지 않고 규장각에서 학문과 시사를 익히게 했던 이들을 일컫는다. 이들은 40세 가 되면 자연 본직으로 돌아가야 했다. 곧 이 제도는 엘리트 양성과정이 라 할 수 있다. 정통을 지향하며 부딪히는 비생산적 세계의 허위를 외설 적 소설로 고발했고 분방한 문체로 비웃었다.

특히 그는 중국 문물의 다양성과 실용성에 주목했다. 성곽의 축조방 법, 태평차[16]의 구조와 기능, 시장의 형성과 가게의 발달, 상공업의 융 성, 의술의 발달 등을 상세하게 관찰하고 기록했다. 모난 구들장을 벽돌 로 바꾸게 되면 조선 백성에게 푸근한 잠을 선사할 수 있을 것이라고도 했다. 그러나 조선의 권력자들은 길이 좁다는 이유로 태평차를 거절했 으며 품위를 이유로 벽돌을 무시했다. 박지원은 사문난적(斯文亂賊)으로 몰릴 위험을 피해 들어간 연암에서 생을 마쳤다.

연암의 산문을 번역해 최근 『연암산문정독』을 펴낸 박희병(국문학) 교 수는 연암을 '조선의 셰익스피어'라고 평했다. 영국인이 '인도와도 바 꾸지 않겠다.'고 자부하는 셰익스피어만큼 한국인은 연암에게서 심오한 사유와 글맛을 볼 수 있다는 것이다. 그러나 일반적으로 소설을 천시하 던 조선조의 풍조 때문에 작가가 드러나지 않는 작품이 많은 편이다.


## 6. 한국문학의 근대화

한국인은 간결하면서 자유분방한 틀을 좋아한다. 일정한 형식을 지향

---

16 『열하일기』속의 '수레제도' 부분에는 사람이 타는 수레인 태평차(太平車), 짐을 싣는 대차(大車), 뒤에서 한 사람이 끌채를 겨드랑이에 끼고 밀고 가는 외바퀴 수레(독륜차 (獨輪車))에 대해 자세히 기록해 놓았다.

하되 파격을 가미하고자 하는 것이 한국인의 미의식이다. 유교문화의 질서와 도덕성을 수용하면서도 자유로운 감성과 개성을 추구하고자 하는 동경이 내재되어 있다. 이렇듯 차분하면서도 끝없이 변화를 시도하는 한국인의 적극적인 태도 속에서 근대문학 이후에 많은 한국 시가가 사라져 갔고 그 가운데 형식 자체를 존속하고 있는 것은 시조뿐이다.

갑오개혁을 전후하여 근대적인 신문명 운동이 일어나면서 문학에 있어서도 서구의 19세기적인 근대문학을 뒤따라 신문학운동이 일어나게 되었다. 무엇보다 근대화를 꿈꾼 문명주의자 육당(六堂) 최남선(崔南善, 1890~1957)의 등장에 주목할 수 있다. 비록 친일반민족행위자로 규정되고 있지만, 최남선은 제국주의로부터 살아남으려 계몽을 통한 근대국가를 원했다고 본다.

육당 최남선

그는 조선학 연구가 속수무책이었던 시대에 『삼국유사』 등 30 종 이상의 한국학 관계서적을 발굴한 민족근대화의 선두주자였다. 그리하여 최남선에 의한 최초의 신체시 〈해(海)에게서 소년에게〉가 탄생하게 되었다. 그 전에는 이인직(李人稙, 1862~1916)에 의해 최초의 신소설인 〈혈의 누〉가 탄생하였다. 그리고 더 나아가 사랑을 갈망했던 춘원 이광수(李光洙, 1892~?)와 춘원을

춘원 이광수

평생 라이벌로 여겼다는 김동인(金東仁, 1900~1951) 같은 근대문학의 선구자가 등장했다.

특히 문인 이광수는 동학을 받아들이고 『법화경』을 번역하고 기독교를 수용하는 등 사상가로서의 면모를 잘 드러낸다. 그가 일본 와세다대학 철학과에서 수학한 것도 이와 무관하지 않다.

한국의 시가문학을 대표하는 시조와 가사 작품들, 그리고 산문문학에 해당하는 소설 두 편을 감상해 보도록 하자. 시조 · 가사 · 소설 세 장르를 이해함에 있어 장르마다 공통적으로 여류와 사대부의 작품을 비교해서 음미해 볼 수 있다. 특히 여류에 있어 시조의 경우는 기생이라는 점, 가사의 경우는 양반가의 부녀, 소설의 경우는 궁중여성이라는 미묘한 차이를 보인다.

## 7. 진정 멋스러웠던, 황진이

우리나라 3대 폭포의 하나였던
개성시 박연폭포

아마도 기생이 없었다면 우리 문학사에 여류시조란 탄생하지 않았을 것이다. 조선중기 이후 기생들에 의해 시조의 창작층이 확대되면서 인간의 정서가 보다 솔직하게 표현되기에 이르렀다.

개성 즉 송도(松都)[17]의 가장 유명한 기생은 황진이였다고 할 수 있다. 황진이는 스스로 말하길 박연폭포[18]와 서경덕과 자신을 일컬어 '송도3절'이라고 했다.(이긍익, 『연려실기술(燃藜室記述)』) 평생 벼슬길에 나서지 않는 처사적 삶을 선택하고 노장

---

17 개성은 서울 · 평양과 함께 삼도(三都)로 지칭될 만큼(『선조실록』 권93, 선조 30년 10월 계해(癸亥)) 인구가 많고 물자가 풍부했다.
18 박연폭포는 금강산 구룡폭포, 설악산 대승폭포와 함께 우리나라 3대 폭포로 불린다.

사상으로 대표되는 도가사상에 심취해 있던[19] 서경덕은 황진이에게 늘 흠모의 대상이었다. 황진이는 말하길 "지족선사(知足禪師)는 30년 면벽을 했다지만 내가 품어 보았다. 그러나 화담 선생은 여러 해 찾아가 보았지만 끝까지 어지러워지지 않았다. 참으로 성인이다."라고 한 바 있다.

허균은 황진이에 대해 "그녀는 성품이 기개 있고 얽매이지 않아서 남자와 같았다"고 『성옹지소록(惺翁識小錄)』에서 말했다. 허균은 서경덕의 제자였던 아버지 허엽을 통해 황진이에 대해 많은 이야기를 들었을 것이다. 황진이는 스승이자 연인이라 할 수 있었던 서경덕을 자주 찾곤 했는데, 그때 허엽은 황진이를 보았을 것이기 때문이다.

당시 명망 있는 뭇 남성들은 황진이를 그리워 하며 한 번이라도 인연을 맺고 싶어 안달이었다. 천재적인 시인이자 호탕하기 이를 데 없다는 백호(白湖) 임제(林悌, 1549~1587)는 35세 때 평안도 도사(都事)로 임명되어 평양으로 부임하던 길에 개성을 지나다가 죽은 황진이의 무덤까지 찾아가 술잔을 따르며 애도하는 바람에 마침내 파직을 당해야 했다. 임제는 원래 무인계열에서 태어나 문과에 급제했으나 출사(出仕)를 단념하고 산림에서 주로 문학활동을 하면서 생을 마쳤다. 기개가 호방하고 활달하여 독서하는 가운데도 검술을 익힐 정도였다. 혹자는 "임제의 기풍에서 항상 칼과 성성자(惺惺子, 쇠방울)를 차고 다닌 남명 조식과 비슷한 면모를 볼 수 있다."[20]고 했다.

김택영(金澤榮, 1850~1927)의 『황진전(黃眞傳)』에 의하면 황진이는 유언을 통해 자신이 죽으면 관을 쓰지 말고 시체를 동문 밖에 버려 개미들이 뜯어먹도록 하라고 할 만큼 극도의 자존심을 지니기도 했다. 그녀는 자

---

19 도가들의 행적을 기록한 홍만종의 『해동이적(海東異蹟)』을 비롯하여 서경덕의 문집인 『화담집』, 『대동야승』 등 여러 자료에서 확인되고 있다.

20 신병주, 『조선중후기 지성사 연구』, 새문사, 2007, 242~243면.

색이 뛰어났을 뿐만 아니라 문학 · 음악 · 서예 등 여러 방면에 총명함이 있어 당대 문인이나 학자들을 매혹시켰다. 30년간 벽만 바라보며 수도한 지족선사를 파계시키고 왕족이었던 벽계수(碧溪水)의 정신을 빼앗는 등 내로라 하는 남성들을 굴복시켰다는 일화와 함께 6수의 시조가 전하고 있다. 임방(任埅, 1640~1724)의 『수촌만록(水村謾錄)』에는 황진이가 읊은 율시 〈정별소양곡세양(呈別蘇陽谷世讓)〉을 듣고 그 오만하기 그지없던 판서 소세양(蘇世讓, 1486~1562)이 자신은 '인간도 아니라'고 자학했다는 이야기가 전해지는데, 그녀는 한시 4수도 남기고 있다.

KBS2 TV 드라마 황진이(2006)

2004년 6월 18~20일 국립국악원에서는 정가극 〈황진이〉를 공연한 바 있다. 이미 '황진이'가 영화, 연극, 뮤지컬, 오페라, 창극 등으로 만들어졌지만 그녀가 시조작가였기에 정가극으로 만들어야 제격이라는 취지에서 제작했던 것이다. 정가를 바탕으로 음악극이 만들어진 것은 이번이 처음인데, 이동규 예술감독은 황진이를 갈고 다듬어 한국을 대표하는 문화상품으로 만들겠다는 포부를 밝혔다. 2006년에는 KBS2 드라마 〈황진이〉로 안방극장을 뜨겁게 달군 바 있다(하지원 분). 2007년 6월에는 제작비 100억 원을 들여 기생 명월이 아닌 인간 황진이를 부각시키는 영화 〈황진이〉(송혜교 분, 장윤현 감독)가 개봉되었다. 이 영화의 원작 소설은 북한의 홍석중이 쓴 〈황진이〉다. 2009년에는 국립국악원이 소리를 화두로 명기(名妓) 황진이를 되살려낸 국악뮤지컬 〈황진이〉를 공연하였다.

황진이는 기생이었기에 당대 누구 못지않게 자유로운 삶을 구가했고, 문단이 사대부들에 의해서 주도되던 상황에서 문학적 감수성을 가지고 자신의 내면적 고뇌와 감흥을 한껏 표출하였다. 황진이의 시적 상상력과 조어력은 탁월했으며, 이와 더불어 문학사적 측면에서 차지하는 그녀의 위상은 만만치 않다. 무엇보다 그녀의 문학에 깃든 아름답고 강렬한 정서, 발랄하고 참신한 이미지, 시어의 우아함, 표현의 긴밀성 등은 소중하게 인식될 만하다.

다만 지금까지 황진이의 시세계에 대해서 이루어진 대부분의 평가가 지나치게 연정이나 애욕 쪽으로 기울고 있다는 점은 문제가 된다. 시조에서도 작품의 제재, 미적 정서, 작자의 신분 등을 고려해볼 때, 문학적 성격이 애정과 무관하지 않으나 6수 전체를 면밀히 검토해본다면, 단순한 애정적 시각에서 벗어나야 할 당위성에 직면하게 된다. 그녀는 인간으로서 지녀야할 신의의 문제에 도전하고, 사랑도 감정이 아닌 의지에 의해 진실한 것으로 승화시켜 보려 애썼다.

종래 사대부들의 작품이 관념적 가치를 지향했던 경향에서 탈피하여 서정성에 바탕을 두었다는 점에서 그녀의 작품이 갖는 시적 의미가 크다고 할 수 있다. 그리고 일반 애정시가에서 볼 수 있는 비애적 정감의 과도한 분출이 절제되고 있다는 데서 그녀의 작품들은 의미가 새롭다. 이와 같이 이념성과 예술성의 균형 있는 조화를 이루어낸 그녀의 문학적 역량과 함께 그녀의 문학적 성격을 결정짓게 하는 것은 앞에서 언급한 대로 작품 전편에 흐르고 있는 인간적 신뢰에 대한 관심과 집요한 탐색의 의지라 하겠다. 자유와 파격 속에서도 원칙과 정도(正道)를 찾으려 했던, 진정 멋스러운 여인이 바로 황진이가 아닌가 한다.

어져 내 일이야 그릴 줄을 모로던가
이시라 ㅎ더면 가랴마는 제 구틱야
보내고 그리는 情은 나도 몰라 ㅎ노라

冬至ㅅ들 기나 긴 밤을 한 허리를 버혀 내여

春風 니불 아린 서리 서리 너헛다가
어론님 오신 날 밤이여든 구뷔 구뷔 퍼리라

— 『청구영언』 · 『악학습령』

첫 수는 황진이가 기생의 길을 선택하게 된 동기와 관련된다는 작품
으로 유명하다. 『황진전』에 의하면 황진이를 연모하다가 상사병으로 죽
은 동네 총각 홍윤보의 상여가 황진이의 집 문 앞에서 움직이지 않자 밖
에 나가 저고리를 관에 씌어주었더니 상여가 움직였다고 한다. 처녀의
몸으로 생면부지의 사내 시체에 옷을 덮어주기까지 한 황진이는 평탄할
수 없는 자기의 운명을 예견하고 기생이 되었다는 것이다. 물론 남자의
사랑을 갈구하는 애절한 여심이 표면화되고 있다.

그러나 화자에게 더 절실한 문제는 사랑하는 임을 보고 싶다는 사실
이 아닐 것이다. 긴요하게 포착되어야 할 것은 화자가 지닌 인간적 의지
에 대한 인식이라 본다. 한 번 본 적도 없는 사람에게 무슨 깊은 연정을
느끼겠는가. 현재 화자는 그가 떠나지 못하도록 관심을 갖지 않았다는
사실에 애달파하고 있는 것이다. 중장에서와 같이 임이 멀리 떠나간 것
은 온전히 자기의 책임으로, 만류만 했더라도 그렇게 극한 상황에 이르
지는 않았을 것이라 후회를 하고 있다. 종장에서도 알 수 있듯이 임이
떠난 것은 화자가 보냈기 때문이다. 소중한 사랑을 놓고 거침없는 감정
의 흐름을 좇고 존엄한 인생 앞에 진지하지 못했던 자신에 대해 혹독하
게 비판하고 있는 것이다.

두 번째 작품은 유몽인(柳夢寅, 1559~1623)의 『어우야담(於于野談)』에 나
오는 이사종(李士宗)과 관련된 것이라 한다. 당대 명창이자 춤꾼인 풍류
객 이사종과 6년 동안 동거하고 약속기간이 끝났다면서 냉정히 떠났던
황진이가 그를 생각하며 지은 것이라 한다. 남녀 간의 사랑이 매우 감
각적으로 묘사되었다고 볼 수 있다. 그런데도 저속하거나 음탕하다는

느낌이 들지 않는다. 이는 시인의 탈속적 인생관이 작품에 육화되어 나타나기 때문이다.

공간적 입체감을 조성하는 한 허리, 춘풍, 이불, 서리서리, 굽이굽이 등의 어휘가 총체적으로 전달하는 이미지는 포근하면서도 건

영화(2007) 속의 황진이

강한 분위기를 자아낸다. 또한 시어들이 입체감과 더불어 시간적 지속성을 감지케 한다는 사실에 주목하지 않을 수 없다. 동짓달, 기나긴 밤 등의 어휘에서는 시간적 지속성이 두드러지게 촉발되면서 진지함의 정서를 환기시킨다. 아름다운 만남과 사랑의 실현을 구가하는 이 작품의 통사적인 맥락에서 순수와 믿음 등이 묻어난다. 얕은 자존심 때문에 사랑하는 남자를 잡지 못하고 보내고 나서 후회하는 감정이 안타깝다.

이렇듯 그의 시조에 있어 사랑의 충만함보다 의지를 통한 진실한 사랑의 추구가 돋보인다. 더구나 애정을 포월하는 인간에 대한 신뢰성 회복의 가치를 부각시키고자 하는 일관된 의식의 지향을 간파할 수 있다. 따라서 그의 작품을 애정이라는 미감의 표출로 이해하는 시각에 국한하거나, 작자의 의지를 사랑실현의 의지로만 단순화시키는 것보다 인간적 신뢰구현의 의지로 이해함이 작품이 전달하고자 하는 본질적 의도에 보다 접근하는 길이 될 것이다. 황진이를 그냥 기생이 아닌 자유와 평등의 사상을 지닌 시인으로 평가하는 것도 무리가 아니다.

## 8. 자연의 순수를 우리의 고운말로, 윤선도

　고려후기 신진사대부들에게는 경기체가 같은 교술시와 함께 서정시
가 필요했다. 무신란 이후 역사의 전환기를 맞이해서 신진사대부들이
겪는 심각한 내면의식의 문제를 절실하게 다룰 수 있는 서정양식으로서
의 시조가 이러한 시대적 요청에 의해 나타나게 된 것이다. 이렇게 등장
한 시조는 조선시대 가단을 독점하다시피 위세를 떨치면서 발전해갔다.
그리하여 다른 전통시가장르가 모두 사라져버린 지금까지도 시조는 유
일하게 고유한 생명을 간직한 채 우리 민족문학의 대표적인 양식으로
평가받고 있다.

　수많은 시조작가들 가운데 고산 윤선도는 우리문학사에서 확고하게
자리매김을 한 인물이다. 그의 문학은 어느 누구의 경우 못지않게 삶과
밀착되어 있다. 그는 20여 년을 귀양살이로 보냈으며, 19년 동안 전라남
도 해남에서 은거생활을 했다. 만년에는 산수를 즐기고 시 창작에 전념
하였는데, 무엇보다 그가 천부적으로 다정하고 온화한 성품에 남달리

윤선도의 저택 녹우당(전남 해남)

권세와 재산을 소
유한 집안의 자식
으로서 여유와 안
정의 풍족한 조건
을 갖췄음에도 불
구하고 스스로 불
의와 안일을 거부
할 수 있었다는 데
주목하게 된다. 기호남인(畿湖南人)들은 해남의 윤선도 저택인 녹우당(綠
雨堂)에 모이곤 했다. 녹우당은 500년 동안 숙식 제공은 물론이거니와 돌
아가는 손님들에게 노잣돈도 두둑하게 지급할 정도로 재력이 있었다.

이 녹우당에서 기호남인의 예술혼이 꽃피었다. 윤선도는 진정으로 강직하고 참신한 의식을 가졌던 인물이다.

그는 자연에 대해 남달리 애정을 보였는데, 그럴만한 충분한 이유가 있었다. 그가 자연을 좋아하더라도 인간현실의 삶이 원만했더라면 아마도 임에 대한 그리움이나 현실에 대한 미련을 배제하기 어려웠을 것이다. 그는 벼슬길에 들어서기도 전인 30세의 성균관 유생시절에 당시 막강한 권력자인 이이첨(李爾瞻, 1560~1623)의 횡포에 과감히 도전했다가 오히려 경원에 유배당하고 아버지마저 관찰사에서 파직된 일이 있다. 48세 때도 재상 강석기(姜碩期, 1580~1643)의 모함을 받아 성산현감으로 좌천되고 그 이듬해 파직당한 바 있으며, 그 후에도 계속 모함을 받아 파직되고 유배를 떠나야 했다. 그리고 "동서남북에 이미 갈 곳이 없는 바 하해와 산림이 있을 뿐이다. …… 조정에 있으면 번거로운 말이요, 외직에 나가면 비방만 많을 뿐이다."라고 그가 자연을 찾아 나설 수밖에 없었던 참담한 심경을 황익(黃瀷)에게 토로한 일이 있다.

정철이 "쓴 나물 데온 물이 고기도곤 마시이셰 / 다만당 님그린 타ᄉ로 시람 계워ᄒ노라"고 하여 자연 속에서도 인간을 그리워했던 것과 달리, 윤선도는 "잔들고 혼자 안자 먼 뫼흘 ᄇ라보니 / 그리던 님이 오다 반가옴이 이리ᄒ랴"(〈만흥(漫興)〉의 셋째 수)라고 했던 것이다. 쓸데없이 말만 많고 비방이나 일삼는 세상, 또 그러한 중상모략의 피해자로서 유배를 당해야 했던 윤선도는 비록 긍정적이고 낙관적인 성품을 지녔음에도 불구하고 철저하게 인간의 현실을 혐오하면서 때묻지 않은 자연을 선택하였다. 이렇듯 구체적 현실과 긴밀히 조응되면서 자연이 불러일으키는 순수한 정감과 아름다운 선율을 곱고 세련된 언어로 드러내는 그의 작품들은 시조문학의 정수를 보여준다.

구룸빗치 조타 ᄒ나 검기를 ᄌ로 ᄒ다
ᄇ람 소리 묽다
ᄒ나 그칠 적이 하노매라
조코도 그츨
뉘(때) 업기는 믈쑌인가 ᄒ노라

고즌 므스 일로
픠며서 쉬이 디고
플은 어이ᄒ야
프르는 듯 누르ᄂ니
아마도 변티 아닐
손 바회쑌인가 ᄒ노라

— 『고산유고』

윤선도 생가터의 오우가 비
(서울 동숭동 대학로)

순수와 진실을 추구했던
고산 윤선도

두 편의 시조는 윤선도의 〈오우가〉 6수 가운데 둘째와 셋째 수이다. 이 작품은 조선 광해군 때 시인이 경상도 영덕(盈德)에 유배되어 있다가 풀려나 50대 후반 전라남도 해남(海南)의 금쇄동(金鎖洞)에 은거하고 있을 때 지은, 자연을 예찬하는 〈산중신곡(山中新曲)〉 18수 속에 들어있다. 〈오우가〉는 먼저 서시를 읊고 나서 다섯 가지 벗에 해당하는 물, 돌, 소나무, 대나무, 달을 노래한 작품이다.

순수와 진실을 염원하는 시인의 노력은 무엇보다 물이라는 제재의 문학화를 통해서 효과적으로 나타났다. 6수에 등장하는 5가지 사물 가운데 물의 찬미가 벽두에 놓임을 간과할 수 없다. 물에 대한 진술에 있어 구름과 바람의 부정적 요소를 극복하고 변함없이 맑은 물의 속성을 노래했다. 그 다음으로 변치 않는 모습의 바위, 뿌리까지 곧은 소나무, 곧고 속이 빈 늘 푸른 대나무, 말없이 만물을 비추는 달의 묘사가 이루어졌다. 그가 이 5가지 사물들을 통해서 무엇을 전하고자 했는지 쉽게 느낄 수 있다. 5가지 사물이 지닌 공통적 속성의 유추가 이 시를 이해하는 관건이라 볼 때 그것은 순수성 또는 진실성이 아닐 수 없다.

〈오우가〉는 자연이 지닌 불변성을 시적 주제로 끌어와 인간의 순수와 진실을 형상화하고자 했던 시인의 상상력의 소산이다. 여기서 그가 자신의 고향이라 할 수 있는 해남땅 금쇄동과 문소동(聞簫洞)에 살면서 산골의 정경 그대로를 두고 시화했다는 점은 더욱 중시되어야 한다. 문학적 상상이 착실하게 현실생활을 근거로 유추되었다는 사실과 더불어, 이에 순수 동경의 의미를 관념적 유희와 거리를 유지토록 하기 때문이다.

그는 벼슬을 하든 물러나든 어떤 상황에서도 인간 본연의 순수와 진실을 잃지 않아야 한다는 생각을 견지하고 있었다. 그에게 있어 벼슬이나 물질 등 객관적 대상에 대한 집착은 심적 괴로움을 야기시키며 인간 주체의 실존적 의미를 약화시킨다는 측면에서 경계의 대상이었을 것이다. 이렇듯 천진하고 고귀한 정신을 아름답고 정갈한 우리말에 실어 독자들을 신선한 분위기로 이끌어가기 때문에 그가 한국문학사에서 탁월한 위상을 점하게 되는 것이요, 의아하게 가사는 없고 시조만 창작했음에도 불구하고 우리가 그의 시가문학적 성과에 대해서 거의 모두가 공감하게 되는 것이라 본다.

─◦◦◦◦◦─

## 9. 가사문학의 최고봉, 정철

가사는 시조와 함께 한국 전통시가를 대표하는 장르이다. 고려후기 이래 사대부들이 사물에서 생활로 관심을 확대하고 심화하면서 경기체가는 위축되고 가사가 득세하게 되었다. 시조와 가사는 단가와 장가로, 또는 서정시와 교술시로서 경쟁적이기보다는 상보적인 관계를 지니며 나란히 발전해갔다.

수많은 가사작품 가운데 정철의 작품들에 대한 당시의 평가와 후대의 활발한 연구는 우리 가사문학사에 있어 그의 위상을 대변하는 것이다. 특히 조선조 〈구운몽〉의 작가이자 『서포만필(西浦漫筆)』을 쓴 평론가 김만중과 『지봉유설(芝峯類說)』을 지은 이수광(李睟光, 1563~1628) 등은 정철의 가사작품들이 우리나라에서 가장 훌륭한 문학이라고 극찬을 한 바 있다.

관복 착용의 송강 정철

정철은 훌륭한 작가이면서 뛰어난 정치가였다. 엄밀히 말하면 작가이기 전에 정치가였다고 할 수 있다. 그의 정치적 안목은 이미 유년기에서부터 시작되었다. 서울의 장의동(藏義洞, 현 삼청동)에서 태어난 그는 어린 시절 맏누님이 인종의 귀인(종1품)이 되고 셋째 누이가 왕족인 계림군 유(瑠)의 아내였던 덕분에 동궁에 빈번히 출입하면서 훗날 명종이 되는 경원대군과 친구가 되는 등 궁중권력과 가까이 있었다. 정철의 나이 10세 되던 해(1545) 집안이 을사사화로 풍비박산되기도 했으나 27세에 장원급제한 후 명종의 후광을 입으며 화려하게 정치생활을 시작했다. 정쟁이 격렬해지고 동서붕당이 시작되던 시기에는 서인의 영수로서 활약했고 말년에는 영의정에 올랐으며, 늘 정치권의 핵심에서 영욕이 교차하는 삶을 살아왔다.

〈사미인곡〉과 〈속미인곡〉은 정철이 임금으로부터 버림받은 처지에서 처절하게 애정을 호소하는 충신연주지사이다. 정치적 혼란이 극에 달하던 시기에 그는 요직을 두루 거치면서 정파 대립에서 오는 화를 피할 수 없었다. 마침내 50세가 되던 해 사헌부와 사간원으로부터 탄핵을 받아 공직을 떠나야 했고, 화려했던 정치생활 뒤에 절실하게 다가오는 소외감을 이겨내지 않으면 안 되었다. 그는 실의의 시기를 벗어나기 위해서도 창작에 몰두했을 것이며, 〈사미인곡〉·〈속미인곡〉 같은 불후의 명작이 이 시점에서 나온 것은 당연한지도 모른다. 정치적 파란과 허위적 현실 속에서 고독에 휩싸인 정철은 자신을 총애하는 선조가 너무나 그리웠을 것이다. 그는 이 두 작품들을 통해서 외로움과 그리움을 해소하고자 안간힘을 썼고, 그 노력의 결과는 놀랍게도 우리문학사에 빛이 되었다.

이상에서 알 수 있는 바와 같이 일찍부터 몸에 익힌 정치적 체질과 20여 차례의 탄핵과 유배 등은 정철로 하여금 현실정치에 대한 감각을 풍요롭게 했다. 더구나 정철에게는 타고난 문학적 재능이 있었고, '사가독서(賜暇讀書)'라 하여 임금이 독서에 전념하도록 휴가를 줄 만큼 독서량이 풍부했다. 그리고 그는 기대승·송순(宋純, 1493~1582) 등에게서 학문과 삶을 배우고 이이·성혼(成渾, 1535~1598) 등과 사귀면서 폭넓은 지식을 축적했다. 한편 송강 정철은 술과 기생을 하도 좋아하여 우계 성혼에게 꾸지람을 듣고 자신을 천거했던 율곡 이이로부터도 핀잔을 들어야 했다. 사실 학덕으로 명망이 높던 서경덕마저도 첩 소생으로 아들을 둘이나 두었다. 그러기에 조선중기(16세기)의 대표적인 학자 남명(南冥) 조식(曺植, 1501~1572)[21]은

---

21 1501년 퇴계 이황과 같은 해에 출생하여 영남학파의 양대 산맥을 형성한 남명 조식은 '좌퇴계 우남명'으로 불리면서 경상우도 사림의 우두머리로서 평생을 정치적 라이벌이자 학문적 동지로 살아갔다. 퇴계와 남명의 양 문하에서 학문을 익힌 한강 정구(鄭逑)는 "남명이 원시유학에 경도되었으며 퇴계가 주자의 학풍을 정통적으로 계승했다"(『한강집(寒岡集)』)고 평했다. 퇴계학파의 중심지는 예안이요, 남명학파의 중심지는 진주였다. 남명은 특히 실천을 중시했으며, 따라서 그의 학문을 계승한 남명학파의 학자들은 임진왜란 때 의병장으로 크게 활약했다. 남명이 지향한 선비의 삶은 처사의 입장에서 현실비판자의 소임을 다하는 것이었다. 남명과 퇴계의 위치는 16세기 후반까지 양립구도였으나 17세기 초반 이후 퇴계의 입지가 상승하게 된다.

천하제일의 지나기 어려운 철문관(鐵門關)이 화류관(花柳關)이라 설파했던 것이다.

정철에게 모든 경험적 요소들은 작가적 특성을 결정짓는 데 크게 작용했다. 그는 많은 가사와 시조 작품을 지었으며, 특히 장문의 가사를 통해 그의 긴 호흡과 화려한 문장표현 등 자신의 능력을 유감없이 발휘하여 가사문학에 있어 독보적인 작가가 되었다.

### 〈사미인곡〉

이 몸 삼기실(태어날) 제 님을 조차 삼기시니,
혼싱 緣연分분이며 하늘 모를 일이런가.
나 ᄒ나(오직) 졈어 잇고 님 ᄒ나 날 괴시니,
이 ᄆ음 이 ᄉ랑 견졸 ᄃᆡ 노여(전혀) 업다.
平평生싱애 願원ᄒ요ᄃᆡ 혼ᄃᆡ 녜자 ᄒ얏더니,
늙거야 므ᄉ 일로 외오(외로이) 두고 글이는고.
엇그제 님을 뫼셔 廣광寒한殿뎐의 올낫더니,
그더ᄃᆡ 엇디ᄒ야 下하界계예 ᄂ려오니.
올 적의 비슨 머리 얼킈연디 三삼年년이라.

臙연脂지粉분 잇ᄂ마ᄂ 눌 위ᄒ야 고이 홀고.
ᄆ음의 미친 실음 疊텹疊텹이 빠혀 이셔,
짓ᄂ니 한숨이오 디ᄂ니 눈믈이라.
人인生싱은 有유限ᄒ혼ᄃᆡ 시름도 그지업다.
無무心심혼 歲셰月월은 믈 흐르ᄃᆺ ᄒ는고야.
炎염凉냥이 ᄯ를 아라 가는ᄃᆺ 고텨 오니,
듯거니 보거니 늣길 일도 하도 할샤.
……
ᄒ르도 열두 ᄯ 혼 ᄃᆞᆯ도 셜흔 날,
져근덧 싱각마라 이 시름 닛쟈 ᄒ니
ᄆ움의 미쳐 이셔 骨골髓슈의 ᄭ텨시니
扁편鵲쟉이 열히 오나 이 병을 엇디 ᄒ리

정철의 사미인곡

어와 내 병이야 이 님의 타시로다.
츨하리 싀어디여 범나븨 되오리라.
곳나모 가지마다 간 듸 죡죡 안니다가,
향 므든 놀애로 님의 오시 올므리라.
님이야 날인 줄 모로셔도 내 님 조추려 ㅎ노라.

—『송강가사』 성주본

〈사미인곡〉은 신하인 정철이 선조대왕을 사모하는 마음을 전함에 있어, 한 여인이 생이별한 남편을 연모하는 형식으로 읊은 것이다. "이 몸 삼기실(태어날) 제 님을 조차 삼기시니"로 시작하여 "님이야 날인 줄 모로셔도 내 님 조추려 ㅎ노라."로 끝나는 이 작품을 통해서 우리 전통시가 속 서정적 자아로서의 여성의 목소리를 새삼 확인하게 된다. 전근대 사회의 여성들의 경우 태어나고 죽는 것까지도 자유롭지 못했음을 나타내는 시구에서 여성들의 희생적 삶과 애절한 마음을 쉽게 느낄 수 있다. 유교국가였던 조선은 『경국대전』에서 여성의 개가(改嫁) 금지를 간접적으로 명시하여 남편을 두 번 얻는다면 금수(禽獸)만 못한 것

조선왕조의 기본법전인 경국대전

으로 취급했다. 이런 열녀정신을 빌어 작가는 자신의 변함없는 연군과 충성을 다짐하고 있는 것이며, 마지막 구절에 그런 의도가 집약적으로 표현되었다고 하겠다.

〈사미인곡〉은 당쟁에 휘말린 작가가 50세 되던 해에 동인(東人)의 탄핵을 받고 조정에서 물러나 선조 18년(1585) 8월부터 54세 우의정에 제수되기까지 4년간 경기도 고양(高陽)과 전남 창평(昌平)에서 기거하며 불우한 생활을 하고 있을 때의 작품으로 여겨진다. 이 작품은 126구로 되

정철이 사미인곡·속미인곡 등을 쓴
전남 담양에 있는 정자인 송강정

어 있는데, 서사에서는 창평에 내려온 자신을 광한전(廣寒殿)에서 하계(下界)로 내려온 것으로 비유하였고, 본사에서는 춘하추동 네 계절로 나누어 자신의 원망과 정성을 담아 봄에는 매화를, 여름에는 비단옷을, 가을에는 맑은 달빛을, 겨울에는 따뜻한 햇볕을 임에게 보내고 싶은 심정을 토로하고 있다. 전편을 통해 독백으로 된 여성적 정조와 어투가 계절적 소재와 맞물려 임에 대한 연모의 정이 절실히 드러나고 있다

가사문학 가운데서 백미로 평가되고 있는 이 작품과 〈속미인곡〉은 정치적 갈등이 극에 달하고 붕당이 파국에 이르는 시기를 살면서 당쟁의 재앙의 중심 대상이 될 수밖에 없었던 정철의 정치적 소외 속에서 나온 작품이다. 정치적 굴곡이 그에게 실망과 좌절만 안겨주지 않고 이렇듯 창작 의욕을 불러일으켜 문학사에 기여토록 했음은 다행스럽기도 하다. 결국 전후사미인곡은 정치적 패배와 그로 인한 인간적 소외감을 해소하기 위해 안간힘을 기울이는 정철의 가녀린 노력의 결정(結晶)이라는 점이 중시되어야 할 것이며, 애틋한 여성적인 어조 속에 담긴 선비의 곧은 충절의 정신을 발견함이 요체일 듯하다.

## 10. 불우한 조선의 여인, 허난설헌

조선조 양반부녀자들이 주로 향유했던 규방가사는 남성본위의 유교 윤리에 따른 여성들의 불운한 환경을 토대로 발생했으며 임진왜란 이후 전통적 여성관이 동요되면서 발달했다. 따라서 초기에는 교훈적 계녀가사가 많았고 점차 속박된 여성생활의 고민을 호소하는 내용이 주류를 이루었다. 그 밖에도 화전놀이·척사놀이 등을 소재로 한 풍류·기행가사도 있다. 이러한 규방가사는 개화기를 거쳐 일제하에서도 활발하게 창작되었는데, 갑오경장 이후에는 서민부녀자들에 이르기까지 향유층이 확산되었다. 이 시기에는 개가(改嫁)를 권장하고 다시 인연을 만나게 되길 비는 내용의 가사들이 출현했다.

시대에 맞섰던 허난설헌

일반적으로 규방가사의 효시로는 농암 이현보(李賢輔, 1467~1555)의 어머니인 권씨의 〈선반가(宣飯歌)〉를 들고 있는데, 허난설헌의 〈규원가〉는 이보다 60년 뒤에 나온 것으로 추정하고 있다. 이후 2~3세기 정도 공백기를 거친 뒤 주로 영남지역에서 규방가사가 양산되었다.

명분이 중시되는 유학사상을 근간으로 한 조선사회에 있어 여성들의 의식이 폐쇄적일 수밖에 없었던 한계는 피하기 어렵지만, 〈규원가〉의 화자 같은 인물은 다소 개방적인 사고를 지녔다고 할 수 있다. 즉 화자는 유학적인 규범과 윤리를 견지하면서도 생동하는 인간적 삶을 염원하고 있었으며, 사랑의 형식을 빌어 좀더 자유로운 존재적 삶을 모색하고자 했다고 볼 수 있다. 여기서 현실에 순응하는 여성들의 삶이 얼마나 구차한 것인가를 절감하게 하는 동시에, 엄격한 남성우위의 현실체제에 대한 여성의 불만도 자연스럽게 도출해낼 수 있다.

〈규원가〉의 작자로 알려진 허난설헌(許蘭雪軒, 1563~1589)은 초당(草堂) 허엽(許曄, 1517~1580)의 딸이자 허균의 누나로서 이름은 초희(楚姬)이고, 난설헌은 그의 당호이다. 여자에게는 이름조차 허락하지 않던 때 그는 스스로 초희란 이름과 난설헌이라는 호를 지었다. 무엇보다 아버지 허엽은 처사적 삶으로 유명한 서경덕의 수제자로서 사림파의 전통을 고스란히 계승한 인물이었다. 허엽은 의기로 뛰어난 나식(羅湜)[22]을 찾아가 기묘사화 이후 당시 금기시되던 『소학』과 『근사록』을 배웠으며, 을사사화의 주모자인 윤원형을 적극 탄핵함으로서 개혁적 사림파 학자의 위상을 잘 보여주었다.

허난설헌 두 자녀의 무덤(경기 광주시 초월읍 지월리)

연극인 반가워라, 붉은별이 거울에 비치네(2003)

허난설헌은 삼당(三唐)시인의 한 사람이자 서자인 이달(李達, 1539~1612)에게서 시를 배웠고, 15세 무렵 좋은 가문의 김성립(金誠立, 1562~1592)과 결혼했다. 남편이 외도를 하는 바람에 가정생활이 원만하지 못했으며, 시어머니와의 갈등이 심각했고, 심지어 자식 둘마저 모두 일찍 죽고 말았다. 그녀는 결혼과 함께 불행해지기 시작하여 요절의 순간까지 고독하게 살아갔다. 경기도 광주시 초월면 지월리. 중부고속도로 변에 동양의 천재시인으로 추앙받고 있는 난설헌은 쓸쓸히 잠들어 있다. 남동쪽을 바라보며 누워 있는 그녀 바로 옆에 애기무덤 두 봉오리가 나란히 있다. '조선에서 낳고 여자로 태어나고 김성립과 결혼한 것을 탄식했다'는 허난설헌은 분명 시대를 앞서간 인물로 2003년 〈반가워라, 붉은 별이 거울에 비치네〉라는 연극으로 공연되었으

---

22 을사사화로 동생 나숙(羅淑)과 함께 사사(賜死)되었다.

며, 2004년 〈아! 난설헌〉이라는 오페라로 공연된 바 있다.

허난설헌은 여성적인 섬세한 감각의 애정시가를 많이 지었으나, 많은 작품에서 애틋한 사랑을 넘어서는 심오한 삶의 인식과 고뇌가 표출되고, 명망있는 가문과 풍부한 지식을 갖춘 작가로서의 자존심이나 당당함이 묻어나오기도 한다. 그러기에 그녀의 시를 감상이 아니라 이상을 노래한 것이라고 말하기도 한다. 〈규원가〉만 하더라도 이별의 아픔을 노래한 많은 시가와 연정을 읊은 여러 가사들과 차별화될 수 있다. 작가가 남편과의 만남 자체를 아름다운 것으로 생각하지 않고 오히려 불행하고 비극적인 악연으로 인식하고 표현함은 매우 놀라운 일이다. 또한 당시 여성들이 사랑의 갈등을 겪으면서도 철저하게 자기를 비하하고 탓하는 데 비하여 〈규원가〉에서는 갈등과 비애의 원인을 제공하는 임을 원망하고 공격함이 두드러진다고 할 수 있다. 결국 〈규원가〉 전체의 흐름을 놓고 볼 때, 사랑의 결핍과 슬픔을 매체로 여성의 자아상실이라는 인간적 비통함이 절실히 유로되었다고 하겠다. 그녀의 시가가 훌륭하다는

허난설헌의 규원가

것은 바로 가부장시대 속에 억눌렸던 여성의 내면 고통을 드러냈기 때문일 것이다.

〈규원가〉

엇그제 저멋더니 ᄒ마(벌써) 어이 다 늘거니

少年行樂 생각ᄒ니 일러도 속절업다

늘거야 서른 말슴 ᄒ자니 목이 멘다

父生母育 辛苦(신고)ᄒ야 이내 몸 길러 낼 제

公侯配匹(공후배필)은 못 바라도 君子好逑(군자호구) 願ᄒ더니

三生의 怨業(원업)이오 月下의 緣分(연분)으로
長安遊俠(장안유협) 輕薄子(경박자)를 쑴ᄀᆞᆮ치 만나 잇서
當時의 用心ᄒᆞ기 살어름 디듸는 ᄃᆞᆺ
三五二八 겨오 지나 天然麗質 절로 이니
이 얼골 이 態度로 百年期約ᄒᆞ얏더니
年光이 훌훌ᄒᆞ고 造物이 多猜(다시)ᄒᆞ야
봄바람 가을믈이 뵈오리 북 지나듯
雪鬢花顔(설빈화안) 어ᄃᆡ두고 面目可憎(면목가증) 되거고나
내얼골 내 보거니 어느 님이 날 괼소냐
스스로 慚愧(참괴)ᄒᆞ니 누구를 怨望(원망)ᄒᆞ리
三三五五 冶遊園(야유원)의 새 사람이 나단 말가
곳 피고 날 저물 제 定處 업시 나가 잇어
白馬 金鞭(금편)으로 어ᄃᆡ어ᄃᆡ 머므는고
遠近을 모르거니 消息이야 더욱 알랴
因緣을 긋쳐신들 ᄉᆡᆼ각이야 업슬소냐
얼골을 못 보거든 그립기나 마르려믄
열 두 ᄣᅢ 김도 길샤 설흔 날 支離ᄒᆞ다
玉窓에 심근 梅花 몃 번이나 픠여진고
겨을 밤 차고 찬 제 자최눈 섯거 치고
여름날 길고 길 제 구즌 비ᄂᆞᆫ 므스 일고
三春花柳 好時節의 景物이 시름업다
가을 ᄃᆞᆯ 방에 들고 실솔(蟋蟀)이 床에 울 제
긴 한숨 디ᄂᆞᆫ 눈물 속절업시 혬만 만타
아마도 모진 목숨 죽기도 어려울사 ……
출하리 잠을 드러 ᄭᅮᆷ의나 보려 ᄒᆞ니
바람의 디ᄂᆞᆫ 닢과 풀 속에 우는 즘생
므스 일 원수서 잠조차 ᄭᆡ오ᄂᆞᆫ다
天上의 牽牛織女(견우직녀) 銀河水(은하수) 막혀서도
七月七夕 一年一度 失期치 아니거든
우리 님 가신 후는 무슨 弱水 가렷관ᄃᆡ
오거니 가거니 消息조차 ᄭᅳ쳣는고

欄干(난간)의 비겨 셔서 님 가신 듸 바라보니

草露(초로)는 맷쳐 잇고 暮雲(모운)이 다가갈 제

竹林 푸른 고듸 새 소리 더욱 설다

세상의 서룬 사람 수업다 ᄒ려니와

薄命(박명)한 紅顔(홍안)이야 날 가튼니 쏘 이실가

아마도 이 님의 지위로 살동말동 ᄒ여라

— 『고금가곡(古今歌曲)』

이 〈규원가〉의 작자가 허균의 첩 무옥(巫玉)이라는 설도 있으나 현재로선 허난설헌으로 봄이 학계의 일반적인 경향이다. 조동일 교수도 〈규원가〉는 허난설헌의 생애와 관련된 사연을 지니고 있으며, 표현의 절실함을 허난설헌의 한시와 견줄 수 있다고 하였다. 특히 현실적 자아에 대한 불만과 함께 본질적 자아를 회복코자 하는 생각에서 임에 대한 원망과 자신에 대한 질책이 교직되는 구조적 특성을 감안할 때 자존심이 강하고 불만이 많았던 허난설헌의 삶에 잘 부합한다고 하겠다.

남성위주의 유교사회에서의 여성들은 인종의 나날을 보내야 했다. 이 작품도 이러한 처지의 여인이 자신의 한스러운 생활과 사무치는 괴로움을 노래한 것이라 할 수 있다. 슬픔과 그리움의 애틋한 서정을 섬세하게 표출하면서 봉건제도 아래서 참아내야만 하는 여인의 원한을 부각시켰다고 할 만하다. 그러면서도 품격을 잃지 않는 온화한 시풍은 작품의 예술적 감각을 더욱 돋보이게 했으며, 작품이 지니고 있는 이러한 이유 때문에 여성들 사이에 널리 애송되면서 이와 비슷한 가사에 많은 영향을 미쳤다고 하겠다.

그러나 이에 그치지 않고 인간 본연의 감성을 자각하는 작가의 모습을 통해 미미하나마 인간성 회복을 주장하는 작품으로 읽을 수 있다. 앞서 나온 〈사미인곡〉의 여인상은 자신의 희생을 숙명으로 받아들이는 소극적인 모습을 띠는데, 이는 작가가 남성이기에 남성 쪽에서 바라본 여

인상을 설정하여 화자로 삼은 결과라 본다. 그러나 〈규원가〉의 경우 작가가 여성이다 보니 화자 역시 현실적인 여인상으로 등장하며, 제목에서부터 '원망'이라는 말을 하면서 자탄을 섞어가며 마지막까지 직설적으로 임을 비난할 수 있었다고도 하겠다.

결국 이 작품의 주제적 성격은 단순히 사랑에 매달리고 있는 여성의 한풀이가 아니라, 여성의 자아 회복을 위한 절규, 곧 인간존재의 결핍과 비애라는 포괄적 의미로 이해될 수 있을 것이다. 이로써 〈규원가〉는 이별의 아픔을 노래한 많은 시가와 연정을 읊은 여러 가사작품과 차별화될 수 있으며, 인간으로서 자신을 되돌아보고 사랑과 윤리와 인생 안에서 갈등하고 있는 화자의 입장을 분석함으로써 여성의식을 열어갈 가능성을 도출하게 된다.

---

## 11. 거리에서 능지처참된, 허균

허균의 죽음을 애도하는 후손들이 만든 가묘
(경기도 용인시 원삼면)

소설은 산문이자 서사로서 앞에서 언급된 서정으로서의 시가와 사뭇 다른 문학장르이다. 먼저 살펴보게 되는 〈홍길동전〉의 작가인 허균은 적자와 서자를 차별대우하는 당시 사회제도와 부조리한 현실적 관습에 불만을 품고 서양갑(徐羊甲)·심우영(沈友英) 등 주로 서자들과 어울렸다. 어떤 이는 허균이 서자라고 하는데, 허균의 아버지는 본처와 사별한 뒤 후처를 맞아 허난설헌과 허균을 낳았으므로 서자가 아니다. 다만 그는 늘 소외된 사람들과 주로 어울렸고, 마침내 당시 조정의 무능과 부패, 그리고 광해군의 폭정을 묵과할 수 없어 쿠데타를 획책하다가 발각되어 저자거리에서 능지처참되고 말았다. 뜻을 이루지 못한 허균의 운명은 그의 호 교산(蛟山)처럼 용이 못된 이무기와 같았다.

그러니까 허균은 사상이나 행적에 있어 자기 시대의 문제점이 무엇이며 그를 어떻게 극복할 것인가를 제시하고 때로는 행동으로 실천했던 혁명적 인물이었다. 그의 주장은 시대를 너무 앞서가는 것이었기 때문에 동시대의 사대부 지배층들로부터도 동조를 얻기보다는 오히려 '천지간의 한 괴물'로 낙인찍히고, 미천한 인물들과 교유하며 반란을 꾸미다가 끝내 처형당하고 만 것이다. 그는 결국 불우한 시대를 만나 반동적인 인물로 살아야 했지만, 폐쇄적인 봉건질서의 구속으로부터 벗어나 참된 인간의 삶을 구현하고자 했던 선각자이다. 반체제적인 지식인이자 민중의 이상향을 그렸던 자유인이었다.

허균은 사명대사를 만나서 불교에 눈을 뜨기 시작하여 부처를 받들기도 했다. 승려들과 교류를 하며 관아에서 향을 사르고 불공을 드리던 그는 광해군 시절 왕조를 타도하기 위한 반란을 기도했다. 그는 반(反)유교적인 사유와 행동을 서슴지 않았다. 유교의 '법고창신(法古創新)'이 아닌, 옛것은 천하고 지금 것은 귀하다는 '천고귀금(賤古貴今)'이란 말까지 했다.

허균은 김씨를 비롯한 아내가 넷이요 기방출입이 잦을 만큼 일생동안 여러 여인을 거쳐 가며 사랑을 했다. 무엇보다 허균은 여성문제에 대해 특별한 관심을 보였다. 남녀동등과 성욕해방을 주장했다. 허균은 "남녀의 정욕은 하늘의 가르침이요, 윤기(倫紀)의 분별은 성인의 가르침이다. 하늘이 성인보다는 한 등급 위이니 나는 하늘의 가르침을 따를지언정

강릉시 초당동 허균의 생가

감히 성인의 가르침은 따르지 않겠다."[23]고까지 했다. 물론 경박하고 부도덕하다고도 할 수 있다. 그에게는 어디에도 속박되지 않는 자유분방한 기질이 있었던 것이다. 따라서 그의 사상에서는 〈신선전〉을 통해 알 수 있듯이 도교에 경도된 측면

이 두드러지고 양명학·불교 등에 대해서 포용적인 태도가 잘 드러남으로써 화담 서경덕의 학풍을 연상케 된다.

허균이 지은 『성소부부고』 권11, 문부8에는 12편의 '논(論)'이 있다. 그 가운데 유명한 것은 「호민론(豪民論)」과 「유재론(遺才論)」이다. 그는 「호민론」에서 위정자는 무엇보다도 백성을 위한 정치를 해야 한다고 하면서 잠자는 민중을 이끌고 나가는 지도자를 '호민'이라 하였다. "천하에 두려워할 자는 오직 백성뿐이다. 백성은 물이나 불, 범이나 표범보다 더 무섭다."는 것이 「호민론」의 첫 구절로 거의 혁명적인 선언이다. 또한 「유재론」은 지역 차별, 서얼등용 제한 등을 철폐하여 인재등용에 제한을 두지 말자는 주장이다. 여기서 그는 '하늘이 재능을 부여함이 이처럼 고르다(천지부재이균야 天之賦才爾均也)'는 말을 했다. 이와 같이 그는 불합리한 인간현실을 개혁해 보고자 하는 강렬한 의식을 지니고 있었다.

시에 대해 절필 선언을 한 1612년을 전후로 허균은 기행(奇行)을 일삼게 되었다. 그런 시인에게서 마키아벨리적 정치인으로 변신한 허균이

23 이식(李植), 『택당집(澤堂集)』별집 권15, 〈잡저(雜著)〉/ 안정복, 『순암총서(順菴叢書)』, 「천학문답(天學問答)」(1785) / 성대중 『청성잡기(靑城雜記)』.

꿈꾼 것은 정치적 혁명이 아니라 예술과 현실을 일치시키려 한 내면의 혁명이었다. 아버지와 맏형이 죽고, 절친했던 시인 권필(權韠, 1569~1612)마저도 필화로 숨졌다. 그 절대 고독의 시간에 허균은 시를 떠나 서사공간으로 날아갔다.

2007년 원본이 처음 발견된 〈국조시산(國朝詩刪)〉은 조선 초 정도전부터 허균 당대의 인물인 권필에 이르기까지 35명의 당대 최고의 한시 889수를 뽑아 엮은 시선집이다. 명실상부 조선 최고의 시선집으로 많은 이의 호평을 받았는데, 허균이 역적으로 몰려 죽임을 당한 뒤 1697년 문인 박태순이 용감하게도 이 책을 간행한 것은 그만큼 이 시선집의 가치를 높이 샀기 때문이다. 이 책은 허균이 조선전기의 한시를 골라 당대 최고의 궁중 사자관(寫字官)들에게 필사를 맡

호평을 받았던 허균의 시선집, 국조시산

겼으며 본인이 직접 시에 대한 비(批)와 평(評)을 붙인 것이다. 따라서 허균의 소장 인(印)과 수정한 흔적, 필사자인 사자관들의 이름이 남아 있다. 허균이 소장했던 실물이 확인된 것은 이번이 처음이며 사자관이 필사본에 자신의 이름을 남기는 경우는 거의 없다.

## 12. 이상사회 건설의, 홍길동전

허균의 제자인 택당(澤堂) 이식(李植, 1584~1647)이 『택당집』 별집에서 허균이 〈수호전〉을 본떠서 〈홍길동전〉을 지었음을 말했고, 허균 스스로도 자기 문집인 『성소부부고』 권13 「서유기발(西遊記跋)」 등에서 자기가

〈수호전〉을 읽었다고 밝히고 있다.

〈홍길동전〉의 내용을 보면, 주인공 홍길동이 서얼출신이기 때문에 뛰어난 능력을 타고났어도 집에서는 호부호형도 못하고 정상적으로 사회에 진출하지 못한다는 데서부터 사건의 발단이 이루어진다. 그 후 신분의 한을 풀고자 주인공은 가출 입산하여 마침내 활빈당의 우두머리가 되어 해인사, 팔도관헌을 습격하는 의적 활동을 하다가 우여곡절 끝에 나라로부터 병조판서 벼슬을 제수 받은 뒤 율도국으로 들어가 이상국가를 건설하고 왕이 된다는 사건으로 마무리된다.

〈홍길동전〉은 무엇보다 우리나라에서 한글로 쓰인 최초의 소설이라는 점에서 볼 때 국문학사적 가치가 크다. 단지 한글로 창작되었다는 것 외에도 여러 가지의 의의가 있는데, 대개 고전소설의 창작연대나 작가가 불분명한 데 비하여 이 소설은 광해군 때 허균이 지었다는 명확한 기록이 남아있다는 점에서 창작성이 매우 강하다. 또한 고전소설이 지닌 작품배경으로서의 중국적 상황과 달리 〈홍길동전〉은 우리의 현실에 기반하고 있었다는 점에서도 매우 의미 있는 작품이다. 심지어 〈홍길동전〉이 연산군 때 실재한 도적 홍길동을 모델로 한 것이 아닌가 하는 주장도 있다. 또한 이 소설은 당시 사회가 지니고 있던 적서차별의 봉건질서에 도전하고, 무위도식하던 위정자들을 질타하며, 궁핍한 생활에 허덕이는 서민들을 구원하고자 하는 저항적인 내용을 담고 있는 사회소설이라는 점에서 소설사적 의의가 매우 크다.

2003년 말 전국 국어교사 모임이 〈홍길동전〉을 현대어로 풀이한 〈춤추는 소매 바람을 따라 휘날리니〉를 출간하기도 했다. 이 소설과 특별히 관련 있는 것은 그의 「유재론」과 「호민론」에 나타나는 급진적인 사상일 것이다. 그의 사상 가운데 보다 진보적이고 합리적인 이러한 주장은 소설 작품의 주인공 설정에 깊이 반영되어 있다. 말하자면 민중의 저항과 역할을 강조하는 것이 「호민론」이요, 홍길동이 바로 '호민'에 해당한다고 하겠다.

그는 한글소설 〈홍길동전〉 외에도 〈장생전(蔣生傳)〉, 〈장산인전(張山人傳)〉, 〈엄처사전(嚴處士傳)〉 등의 한문소설을 지었다.

### 〈홍길동전〉

화설.[24] 조선국 세종조 시절에 한 재상이 있으니, 성은 홍(洪)이요, 명은 모(某)라. 대대 명문거족으로 소년 등과하여 벼슬이 이조판서에 이르매, 물망이 조야에 으뜸이요, 충효겸비하기로 이름이 일국에 진동하더라. 일즉 두 아들을 두었으니, 일자는 이름이 인형(仁衡)이니 정실 유씨(柳氏) 소생

허균의 홍길동전

이요, 일자는 이름이 길동(吉童)이니 시비[25] 춘섬(春蟾)의 소생이라. 선시에 공이 길동을 낳을 때에 일몽을 얻으니, 문득 뇌정벽력이 진동하며 청룡이 수염을 거사리고 공에게 향하여 달라들거늘 놀라 깨달으니 일장춘몽이라. 심중에 크게 기뻐하여 생각하되 내 이제 용몽을 얻었으니 반드시 귀한 자식을 낳으리라 하고, 즉시 내당으로 들어가니 부인 유씨 일어 맞거늘, 공이 흔연히 그 옥수를 이끌어 정히 친압코자 하거늘 부인이 정색하여 가로되,

"상공이 체위(體位)[26] 존중하시거늘 연소 경박자의 비루함을 행코자 하시니 첩은 봉행치 아니하리로소이다."

하고, 언파(言罷)[27]에 손을 떨치고 나가거늘 공이 가장 무류[28]하여 분기를 참지 못하고 외당에 나와 부인의 자식이 없음을 한탄하더니 마침 시비 춘섬이 차를

---

24 화설(話說)이란 고전소설의 첫머리에 흔히 쓰는 상투적인 어휘로서 '말하자면', '말하건대' 등의 뜻이다.

25 시비(侍婢)는 시중드는 계집종을 말한다.

26 신분이나 지위를 말한다.

27 말을 마치다.

28 스스로 부끄러워하다.

올리거늘, 그 고요함을 인하여 춘섬을 이끌고 협실(夾室)에 들어가 정히 친압하니 이때 춘섬의 나이 십팔이라. 한번 몸을 허한 후로 문외에 나지 아니하고 타인을 취할 뜻이 없으니, 공이 기특히 여겨 인하여 잉첩(媵妾)[29]을 삼았더니 과연 그 달부터 태기 있어 십삭만에 일개 옥동을 생하니 귀골이 비범하여 짐짓 영웅호걸의 귀상이라. 공이 일변 기뻐하나 부인에게 나지 못함을 한하더라.

길동이 점점 자라 8세 되매 총명이 과인하여 하나를 들으면 백을 통하니 공이 더욱 애중하나, 근본이 천생이라 길동이 매양 호부호형하면, 문득 꾸짖어 못하게 하니 길동이 10세 넘도록 감히 부형을 부르지 못하고 비복 등이 천대함을 각골통한하여 심사를 정치 못하더니, 추구월 망간을 당하매 명월은 조요하고 청풍은 소슬하여 사람의 심회를 돕는지라. 길동이 서당에서 글을 읽다가 문득 서안을 밀치고 탄식하여 가로되,

"대장부 세상에 나매 공맹을 본받지 못하면 차라리 병법을 외어 대장인(大將印)을 요하에 비껴 차고 동정서벌하여 국가에 대공을 세우고 이름을 만대에 빛냄이 장부의 쾌사라. 나는 어찌하여 일신이 적막하고 부형이 있으되 호부호형을 못하니 심장이 터질지라. 어찌 통한치 않으리요."

하고 말을 마치며 뜰에 내려 검술을 공부하더니, 마침 공이 또한 월색을 구경하다가 길동의 배회함을 보고 즉시 불러 물어 가로되,

"네 무슨 흥이 있어 야심토록 잠을 자지 아니하느냐."

길동이 공경하여 가로되,

"소인이 마침 월색을 사랑함이어니와 대개 하늘이 만물을 내시매, 오직 사람이 귀하오나 소인에게 이르러는 귀하옴이 없사오니 어찌 사람이라 하오리까."

공이 그 말을 짐작하나 짐짓 문책하여 가로되,

"네 무슨 말인고."

길동이 재배하여 가로되,

"소인이 평생 설운 바는 대감 정기로 당당하온 남자가 되었사오매 부생모육지은이 깊삽거늘 그 부친을 부친이라 못하옵고 그 형을 형이라 못하오니, 어찌 사람이라 하오리이까."

......

그 절에 들어가 먼저 수승(首僧)을 불러 이르되,

---

29 옛날에 여자가 시집갈 때 여종을 데리고 가서 남편의 첩으로 삼았다.

"나는 경성 홍판서댁 자제라. 이 절에 와 글 공부하러 왔거니와, 명일에 백미 이십석을 보낼 것이니 음식을 정히 차리면 너희들도 한가지로 먹으리라."

하고 사중(寺中)을 두루 살펴보며 후일을 기약하고 동구를 나오니 제승(諸僧)이 기뻐하더라. 길동이 돌아와 백미 수십석을 보내고 중인을 불러 가로되,

"내 아무날은 그 절에 가 이리이리 하리니 그대 등은 뒤를 쫓아와 이리이리 하라."

하고 그날을 기다려 종자 수십인을 데리고 해인사에 이르니 제승이 맞아 들어 가니 길동이 노승을 불러 물어가로되,

"내 보낸 쌀로 음식이 부족치 아니하더뇨."

노승이 가로되,

"어찌 부족하리이까. 너무 황감하여이다."

길동이 상좌에 앉고 제승을 일제히 청하여 각기 상을 받게 하고 먼저 술을 마시며 차례로 권하니 모든 중이 황감하여하더라.

길동이 상을 받고 먹더니 문득 모래를 가만히 입에 넣고 깨무니 그 소리 큰 지라. 제승이 듣고 놀라 사죄하거늘 길동이 거짓 크게 노하여 꾸짖어 가로되,

"너희들이 음식을 이다지 부정케 하뇨. 이는 반드시 나를 능멸함이라."

하고 종자에게 분부하여, 제승을 다 한 줄에 결박하여 앉히니 사중이 황겁하여 어떻게 할 줄 모르는지라. 이윽고 대적(大賊) 수백여 명이 일시에 달려들어 모든 재물을 다 제것 가져 가듯 하니 제승이 보고 다만 입으로 소리만 지를 따름이라. 이때, 불목한[30]이 마침 나갔다가 이런 일을 보고 즉시 관가에 고하니, 합천 원이 듣고 관군을 조발(調發)하여 그 도적을 잡으라 하니 수백 장교 도적의 뒤를 쫓을새, 문득 보니 한 중이 송라(松蘿)[31]를 쓰고 또 장삼 입고 묘에 올라 큰 소리로 말하여 가로되,

"도적이 저 북편 소로로 가니 빨리 가 잡으소서."

하거늘 관군이 그 절 중이 가리키는 줄을 알고 풍우같이 북편 소로로 찾아 가다가 날이 저문 후 잡지 못하고 돌아가니라.

길동이 제적을 남편 대로로 보내고 제 홀로 중의 복색으로 관군을 속여 무사히 굴혈로 돌아오니 모든 사람이 벌써 재물을 수탐하여 왔는지라. 일시에 나와

---

30 절에서 불때고 밥짓고 심부름하는 하급의 중을 가리킨다.
31 소나무 겨우살이로 고깔처럼 만들어 쓰는 중의 모자로서 흔히 여승이 쓴다.

사례하거늘 길동이 웃으며 가로되,

"장부 이만 재주 없으면 어찌 중인의 괴수가 되리요."

하더라. 이후로 길동이 자호를 활빈당(活貧黨)이라 하여 조선 팔도로 다니며 각 읍 수령이 불의의 재물이 있으면 탈취하고 혹 지빈무의(至貧無依)[32]한 자가 있으면 구제하며 백성을 침범치 아니하고 나라에 속한 재물은 추호도 범치 아니하니 이러므로 제적이 그 의취를 항복하더라. 일일은 길동이 제인을 모으고 의논하여 가로되,

"이제 함경감사가 탐관오리로 준민고택(浚民膏澤)[33]하여 백성이 다 견디지 못하는지라. 우리들이 그저 두지 못하리니 그대 등은 나의 지휘대로 하라."

하고 하나씩 흘러 들어가 아무날 밤에 기약을 정하고 남문 밖에 불을 지르니, 감사가 크게 놀라 그 불을 끄라 하니 관속이며 백성들이 일시에 내달아 그 불을 끌새, 길동의 수백 적당이 일시에 성중에 달려들어 창고를 열고 전곡과 군기(軍器)를 수탐하여 북문으로 달아나니 성중이 요란하여 물끓듯 하는지라. 감사가 불의지변을 당하여 어떻게 할 줄 모르더니, 날이 밝은 후 살펴보니 창고의 군기와 전곡이 비었거늘 감사 대경실색하여 그 도적 잡기를 힘쓰더니 홀연 북문에 방을 붙였으되 아무 날 전곡 도적한 자는 활빈당 행수 홍길동이라 하였거늘 감사가 발군하여 그 도적을 잡으려 하더라.

— 〈홍길동전〉


허균은 조선중기를 대표하는 지식인이다. 강릉 사대부 명문거족의 자손으로서 일찍이 과거에 급제하고 문학적 재능을 날렸던 선비였다. 그러나 허균은 서얼차별과 탐관오리의 부패로 얼룩진 현실에 안주하기를 거부했다. 〈홍길동전〉은 서민 중심의 이상국가를 세우고자 했던 개혁의 설계도였는데, 치밀하지 못했던 그의 거사는 제자의 밀고로 발각됐고, 결국 허균은 역모죄로 처형되었다.

'신출귀몰하는 둔갑술의 홍길동'이라는 인상을 우리에게 심어준 주

32 몹시 가난한 데다가 의지할 곳도 없다.
33 백성의 기름을 짜내듯 재물을 착취하다.

인공 홍길동은 미천한 신분의 주인공이 국왕에까지 이르는 강력한 성취과정을 그린 영웅의 일생을 나타낸다. 다시 말해 고귀한 혈통을 지닌 인물, 비정상적인 출생, 범인과 다른 탁월한 능력, 어려서 가출하고 위기에 봉착함, 갖가지 고난을 겪은 후 승리자가 된다는 이야기는 영웅의 일대기를 다루는 설화구조이다.

〈홍길동전〉은 독자로 하여금 주인공 길동이에게 자신의 감정을 투사함으로써 길동의 안타깝고 억울한 형편에는 함께 울분을 느끼게 하다가, 길동이 현실적 또는 비현실적인 힘을 발휘하여 난관을 타개하고 마침내 그의 꿈을 실현하는 대목에서는 함께 통쾌함을 맛보게 하는 점에 주목해보면 분명 카타르시스의 효과를 의도한 작품 구조임을 알 수 있다. 물론 바로 이러한 영웅적인 인물의 설정이나 비현실적 사건의 전개가 문학적 리얼리티를 감소시키는 것도 사실이다.

〈홍길동전〉은 봉건사회의 제도를 정면에서 비판한 사회소설로서 위대목은 먼저 적서차별을 문제 삼고 있다. 주인공은 시비(侍婢)의 몸에서 태어나 가정에서는 호부호형을 못하고 종들로부터도 멸시를 받으며 사회적인 천대도 면할 길이 없다. 마침내 집을 나와 도적의 괴수가 되어 활빈당을 조직하기에 이른다. 그 후 주인공은 부정하게 모은 해인사의 재물을 탈취하고 팔도지방의 탐관오리들의 재물을 빼앗아 빈민들에게 나누어준다. 이렇듯 불합리한 사회제도를 규탄하고 부정부패를 일소하면서 빈민을 구제한다는 작가의식과 주제성을 잘 담아내고 있는 내용이다.

한편 어린 길동이가 사회제도로서 굳어진 적서차별을 근본적으로 다시 따져서 그것이 결코 사리로 보아 합당하지 못함을 인식하고, 시대의 제도적 장벽이 아무리 완강한 것일지라도 그 안에서 상투적으로 안주하기를 거부하여 집을 떠나 도적의 무리 속에 몸을 맡긴 것은 의미 있는 사안이다. 현실 자체의 불합리성에 휩쓸리지 않고 문제점을 치열하게 드러냄으로서 그것이 마침내 제거되어야 할 요소임을 깨닫게 하는 거리두기 효과를 갖추고 있음을 뜻하는 것이기 때문이다. 이것은 관례적으로 당연시하는 것이나 늘 있어왔던 일상성의 수레바퀴에서 벗어나 모든 사물이나 인생에 있어 참다운 본질은 무엇이며 그 본질이 왜곡된 이유는 무엇인가를 자각하게 하여 삶에 있어서의 올바른 시각과 참신한 삶을 회복시키는 예술의 사회적 기능을 보여준다는 점에서도 설득력을 얻는다.

## 13. 나와 친정집안은 억울하다, 혜경궁 홍씨

소설 붉은 왕세자빈
(마거릿 드래블, 2004)

영국의 작가 마거릿 드래블(Margaret Drabble)이 2004년 8월과 10월에 영국과 미국에서 각각 발표한 소설 〈붉은 왕세자빈(The Red Queen)〉의 배경은 우리 한국이요, 그것도 조선시대다. 사도세자의 부인이자 정조의 어머니인 혜경궁 홍씨가 200년도 더 이전에 남긴 회고록이 현대를 사는 영국인에게 우편으로 배달되는 것으로 이야기는 시작된다. 조선시대 궁궐 풍경과 혜경궁 홍씨를 둘러싼 드라마가 소상하게 그려진다. 현지 언론의 평도 매우 좋았다. 한국의 문화를 외국에 알리는 역할을 하고 있는 〈아리랑〉 TV에서 연전에 필자에게 〈한중록〉에 대해 인터뷰를 요청한 바도 있다.[34] 부왕이 아들 세자를 뒤주 속에 가둬 죽인 〈한중록〉만큼

---

34 이화형 인터뷰, 「Star-lit Promenade, Korean Literature, 한중록소개」, 2002. 6. 15. 12:50~13:30.

세상의 사람들에게 관심을 끌 수 있는 드라마틱한 역사적 사실도 흔치 않을 것이다.

〈한중록〉35의 작가 혜경궁 홍씨는 영조36 11년(1735)에 태어난 비운의 주인공으로서 열 살 때 세자빈으로 책봉되어 구중심처에 들어갈 때부터 비극은 시작되었다. 그녀는 의소(懿昭)세손과 정조, 그리고 두 공주를 낳았다. 그녀는 뒤주에 갇혀 죽은 사도세자의 아내로서 아들 정조를 훌륭하게 키웠다. 그녀는 참으로 의지적이고 판단력이 뛰어났다. 남편 사후 어린 아들을 25세에 왕위에 올리기까지 그 도정은 멀고 험난했다. 부친 홍봉한(洪鳳漢, 1713~1778)과 손을 맞잡고 이를 악물고 은인자중하여 온갖 굴욕과 모략을 견뎌내어 마침내 초지를 관철시킨 것이다. 이때 〈한중록〉의 일부를 썼다.

그러나 정조가 보령(寶齡) 50도 못 누리고 일찍 승하하는 바람에 그녀는 남편에 이어 자식을 먼저 보내는 혹독한 아픔을 감내해야 했다. 외롭기만 한 그녀는 또 호랑이 같던 시어머니 정순왕후(貞純王后, 1745~1805 영조의 계비) 김씨37로부터 괴롭힘을 당해야 했다. 11세의 어린 왕인 순조를 대신하여 항렬이 가장 높은 어른인 대왕대비로서 대권을 장악한 소론의 정순왕후는 홍씨 가문에 벼락을 내렸다. 정순왕후는 혜경궁 홍씨의 친정동생인 홍낙임(洪樂任, 1741~1801)에게 천주교도라는 딱지를 붙여 죽여버렸다. 그저 죽고만 싶었겠지만 참고 또 참았다. 그녀는 원한을 참고 시어머니를 정성껏 모셨다. 순조 5년 정순왕후가 서거하자 다시 〈한중록〉을 이어썼다. 그리고 81세 되던 순조 15년(1815)에 한 많은 생애를 마쳤다.

---

35 원본은 없고 순한글로 표기된 사본만 전하기 때문에 책 제목의 한자표기가 '閑中錄', '恨中錄' 등으로 구구하다.

36 조선시대 왕 가운데 가장 오래 재위했던 바, 52년 동안 왕좌에 있었다.

37 1759년 당시 66세의 영조는 15세의 정순왕후 김씨를 계비로 맞아 혼례를 치뤘다.

82세까지 장수하고 52년 동안
통치했던 영조

혜경궁 홍씨는 〈한중록〉 1편 첫줄에서 "내 유시에 궐내로 들어와 서찰 왕복이 조석에 있었으니 내 수적(手迹)이 많이 있을 것이로되"라고 했듯이, 그녀는 문학적 열정과 능력이 뛰어났다. 다만 〈한중록〉은 작가가 없었던 일을 꾸며낸 것이 아니라 자기가 실제로 겪은 일들을 기록한 사실이다. 그러나 〈한중록〉이 역사적 사실을 바탕으로 하면서도 작가에 의해 재구성되었다는 점에서 문학이라 할 수 있다.

특히 전체 4편 가운데 작가가 회갑을 맞아 친정 조카 홍수영(洪守榮)에게 써준 1편은 담담한 문체로서 수필적인 성격이 강하다. 하지만 사도세자사건(임오화변) 이후 자기 집안이 받은 피해에 대한 변호의 성격이 강한 2~4편들은 비록 사실에 근거하면서도 자신과 친정의 입장에서 의도적으로 사건을 해석하거나 인물들을 성격화함으로써 극적인 측면을 부각한 것 등은 허구적인 요소가 강하므로 소설로 보아 무리가 없을 것이다.

작가가 네 번에 걸쳐 계속 집필한 목적이 무엇인가. 전편을 통해 드러나는 창작의 동기는 자기 집안의 억울함을 호소하는 데 그치지 아니하고 자기 친정이 결백함을 정조와 순조에게 적극적으로 알려 세상에 그 사실이 공표되기를 기대했던 데 있다. 심지어 "죽은 동생의 원을 풀어주지 못하면 지하에 가도 동생을 볼 낯이 없다. …… 주상께 드려 내 집의 원통함을 알아 삼십년의 한을 풀어주시는 날", 또는 "내 삼촌의 일은 더욱 만만 원통하니 …… 동생의 원을 푸는 양을 보고 죽게 하실까. …… 우리 부친이 병풍상성(정신병자)을 아니한 다음에야 …… 주상(순조)이

선왕(정조)을 닮아오셔 인효(仁孝)하오시니 이 할미의 한을 풀어 줄 것……"에서 알 수 있듯, 자기가 지금 받고 있는 고통을 장차 아들·손자를 통해 풀겠다는 의도, 즉 적대자들에게 복수할 것이라는 의지를 다지고 있었다. 또 하나의 창작동기는 작가 자신에 대한 변론이다. 자신으로부터 생겨난 어떤 오류나 잘못에 대해 〈한중록〉 그 어디에도 기록하지 않았고 자신을 희생만 당한 사람으로 자처하고 있다.

따라서 전체 4편의 내용을 들여다보면 임오화변은 일부분이다. 즉 61세에 쓴 장문의 첫 편에서는 약 1쪽의 분량만이, 다른 편에서는 그보다 조금 더 언급되고 있다. 사건 당일의 묘사에서도 남편을 뒤주 속에 가둬 죽이는 행위의 부당성을 주장하지도 않았다. 뿐만 아니라 오히려 그 형벌을 내린 장본인들인 시아버지 영조와 남편의 생모이며 영조의 후궁인 선희궁의 처사를 부득이한 일이었다고 긍정했다. 여기서 작가가 40년 후에 옛이야기를 파헤치는 이유가 분명해지며, 작품의 주제를 이루는 것이 무엇인지 깨닫게 된다.

그에게는 평생 묻어두었던 친정에 대한 연민과 세상에 대한 원망이 있었다. 죽어도 눈을 못 감는 원한이 있었고, 이 짙은 한을 풀고자 글을 쓴 것이다. 실제로 작가가 말하고 있는 중심내용을 보면 임오화변 이후 당하는 친정에 대한 모함과 그 결과 억울하게 죽은 아버지 홍봉한, 삼촌 홍인한, 동생 홍낙임에 대한 변호이다. 흔히 우리는 홍봉한이 사도세자를 죽이는 데 협조한 것으로 알고 있는데 말이다.

## 14. 궁중 비사의 대하드라마, 한중록

〈한중록〉은 우리문학사상 드물게 애틋한 정서를 잘 드러내는 여성작가의 작품이요, 유일하게 비빈(妃嬪)이 쓴 궁중문학으로서 조선후기 궁

조선의 운명을 끝없는 벼랑으로 몰고 간 영조의
계비 정순왕후 김씨(TV 드라마 이산)

중사를 바탕으로 형상화한 역사소설이다. 무엇보다 작가는 살아있는 사건을 위해 역사 속의 인물들을 성격화하였다. 즉 인물들을 모두 자기와 자기집안의 문제로 제한하여 성격화하고 있는 것이다. 이에 〈한중록〉은 1인칭주인공 시점의 소설이다.

따라서 모든 등장인물은 작가와 친정을 이롭게 하거나 해롭게 하는 프로타고니스트와 안티고니스트로 대별된다. 작가가 애정을 갖고 있는 홍봉한, 홍인한, 홍낙임을 한편으로 하고, 부정해야 할 대상으로 영조의 딸 화완옹주, 영조의 계비 정순왕후 김씨와 그의 친정인물인 김귀주(金龜柱)를 한편으로 하여 구도화시키고 있다. 〈한중록〉은 이들 사이의 갈등으로 빚어지는 한 편의 완벽한 대하드라마이다.

〈한중록〉은 문체 면에서도 전아하면서 유려함을 잘 보여주고 있다. 궁중의 체통의식에서 나오는 경어 사용은 경건하고 우아함을 느끼게 해주며, 여성 특유의 감각에서 우러나온 표현들은 지금 읽어도 새로운 맛을 준다. 특히 물 흐르듯 유창한 문장이 두드러진다. 가령 자신의 기구한 처지를 가리켜 "烈에도 득죄하고 효에도 저버린 사람이 되니 스스로 그림자를 보아 낯이 덥고 등이 뜨거워 밤이면 벽을 두드려 잠을 이루지 못하기를 몇 해를 하였던고"라고 표현한 것 등을 들 수 있다. 장르사적으로 수필적 성격과 소설적 성격을 동시에 가지고 있는 것도 〈한중록〉을 감상하는 독자에게 긴장감과 작품의 맛을 더해주기 때문에 작품이 가지는 풍부한 의의라 할 수 있다.

〈한중록〉

동궁은 부왕의 거둥령을 듣고 두려워서 아무
소리없이 기계와 말을 다 감추어 두라 하시고,
교자를 타고 경춘전(景春殿) 뒤로 가시며 나를
오라 하셨다. 근래에 동궁의 눈에 사람이 보이
면 곧 일이 일어나기 때문에 가마 뚜껑을 하고
사면에 휘장을 치고 다니셨는데 그날 나를 덕
성합(德成閤)으로 오라 하셨다. 그때가 오정(午
正)쯤 되었는데 갑자기 무수한 까치떼가 경춘
전을 에워싸고 울었으니, 이 또한 무슨 징조인
지 괴이하였다. 세손이 환경전(歡景殿)에 계셨
으므로 내 마음이 황망중 세손의 몸이 염려되어
환경전에 내려가서,

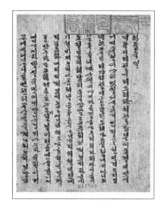

혜경궁 홍씨의 한중록

"무슨 일이 있어도 놀라지 말고 마음을 단단히 먹으라."
하며, 천만 당부하고 어찌할 바를 몰랐다. 그런데 거둥이 무슨 일인지 늦으셔
서 미시 후에나 휘녕전(徽寧殿)으로 오신다는 말이 있었다. 덕성합으로 오라시
는 동궁의 말씀에 내가 가보니 그 장하신 기운과 언짢은 말씀도 안 하시고 고
개를 숙여 깊이 생각하시는 양 벽에 기대어 앉으셨는데, 안색이 놀라서 핏기가
없이 나를 보셨다. 응당 화증을 내고 오죽하랴, 내 목숨이 그날 마칠 것도 각오
하여 세손에게 부탁 경계하였건만 말씀이 뜻밖에도,

"아무래도 이상하니, 자네는 잘 살게 하겠네. 그 뜻들이 무서워."
하시기에 내가 눈물을 드리워 말없이 허황해서 손을 비비고 앉았다. 이 때 대
조(영조)께서 휘녕전으로 오셔서 동궁을 부르신다는 전갈이 왔다. 그런데 이
상하게도 "피하자"는 말도 "도망가자"라는 말씀도 안 하시고 좌우를 치지도
않으시며 조금도 화증내신 기색없이 용모를 달라하셔서 썩 입으시는 것이 아
닌가.

"내가 학질을 앓는다 하려하니 세손의 휘항(揮項, 방한모)을 가져오라."
하고 동궁이 말씀하시기에,

"그 휘항은 작으니 이 휘항을 쓰소서."
하며 내가 당신 휘항을 권했더니 뜻밖에 하시는 말씀이,

"자네는 참 무섭고 흉한 사람일세. 자네는 세손 데리고 오래 살려 하기에 오

늘 내가 가서 죽겠기로 그것을 꺼려서 세손 휘항을 내게 안 씌우려 하니 내가 그 심술을 알겠네."

하시지 않는가. 내 마음은 당신이 그 날 그 지경에 이르실 줄은 모르고 이 일이 어찌 될까, 사람이 설마 죽을 일이요, 또 우리 모자가 어떠하랴 하였는데 천만 뜻밖의 말씀을 하시니 내가 더욱 서러워서 세자의 휘항을 갖다 드리니,

"그 말씀이 마음에 없는 말이시니 이 휘항을 쓰소서."

"싫다! 꺼려하는 것을 써 무엇할꼬."

하시니, 이런 말씀이 어찌 병드신 이 같으시며 어이 공순히 나가려 하시던가. 모두 하늘이 시키는 일이니 원통하고 원통하다.

그러할 제 날이 늦고 재촉이 심하여 나가시니, 대조께서 휘녕전에 앉으시고 칼을 안으시고 두드리시며 그 처분을 하시게 되니, 차마 망극하여 이 경상을 내가 어찌 기록하리요. 슬프고 슬프도다. 동궁이 나가시며 대조께서 엄노하시는 음성이 들려왔다. 휘녕전과 덕성합 사이가 멀지 않아 담 밑으로 사람을 보내서 보니 벌써 용포를 덮고 엎드려 계시더라 하였다. 이 말을 듣고 대처분인 줄 알아 천지가 망극하여 창자가 끊어지는 듯하였다. 거기 있는 것이 부질없게 생각되어 세손 계신 데로 와서 서로 붙잡고 어찌할 줄 몰랐더니 신시쯤 내관이 들어와서 밖 소주방(燒廚房)에 있는 쌀 담는 궤를 내라 한다. 이것이 어찌된 말인지 황황하여 내지 못하고 세손궁이 망극한 일이 있는 줄 알고 문정(門庭) 앞에 들어가서,

"아비를 살려 주옵소서."

하니 대조께서,

"나가라!"

하고 엄하게 호령하셨다. 할 수 없이 밖으로 나온 세손이 왕자재실(王子齋室)에 앉아 있었는데 그 때 정경이야 고금 천지간에 없으니 세손을 내어 보내고 천지가 개벽하고 일원이 어두웠으니 내 어찌 일시나 세상에 머무를 마음이 있으리요. 칼을 들어 목숨을 끊으려 하였으나 옆의 사람이 빼앗아서 뜻을 이루지 못하고 다시 죽으려 하되 촌철(寸鐵)이 없어서 못하였다.

휘녕전 나가는 건복문(建福門) 문밑으로 가니, 아무것도 보이지 않고 다만 대조께서 칼 두드리는 소리와 동궁께서,

"아버님, 아버님 잘못하였습니다. 이제는 하라시는 대로 하고 글도 읽고 말씀도 다 들을 것이니 이리 마소서."

하시는 소리가 들렸다. 이 소리를 들으니 내 간장이 마디마디 끊어지고 앞이 안 보이니 가슴을 아무리 두드린들 어찌리요. 당신의 용력(勇力)과 장기(壯氣)로 궤에 들어가라 하신들 아무쪼록 들어가지 마실 일이지, 어찌하여 들어가셨는가. 처음엔 뛰어나오려 하시다가 이기지 못하여 그 지경에 이르니 하늘이 어찌 이토록 하였는가. 만고에 없는 설움이며 내가 문밑에서 통곡하여도 소용이 없었다.

동궁이 이미 폐위되어 계시니 그 처자 그냥 대궐에 있지 못할 것이니 세손을 밖에 그저 두어서는 어떠할까 차마 두렵고 조심스러워서, 그 문에 앉아서 대조께 상서(上書)하여,

"처분이 이러하오니 죄인의 처자가 그대로 대궐에 있기 황송하옵고 세손을 오래 밖에 두옵기 죄가 더한 몸이 되어 두렵사오니, 이제 친정으로 나가겠나이다. 천은으로 세손을 보존하여 주옵소서."

가까스로 내관을 찾아 들이라 하였다. 얼마 안 있어 오라버니(홍낙인)가 들어오셔서,

"인제 서인이 되어 대궐에 있지 못할 것이므로 본집으로 돌아가라 하시니 나가시오이다. 가마를 들여놓았고 세손이 타실 남여도 준비했나이다."
하고 남매가 붙들고 망극 통곡하고, 업혀서 청휘문(淸輝門)에서 저승전(儲承殿) 차비문(差備門)에 가마를 놓고 윤상궁이란 나인이 함께 타고, 별감이 가마를 메고 허다한 상하 나인이 모두 뒤를 따라 쫓으며 통곡하니, 천지간에 이런 정상이 어디 있으리요. 나는 가마에 들어갈 때 기절하여 인사를 모르니 윤상궁이 주물러서 겨우 명이 붙었으니 오죽하리요.

— 〈한중록〉

〈한중록〉은 혜경궁 홍씨가 정조 때인 61세부터 순조 때인 67세, 68세, 71세까지 네 차례에 걸쳐 쓴 글들을 모아놓은 책으로서 남편 사도세자의 요절사건과 그 이후 친정의 몰락사를 다룬 것이다.

1편은 친정 조카 홍수영의 요청으로 자신의 출생에서부터 지난 40여년간의 궁중생활, 친정의 멸문지화 등 주로 친정중심의 기록으로 일관하고 있다. 다만 정조가 즉위한 후 아버지 사도세자의 한을 갚기 위해

28세에 뒤주에 갇혀 죽은
사도세자

외가를 처벌하게 되는데, 이런 상황에서 작가는 자기의 심정을 충분히 드러내지 못하고 간접적으로 표현하는 데 그치고 있다. 한편, 임오화변에 대해서는 작가가 "섧고 섧도다. 모년 모월 일을 내 어찌 차마 말하리오."라는 극히 짧은 말로 덮어두고 있다.

2편부터는 1편과 판이하게 다른 양상을 보이고 있다. 간접적으로 돌려 말할 수밖에 없게 했던 정조가 죽고 순조가 즉위하였기 때문이다. 2편에서 화완옹주(폐출된 후 정처(鄭妻)로 불림)의 아들 정후겸(鄭厚謙, 1749~1776)을 죽일 놈이라 저주하고, 홍국영(洪國榮, 1748~1781) 같은 사람을 요사한 놈 또는 흉역의 놈들이라고 욕설을 거침없이 하고 있다. 이렇듯 2~4편은 적극적으로 한풀이를 하듯 거침없이 자기 내면의 심정을 드러내고 있다.

위 내용은 영조 38년(1762) 임오화변이 일어난 사건 당일에 해당하는 대목이다. 사건의 근본적인 원인은 영조의 이상적인 성격 때문이라 본다. 세자는 부왕인 영조의 성격적 파탄으로 인해 희생되었다[38]고 할 수

---

38 정조는 아버지 사도세자가 영조 때문에 죽은 것을 슬퍼했다. 그렇게 죽은 것 자체가 불효이기 때문이다. 그래서 정조는 영조가 생전에 『서경』 주서(周書)의 금등(金縢)편을 먼저 죽은 부인 정성왕후(貞聖王后)의 휘령전(徽寧殿) 신위 아래 넣어둔 사실에 주목했다. 금등편은 주공(周公)이 주나라 무왕의 병을 대신 지고 죽겠다고 기도한 내용으로서, 사도세자가 영조의 병을 대신해 죽겠다고 할 정도의 효자였다는 후회를 담고 있기 때문이다. 한국판 '장미의 이름'이라 불리며 화제를 모았던 이인화의 〈영원한 제국〉은 사도세자의 비극적인 죽음에 얽힌 비밀 기록서 '금등지사'를 둘러싸고 왕의 비호를 받는 남인과 권력의 중추를 이루는 노론이 암투를 벌이는 하룻밤의 이야기다. 박종원 감독은 이 소설을 영화로 옮기기도 했다. 효자였던 정조는 사도세자가 칠순이 되는 갑자년(1804)에 왕위를 아들에게 물려주고 사도세자 추숭사업을 하려 했으나 1800년 49세에 갑자기 사망하는 바람에 뜻을 이루지 못했다. 다만 죽어서도 아버지 곁에 묻혔다.

있다. 10세에 죽은 첫 왕자 효장세자가 살던 빈집을 바라보며, 빨리 주
인이 되도록 겨우 백일이 넘은 어린 세자를 멀리 떼어놓았던 것이 문제
의 발단이기도 했다. 게다가 비극의 시작은 세자의 생모인 선희궁 영빈
이씨와 동궁나인 간의 갈등 때문으로 본다. 나인들이 시키는 대로 세자
는 놀기에만 열중하게 되었고 아버지 앞에서는 아는 것도 대답 못하고
주저주저하는 지경이 되었다.

세자가 15세 때부터는 병이 나서 부왕을 더욱 무서워하였고, 또 영조
는 엄하게 대하기만 하여 결국 부자관계는 악화되었다. 사도세자가 자
신의 내면을 고백하는 내용을 담아 장인 홍봉한에게 보낸 편지들이
2007년 6월 언론에 공개된 바 있어 주목하게 된다.[39] "나는 원래 남 모
르는 울화의 증세가 있는 데다, 지금 또 더위를 먹은 가운데 임금을 모
시고 나오니, 열은 높고 울증은 극도로 달해 답답하기가 미칠 듯합니다.
이런 증세는 의관과 함께 말할 수 없습니다. 경이 우울증을 씻어내는 약
에 대해 익히 알고 있을 테니 약을 남몰래 보내주면 어떻겠습니까."
(1753년 또는 1754년 어느 날).

영조 25년(1749) 15세의 어린 세자에게 대리청정을 강행한 것부터도
의아하다. 생각해 보면 문종이 대리청정을 했을 때 나이가 32세, 광해군
은 19세, 경종은 24세였다. 후궁에게서 태어난 선조보다 정통성이 더 취
약할 수밖에 없는, 궁중 잡일을 하던 무수리의 아들인 영조[40]는 자신의

---

39 〈동아일보〉, 2007. 6. 15.
40 2010년 영조의 모친 숙빈 최씨를 다룬 MBC TV 드라마 〈동이〉가 인기다. MBC 창사
   49주년 특별기획 드라마 〈동이〉(연출 이병훈)의 원작소설 〈동이〉(정재인·김이영,
   MBC프로덕션, 2010)도 주목을 받고 있다. 천인의 자식으로 태어나 장악원 무수리를 거
   쳐 감찰궁녀가 되기까지 혹독한 자신의 운명을 굳세게 헤쳐 나아가는 내용의 소설이다.
   소설 〈동이〉를 통해 붕당정치가 판을 치고 목숨을 위협하던 시대 우리 역사가 미처 기
   록하지 못한 조선 민초들의 삶과 생각을 새로운 시각으로 만날 수 있다. 한편 김종성
   의 〈최숙빈〉(부키, 2010)이라는 역사적 저술도 주목의 대상이다. 최숙빈이 역사적 조

천민 출신 무수리로 숙빈자리에 오른 뒤 자신의
아들을 왕(영조)으로 만든 숙빈 최氏를 다룬
MBC TV 드라마 동이(2010)

권력유지를 위해 어린 아들마저 이용한 것이 아닌가 하는 의구심을 떨쳐버릴 수 없다. 높은 기대감으로 아들을 몰아세운 영조와 도저히 이해할 수 없는 처사를 일삼는 아버지에 대한 반발심으로 뭉친 사도세자는 수많은 갈등과 충돌을 빚었고 결국 영조는 젊은 나이의 아들을 뒤주에 가두어 죽게 한 것이다. 결과적으로는 아들이 대리청정의 검증을 견뎌내지 못했기 때문에 일어난 비극이라고 볼 수도 있다.

마침내 1762년 세자가 28세 된 해 69세의 영조는 세자의 어미 영빈이씨의 "이제는 세자가 병이 깊어 바랄 것이 없으니 종사를 위해 처분해주십시오."라는 말을 듣고 세자를 뒤주에 넣어 굶겨 죽였다. 영조는 세자가 스스로 뒤주 안에 들어간 뒤 뛰쳐나오려 하는 것을 손수 눌러 뚜껑을 닫고 자물쇠로 채웠고 긴 판자를 가져다가 큰 못을 박고 굵은 밧줄로 동여맸다.[41] 이것도 부족하여 뒤주 위에 풀을 3척 높이로 쌓아놓았다고 한다.

〈한중록〉은 작가가 겪은 일생의 경험을 주관적인 입장에서 해석하여 기록한 것이다. 따라서 우리는 〈한중록〉을 통해서 영정조 시대에 대해 역

명을 받지 못한 것에 대한 의문에서 출발한 이 책은 치열한 당쟁구도와 17세기 동아시아 국제정세, 최숙빈과 함께 호흡했던 당대 인물들과의 관계를 추적하는 역사 탐험을 그린다. 이 저서에 대한 소개와 더불어 '동이'가 "신라의 팜므파탈 '미실'을 능가하는 매력의 소유자"로 언급되기도 한다.

41 이덕일, 『사도세자의 고백』, 휴머니스트, 2004, 316면.

사서의 기록과 다른, 아니 기록이 담당하지 못하는 풍부한 역사적 정황을 만날 수 있다. 〈한중록〉의 모티프인 임오화변에 주목해보더라도 〈한중록〉은 그 사건의 전말에 대해 역사적 기록과 다른 면을 보여준다. 역사학의 입장에서 임오화변은 단순히 정치적인 문제로 해석될 수 있다. 그러나 〈한중록〉은 그 사건을 복합적으로 이해할 수 있는 살아있는 사건으로 형상화한다. 죽기 직전 사도세자가 보인 살고자 하는 욕망에 찬 절규, 아들의 간구를 무시하고 잔인하게 뒤주의 뚜껑을 닫은 아버지, 엄청난 사건의 광경을 담 너머에서 지켜보던 아내의 통한, 아버지를 살려달라고 애원하는 어린 손자의 눈물 등이 바로 문학이 갖는 힘이다. 이밖에도 소설 〈한중록〉은 임오화변 이후 전개되는 복잡한 정치적 변화의 과정을 한 집안의 몰락과정을 통해 집약적으로 보여준다.

# 제2장 예(禮)를 보완하는, 음악

고요하면서도 능히 당겨서 끌고, 약하면서도 능히
강한 것을 이기고, 낮아도 범하지 못하며, 태극을 보
유하고 지도(至道)를 함축하며 조화를 운용하는 것이
곧 악의 공효이다

— 『세조실록』 권1, 총서에서

주경철(서양근대사) 교수는 다음과 같이 말했다.[42] 인류 문명이 발전
하면서 노래와 춤은 종교 제의에 쓰이든지 인간 내면의 섬세한 감성을
표현하는 식으로 훨씬 더 세련되고 고상한 기능을 맡았다. 그럼에도 여
전히 인류 역사 초기에 담당했던 기본적이고 원초적인 임무에 충실한
사례도 많다. 군악대의 행진곡이나 응원에 쓰이는 부부젤라 같은 악기
가 그런 예이리라. 가무(歌舞)는 일종의 '문화적 페로몬'이라고 할 수 있
지 않을까?

---

42 [주경철의 히스토리아] [67] 인류의 진화와 가무(歌舞), 〈조선일보〉, 2010. 7. 17.

# 1. 국악은, 우리의 희망이다

한민족은 역사가 시작되면서 노래와 춤을 즐겼다고 익히 전해지고 있다. 특히 선조들은 고된 일을 하면서 노래로 어려움을 덜었고 억눌린 슬픔이나 원망도 노래로 풀어내곤 했다. 사실 한국 사람치고 노래 못하는 이가 없을 정도요, 요즈음에는 일본에서 시작된 노래방이 오히려 우리나라에서 극성을 떨며 산간벽지까지 파고드는 형편이 아닌가. 그런데 우리의 음악은 원래 어떤 것일까.

최근의 젊은 세대에게 국악은 '우리 것이기 때문에 좋은' 음악이라고 말하면 가만히 있지 않을 것이다. 빠르게 밖으로 소리만 크게 지르는 음악에 익숙해지기 쉬운 시대에 우리는 살고 있다. 명상과 여유를 점점 더 필요로 하는 요즘 사람들에게 국악은 새롭게 다가갈 수 있는 잠재력이 충분하다. 사실 서양음악은 구조가 복잡한데, 사람이 군중 속에서 외로운 것처럼 복잡한 음악이 오히려 외롭게 느껴진다.

그러나 국악은 단순한 듯 미분음이 있어 미묘하고 유장하고 편안하게 느껴진다. 저명한 미국의 문화인류학자 마거릿 미드(M.Mead, 1901~1978) 여사가 한국에 왔을 때 가야금 연주를 듣고, 악기가 아니라 사람이 들어앉아 울고 있는 것 같다고 한 말이 떠오른다.

이런 국악이 소수의 전유물이 되어서 안 된다. 국악의 발전은 얼만큼 대중화되고 세계화되느냐에 달려 있다고 본다. 유연한 국악에 현대인에게 어울림직한 강한 비트(beat)를 넣거나, 단선율 위주의 국악에 화성(harmony)[43]을 입히는 실험을 한다거나, 국악가요를 만든다든지 대중가수들이 국악을 가요에 접목시키는 노력들을 해야 할 것이다. 2002년 월드컵대회가 열렸던 해 3박자의 리듬으로 된 아리랑을 윤도현이 4박자로

---

43 서양음악과 동양음악의 가장 큰 차이점은 화성의 유무에 있다.

가수 윤도현의 열창하는 모습

부르기 시작하면서 세계인들이 듣기 익숙해졌다고 하지 않는가. 서양음악과 비교할 수 없을 만큼 다양한 우리의 리듬을 세계인들과 공유할 수 있다면 참으로 뿌듯한 일임에 틀림없다. 더욱이 개인창작인 서양음악과 달리 전통국악은 오랜 세월 여러 사람의 손을 거쳐 고쳐졌고 지금도 다듬어지고 있는 음악인 만큼 완벽을 지향하는 미래의 음악이라 할 수 있다.

전에 김대식(고체물리학) 교수가 지적한 말이 생각난다. 음악 이야기를 하면 유럽 친구들이 한국에 와서 매우 의아해하고 심지어 불쾌하게 생각하고 더 나아가 분노하는 것이 있다. 왜 호텔이나 레스토랑, 더구나 공항에서조차 한국의 고유음악은 안 나오고 난데없는 슈베르트·비발디 등의 클래식 음악, 심지어 유럽 민요인 대니 보이 등이 나오느냐 이것이다. 분개의 정도는 문화의식이 높을수록, 음악을 잘 이해할수록, 한국을 사랑할수록 더 크다.

러시아 모스크바의 볼쇼이극장의 아나톨리 익사노프 극장장은 지난 2000년부터 극장장을 맡아왔다. 그는 "대중문화가 패스트푸드라면 클래식이나 발레는 유지·발전시켜야 할 정신문화"라고 강조한 바 있다.


## 2. 예의를 보완해주는, 음악

조선시대는 엄격한 법이나 정치보다 사람들의 바른 가치관과 착한 심성을 이끌어내는 예절과 음악, 즉 예악(禮樂)으로 다스리는 것을 이상적으로 여겼다. 중국에서 온 예악사상은 중국보다 오히려 조선에서 더욱 강화되어 나타났다. 조선이 유교를 국시(國是)로 받아들인 결과다. 예(禮)란 질서와 차별을 뜻하는 이성적·수직적 개념이라 한다면, 악(樂)이란 자유와 화합을 뜻하는 감성적·수평적 개념이라 할 수 있다.

음악의 가치를 크게 인식하고 있던 정약용은 『여유당전서』(11권)에서 교육·정치·사회·풍속·만물의 조화에 이르기까지

음악이 마음을 평화롭게 한다는
정약용의 여유당전서

음악이 기초가 되어야 한다고 보았다. 특히 인간의 심성을 순수하고 올바르게 유지하기 위해서는 반드시 음악이 필요하다고 생각했다.

마침내 그는 음악의 효과와 관련하여 "마음이 평화롭지 못하면 온 몸조차 거슬려져서 동작을 비롯하여 하는 일 모두가 법도를 잃게 된다. 그렇기 때문에 성인이 거문고나 비파, 종, 북, 경쇠, 피리 등의 악기를 만들어 아침저녁으로 귀에 익고 마음에 젖게 하여 그 혈맥을 맑게 흔들어서 화평하고 공손한 뜻을 진작시켰던 것이다."[44]라고 말한 바 있다. 그리고 음악이 없을 때 일어나는 부정적 결과를 걱정한 나머지 음악이 없으면 인간이 사악해지고 형벌이 가혹해지며 전쟁이 자주 일어난다는 점을 역사적 검증을 통해 밝히기도 했다.[45]

---

44 정약용, 『여유당전서(與猶堂全書)』 권11 논.

45 아무리 단순한 사회라 하더라도 인간 집단은 최소한 수백 명이 모여야 몰락하지 않고 독자 생존이 가능하다. 이에 비해 침팬지 집단은 규모가 훨씬 작다. 침팬지는 수컷 15마리 정도만 모여 있어도 그들 사이에 경쟁이 일어나서 두 개의 적대적인 무리로 분열되고, 그 후 목숨을 건 치열한 싸움 끝에 한쪽 무리가 전멸한다고 한다. 주경철 교수는 이와 같은 점을 감안할 때 인간 집단 전체가 단합하여 강력한 세력을 이루도록 만드는 가무의 역할이 얼마나 중요한지 알 수 있다고 했다. 전투 직전에 부족원들이 모두 모여 춤을 추고 함성을 지르는 마오리족의 '워 크라이(war cry)'를 예로 들어 이 행위를 통해 전사들은 일시적으로 죽음의 공포를 넘고 자신을 초월한 전체 집단의 수호를 위해 기꺼이 온 몸을 던지는 용기를 얻는다고 했다(출전 각주 42와 동일함).

이런 주장 속에서 음악에 대한 우리의 전통적인 사고와 인식이 무엇인지를 분명히 깨닫게 된다. 우리는 전통적으로 인간현실을 바르게 이끌어가는 훌륭한 정치를 구현하기 위해서 예(禮)와 더불어 악(樂)을 중시해 왔기 때문이다. 음악이야말로 우리의 정서를 순화하는 대표적인 예술양식임에 틀림없다. 일찍이 임금의 명령을 받들어 『고려사』의 「악지」를 지었던 정인지도 음악은 순수하고 아름다운 풍속과 교화를 수립하고 군주 대대의 공훈과 은덕을 형상화하는 것이라고 말한 바 있다. 따라서 예로부터 음악교육을 통해서 인간의 심성을 순화시키고 이를 바탕으로 사람들의 마음을 화합시키고 사회질서를 바로잡을 수 있다고 한 것도 윤리와 도덕을 중시해온 유교적인 사회에서 나온 자연스런 귀결이다.

유교의 발원지인 중국보다도 유교를 더욱 통치이념으로 삼았던 조선왕조는 예악정치를 구현하고자 했다. 질서를 유지하기 위한 예(禮)와 함께 화합을 위한 악(樂)의 필요성을 깊이 깨달았던 것이다. 궁중의례의 의식절차와 음악, 그리고 궁중무용인 정재(呈才)가 균형 있게 어우러져 예와 악의 조화를 이루게 되면 이는 왕도정치의 구현을 위한 또 다른 길이었다. 조선왕조의 궁중의례를 지금 이 시대의 관점에서 바라보면 그 모두가 훌륭한 공연예술이다. 예는 없고 방종에 빠지게 하는 음악이 위세를 떨치는 이 시대에 웅장한 조선왕실 의례에서 느껴지는 아름다움은 장엄함을 넘어 숭고한 아름다움을 전해주기에 충분하다.


## 3. 자연스런 소리, 한국음악

한국 전통음악은 일반적으로 '정악(正樂, court music)'과 '민속악(民俗樂, folk music)'으로 2분된다. 특히 한국의 궁중음악은 중국의 영향이 컸던데 비해 민속악은 중국의 영향이 거의 없다고 할 수 있으며, 대체로 궁중음악이 민속악보다 먼저 정착하여 민속악에 적잖이 영향을 끼쳤다고 할 수 있다. 한국음악 가운데 정악은 궁중에서나 양반사대부들이 마음을 다스리는 데 쓰이던 이성적인 음악으로서 크게 예(禮)에 부합하는 음악이라 하겠다. 한편 민속악은 일반백성들 사이에서 향유되던 산조, 판소리, 풍물, 민요 등 감정표현이 뚜렷한 음악으로서 보다 악(樂)에 부합한다고 할 수 있을 것이다. 따라서 감정표현을 최대한 억제하는 가운데 유유하고 장대하게 흐르는 정악은 격조 있게 담백하고 우아한 느낌을 주는 데 비해, 감정을 자유롭게 표출하는 민속악은 생동감 있게 경쾌하고 구성진 느낌을 준다. 말하자면 정악에는 슬픈 곡이 아예 존재하지 않는데 비하여 민속악에는 수심가, 육자배기 등 슬픈 곡이 대단히 많다.

　근원적으로 우리의 음악은 몇 가지 특징을 지닌다. 첫째는 자연스럽다는 점이다. 우리 음악은 물소리, 바람소리, 새소리 등 '소리'가 기본이라는 것이다. 다시 말해 원래 우리의 음악은 소리로서 풀(보리)피리 소리, 다듬이 소리, 방아찧는 소리 등이다. 88서울올림픽 폐회식에서 울려 퍼졌던 다듬이소리가 지금도 쟁쟁하다. 민요를 대표하는 논매는 소리의 '소리'나 세계문화유산으로 지정된 판소리의 '소리'도 예외가

다듬이질하는 여인들

아니며 경기소리의 '소리'나 소리꾼의 '소리' 역시 마찬가지다. 이러한 소리는 악보에 담기 힘들다. 서양음악과 달리 우리 음악은 컴퓨터로 할 수 없는 것이다. 노르웨이의 전통음악 '크베딩' 가수 중에서도 손꼽히는 명창인 운니 뢰블리드(Loevlid)는 "한국 전통음악은 정직하고 직설적이어서 마음을 울리는 힘이 있어요."라고 한 것도 우리의 자연스런 '소

리'와 무관하지 않다고 본다.

둘째 여유롭다는 점을 들 수 있다. '영취산(靈鷲山)에서 설법하는 석가모니 부처'라는 뜻의 〈영산회상(靈山會相)〉은 줄 풍류곡으로 각광받고 있다. 그런데 이것이 조선시대 성악곡으로 불리어졌을 때 연주시간이 10분 정도였을 것이라 추측하는데, 당시 이 노랫말이 불과 '영산회상불보살(靈山會相 佛菩薩)'이라는 일곱자밖에 안 되었다. 느린 상영산(上靈山)부터 시작해서 서서히 속도를 더해가는 〈영산회상〉 한바탕을 듣노라면 한 시간 남짓 시간이 오히려 아쉽다. 가곡 한 바탕을 부를라치면 남녀가 교대로 노래하며 한 시간을 끌어도 끝이 나지 않는다. 또한 판소리가 대여섯 시간 연행되는 것처럼 우리 음악은 넉넉하고 편안하다.

셋째 농현법(弄絃法), 즉 줄을 흔들어 소리를 떨게 하는 주법(奏法)이 발달되어 있다. 국악의 이 농현법은 현악기만이 아니라 관악기나 성악에서도 쓰이는 장식법이다. 농현법에는 음을 떨어주는 요성법(搖聲法, vibrato), 소리의 끝을 내리는 퇴성법(退聲法), 줄을 굴려 소리 내는 전성법(轉聲法) 등이 있다. 이러한 기능이 중심음을 결정짓는 데 중요한 역할을 하고 선법(旋法)을 정하게 된다. 또 이 농현방법에 따라 연주되는 음악이 어떠한 종류의 음악인지를 구별하고, 나아가서는 연주자의 음악성을 나타내고 있을 만큼 중요하다.

넷째 농현을 방해하는 화성이 없는 대신 장단(리듬)과 가락(선율)에 있어서는 빼어날 만큼 정교한 바, 장단이 길며, 3박자가 주종이고 첫박이 센박이다. 또 규칙적인 원리를 중시하는 서양음악과 달리 자유로운 엇박자가 이뤄내는 조화는 지극하다.

장중하게 퍼지는 〈수제천(壽齊天)〉, 끊어질 듯 이어지는 퉁소가락, 구성진 판소리 한 마당을 듣노라면 우리의 음악이 얼마나 인간들을 자유롭고 평안케 하는가를 쉽게 느끼게 된다.

## 4. 일본아악의 아버지, 백제 미마지

중국의 얼후

일본의 샤미센

한국의 음악은 일찌기 제천의식에서부터 시작되었으며 삼국시대를 거치면서 발달하였는데, 신라통일 이전까지 향토악기를 대표하는, 오동나무에 명주실[46]을 얹은 거문고나 가야금에 의한 음악이 주를 이루었다고 볼 수 있다. 한국을 대표하는 현악기는 거문고·가야금이나 해금이라면, 중국은 구정(古箏)이나 얼후(二胡)이며, 일본은 고토(箏)나 샤미센(三味線)이라 할 수 있다. 고구려 왕산악이 만들었다는 거문고는 우리 고유의 악기로 앞면은 오동나무로 뒷면은 밤나무로 만든 울림통 위에 괘(棵)를 얹고 6줄(3줄은 괘, 3줄은 기러기발모양의 안족(雁足) 위에 놓임)의 명주실을 매어 술대(대나무 숟가락)로 쳐서 소리를 낸다. 술대가 닿는 부분에는 대모(玳瑁, 가죽)가 덮여 있다. 소리가 그윽하고 은은하여 옛 선비들이 애호하던 악기이다.

가야의 우륵이 만들었다는 우리 고유의 가야금은 오동나무 공명통에 명주실을 꼬아서 만든 12줄을 매어 각 줄마다 안족을 받쳐 놓고 손

---

46 한국과 일본은 줄의 재료가 명주실이지만 중국은 철사를 사용한다.

제2부 예술─감성과 표현

가락으로 뜯어서 소리를 낸다. 청아하고 부드러운 음색이 특징이다.[47]
가야금은 풍류가야금과 산조가야금으로 나뉘는데, 풍류가야금은 정악
에 사용되며 비교적 크고 줄 간격이 넓은 편이며, 산조가야금은 민속악
에 사용되며 빠른 곡조의 연주에 알맞게 크기도 작고 줄 간격도 좁은
편이다.

중국 본토인이 아닌 북방 소수민족인 해족(奚族)의 악기라는 해금(奚琴)
은 두 줄 사이에 활대를 끼워 넣고 이를 문질러서 연주하는 악기이다.
울림통은 대나무 또는 단단한 나무로 만들며 줄은 명주실, 활대는 말꼬
리인 말총으로 만든다. 중국에는 원대 이전에 후진(胡琴)이라 하여 전해
졌고, 한국에는 고려시대부터 해금이라는 이름으로 정착했다.

물론 삼국시대 음악은 중국과 교류가 이루어짐에 따라 그들의 영향을
받기도 했다. 고구려는 북조(北朝)에서 서역계 악기인 향비파[48]나 향피
리[49]를 수용했으며, 백제는 남조(南朝)에서 공후(箜篌)와 호(箎) 같은 악기
를 들여왔다.

그러나 고구려의 무악(舞樂)이 수·당 나라로 수출되었는가 하면, 백
제의 악사·악기 등이 일본으로 건너가 일본의 아악 형성에 많은 영향
을 끼치기도 했다. 특히 『일본서기』에 나오듯이 백제의 음악무용가였

---

47 황병기 명인은 1962년 한국 최초로 가야금 창작음악인 〈숲〉을 작곡했다.
48 삼국시대부터 조선말기까지 궁중에서 쓰인 대표적인 향악기이다. 거문고·가야금과
   함께 신라 삼현에 들며, 다섯줄은 명주실로 만들고 통은 오동나무와 밤나무로 만든다.
   가슴에 비파를 안은 다음 왼손으로 목 밑을 쥐어 손가락으로 괘를 짚고 오른손으로 술
   대를 연주한다. 물론 서양의 기타, 한국의 향비파, 중국의 당비파는 모두 인도에서 전
   파된 지터(zithe)류 악기의 변용이다.
49 현재 한국에는 고구려 때 서역에서 들어온 향피리(당피리와 구분하기 위해 향이 붙음)
   와 고려 때 중국에서 들어온 당피리가 사용되고 있다. 이중 향피리는 한국의 대표적인
   관악기로서 정악, 민속악을 막론하고 피리가 나오는 대부분의 음악에서 주선율을 담
   당한다. 당피리는 이미 한국화되었기에 중국의 것과도 다르다.

던 미마지(味摩之)는
612년에 일본으로 건
너가 제자들을 가르쳤
으며, 뒷날 그의 음악
은 일본 왕실의 아악의
기본이 되었고, 그는
'아악의 아버지'라고
까지 칭송받았다.

한국의 대표적 관악기인 대금

통일신라 때는 삼현(三絃, 거문고, 가야금, 향비파)과 삼죽(三竹, 대금, 중금, 소금)의 제도가 확립되는 등 신라 고유의 음악이 크게 발전했다. 여기서 한국을 대표하는 관악기가 대금(大笒, 젓대)이라 한다면, 중국은 주디(竹笛)이고, 일본은 샤쿠하치(尺八)라 할 수 있다. 대금은 거문고와 함께 역사가 오래된 악기 가운데 하나로 관현악합주를 할 때 모든 악기의 음 높이를 정하는 표준악기의 역할을 한다.

이 통일신라시대에 당나라 현종 이후의 속악을 가리키는 당악(唐樂)이 수용되었다. 당나라(618~907)는 유목민이 장악한 국가이기 때문에 외래문화를 포용하기에 매우 유리한 조건을 갖추었다. 당대는 문화예술의 황금기를 이룬 시기인 만큼 음악도 다양하고 화려한 면모를 보였다. 특히 음악의 제왕으로 불린 현종은 서역에서 들어온 적(笛)이나 비파 등의 외래악기 연주에 빠져있었다. 비파는 중앙아시아의 최대 유행악기 중 하나로 이란이나 인도에서 발생하여 5세기경 실크로드를 따라 동아시아로 널리 전파되었다. 즉 서역에서 중국으로 다시 한국으로 그리고 일본으로 건너갔다. 우리의 경우 비파는 향비파(5현)로 토착화하여 거문고, 가야금과 더불어 신라의 삼현이 되었고 이후 중국에서 당비파(4현)까지 수입되면서 비파는 크게 기세를 떨쳤다. 그러나 안타깝게도 20세기 이전에 사라진 것으로 추정된다.

당의 문물유입과 함께 당비파[50]·당피리 등이 들어왔고, 당악기 박(拍)이 들어와 향악에도 채용되었으며, 당의 속악 28조 중 일부가 들어와 삼죽의 음악에 사용되었다. 불교의식이 행해지면서 자연스레 서역악기가 들어오게 되었고, 830년 당나라에 갔던 진감(眞鑑)선사가 당의 범패를 배워와 하동의 옥천사에서 제자들에게 가르치기도 했다. 8세기 중엽 발해의 왕립음악기관인 태상시(太常寺)에서는 일본에 악사들을 파견하기도 했다.

정악과 속악 모두에 쓰였던
당비파

## 5. 아악 · 당악 · 향악의 확립

고려시대는 중국에서 국가의 중요한 제사에 사용된 아악이 들어오고, 속악에 해당하는 당악이 수입됨으로서 기존의 향악과 더불어, 소위 아악 · 당악 · 향악의 구분이 확립된 시기이다. 이 3악 전통은 조선전기까지 이어졌는데, 세종 때 편찬된 『고려사』 「악지」와 성종 때 편찬된 『악학궤범』은 이 3악 체계에 따른 것이다.

일찍이 동북아시아에서는 쇠붙이, 돌, 가죽 등 여덟 가지의 재료로 악기를 만들어 연주하면 마치 자연이 서로 어울리는 것처럼 그 소리들이 저절로 조화를 이루고, 연주에 맞춰 신을 기리는 노래를 부르면 신의 마음을 감동시킬 수 있다고 믿었는데, 이렇게 해서 탄생한 것이 아악(雅樂)

---

50 통일신라시대부터 조선말기까지 궁중음악 및 민간음악에 사용된 현악기이다. 목 부분이 ㄱ자처럼 꺾여 있고 목 부분에 4개의 주(柱)가 있고, 몸통 공명판에 8개의 주가 붙어 있으며, 4줄이 매어 있다. 오른손에는 가조각(假爪角, 뿔을 손톱모양으로 깎아 손에 골무처럼 끼는 것)을 끼고 연주하였고 현재는 사용되지 않는다.

이다. 기원전 2000년 무렵에 형성돼 동북아시아의 가장 위대한 예술장르로 전승된 아악은 세계에서 가장 오래된 음악전통을 지니며, 음악적 기교를 구사하지 않는 가장 아시아적인 음악적 사고와 가치를 내재한 것이다.

우리나라에는 아악이 송의 휘종 때 두 차례에 걸쳐 전해졌다. 제1차는 1114년 신악의 전래로서 송에 사신으로 갔던 안직숭(安稷崇)이 가져온 것이고, 제2차는 1116년 대성아악의 전래로서 휘종에게 감사의 뜻을 전달하고자 갔던 왕자지(王字之)가 가져온 것이다. 즉 송나라의 휘종이 사신들을 통해 예종 임금에게 보내는 선물형식으로 아악(대성아악)이 수용되었다. 송대는 성리학이 일어난 왕조이자 음악사에 중요한 시기다. 특히 휘종은 중국 역대 왕조사상 최고수준이라 할 수 있는 아악을 이룩했다. 그는 흐트러진 아악 전통을 바로잡아 신악을 만드는 데 성공했고, 이를 대성(大晟)아악이라 명명했다. 고려 조정에서는 대성아악을 받아

연주의 시작을 알리는 축

연주의 끝을 알리는 어

들인 바로 그해(1116년)에 종묘제례 의식에서 중국으로부터 전해온 아악을 최초로 연주하게 된다.

이때 처음으로 편종, 편경, 축(柷), 어(敔) 같은 보지 못하던 희귀한 중국의 고대악기가 소개되었다. 이후 대성아악은 종묘(宗廟)를 비롯한 원구(圓丘),[51]

51 임금이 하늘에 제사를 지내던 곳으로, 고려 때부터 우리나라 왕은 황제만이 할 수 있는 하늘에 대한 제사를 거행했다. 고려시대의 원구단은 없어지고 조선시대 환구단(원구단)의 흔적만 지금의 조선호텔 자리에 남아 있다.

사직, 선농, 선잠, 문묘 등 국가의 각종 제의뿐만 아니라 연향에까지 확대 사용됨으로써 고려 궁중음악의 근간이 될 수 있었으나 연주방법 등의 어려움으로 아악이 제대로 연주되지 못했을 것으로 추정하고 있다.

단절 위기를 맞았던 아악의 전통이 조선조 세종 때 이르러 회생되었다고 본다. 물론 세종 이후 아악은 제사아악뿐만 아닌 회례아악으로 이어졌다. 세종은 아악의 원형이라 할 수 있는 주대(周代)의 것으로 복원했을 뿐만 아니라 나아가 중국과 차별화되는 조선의 아악을 창제했다. 즉 아악기의 제작, 아악곡의 제정 같은 아악의 정비사업과 함께 〈보태평(保太平)〉·〈정대업(定大業)〉 같은 신악[52]의 작곡 등은 세종이 이룬 큰 업적이다.

조선조 말까지 이어진 아악은 중국 주(周)시대의 음악인 풍(風)·아(雅)·송(頌) 중 정통한 아악이라 할 수 있는 아(雅, 조회 및 연향악)와 송(頌, 제례악)에 해당하는 음악, 즉 중국 궁중에서 유래된 중국계 의식 음악만을 뜻했다. 세종이 작곡하고 세조가 편곡한 〈보태평〉·〈정대업〉 같은 〈종묘제례악〉의 경우 조선 궁중의 가장 핵심적인 음악이었음에도 불구하고 아악이 아닌 속악으로 편제되어 지금까지 내려오고 있는 것도 이 때문이다. 결국 협의의 아악은 세종이 중국문헌을 참고하여 제정한 아악(제사아악 144곡, 조회아악 312곡) 가운데 오늘날까지 연주되고 있는 음악을 뜻하는 것으로서 현행 〈문묘제례악〉 6곡만을 가리킨다. 광의의 아악이라 함은 〈문묘제례악〉뿐만 아니라 조선의 궁중음악을 총칭하는데, 1911년 이후 각종 매체에서 별다른 수식어 없이 아악이라 하면 보통 이 광의의 뜻으로 해석된다. 이와 관련 〈종묘제례악〉을 향악이나 속

---

52 〈보태평〉·〈정대업〉은 처음, 즉 세종 때는 선대 임금들의 공덕을 기리고 개국창업을 기념하는 회례음악(會禮音樂, 각종 행사음악)이었으나, 세조 때 이르러 제사음악으로 편곡하여 〈종묘제례악〉으로 사용했다.

악이 아니라 중국 야악이 한국적으로 변용된 '조선식 아악'이라 불러야 한다고 주장하는 경우[53]도 있다.

하늘에 제사 지내던 조선의 환구단
(현 서울시 중구 소공동 조선호텔이 서 있는 자리)

요컨대 원구(환구), 종묘, 사직, 문묘 등의 제사와 그 밖의 궁중연향에 쓰이던 아악은 조선시대와 20세기를 거치면서 중국과 우리나라의 대학자를 추모하는 문묘제사를 통해 유일하게 명맥을 유지하고 있을 뿐이다. 다시 말해 세종조에 제정된 제사아악, 조회아악 가운데 본연의 아악인 제사아악[54]은 오늘날 문묘제례에서만 연주되고 있다.

한편 『삼국사기』에 따르면 통일신라시대(문무왕 4년)부터 엄격하게 격식을 차리는, 중국 궁중의 잔치음악이었던 당악(唐樂)이 들어와 있었는가 하면, 『태종실록』에 따르면 고려전기 송(宋)으로부터 들어온 당악이 후기까지 궁중연향에 쓰이게 되었다. 현재 한국에서 당악이라고 하면 주로 연향에 사용되었던 송나라에서 유래된 음악을 뜻한다. 오늘날 〈낙양춘(洛陽春)〉과 〈보허자(步虛子)〉라는 곡만이 남아 있는 당악은 당나라 음악이란 뜻이 아니고 중국에서 들어온 음악이란 뜻이다. 한국에서의 당악은 그 전성기였던 고려시대에는 모두 43편이었으나 조선시대에 이르러 즐기는 이들이 줄면서 성종 때는 30여 곡, 영조 때는 15곡이 남

---

53 송혜나, 「한국음악과 중국음악, 그 오래된 관계와 오늘」, 『한국문화는 중국문화의 아류인가?』, 소나무, 2010, 249면.

54 아악의 범위가 제사아악뿐만 아니라 조회아악, 회례아악 등으로 확대되기는 했으나 제사음악이야말로 아악의 핵심이었다.

게 되고, 마침내 고종 때에는 〈낙양춘〉과 〈보허자〉 두 곡만 남게 되었다. 이 두 곡 역시 종주국인 중국에서는 사라지고 오직 한국에만 남아 있다.

끝으로 우리나라 전래의 고유음악인 향악(鄕樂)이 아악·당악에 대비를 이루고 있었다. 향악의 계승은 『고려사』 「악지」에 의하면 백제악 5곡, 신라악 5곡, 고구려악 5곡 등 삼국의 음악이 통일신라를 거쳐 고려에 전해졌다. 고려후기 새롭게 출현한 〈동동〉, 〈서경별곡〉 등으로 대표되는 향악은 남녀 간의 사랑을 주제로 한 것이 많으며 대개가 선율이 곱고 아름답다. 그런데 고려시대에 '속악'이라고도 불렸던 이 전래의 향악은 고려말기에 궁중음악으로 편입되기에 이르렀다. 따라서 오늘날 아악·당악·향악은 궁중에서 사용된 음악으로 분류·이해되고 있는 것이다.

고려시대 사람들은 자신들의 음악에 해외 음악의 요소를 폭넓게 받아들이고 이를 체계화시켰다. 우리가 고려음악을 월드뮤직으로 볼 수 있는 것도 이 때문이다. 고려의 5대 정재(呈才), 즉 궁중춤 가운데 하나인 〈연화대(蓮花臺)〉는 중국 북위의 자지무(柘枝舞)를 가리키는데, 이 춤은 원래 서역국인 소륵국(石國)[55]에서 유래한 것이다. 임금행차 시 대취타, 즉 고취악으로 고창기(高昌伎)·안국기(安國伎) 같은 음악이 연주됐는데, 이들 음악은 '고창', '안국', '천축' 등 서역 국가의 이름을 딴 것이다. 고창은 현재 중국에 속해 있는 신장성(新疆省)의 투루판(Turpan) 지역이고, 안국은 보카라(Bokhara)이며, 천축은 인도이다. 또 당시에 고려에 없었던 코끼리의 어금니(牙)로 만든 '아박(牙拍)'이라는 악기도 사용되었다. 이렇게 흡수된 서역 및 중국 음악은 민간에도 크게 영향을 끼쳤다.

55 소륵은 중앙아시아의 도시국가인 카시가르(Kashgar)를 가리킨다.

## 6. 세종, 궁중의식에 우리고유음악 사용

조선왕조는 유교국가답게 왕도정치, 즉 예악정치를 구현하고자 했다. 조선조는 음악을 유학적 지배이념을 뒷받침하는 수단으로 인식함으로써 음악을 국가적으로 보호하게 되었다. 사회의 질서를 유지시키기 위해 예의가 필요했는가 하면, 백성의 화합을 위해서는 음악이 요구되었던 것이다.

그러나 조선 건국 초기의 음악은 고려 때의 음악, 또는 중국계의 아악이나 당악에서 벗어나지 못했다고 해도 과언이 아니다. 주체적 사고가 강했던 세종대왕은 당시 궁중의 각종 의식에 중국음악이 쓰이는 것에 불만을 갖고 있었다. 마침내 세종대왕은 궁중 조회, 잔치, 제사 등에 사용할 수 있는 신악으로서 〈보태평〉과 〈정대업〉을 작곡했다. 물론 이는 나중에 종묘제례에 사용되었다. 또 임금의 행차나 군대의 행진에 사용되던

임금 행차나 군대 행진에 연주되던 대취타

〈고취악(鼓吹樂)〉, 즉 〈대취타(大吹打, 취타 또는 무령지곡(武寧之曲)이라고도 함)〉라는 음악에 향악을 혼합하여 새로운 음악을 창제했다. 〈대취타〉는 정악곡으로서는 드물게 있는 그대로를 호탕하게 표현하는 음악이며, 현재 중요무형문화재 46호로 지정되어 있다. 그리고 고려 때부터 전해오던 향악 〈처용가〉·〈만전춘〉 등을 개작하고, 새롭게 〈봉래의(鳳來儀)〉·〈여민락(與民樂)〉 등도 창작하였다.

세종대왕은 국가의 기틀을 마련하기 위해 무엇보다 향악과 당악 등 음악을 정비하는 데 앞장섰다. 태평성대를 기원하는 〈봉래의〉는 〈용비어

무용수들이 직접 노래도 하고 연주도 하는 봉래의 연행 장면

천가〉의 가사에 맞
춰 연주하며 춤을
추고 노래하는 것으
로 조선 최고의 가
무악(歌舞樂)이자 우
리나라 음악예술의
전환점을 이루는 대
작이다. 또한 〈봉래
의〉는 〈용비어천가〉

의 한글가사에 맞춰 춤추고 노래하는 〈치화평(致和平)〉과 〈취풍형(醉豊亨,
향악풍)〉, 한문 번역가사로 이뤄진 〈여민락(與民樂, 당악풍)〉[56]으로 구성된
독특한 형식미를 갖춘 궁중정재로, 대궐 안의 연희에 쓰이던 가무이기
도 하다. 〈봉래의〉의 연행으로 한글과 한문, 향악과 당악을 조화시켜 조
선의 개국정신을 천명하였던 것이다.

그 후 〈봉래의〉는 주로 조선이 위기를 맞을 때마다 연주되었다. 고종
도 대한제국을 선포하면서 〈봉래의〉를 공연하도록 했다. 다시 말해 조
선시대의 궁중 춤인 〈봉래의〉는 세종이 태조의 국가창업을 기리고자
만든 춤이다. '용비어천가'가 만들어지자 이에 따른 춤과 음악이 만들
어졌는데, 세종 27년(1445)에 이르러 방대한 무악(舞樂)으로 완성된 것이
다. '용비어천가'를 계속 불러댄다는 것이 이 춤의 특징으로, 노래의 가
사는 조선건국이 하늘의 뜻임을 밝히고 왕조의 번성과 태평을 기원하
는 내용이 대부분이다. 이야기에 춤을 곁들인 일종의 오페라라고 할 수

56 세종은 〈종묘제례악〉의 모체인 〈보태평〉과 〈정대업〉뿐만 아니라, 1447년부터 공사(公
私)간의 궁중 연향에 통용 연주된 이래 장악원의 대곡으로 꼽혀 왔던 〈여민락〉·〈치화
평〉·〈취풍형〉 등과 같은 조선식 신악을 직접 작곡했다.

있다. 세종 조에는 한글가사의 〈용비어천가〉가 중심이 되었고, 조선말기에는 국어와 한문이 혼용된 노래 30여 곡을 긴 시간 동안 부르게 되었다.

일찍이 맹자는 '양혜왕(梁惠王)' 편에서 제(齊)나라 선왕(宣王)에게 혼자 또는 소수의 사람들하고만 즐기는 음악보다 백성들과 함께 즐기는 음악이 좋다고 비유적으로 설명한 바 있다. 여기서 '여민동락(與民同樂)'이라는 말이 나왔다. 음악에 정통했던 세종이 재위 27년(1445) 정인지 등에게 〈여민락〉을 짓게 하여 각종 연회 때마다 연주하게 했던 것은 바로 '천하의 모든 사람들과 즐거움과 근심을 함께 해야 한다'고 했던 맹자의 큰 뜻을 기리기 위한 것이었다.

세종은 그밖에도 악기의 제작과 악보의 간행에 힘을 기울였다. 세종 5~6년에 관습도감이나 악기도감 등에서 편종(編鐘), 편경(編磬), 금57, 슬 등의 아악기와 거문고, 가야금 등의 향악기를 만들었다. 종묘사직 등의 제향아악에 쓰던 종래의 악보를 버리고

조율의 기준음을 제공하는 아악기 편경

새로 원나라 대성악보에 기초하여 제사아악보를 마련했다. 이때 만들어진 제사아악보는 지금까지도 문묘제향에서 연주되고 있다.

---

57 중국의 고대악기인 금(아악기)은 도가 사상가들이 즐겼으며, 특히 공자가 즐겨 연주하던 악기였다고 한다. 이 중국의 금을 가지고 한국은 역동적인 연주법이나 적극적인 농현이 가능한 거문고(향악기)라는 새로운 악기를 만든 것이다. 한편 가야금은 중국의 첫 통일왕조인 진(秦, B.C. 221~B.C. 206)나라의 쟁(箏, 12줄)을 본떠 만든 것이다. 쟁은 가짜손톱인 가조각(假爪角)을 끼고 연주하는 게 특징이다.

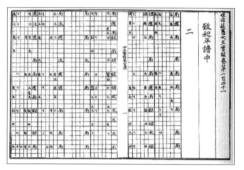

세종실록에 나오는 현존 최고(最高)의 정간보

특히 세종은 중국에서 전래된 종래의 기보법(記譜法)을 버리고 동양최초로 음의 높이와 길이를 알 수 있는 한 줄 32칸의 정간(井間)에 율명(律名)을 적는 정간보(井間譜)를 창안하였다. 정간보에 '중(仲)', '임(林)', '무(無)' 등의 음이 적혀 있는데, 이를 율명이라 한다. 서양의 계명과 같은 이것이 바로 오늘날까지 사용되고 있는 한국전통음악의 음이름이다. 율명을 최초로 정립한 사람은 중국의 관중(管仲)이다. 〈보태평〉·〈정대업〉등 신악에 쓰인 이 정간보는 우리나라 현존 악보 중 가장 오래되었으며, 서양의 5선악보 만큼이나 널리 사용되었다. 세종 이전부터 써온 악보에는 중국의 율자보(律字譜, 음명만 기보하는 악보)와 공척보(工尺譜, 중국 속악에 쓰이던 문자보)가 있었을 것이고, 우리나라 악보에는 거문고, 피리 등의 악기 소리를 본받아 만든 육보(肉譜)가 있었다.

## 7. 국악발전에 기여한, 맹사성과 박연

아악의 정비와 개정에는 박연(朴堧, 1378~1458)의 공로가 있었다. 박연은 우리나라 3대 악성 중의 한 명이며, 대금의 명수였다. 예문관대제학을 지낸 바 있으며, 음악가로서 조선초기의 미비한 궁정음악을 정비하고 전반적으로 개혁했다.[58] 조선 초 우리의 음률이 중국의 것과 다른 데

---

58 유감스럽게도 온갖 부패스캔들에 휘말렸던 그는 우리의 향악보다 중국의 아악을 더 상위개념으로 생각했다.

서 오는 차이를 극복하기 위해 세종이 박연을 시켜 남양(南陽)에서 캐내온 돌을 갈아 편경 12장을 만들고 그것을 12율관(律管, 대나무통)으로 조율하고, 해주(海州)에서 나는 검은 기장(黍)으로 황종척(黃鐘尺)을 만들어 아악을 정비한 일은 자주성의 발로이자 왕도정치 구현을 위한 예악사상에서 나온 것이다.

서양음악의 한 옥타브 안에 12개의 반음이 있듯이 중국음악의 한 옥타브 안에도 반음 간격으로 된 12개(황종, 대려, 태주 등)의

국악 발전에 공헌한 박연

율이 있었다. 관중 이후 중국의 음정체계는 발전을 거듭하면서 춘추시대에 이르러 12음으로 확립되었다. 현재 한국전통음악에서 사용하고 있는 12율은 바로 이 12음정체계에서 온 것이다. 조선은 세종 때에 비로소 기준음인 황종의 율관을 제작할 수 있었고, 이의 성공으로 12율에 대한 율관을 제작하기에 이르렀다. 중국에 의존하지 않고 12율관을 제작했다는 것은 악기의 조율은 물론 악기제작도 자유로워졌음을 뜻하며, 이는 조선음악의 비약적인 발전을 의미한다. 최초의 율관 제작에 성공한 이때부터 한국은 중국과 구별되는 음악을 형성하기 시작했다고 할 수 있다.

성현은 말했다. "세종대왕께서는 하늘이 내신 성군으로 음률에 정통하시어 종전의 누습을 깨끗이 씻으려 하였는데, 마침 거서(巨黍)가 해주에서, 채석(彩石)이 남양에서 생산되고 있었으니 이것은 하늘이 동방에 화기를 펴서 유능하신 임금에게 내려주시어 새로 악을 제작케 하신 것이다."[59]

---

59 성현, 『악학궤범(樂學軌範)』 서(序).

모든 국가는 건국과 동시에 도량형 음률의 통일을 가장 중요한 사업으로 여긴다. 조선도 건국하자마자 음률을 새로 통일하기 위해 중국에 기본적인 자(尺)를 보내줄 것을 요청했다. 그러나 중국은 이를 거절하고 외교관계에 이용하려 했던 것이다.

국악에 쓰이는 황종율관과 황종척

서양음악에서 440Hz의 음을 기준음고(基準音高)로 사용하는 것과 마찬가지로 우리 국악에서는 황종이란 음을 기준음고로 삼는다. 그런데 국악에서 기준음(도, C)인 황종은 크게 두 종류가 있다. 이와 같이 기준음의 높이가 각각 다르기 때문에 여러 가지로 불편한 점이 많지만 이것은 우리나라가 중국음악에 대한 맹목적인 수용을 거부한 증거라고 할 수 있다. 『악학궤범』에 의하면 기준음 황종은 잘 영근 기장알 1,200개를 담을 수 있는 부피의 대나무관을 황종관으로 삼아 여기서 나는 음으로 정한 것이다. 이는 천연의 대나무에 천연의 물건을 담으면 음의 길고 짧음이나 높고 낮음이 모두 자연에서 나고 인공과는 관계가 없기 때문에 중화음(中和音)이 나오고 대악(大樂)이 형성될 수 있다는 이유에서였다.

과학자로 유명한 이천(李蕆, 1376~1451)은 악기도감 제조(提調)로서 박연과 더불어 금·슬·아쟁 등 많은 악기를 제작하여 음률을 바로잡는 데 크게 공헌을 했으며 저울·자·되 등 도량형의 표준화사업을 주도하기도 했다.

아울러 그 당시 한국 음악을 일으키는 데는 맹사성(孟思誠, 1360~1438)[60]

---

60 맹사성은 고려 말 여러 벼슬을 지내다가 세종 때 좌의정 겸 영춘추관사(領春秋館事)로서 『팔도지리지』를 만들어 바치고 관직에서 물러났다.

의 공이 컸다. 맹사성은 청렴하기로 이름이 높았던 조선 초의 재상으로서 시문에 재주가 있어 작품 〈강호사시가(江湖四時歌)〉로 유명할 뿐만 아니라, 음률에 밝아 향악을 정리하고 스스로 악기를 제작하는 등 우리 음악정책의 방향을 잡는 데 결정적으로 기여했다. 세종 때 전개된 큰 사업은 그 이후에도 이어졌다.

현재 우리가 알고 있는 국악의 대부분은 조선시대의 음악이다.

## 8. 한국중요무형문화재 제1호, 종묘제례악

세조는 1464년에 종묘제례에 중국아악을 쓰지 않고 세종 때 만들어진 신악이자 우리 고유의 향악(속악)인 〈보태평〉과 〈정대업〉을 채용했다.[61] 고려는 예종 이후 〈종묘제례악(宗廟祭禮樂)〉에 비록 변질되

세계무형문화유산인 종묘제례악(세종 작곡, 세조 편곡)

었을지언정 송의 대성아악을 사용했고, 조선은 세종의 아악정비 이전까지 종묘제례악에 줄곧 아악·당악·향악을 섞어 사용했고, 세종의 아악정비 이후에는 한반도 고유의 음악을 바탕으로 만든 세종의 신악을 사용해왔다. 〈종묘제례악〉으로 채택된 이후 〈보태평〉(11곡)은 선왕

---

61 오늘날 세계적인 음악이 된 이 〈보태평〉과 〈정대업〉은 세조대에 〈종묘제례악〉으로 채택되기 전까지는 사용되지 않았다(송혜나, 「한국음악과 중국음악, 그 오래된 관계와 오늘」, 『한국문화는 중국문화의 아류인가?』, 소나무, 2010, 288면).

의 문덕(文德)을, 〈정대업〉(11곡)은 무공(武功)을 찬양하는 음악으로 사용되어 지금에 이르고 있는데, 오늘날 연주되는 〈종묘제례악〉은 모두 22곡이다. 〈보태평〉과 〈정대업〉은 연주법, 편성법 등에 있어 다소의 변화는 있지만 현재까지 잘 보존·전승되고 있다. 악장 가사의 내용, 악단 구성, 일무(佾舞)의 춤사위 등 〈종묘제례악〉이 일제에 의해 왜곡되었다는 주장도 있다.

지금까지 정악과 속악에 두루 쓰이고 있는 아쟁

종묘제례악의 춤 가운데 문무(文舞)

〈종묘제례악〉은 왕실의 사당인 종묘(宗廟, 서울 종로구 훈정동)에서 제사를 지낼 때 사용된 음악으로 국가적 차원의 엄숙한 의식에 쓰이는 만큼 매우 장중한 분위기를 자아낸다. 〈문묘제례악〉이 아악기로만 편성되는 것과 달리 〈종묘제례악〉에 쓰이는 악기는 아악기의 편종·편경·축, 당악기의 장구·아쟁[62]·당피리 등이고, 우리 고유의 대금(젓대)[63]이

---

62 고려 때 들어온 당악기로 찰현악기 중 가장 음역이 낮으며 풍부한 저음을 낸다. 아쟁은 7줄인데 거문고와 같이 상자모양으로 짠 울림통을 초상이라고 하는 받침대로 받쳐 개나리나무로 만든 활대에 송진을 칠하여 문질러서 소리를 낸다. 우리의 아쟁에 해당하는 중국의 알쟁(軋箏)은 당대부터 출현했으나 송대에 이르러 별 주목을 받지 못하다가 사라지고 말았다. 그러나 한국의 아쟁은 오늘날 정악과 민속악을 막론하고 매우 중요한 악기로 취급 받는다.
63 중국 아악의 필수 악기이자 유이(唯二)한 현악기인 금과 슬을 편성하지 않고 대신 대금, 거문고, 가야금과 같은 한국 고유의 악기를 포함한다.

곁들여지는 등 매우 다양하게 편성된다. 이를테면 타악기인 편경과 편종은 선율을 연주하고, 그 사이사이에 대금, 태평소, 아쟁, 해금 등 관악기와 현악기가 어우러진다. 〈종묘제례악〉을 연주하는 악단은 정전(正殿) 앞 계단 위, 즉 상월대에서 노랫말 없는 음악을 연주하는 등가(登歌)와, 계단 아래 뜰, 즉 하월대에서 노랫말 있는 음악을 연주하는 헌가(軒歌)로 구성되어 있다. 종묘제례는 '박'을 울리는 것으로 시작된다. 이후 본 음악인 〈보태평〉과 〈정대업〉이 연주된다. 춤은 문무(文舞)와 무무(武舞)가 곁들여지는데, 문무를 출 때는 왼손에 피리 종류인 '약(籥)'을, 오른손에 꿩의 깃털을 단 '적(翟)'을 든다. 무무를 출 때는 검과 창을, 활과 화살을 든다.

악사들이 절차에 따라 연주하면, 도창(導唱)이 〈악장(樂章)〉이라는 노래를 부르고, 무원들이 일무라는 춤을 춘다. 이렇듯 〈종묘제례악〉은 악기(樂, 기악)·노래(歌, 악장)·춤(舞, 일무)이 완벽하게 조화를 이루고 있다 해서 전통음악 중 최고의 걸작으로 꼽히는 귀중한 음악이기 때문에 1964년 국가 중요무형문화재 1호[64]로 지정되었다. 뿐만 아니라 종묘(국보 227호)가 1995년에 세계문화유산으로 지정된 데 이어, 세계 유일의 동양 유교문화적 제의인 종묘제례와 함께 〈종묘제례악〉은 2001년에 세계무형유산으로 선정되었다. 이는 중국음악과는 전혀 다른 우리 고유의 음악유산이며, 우리나라만이 가지고 있는 자랑스러운 것이다. 이 종묘제례악이 요즘에는 제사와 관계 없이 무대예술작품으로 개발돼 찬사와 주목을 받고 있다.

---

64 '한국의 혼'이라 할 무형문화유산이 문화재로 처음 지정된 것은 1964년이었다. 2년여에 걸친 수차례의 논의와 조사 작업 끝에 1964년 12월 7일, 제1호 〈종묘제례악〉, 제2호 〈양주별산대놀이〉, 제3호 〈남사당놀이〉(원래 꼭두각시놀음으로 지정됐다가 1988년에 명칭을 변경)가 한꺼번에 중요무형문화재로 지정되었다. 해당 문화재의 기·예능을 보유한 사람들을 흔히 인간문화재라고 부른다.

조선왕조는 500여 년의 역사를 이어오면서 춘하추동의 첫 달과 그해 음력 섣달 중 좋은 날을 골라 정기적인 종묘제례를 올렸다. 조선왕조가 무너지고 1910년 일본에 의한 강제합방으로 국가의 제사가 거행되기 어려움(각종 제사의식이 폐지 됨)에도 불구하고 종묘제례가 그런대로 유지되어 왔다. 일제강점기 왕실 사무를 담당하는 이왕가(李王家)의 주관으로 겨우 향화(香火)만 올렸다. 그러나 해방 후 종묘제례는 폐지되고 〈종묘제례악〉도 맥이 끊어져 영원히 사라질 뻔했다. 불행 중 다행스럽게도 1969년 조선왕가의 직계후손과 친척들로 이루어진 전주이씨대동종약원의 주관아래 종묘제례가 부활되었고, 그 후 종묘제례는 중요문화재 56호로 지정되어 1971년부터 매년 5월 첫 일요일에 한 번 종묘에서 500명의 제관들에 의해 의식이 거행되고 있다. 원래는 정시제를 비롯하여 임시제, 속절제(俗節祭) 등 제례(祭禮)가 많았으나 이제 한 차례만 지내는 것이다.

## 9. 아악의 운명과 당악의 한국화

성종 때는 세종과 세조 대의 업적을 총결산할 만큼 국악이 발전했다. 그러나 기생집단 '흥청(興淸)'과 밤낮으로 놀았다 해서 '흥청망청'이란 말을 만들어낸 연산군 때의 온갖 음란한 음악으로 말미암아 건국 이후 2세기 동안 쌓아올린 정악이 여지없이 짓밟히고 말았다. 그 후 임진·병자년의 양란을 거치면서 예악을 지킬 겨를이 없었는데, 그 중에서도 국가제사에 연주되던 중국계 아악의 상처가 더욱 커서, 인조 25년에야 겨우 종묘 춘향(春享)에 쓸 정도로 약 10여 년 동안 아악은 피폐했었다.

그 후 영조가 아악의 부흥을 꾀하기도 했으나 아악은 쇠퇴의 길로 치달았다. 그나마도 한일합방이 되자 원구, 사직, 선농 등의 제향이 폐지됨으로서 중국계 아악은 거의 자취를 감추게 되었다. 300여 명의 악사를 가지고 있던 장악원(掌樂院, 음악을 관장하는 기구)[65]은 이후 조선총독부 산하 이 왕직아악부(李王職雅樂部) 로 재편되었고 1910년부 터 1917년 사이에 297명 을 해산시킴으로써 500여

예조 소속의 장악원 악사들의 공연장면

년의 전통을 자랑하던 아악부를 위기에 몰아넣었다.

현대는 공자와 그 제자 그리고 우리의 유학자 등 모두 112인의 신위를 모신 사당, 즉 문묘(문선왕묘(文宣王廟)의 준말, 문선왕은 739년 당 현종 이 공자에게 내린 시호다)[66]에 제사 지낼 때 연주하는 〈문묘제례악(文廟 祭禮樂)〉으로 남아 아악이 명맥을 유지하고 있다. 1949년 전국유림대회 의 결정으로 112현 가운데 우리나라의 18현만 대성전(大成殿)에 모시고 중국의 94현의 위패는 묻었다. 〈문묘제례악〉은 현재 지구상에 존재하는 유일한 고대의 아악이자, 원형을 잘 보존하고 있다는 점에서 역사적인 가치가 매우 높다. 물론 이는 박연의 공이라 할 수 있는데, 그는 원나라 의 임우(林宇)가 쓴 『석전악보(釋奠樂譜)』를 참고로 주나라의 악제에 가까 운 틀을 마련했기 때문이다.

당시에는 모두 16곡이었던 것이 현재는 6곡만 연주되고 있으며, 중

---

65 조선시대 아악·당악·향악으로 이루어진 궁중음악을 한일합방 이후 아악으로 통칭 하고 궁중음악의 전승을 담당한 기구의 명칭을 아악부라 했다. 즉 조선시대의 국립국 악원이라 할 수 있는 장악원(예조 소속)은 한일합방 이후 아악부가 되었다.

66 조선 최고 교육기관인 성균관은 국비 장학생들이 공부하며 나라의 장래를 고민하던 곳이다. 성균관에는 이들이 모범으로 삼아야 할 위인들을 모신 문묘인 대성전이라는 신성한 공간이 있다. 대성지성문선왕(大成至聖文宣王)인 공자를 비롯한 증자·안자· 맹자·자사 등 '5성(聖)', 공자의 제자인 '공문10철', 주돈이·정자·주자 등 성리학 을 주창한 '송조6현' 등이 배향되어 있다. 여기에는 신라시대 최치원, 고려시대 정몽 주 등 우리나라의 대학자들도 함께 모셔져 있는데, 이들을 '동국18현'이라고 부른다.

요무형문화재 85호로 지정되어 보호받고 있다. 다시 말해 〈문묘제례악〉은 중국아악인, 원조임우대성악보(元朝林宇大成樂譜)에 수록된 16곡을 토대로 세종이 제정해 놓은 제사아악(144곡) 중 일부가 전하고 있는 것이다.

성균관 대성전 앞에서 거행되는 석전제

재미있는 것은 〈문묘제례악〉이 본고장인 중국에서는 사라지고 한국에만 남아 연주되고 있는 점이다.[67] 삼국시대부터 시작되었을 문묘제례는 오늘날 성균관대학교 안에 있는 대성전에서 석전제(釋奠祭)라는 이름으로 해마다 봄과 가을에 거행되고 있다. 문묘 안에 있는 공자의 위패를 모신 건물을 대성전이라 하는데, 신라 성덕왕 때(717년) 국학에 처음으로 문묘가 설치되었다. 공자의 사망일과 탄신일(양력 5월과 9월) 또는 음력 2월과 8월 상정일(上丁日)을 기점으로 서울 명륜동의 성균관과 전국 234개 향교의 문묘에서 연 2회 석전(釋奠)을 행하고 있다.[68]

당악은 조선 선조 이후로 차츰 한국화 되어 원래의 음악과는 거리가 멀어졌다. 현재까지 전승되는 2곡의 당악계 음악인 〈보허자(步虛子)〉와

---

67 중국은 아악의 종주국이지만 청대(淸代, 1664~1911)를 끝으로 아악이 자취를 감춘 데 비해, 우리는 중국에서 전해준 아악을 토대로 독창적인 아악을 만드는 데 성공해 오늘날까지 이어오고 있다. 중국은 현재 전통음악이 거의 단절된 상태라고 해도 과언이 아니다.

68 특히 한국의 유림대표단은 2008년 석전제례 의식이 단절된 중국 베이징의 국자감에서 가서 이를 시연한 바 있다.

〈낙양춘(洛陽春)〉도 원형을 찾기 어려울 만큼 향악화 되고 말았다. 삼국 이래로 들어온 중국의 박(拍), 해금(奚琴),[69] 월금(月琴),[70] 당비파, 당피리 등 각종 당악기도 이미 성종 때부터 시대가 흐름에 따라 차츰 한국화 경향을 보여주었다. 박달나무 6조각을 사슴가죽으로 꿰어 만든 박은 연주의 시작과 끝 또는 춤사위의 변화를 알리는 지휘역을 담당한다. 해금은 관악합주에 편성되어 관악기와 현악기의 균형을 유지하는 데 사용된다. 그리고 대부분 세종 이후에 만들어진 향악은 영·정조 이후 크게 변화되었다.

연주의 시작과 끝을 알리는 박

해금을 연주하는 모습

## 10. 정악이란, 왕실 및 사대부들의 음악

지금까지 살펴본 것처럼 한국의 전통음악 가운데 원래 정악은 중국계의 아악과 당악, 우리의 궁중음악인 향악으로 구분되었음을 알 수 있다. 이렇게 볼 때, 현재 중국계 아악은 〈문묘제례악〉 한 곡이 남아있을 뿐이

69 속칭 깽깽이, 깡깡이라고도 한다. 해금은 중국 변방에 있는 해족(奚族)의 악기라는 뜻이며, 중국에서는 '2줄로 된 오랑캐 악기'란 의미로 얼후(二胡)라고 부른다(328면 참조). 고려음악을 월드뮤직이라고도 하는데, 〈청산별곡〉에 서역악기인 '해금'이 등장하는 것에 근거를 둔 주장이다.
70 고려시대 당나라에서 들어온 악기로 조선시대 궁중음악 연주 때 사용되었다. 『악학궤범』에 의하면 둥근 몸통에 긴 목을 지녔고 네 줄로 구성되어 있다.

고, 중국계 당악은 조선후기에 향악화 되었으므로, 정악은 곧 우리의 고유한 향악을 중심으로 중국계 아악과 한국화된 일부 당악이 합쳐진 궁중음악이었던 것이다.

궁중음악 중심의 정악은 꾸준히 발전해 갔으나 임진란 이후 크고 작은 변란은 많은 악기를 소실시키고 악공들을 흩어지게 했다. 부족한 악기를 보충하기 위해 악기도감·악기수개청 등의 임시기관이 세워졌고, 음악문화의 복원을 위해 『악학궤범』이 수차 복간되었으며 『시악화성(詩樂和聲)』·『악통(樂通)』 등의 새로운 음악서도 간행되었다.

하지만 이러한 노력에도 불구하고 아악을 비롯한 궁중음악은 전반적으로 하향 추세를 보였다. 대신에 중인출신의 부유한 농·공·상인과 지방의 선비들이 등장하여 사랑방에서 연주되는 실내악들을 다양하게 개발했다. 이들이 주로 즐기던 음악에는 가곡·가사·시조 등의 성악곡이 있고, 풍류라고 하는 기악곡이 있었다.

연례악에 해당되는 수제천 연주장면

한 마디로 정악은 왕실이나 민간상류층에서 즐기던 음악을 가리키는데, 구체적으로 다음과 같은 음악들을 통틀어 말한다. 첫째는 성악과 기악과 무용이 한데 어우러진 것으로서 국가에서 제사 지낼 때 사용하는 〈종묘제례악〉·〈문묘제례악〉 같은 제례악이요, 둘째는 기악곡으로서 궁중의 조회 때나 경사스러운 일이 있을 때 연주되던 음악으로, 〈용비어천가〉를 노래한 여민락계(與民樂系)·〈수제천(壽齊天)〉 등의 연례악이요, 셋째는 왕의 행차나 군대의 행진에 쓰이던 〈대취타(大吹打)〉 같은 군례악이다. 넷째는 궁 밖의 선비들이 심성을 고양시키기 위해 사랑방에서 즐기던 〈영산회상(靈山會相)〉과 같은 풍류음악이요, 다섯째는 〈보허자〉·〈낙양춘〉 같은 당악이요, 여섯째는 성악곡으로 지식층에서 인격수양을 위해 부르던 가곡이나 가사나 시조 같은 정가(正歌)이다. 가곡은 시조를 가사로 하여 관현악 반주에 맞춰 부르는 노래이고, 가사는 긴 사설을 특별한 반주 없이 일정한 장구 장단에 맞춰 혼자 부르는 노래이다. 12가사는 〈백구사〉, 〈어부사〉, 〈권주가〉, 〈양양가〉 등이다. 시조는 시의 일종인 시조에 가락을 붙여 선비들이 즐겨 부르던 노래이다.

## 11. 국제적으로 호평받는 음악예술, 정악

〈정읍(井邑)〉이라고도 하는 〈수제천〉은 관악합주의 정악곡 중 백미로서 가락이 마치 하늘을 찌를 듯 힘차고 우아하다. 국제적으로도 그 예술성을 인정받아 1985년에는 국립국악원 연주단이 독일의 베를린 호리존테 축제에 참가하여 이 곡을 연주했을 때 독일 전역에 텔레비전으로 실황중계 되기까지 했다.

선비들 향유의 풍류악인 영산회상

역시 정악 가운데 최상으로 일컬어지는 〈영산회상〉은 오늘날 사극에서 간혹 들을 수 있다. 원래 '영산회상불보살'이라는 가사로 된 불교계통의 성악곡이었는데 17세기 후반에 이르러 기악곡으로 변하게 되었다. 거문고 중심의 현악영산회상이 특히 유명하다. 9곡으로 된 현악영산회상 끝에 붙여서 연주하던 3곡으로 된 〈천년만세〉는 요즈음 독립곡으로 연주되는 편이다.

전통가곡인 만년장환지곡

가곡은 전통성악곡 중 가장 예술적 수준이 높은 노래로서 노랫말은 시조시를 사용했다. 가곡은 원래 빠르기에 따라 만대엽, 중대엽, 삭대엽 등이 있었는데, 현재 불려지고 있는 것은 가장 빠른 삭대엽뿐이다. 그러나 이것도 엄청나게 느려서 서양가곡과는 비교도 안 될 뿐만 아니라 시조보다도 더 길고 느리다. 〈만년장환지곡(萬年長歡之曲)〉이라고 하는 이 전통가곡은 이미 500여 년 전부터 유유자적했던 우리 조상들과 생사고락을 함께 해온 진짜 우리 노래인데, 안타깝게도 명칭이 일제시대 이후 최근까지 엉뚱하게 쓰이고 있었다. 참으로 다행스러운 것은 2010년 우리의 가곡이 세계무형유산에 지정 등록됨으로써 새로운 빛을 발하게 된 점이다.

가곡은 18세기 이후에 성행했으며 시조가 새로운 성악곡으로 파생되었는데, 가곡이 복잡구조의 전문가 노래라면 시조는 단순구조의 아마추어 노래이다. 가사는 가곡과 마찬가지로 전문가의 노래이며 노랫말이 짧은 시조시가 아니라 장편의 시가이다. 가사는 정가이면서도 가곡이나 시조와 달리 약간의 민속악적 창법도 가미된 노래로서 일종의 세미클래식 음악이라 하겠다. 현재 12가사라 하여 〈어부사〉, 〈권주가〉, 〈매화가〉 등 모두 12곡이 전하고 있다.

## 12. 가장 한국적인 문화예술, 춤

음악과 관련된 전통춤은 우리 예술 가운데서도 가장 한국적인 것이다. 오늘날 10대들이 추는 힙합을 비롯하여 테크노춤이니 재즈댄스니

하는 것들과 우리 춤
은 전혀 다르다. 같은
민속춤이라도 중국의
징쥐(京劇)나 일본의 가
부키(歌舞伎)와 우리의
살풀이춤·승무는 크
게 다르다.

궁중무로서 요즘 연행되고 있는 팔일무

　우리의 궁중무는 일
무(佾舞)와 정재(呈才)로 나누어지는데, 일무는 주로 궁중제례 때에, 정재
는 궁중연례에 사용되던 우아한 고전무이다. 제사 지낼 때 추는 일무71
는 남자들만 8명씩 8줄의 〈팔일무(八佾舞)〉나, 6명씩 6줄의 〈육일무(六佾
舞)〉등을 추게 되는데, 우리는 천자의 나라가 아니므로 대개 〈육일무〉를
추었다. 정재라 불리는 궁중무는 규모가 크고 화려한 의상에 형식미를
갖추고 아름다운 노래를 수반하는 것인데, 그 추는 방법을 기록으로 남
긴 것은 『고려사』 「악지」와 『악학궤
범』 및 각종 진연의궤밖에 없다.

향악정재 무형문화재 1호인 김천흥의 춘앵전

　정재는 중국에서 수입된 당악정
재와 우리나라에서 만들어진 향악
정재로 나뉜다. 향악정재 가운데
1964년 무형문화재 1호로 지정된
김천흥(金千興, 1909~2007)의 〈춘앵전
(春鶯囀)〉은 지금까지 꾸준히 연행되
고 있다. 『고려사』 「악지」에는 〈동

---

71 줄을 지어 추는 춤이라는 일무(佾舞)는 신분 즉 지위에 따라 줄 수가 달랐다. 천자는 8
　줄, 제후는 6줄, 대부 4줄, 선비 2줄로 서서 춤을 추었다.

서양의 발레

동〉을 비롯한 향악정재 3종, 〈헌선도獻仙桃〉를 비롯한 당악정재 5종이 전한다. 『악학궤범』에는 『고려사』 「악지」에 전하는 춤을 포함하여 〈처용무〉 등 향악정재 11종, 〈금척(金尺)〉 등 당악정재 14종이 전한다. 이 25종에다 순조 때에 새로 많은 작품이 만들어져 현재 약 50여 종의 정재가 전하고 있다.

균형 잡힌 동작을 기본으로 하는 서양의 발레에 비해 어색해 보일 만큼 모으고 펴는 엇갈린 동작을 연출하는 우리의 춤은 지극히 인간적인 아름다움을 자아낸다. 또 발끝으로 서서 하늘을 향해 치솟는 모습의 발레에 비해 우리 춤은 발뒤꿈치로 땅을 딛고 땅에서 떠나지 못하는 겸손한 태도를 보인다. 프랑스 조세핀 마르코비츠(Markovits) 예술감독은 한 일간지에서 "서양의 춤은 중력의 법칙에서 벗어나 인간의 신체를 보다 더 가볍게 하려고 하지만, 한국의 전통춤은 거꾸로 땅에 밀착해서 대지의 에너지를 느끼고 탁월한 율동으로 자연과의 일체감을 표현한다"고 분석한 바 있다.

삼국시대와 고려시대에 전개된 음악적 상황을 기록으로 전하고 있는
『고려사』「악지」의 내용, 그리고 조선시대 음악에 조예가 깊었던 성현이
지은 음악서 『악학궤범』을 대상으로 한국의 전통음악에 대해서 살펴보도
록 하자.

## 13. 고려사 악지 속의, 삼국 · 고려 음악

『고려사』「악지」는 고려시대의 역사를 기술한 『고려사』 가운데 권 70
과 71에 수록된 음악에 관한 기록이다. 『고려사』는 목록 2권을 포함하여
세가 46권, 지 39권, 표 2권, 열전 50권 등 139권으로 이루어져 있는데,
『고려사』「악지」는 지(志)의 권 24 · 25에 해당하는 것으로 예와 악을 하
나로 묶어 예악지(禮樂志)로 하지 않고 악지(樂志)를 따로 분리한 것이 특
징이다. 지 24권의 악1에는 아악, 지 25권의 악2에는 당악 · 속악 · 삼국
속악 · 속악을 쓰는 절도 등에 대한 내용이 실려 있다.

『고려사』「악지」는 삼국시대를 비롯하여 고려시대의 음악을 이해하는
데 귀중한 문헌이다. 무엇보다 우리의 음악을 아악 · 당악 · 속악으로 구
분하고 있음에 주목하게 되는데, 아악은 송에서 들어와 고려 이후 1910
년까지 쓰이던 중국계 정악이고, 당악은 당과 송에서 들어온 중국계 속
악이다. 다만 우리 고유의 음악을 『고려사』「악지」에서는 '속악'이라 한
데 비하여 『악학궤범』에서는 '향악'이라 고쳐 부르기도 했음에 주의를
기울일 필요가 있다.

무엇보다 지 24권의 악1 첫머리에서 다음과 같이 『고려사』「악지」를
만들게 된 경위를 밝히고 있어 주목하게 된다.

음악이란 교화를 수립하고 덕행을 상징하는 데 필요한 것이다. 고려
태조가 국가를 창건하였으며 성종이 천지에 제사를 지내는 의식을 실시

하고 친히 조상들에게 제향하는 의식을 지낸 후부터 나라의 문물제도가 비로소 갖추어졌다. 그러나 여기에 관한 문헌들이 보존되어 있지 않으므로 고증할 수 없게 되었다. 예종 때 송나라에서 새로운 음악과 대성악을 보내왔으며, 공민왕 때는 명나라 태조가 특별히 아악을 선사하였으므로 조정과 종묘에서 사용하였다. 이때 삼국과 당시의 속악도 섞어서 썼다. 그러나 병란으로 인하여 종과 경 등의 악기가 흩어져 없어졌을 뿐만 아니라 속악의 경우 가사가 비속한 것이 많으므로 그 중에 심한 것은 노래의 이름과 노래를 지은 뜻만 기록하고, 이것들을 아악, 당악, 속악으로 분류하여 악지를 만들었다.

## 아악과 속악

### 국왕이 친히 제사할 때의 등가와 헌가

고려사의 악지 부분

등가 : 금종(金鐘)을 달아맨 틀 하나가 동쪽에 있고 옥경(玉磬)을 달아맨 틀 하나가 서쪽에 있는데, 이 두 가지는 다 북쪽을 향하고 있다. 축(柷) 하나가 금종 북쪽의 약간 서쪽에 있고, 어(敔) 하나가 옥경 북쪽의 약간 동쪽에 있다. 박부(搏拊)가 둘인데, 하나는 축의 북쪽에 있고 하나는 어의 북쪽에 있어서 동서로 서로 마주보고 있다. 일현금 · 삼현금 · 오현금 · 칠현금 · 구현금이 각각 하나씩, 슬(瑟) 둘이 금종의 남쪽 서편 위에 있고, 옥경의 남쪽 역시 그 동편 위에 있다. 또 단 아래 동남은 태묘[72]에서는 앞 기둥 층계 밑에 적(笛) 둘, 지(篪) 하나, 소생(巢笙) 하나, 화생(和笙) 하나를 서편 위에 한 줄로 설치하고, 훈(塤) 하나는 적의 남쪽에 있고, 소(簫) 하나는 소생의 남

---

72 태묘(太廟)는 고려시대 임금의 조상을 제사 지내는 사당으로 종묘와 같은 뜻이다.

쪽에 있고, 단 아래 서남에는 적 둘, 지 하나, 소생 하나, 화생 하나를 동편 위에 한 줄로 설치하고, 훈 하나는 적의 남쪽에 있고, 소 하나는 소생 남쪽에 있다.

경·축·어·박부·금·슬을 연주하는 악공은 각각 단 위에 앉고 태묘에서는 당(堂) 위 앞 기둥 사이에 앉는다. 훈·지·생·적·소를 연주하는 악공은 단 아래에 서고, 태묘에서는 앞 기둥 층계 밑에 선다. 대표연주자 한 사람이 종과 경 사이에서 북향하고, 지휘자 한 사람이 악기를 거는 나무틀 서쪽에서 동향하고, 축과 어 사이에 있는 노래 부르는 악사 4인이 동쪽과 서쪽에서 서로 향하고 있다.

— 『고려사』 제70권, 지(志) 24권

### 속악

고려의 속악은 여러 악보를 참고해서 실었다. 그 중에서 〈동동〉 및 〈서경별곡〉 이하의 24편은 다 한글로 쓰고 있다.

(악기)

현금(줄 6)·가야금(줄 12)·대금(구멍 13)·장고·아박(6매)·무애(장식이 있음)·무고·해금(줄 2)·필률(구멍 7)·중금(구멍 13)·소금(구멍 7)·박(6매)

(무고(舞鼓))

춤추는 사람들이 악관과 기생을 거느리고 남쪽에 선다. 악관들은 두 줄로 앉는다. 악관 두 사람이 고(鼓)와 대(臺)를 받들어다가 전(殿) 복판에 놓는다. 여러 기생들은 〈정읍사〉를 부르는데, 향악에서 그 곡을 연주한다. 기생 두 사람이 먼저 나가 좌우로 갈라 고의 남쪽에 서서 북쪽을 향해 큰절을 하고, 끝나면 꿇어앉아 손을 여몄다가 춤추기 시작한다. 음악의 한 단락이 끝나는 것을 기다려 두 기생이 부채를 잡고 춤추기 시작하여 북을 가운데 끼고 좌우로 갈라져 한 번 앞으로 나갔다 한 번 뒤로 물러났다 하고, 그것이 끝나면 북의 주위를 돌고, 혹은 마주보고 혹은 등지고 하여 빙글빙글 돌며 춤춘다. 채로 북을 쳐 음악의 절차를 따라 장고와 맞춰나가는데, 음악이 끝나면 멎는다. 음악이 다 끝나면 두 기생이 앞서와 같이 부복했다가 일어나서 물러간다.

— 『고려사』 제71권, 지(志) 25권

『고려사』 제70권, 지24권 악1에서 발췌한 앞글을 통해 우리는 당시에 쓰였던 아악의 편모를 살펴 볼 수 있다. 아악은 본래 제사를 비롯한 각종 궁중의식에 연주하는 극히 형식적이고 의례적인 음악이다. 제사에 물론

종묘제례악의 춤 가운데 무무(武舞)

댓돌 위에서 부르는 등가

당악과 향악도 섞어 사용했다. 아악은 악장 즉 가사를 먼저 지은 후에 악보를 그것에 맞춰서 만들었다고 하는데, 아악 연주에는 문무(文舞)와 무무(武舞)로 구별되는 군무(群舞)도 수반되었다. 아악에 쓰이는 악기·악공 및 그 배치뿐만 아니라, 연주에도 일정한 법도가 있었다.

윗글을 통해 먼저 국왕이 제사를 지낼 때 아악이 쓰였으며, 아악에는 등가(登歌)와 헌가(軒歌)가 있는데, 여기서는 등가만을 제시하였음을 알 수 있다. 등가란 제사와 연향 때 댓돌 위에서 연창하는 노래를 말한다. 윗글에서는 등가에 쓰이는 악기와 악공은 물론 대표 연주자인 악정(樂正)과 음악 전체지휘자인 협률랑(協律郞) 및 노래 부르는 가공(歌工)의 배치까지 자세히 설명하고 있다.

아악에 쓰이던 악기들이 어떤 것인지를 알 수 있는데, 무엇보다 축과 어의 등장에 주목할 수 있다. 축은 사각형의 통같이 된 목제 악기로, 그것을 쳐서 소리를 내어 음악의 시작을 알렸다. 어는 쭈그리고 앉은 범의 형상을 한 등에 27개의 톱니 같은 돌기가 있는 악기로, 나무 채로 그 돌기를 긁어 음악의 끝을 알렸다. 그리고 박부는 가죽 자루에 겨를 채워서 만든 북같이 생긴 악기로, 그것을 쳐서 음악의 절주를 맞췄다.

그 다음에 나오는 『고려사』 제71권, 지25권, 악2를 통해서는 중국에서 들어온 당악과 우리나라에서 전래된 속악에 대해서 살펴 볼 수 있다. 다만 위에서는 고려시대에 쓰인 속악에 관한 내용의 극히 일부만을 제시해 놓았다. 실제로는 『고려사』 「악지」의 속악 편에는 위에 나온 악기와 무고에 이어 구체적인 작품들로서 〈동동(動動)〉·〈무애(無㝵)〉·〈서경(西京)〉·〈대동강(大洞江)〉·〈오관산(五冠山)〉 등 30여 편이 수록되어 있다.

## 14. 최초의 우리 음악책, 악학궤범

우리의 음악은 신석기시대부터 종교적인 의식과 관련되어 생활의 중요한 일부로서 성행하였다. 더욱이 유학이 이 땅에 유입된 후 조선에서의 음악은 치국의 도(道)로서 매우 중시되었다. 국가는 음악을 유학적 지배이념을 뒷받침하는 수단으로 인식했던 것이다. 이에 예(禮)가 없으면 악(樂)은 광란일 뿐이요, 악이 없는 예는 속박일 뿐이라는 조선의 예악사상은 국가적 체제 확립의 중요한 요소로 작용했다.

이리하여 음악의 정리는 조선 초기에 있어 큰 과제가 되었던 것이다. 그러나 좋은 음악이라도 한 번 귀를 스치고 지나가면 사라지고 마는 법이다. 악보가 있으면 음악이 느리고 빠른 것을 알 수 있고 그림이 있으면 악기 모양을 알 수 있으며 책이 있다면 음악을 어떻게 하는가를 자세히 알 수 있을 것이다. 그래서 성종 24년(1493) 8월에 예조판서 성현을 중심으로 장악원 제조들이 우리나라 최초의 음악책이라 할 수 있는 『악학궤범』을 만들기에 이른 것이다.

성현(成俔, 1439~1504)의 호는 용재(慵齋), 허백당(虛白堂) 등이다. 그는 세조 때 평안감사, 대사헌 등을 역임했다. 성종 24년(1493) 경상도 관찰사로 부임했으나, 음률에 정통하여 장악원 제조를 겸하던 그가 외직으로 나감으로써 불편이 많아지자 한 달 만에 예조판서로 임용하여 유자광 등과 함께 『악학궤범』을 편찬, 음악을 집대성하게 했다. 성종이 죽은 다음에는 한성판윤, 공조판서 겸 대제학 등을 지냈다. 저서로는 『허백당시문집』, 『용재총화』 등이 있다.

가사의 내용이 주가 된 책이 『악장가사』이고, 음악의 곡조를 위주로

가사의 내용이 주류인 음악서, 악장가사

한 것이 『시용향악보』임에 비하여, 『악학궤범』은 음악의 이론과 제도와 악기를 주로 다룬 것이다. 『악학궤범』의 「서문」에서 주목할 수 있는 것은 궁·상·각·치·우의 5음계와, 태주·고선·황종·이칙·

무역·유빈의 육률(六律)과 대려·협종·중려·임종·남려·응종의 육려(六呂)를 합한 12율이 우리 음악의 근본임을 역설한 점이다. 사실 국악은 한 옥타브 안에 열두 개의 음이 있다. 이 가운데 황종, 대려, 중려, 임종, 남려의 5음을 주로 사용하면서 이를 바탕으로 세련된 장단을 무수히 만들어내고 새로운 가락을 다채롭게 전개하는 것이 국악의 독특한 매력이다.

한편 『악학궤범』에 나오듯이 동북아시아에서는 악기를, 만든 재료인 쇠·돌·실·대·박·가죽·흙·나무에 따라 크게 여덟 가지로 구분했음을 알 수 있다. 『악학궤범』에 66종의 국악기가 소개되고 있는데 그 절반에 해당하는 숫자의 악기가 타악기이며, 그 중에서도 북 종류의 악기가 18종이나 된다. 새삼 우리 음악이 서양과 달리 타악 중심이며, 북의 비중이 얼마나 큰지를 느끼게 된다. 한편 조선전기까지 전하던 전체 66종의 악기 중 중국에서 들어온 악기가 의물 16종을 포함해 59종이나 되며, 이 중 당악기는 관악기(퉁소·당적·당피리·태평소), 현악기(월금·당비파·대쟁·아쟁·해금), 타악기(방향·박·교방고·장고)를

포함해 모두 13종이다. 따라서 고유악기인 향악기는 현금(거문고), 향비파, 가야금, 대금, 소관자(小管子), 초적(草笛), 향피리 등 7종뿐이다.

## 국악을 위한 음악서

　지금 성종께서는 훌륭한 임금으로서 성군의 뒤를 이어 조종의 법률을 준수하시고 전왕께서 개발하지 못한 것을 개발하시고 태평시절에 예악을 일으키려 하시는데, 지금이 바로 그럴 때이니라. 장악원에 있는 의궤와 악보가 오래 되어서 파손되었고, 또 다행히 남아있는 것도 모두 엉성하고 틀려서 결함이 많다. 이에 유자광, 성현, 신말평, 박곤, 김복근 등에게 명령하여 교정시켰다.

성현의 악학궤범

　먼저 12율을 만드는 원리를 말하고, 다음 어느 경우에 어느 율을 사용하는가를 말하며, 악기와 의물의 모양과 그것을 만드는 법을 논하고, 무도에 있어서의 나아감과 물러남 그리고 변화 등의 절차에 이르기까지 기재하지 않은 것이 없다. 책이 완성되어 『악학궤범』이라고 불렀다.

　대개 5음과 12율이 음악의 근본이다. 만물이 생성함에는 성정이 있고, 성정이 발동하여 음으로 되는 것인데, 그 음에는 다섯이 있고, 그 5음은 쇠·나무·물·불·흙의 5행에 배속된다. 관(管)의 길고 짧음에 따라 음이 높고 낮은데, 그 음은 열 둘이 있고 그것은 각각 열 두달에 분배되는 것이다. 5음과 12율이 합하고, 다 같이 삼분손익(三分損益)으로 상생·하생되는데, 그 사용되는 법이 무궁하고, 그 음이 8음, 즉 쇠·돌·실·대·박·가죽·흙·나무로 된 악기에서 나오는 것도 모두 그런 것이다. 노래는 말을 길게 뻗은 것으로 율, 즉 악기에 맞추어지고, 춤은 8방의 바람을 행한 것으로 그 절주를 이루는데, 이것은 모두 하늘의 섭리에 따른 것이지 개인의 지혜에서 비롯된 것은 결코 아니다.

　천지의 중화를 얻으면 정대하지만, 그 얻은 바가 중화를 잃을 것 같으면 인심이 음탕하고 또 사악한 쪽으로 간다. 이에 2변(變), 즉 변치와 변궁이 5음의 참모습을 어지럽히고, 4청(淸), 즉 청황종·청대려·청태주·청협종의 맑은 소리들은 그 질서를 문란하게 하여 임금, 관리, 백성, 활동, 재물의 분별이 어지러워지게 된다. 그러나 음에 2변과 4청이 있는 것은 마치 음식에도 짜고 심심한 것이 있어 대갱과 현주 같은 심심한 맛만 쓸 수 없는 것과 같아서, 정성(正聲)이 항상 위주가 되어 변성을 제어할 수 있고, 중화의 기상이 어그러지지만 않으면 좋다.

우리나라 음악에는 아악·당악·향악 세 가지가 있다. 바꾸어 말하면 제사 때 쓰는 것(아악), 조회나 연향 때 연주하는 것(당악), 시골 마을에서 우리말로 익히는 것(향악)이 있는데, 요컨대 그것들은 일균칠성(一均七聲)과 12율을 쓰는 것에 지나지 않는다.

무릇 재주가 있고 없음이 다 같지 않으니, 음악을 이해하는 데 어렵고 쉬운 사람이 있고, 연주 수법이 정묘한 사람도 절주 장단에 아득할 수가 있고, 절주 장단에 능력 있는 사람도 그 근본을 모르는 수가 있어, 일면만 아는 사람은 많지만 전부를 두루 아는 사람은 대단히 적다.

음악이 어려운 것은 좋은 소리가 귀를 스쳐지나가서 곧 사라지고, 그것이 사라지고 자취가 없는 것이 마치 그림자가 형체가 있으면 모였다가 형체가 없어지면 흩어지는 것과 같기 때문이다.

적어도 악보만 있으면 음악의 빠르고 느림을 알 수 있고, 그림이 있으면 악기를 분변할 수 있으며, 서적이 있으면 그 시행을 알 수 있다. 바로 이것이 우리 신하들이 졸렬함을 무릅쓰고 이 책을 편찬한 까닭이다.

— 『악학궤범』

윗글은 바로 『악학궤범』의 서문이다. 따라서 편찬 의도나 주요내용, 그리고 대강의 체제 등이 간결 명료하게 제시되어 있다. 우선 윗글에는 음악이 유실되는 것을 막기 위해 『악학궤범』이 만들어졌다는 편찬경위가 드러나 있다. 이 책의 완성으로 예전의 음악적 양식이나 제도를 부활시키는 데 큰 도움이 되었다. 이 책은 없어진 음악을 복구하는 실용적인 면에서뿐만 아니라 학문적인 연구에도 크게 기여할 수 있는 자료이다. 이토록 명확하고 구체적인 문헌을 기준으로 그 이전과 이후의 음악적 양상을 비교하고 그 변모과정을 살핀다면 충실하게 음악사를 이해할 수 있을 것이기 때문이다.

물론 이 책 이전에도 세종 때 박연에 의해 음악서 편찬의 건의가 있었으나 완성되지 못하였다. 『악학궤범』은 박연이 계획했던 악률·악조·악기뿐만 아니라, 춤·악기설치대·도구까지도 당시의 상태로 자세히 기술하였다. 따라서 이 악서는 우리 음악의 변모나 흐

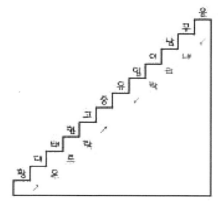

국악에 필요한 음 산출의 기준이 되는
삼분손익법 이론

름보다도 당시의 음악적 현실을 그대로 제시하는 데 초점을 두었다는 특징을 지닌다. 가령 악기의 재료와 치수를 적고 게다가 그림까지 덧붙여 놓았는가 하면, 악기의 연주법까지도 그림으로 설명하고 있어, 그림만 보아도 악기의 형상을 이해하거나 악기를 연주할 수 있을 정도로 소상히 기록되어 있다.

『악학궤범』은 이러한 항목들을 아악·당악·향악으로 분류하여 체계를 세웠고, 또 그 근본이 되는 율조를 맨 처음에 중요하게 다루었기 때문에 의식(儀式)에 관한 책의 체재를 벗어나 음악서로서의 체재를 갖추었다고도 볼 수 있다. 기본적인 음척을 삼등분하여 그 삼분의 일만큼을 빼서 다음의 음을 만들고, 다음에는 새로 만들어진 음을 삼등분하여 그 삼분의 일만큼을 더하는 '삼분손익법'이라는 동양음계의 구성방법에 주목할 만하다.

요컨대 『악학궤범』은 우리나라에서 처음으로 궁중의식에서 연주하던 아악·당악·향악을 포괄하여 음악에 대한 이론, 악기에 대한 설명, 음악에 대한 형식과 궁중무용인 정재, 음악을 할 때 입는 옷에 대한 것에 이르기까지 음악에 관한 여러 사항을 그림으로 풀어서 설명한 음악서이

다. 『악학궤범』은 조선시대 음악의 지침이 되었음은 물론 고려악의 역사를 이해하는 데도 귀중한 문헌일 뿐만 아니라 음악에 관한 한 오늘날까지도 매우 중요한 가치를 지니고 있다.

현존 최고본은 일본에 있는 봉좌문고에 있는 것으로 임진란 이전의 것으로 추정되며 우리나라에서의 최고본은 만력 38년(1610)의 태백산본이다. 태백산본은 현재 서울대학교 도서관에 있다.

# 제3장 순수를 지향하는, 미술

대체로 그림에 있어 산수화보다 더 어려운
것이 없으니, 그 경치가 크기 때문이다. 또 진
경(眞景)을 그리는 것보다 더 어려운 것이 없
으니, 비슷하게 그리기가 어렵기 때문이다.
또 우리나라의 진경을 그리는 것보다 더 어려
운 것이 없으니 그 본디 경치를 잃은 것을 덮
어 숨기기가 어렵기 때문이다.

— 강세황, 『표암유고』 권두화첩에서

심사정의 초충도

## 1. 기교가 없는, 한국미술

일반적으로 미술이라는 것이 선이나 색, 조형 등을 사용하여 아름다
움을 표출하고 싶은 인간의 본능과 욕구를 충족시키는 수단이라 볼 때,
우리 미술의 기원은 민족의 역사와 더불어 시작되었다고 하겠다. 신석
기시대의 빗살무늬토기나 짐승의 뼈로 만든 장신구라든가, 청동기시대
의 공예품이나 울산 반구대에 있는 암각화 등이 이러한 사실을 증명한

울산 반구대 암각화

다. 특히 국보 제285호인 반구대 암각화는 고래사냥 모습 등 선사시대의 일상을 보여주는 인물과 동물 231점이 새겨진 바위그림으로 세계문화유산 등록이 추진되고 있다. 한국미술에는 지리적으로 가까운 선진 한족문화뿐만 아니라 시베리아와 만주 등 변두리에서 접촉한 고대서북방계 여러 유목민족의 문물과 불교의 흐름을 타고 서역과 중국을 거쳐서 파급되는 인도미술, 그리고 페르시아를 비롯한 서남아시아 미술과 헬레니즘을 타고온 그리스적인 서방미술양식도 단계적으로 반영되어 왔다.

그러나 한국미술에는 민족고유의 기질에서 오는 특이한 표현법과 감각으로 외래양식의 토착화가 늘 재빠르게 이루어져왔다. 그리하여 한국미술은 거칠고 대범한 표현 속에 색채가 담담하고 소박하며 억지와 기교가 없는 순리의 아름다움이 특색을 이루고 있다. 서양의 그림을 보면 화폭이 꽉 채워져 있으나 우리의 그림에는 붓이 가지 않은 빈 공간이 많다. 뿐만 아니라 형태가 온화하고 색채가 청초하며 솜씨나 태도가 순박하다.

예술의 원천이 휴머니즘이요, 서양미술도 기본적으로 인본주의에 바탕을 둔 이성과 완벽함을 그리고 형식을 중요시했다. 그러나 우리 미술은 보는 사람의 감정을 긴장시키지 않는 자연스러움과 인간적 덕성을 내포한다. 인간적인 것을 뛰어넘는 완벽한 균형보다 자연과 조화로운 경지를 가장 아름다운 것으로 여기는 속 깊은 우리 민족의 특질 때문이다. 특히 자연친화적인 미의식에 있어 가까운 중국이나 일본의 것과 차이가 있다. 자연을 압도하는 중국의 거대한 조형미나 자연을 작은 그릇에 담는 일본의 극도의 절제미와 달리 우리의 경우 자연 속에 순응하는 인간적인 미 자체이다.

이렇듯 민족적 자질에서 도출되는 고도의 미술세계에 도달하기 위해서는 치열한 정신적 갈등과 극복의 의지 없이는 불가능하다. 신숙주는 그림을 구경하는 자는 능히 대상의 순수하고 우아한 것으로써 나의 성정을 즐기고 대상의 호탕하고 분발한 것으로써 나의 기운을 기르면 어찌 유익함이 적다 하리오라고 말한 바 있다.


## 2. 장승업, 칸영화제에서 다시 태어나다

설화에 의하면 당나라의 천재적인 화가 오도자(吳道子, 685~758)는 황국(皇國)의 거대한 벽화를 다 그린 뒤 벽화 속 문을 열고 그림 속으로 사라졌다고 한다. 동양에서 자연은 그 자체가 예술인 것이다. 진정 한국의 예술에는 형식이나 기교에 얽매이지 않고 자연의 순리를 거역하지 않는 작풍(作風)이 있어 사람의 긴장을 풀어 주며 마음을 안정시켜 주는 매력이 있다. 그러나 가장 자연스러운 것은 고도의 훈련을 거쳐야만 이뤄낼 수 있는 가장 어려운 작업의 산물이다.

우리의 예술적 아름다움은 혼신의 노력과 고통에서 나왔다. 2002년 제55회 칸 국제영화제 감독상 수상의 〈취화선(醉畵仙)〉을 보노라면 그림에 삶 전체를 바치며 괴로워했던 조선후기 화가 장승업(張承業, 1843~1897)에게서 임권택 감독의 모습이 보인다. 칸 국제영화제에서 한국영화 역

화가 장승업을 다룬 영화 취화선

사상 최초로 최우수감독상을 수상하였고 40여 년간 100편 이상 작품을 만들며 예술혼을 불지른 세계적인 거장 임권택은 "아직 영화 만들기 힘들다."고 한다. 뿐만 아니라 장승업은 영화의 마지막 장면에서 불가마 속으로 들어가 그 자신이 그릇 위 그림 속 작은 배의 사공이 되어 버린다.

이렇듯 우리의 예술가들은 예술의 원형인 자연에 가까이 가고자 고뇌에 찬 삶을 살아야 했다. 손으로 만드는 예술이 아니라 가슴으로 만드는 예술이기 때문에 우리의 예술은 자연스러울 뿐만 아니라 우아하면서도 인간적이다. 그러므로 한국의 미는 외적 표현을 넘어서는 내면의 정신적인 것이라 하겠다.

한국 영화계의 거장 임권택 감독

제55회 칸영화제에 〈취화선〉으로 장편 경쟁부문에 오른 임권택 감독이 칸영화제에서 감독상을 수상한 것은 한국 역사상 최초일 뿐 아니라 한국영화 1세기 만에 이룬 쾌거다. 비록 황금종려상을 차지하지는 못했지만 임 감독의 연출력이 세계적인 평가를 받은 것이며, 한국영화의 위상을 높였다는 점에서도 의미가 자못 크다. 메이저 영화제 중에서도 최고로 꼽히는 칸영화제에 〈춘향뎐〉에 이어 연거푸 진출한 임 감독이 세계 거장들과의 경연에서 마침내 개가를 올렸다. 그야말로는 임 감독 개인의 영예에 그치는 것이 아닌, 한국영화계의 경사이자 한국문화 전체의 영광이다.

물론 임 감독의 2002년 수상은 출품작 〈취화선〉의 빼어난 영상미와 완성도를 평가 받은 결과이다. 하지만 우리 민족의 핏속에 면면히 흐르고 있는 '인본주의'에 기반을 둔, 정직한 장인정신을 지닌 임 감독의 철학과 경륜이 빛을 발한 것이다. 베니스, 베를린과 더불어 칸은 오래 전부터 임 감독을 주목해왔고, 미국의 아카데미도 이전에 〈춘향뎐〉[73]을 극찬한 바 있다. 따라서 2002년 트로피는 한국적인 소재를 파고든 임 감독의 투철한 영화정신과 연출기법과 영상언어가 세계적인 보편성으로 인증 받은 것이며, 한국영화 전반에 자신감을 불어넣는 계기를 마련했다는 점에서 더욱 뜻 깊은 일이다.

## 3. 역동과 열정의, 고분과 벽화

고구려의 호방하고 진취적인 민족성은 예술에도 그대로 반영되어 고분(古墳)[74]과 같은 웅건한 건축이 발달되었다. 특히 412년에 건립된 중국 지린성(吉林省) 지안현(輯安縣) 퉁거우(通溝)에 있는 장군총(將軍塚)은 이집트

중국 지린성 지안현의 장군총

의 피라미드와 비슷한 거대한 돌무덤이자 화강석을 7층으로 쌓아 올린 건축물이다. 그리고 고구려에서는 불상조성이나 기와·벽돌의 무늬장

---

73 2000년 임권택 감독은 〈춘향뎐〉으로 한국영화 최초로 장편 경쟁부문에 초청되는 영예를 안았다.

74 파르테논 신전의 건축을 알아야 거기에 있는 조각이 이해되듯이 서양미술사에선 건축이 나머지 조건들을 좌우해왔지만 우리는 고려시대 전의 목조건축이 한 점도 남아 있지 않고, 서양미술과는 달리 고분미술이라는 엄청난 장르가 있다고 유홍준 교수는 말한다.

지안현 무용총의 수렵도

식에 따른 조각기술의 발달 등으로 새로운 조형미술이 등장하게 되었다. 또한 장신구나 그릇 같은 귀중한 공예품도 매우 많았음을 고분에서 출토되는 부장품을 통해서 알 수 있다.

고구려의 사신도(四神圖)·수렵도(狩獵圖)와 같은 고분벽화, 즉 무덤그림의 강인한 선과 약동하는 구도에서는 힘과 정열을 느낄 수 있다. 고구려 고분벽화는 3세기 말에서 7세기 중엽까지 제작되었으며 고구려의 옛 수도였던 만주 지안(集安)과 평양 일대에 주로 집중되어 있다. 백제나 신라와 달리 지금까지 평양과 만주 등에서 발견된 고구려 고분벽화는 100여 기(基)가 알려져 있고, 그 중 63기가 유네스코 세계문화유산으로 지정되어 문화적 가치를 널리 인정받고 있다. 벽화의 내용은 대체로 생활풍속, 장식무늬, 사신도 등이다.

이 중 사신도와 관련해 볼 때, 청룡·백호·주작·현무를 뜻하는 사신은 동서남북의 네 방위와 사계절, 하늘 사방의 28별자리와 관련된 상상 속의 동물이다. 초기에는 해와 달, 별자리, 신령스러운 동물, 연꽃 등과 함께 하늘세계를 이루는 요소로 벽화에 등장하다가, 6세기 이후에는 방위신과 무덤 주인의 수호신으로 무덤 벽면에 단독으로 표현되었다. 강서대묘의 사신도가 대표적이다. 강서대묘의 사신도는 신비한 색감과 생동감으로 고구려벽화를 세계적으로 알린 걸작품이다.

벽화에 그려진 그림은 적색, 청색, 황색, 녹색 등 색깔이 다양하며 내용도 사신을 비롯하여 천체, 연꽃장식, 인물, 풍속 등 다양하다. 대체로 풍속화가 먼저 등장했고 사신도와 풍속화가 공존하다가 나중에는 사신도로 통일되었다. 고구려벽화는 중국의 육조나 당 초기의 높은 회화수준에 뒤지지 않을 뿐만 아니라 일본의 다카마쓰쓰카(高松塚)벽화 등 일본 고대회화 발달에 크게 영향을 줄 만큼 격조 있는 것이었다. 담징이 일본 나라(奈良)의 호류지(法隆寺)에 있는 금당벽화를 그린 사실은 우리가 익히 알고 있다.

일본 나라현의 다카마쓰쓰카벽화

## 4. 백제미술의 걸작, 금동(용봉)대향로 · 서산마애삼존불

금속공예품으로서의 금동향로는 백제문화의 본질에 접근하는데, 1993년 12월 충남 부여 능산리고분에서 발굴된 백제금동대향로 역시 성왕의 아들 위덕왕이 아버지를 추모하여 만들었다. 능산리 유적은 성왕을 기리기 위한 원찰인 불교사원이 세워졌던 장소다. 백제금동대향로에 우뚝 서있는 봉황은 성왕이 출현해 새로운 질서를 세우고 태평성대를 구가하는 이상세계를 상징하는 것이 아닐까 한다.

동북아시아 최상의 백제금동대향로

국보 287호의 작품으로서 백제문화의 우수성과 독창성이 돋보이는 것은 물론 동북아시아에서 출토된 향로 중 최대 걸작으로 평가받고 있다.

능산리 절터의 물구덩이에서 이 엄청난 유물이 모습을 드러냈을 때 세상이 모두 놀랐다. 당시 이규태 〈조선일보〉 논설고문은 동서고금에 이보다 더 정교하고 섬세한 향로는 없을 것이라고 찬탄했다. 높이 64cm나 되는 큰 향로는 유례가 없는데다 촘촘히 표현된 74개의 산봉우리, 6그루의 나무, 12곳의 바위, 39마리의 동물, 16명의 인물상이 보는 이의 넋을 빼앗기에 충분하다. 멀리서 바라만 봐도 이 향로는 탄성과 흥분을 불러일으킨다. 이보다 더 화려할 수 있을까. 받침에선 다리 하나를 치켜들고 있는 용이 갓 피어나는 탐스런 연꽃봉오리를 입으로 받치면서 우아한 곡선을 만들어내고, 뚜껑 꼭대기에는 봉황 한 마리가 날개를 활짝펴고 우아하게 서 있다. 향로의 연기는 봉황의 가슴과 뚜껑에 뚫린 12개의 구멍으로 피어오르도록 고안됐다.

중국 한대의 박산로

백제금동대향로의 기본형식은 중국 한대(漢代) 박산[75]로(博山爐)의 전통을 따르고 있다. 그러나 향로 위에 승려형상이 나타나는 등 불교적 요소를 박산로에 넣은 것은 고대 한국 장인이 지닌 독창성의 발로이며 중국에서는 선례를 찾을 수 없다. 연꽃에 담긴 불교사상과 삼라만상을 음영의 조화로 구현한 도교사상을 절묘하게 결합 표현한 이 명품은 아마도 백제 멸망 당시 누군가 급하게 땅 속에 파묻은 것으로 추정된다.

백제에서도 주로 불상을 대상으로 조각술이 발달했는데, '백제의 미소'로 알려진 국보 84호인 서산 마애삼존불과 국보 128호인 부여의 백

한국문화를 꿈꾸다

75 봉래산 · 영주산 · 방장산 등 삼신산을 말한다.

제금동관음보살입상이 그 대표적인 예이다. 일본 호류지의 고문서인 『성예초(聖譽抄)』가 증언하듯이 현재 호류지의 유메도노(夢殿)에 있는, 그들이 세계에 자랑하는 불상인 구세관음상도 백제의 위덕왕(威德王)이 비참하게 죽은 아버지 성왕(聖王)을 기리기 위해 만들었다는 그 불상으로서 백제에서 보낸 것이리라. 불상의 높이가 179.9cm이며, 녹나무(樟木)로 조각하여 금박을 입힌 목조불이다.

백제의 미소로 불리는 서산 마애삼존불상

이렇듯 오늘날 한국인들이 경탄하는 백제의 아름다움과 만날 수 있는 것은 대부분 지난 50년간에 있었던 다섯 차례의 발굴 덕택이다. 1959년의 서산 마애삼존불, 1971년의 무령왕릉, 1993년의 금동용봉대향로, 2007년의 왕흥사 사리함, 2009년의 미륵사 순금사리호 등이 그 결과물이다.


## 5. 세계인들이 찬탄하는, 금동미륵보살반가사유상

부처님이 출가하기 전 인생의 무상함을 느껴 고뇌하던 명상의 자세에서 비롯한 것이라는, 불교적 조형물인 금동(金銅)미륵보살반가사유상은 세계인들을 경탄케 하고 있다. 우리나라에 현재 전해지고 있는 20여 구쯤 되는 반가상(半跏像, 오른발을 왼쪽 무릎 위에 걸친 모습) 가운데서도 삼국 말에 제작된 국보 83호에 해당하는 것이 무엇보다 주목을 받는다. 이 반가상은 높이가 90.9cm 정도밖에 안 되는데, 세 개의 산

금동미륵보살반가사유상
(국보83호)

처럼 솟은 삼산관(三山冠)을 썼고 얼굴은 아직 젖살이 빠지지 않은 소년처럼 통통하다. 상반신에 전혀 옷을 걸치지 않는 등 순수하며 눈과 입가에 미소를 머금은 한국인의 전형적인 얼굴의 특징을 잘 나타내고 있다. 우리나라 불교 유물 가운데는 자비로운 미소를 짓고 있는 불상이 유독 많다. 그 중 이 금동미륵보살 반가사유상, 경주 토함산의 석굴암 불상, 충남 서산의 마애삼존불상은 세계에서 가장 아름다운 불상으로 손꼽힐 정도이다. 입체성과 부드러움이 빼어난 이 금동미륵보살반가사유상은 1979~1981년 미국에서 순회전시한 '한국미술 5천년전'에도 출품된 바 있으며, 프랑스 파리에서 '한국미술전시회'가 열렸을 때 관람객들이 이 반가상 앞에 몰려들어 화제를 모은 일이 있다.

교토 최고(最古)의 사찰 코류지

무엇보다 우리의 이 반가상은 일본에 전해져서 크게 유행하였다. 7세기 초 일본 교토(京都)[76]에 세운 한국이주민의 절 코류지(廣隆寺)의 영보전(靈寶殿)에 소장된 일본 국보 1호[77]인 목조(木彫)미

---

76 교토는 나라에 뒤이어 794년부터 수도로서 일본의 중심지가 되었다. 2차세계대전 때 미국이 폭격을 자제할 만큼 천년 수도로 유명하다. 특히 교토에 가면 도요토미 히데요시(豊臣秀吉)를 모시는 풍국(豊國) 신사 앞에 임진왜란 때 베어간 조선인들의 귀를 묻은 무덤, 즉 이총(耳塚)이 있다. 가부키의 주인공 중에는 억울하게 죽은 사람이 많은데 이 이총에 묻힌 조선인들도 그 이야기에 등장한다고 한다.
77 요즈음은 문화재에 번호를 매기지 않는다.

륵보살반가상은 우리 국보 83호 미륵반가상과 아주 닮아 있다. 『일본서기』에 의하면 신라에서 건너간 한국인집단 우두머리인 하타노 가와카쓰(秦河勝)가 일본불교의 아버지라 불리는 쇼토쿠태자를 추모해 603년에 신라로부터 불상을 들여와 자신이 건립한 코류지에 안치한 것으로 추정된다. 1960년 일본 교토대학 미술학부 학생이 불상의 아름다움에 반해 끌어안고 포옹하다 불상의 손가락 하나가 부러져 곤혹을 치른 적이 있다. 독일의 실존주의 철학자 칼 야스퍼스(Karl Jaspers, 1883~1969)가 1945년 일본에 가서 이 불상을 보고 감동한 것으로도 유명하다. 손가락 하나가 부러진 그 사건을 계기로 일본에서 나지 않는 적송(赤松)임이 밝혀지기도 했는데, 『일대요기(一代要記)』에 의하면 신라의 미륵불교를 일본에 전파하기 위하여 진평왕이 일본 스이코여왕에게 보내주었던 것 중의 하나이다.[78]

한편 6세기 말 고구려 또는 신라에서 제작된 이 국보 78호의 미륵보살반가상은 해와 달이 결합한 화려한 관을 쓰고 있으며, 두 가닥의 장식이 양쪽 어깨까지 곱게 늘어져 있다. 몸에는 긴 천의(天衣)를 둘렀는데, 부드러우면서도 탄력적으로 보인다. 심오한 표정과 균형 잡힌 자세에 아름다운 옷 주름이 인상적인 삼국시대의 대표적인 반가사유상이다. 가느다란 듯 힘이 넘치는 신체의 곡선, 옷 자락과 허리띠의 율동적인 흐름,

---

78 동북아역사재단 이사장인 정재정(역사학) 교수는 1990년대 초 일본 지바현(千葉縣)에 있는 초등학교 어린이들로부터 편지를 받았다. "일본 국보1호 보관(寶冠)미륵보살반가사유상이 한국 국보 금동미륵보살반가사유상을 빼닮아 누가 만든 것인지 궁금하다"는 내용이었다. 정 교수는 모양이 백제양식이고 재질도 한반도에 자라는 적송이어서 백제계 불상일 것이라고 답해 줬다. 두 쯤쯤 뒤 어린이들이 "일본에도 적송이 자생했다"는 반론의 글을 보내왔다. 의외의 반격에 놀란 정 교수는 『일본서기』를 비롯한 문헌 근거를 인용하여 재반론을 폈다. 편지가 몇 차례 더 오고간 끝에 한반도의 문화가 일본 고대국가 건설과 문화 발전에 막대하게 끼친 영향을 확인하는 선에서 마무리됐다. 흔히 이 불상은 고대 한국문화의 일본 전파를 입증하는 대표적인 유물로 여겨진다.

80cm나 되는 높이를 겨우 2-4mm 두께로 유지한 고도의 주조기술 등이 놀랍다. 미술사학자 강우방 전 국립경주박물관장은 "언뜻 고요해 보이지만 위대한 보살정신의 생명력을 역동적으로 표현한 기념비적 작품"이라고 말한 바 있다.

1998년 6월 뉴욕 메트로폴리탄 미술관 한국실 개관 기념전에 전시된 적이 있으며, 2009년 로스앤젤레스카운티미술관(LACMA) 한국관 재개관 때도 전시되어 폭발적인 반응을 일으켰다고 한다. 신라시대 미륵불의 절정이라 할 수 있는 이 조각물들은 자연스런 미소를 머금고 수인(手印)을 취하지 않아 더욱 인간적인 면모를 보여준다. 한국불상들이 지닌 표정의 특징은 이렇듯 친근한 미소를 짓는 것이었다.

신라에서는 금은으로 만든 귀걸이, 신발, 패물 등 각종 장식 공예품들도 만들어져 다채로운 미술문화를 느끼게 하고 있다. 경주 금령총(金鈴塚)에서 출토된 기마(騎馬)인물형 토기 2구는 국보 91호로서 국립박물관에서 파는 엽서의 사진으로만 수없이 팔려나갔고, '한국미술 5000년 전'에서도 주목을 받았다.


## 6. 조형 건축예술의 극치, 석굴암

통일신라 때는 무엇보다 불상의 조성이 번창하게 되었는데, 그 대표작인 경주 토함산의 석굴암(石窟庵)은 우리나라 불교미술의 최고 경지를 보여준다. 미국 각 대학에서 가르치는 극동미술사는 인도에서 중국을 거쳐 일본으로 간 모든 시기의 모든 예술품을 다루면서 한국에 관해서는 오직 석굴암 하나에만 주목하고 있다.

석굴암은 경덕왕 때 재상이던 김대성(金大城)이 전생의 부모를 위해서 735년에 세웠다고 한다. 석굴암은 인도의 아진타, 중국 둔황·윈강(雲

崗) · 룽먼(龍門) 석굴[79]과 어깨를 나란히 하는 세계적인 석굴사원이다. 흔히 중국과 인도의 석굴을 조각에 비하면서 당당히 우리의 석굴암을 건축으로 규정하곤 한다. 자연석을 뚫어 굴을 만들지 않고 360여 개의 돌을 다듬고 짜 맞추어 내부 공간을 마련한 뒤 바깥 부분을 흙으로 덮어 만든 인공석굴은

둔황 막고굴의 상징인 96굴의 입구

전 세계적으로 오직 석굴암뿐이다. 일제가 본존상의 이마를 가리는 홍예석(虹霓石)을 끼워 놓고 1913년경 석굴암을 해체하고 석실 주변의 흙과 돌을 벗겨내는 수난도 겪은 바 있다.

초대 조선총독 데라우치 마사타케(寺內正毅)는 석굴암을 둘러보고 대대적인 보수를 지시했다. 창건 후 처음 석굴암을 해체한 뒤 다시 정비하는 큰 공사가 1913년부터 3년 동안 벌어졌다. 일제는 석굴을 보호한다며 콘크리트로 두께 2m의 외벽을 세웠다. 공사가 끝나자 석굴 안에 물이 차고 이끼가 끼기 시작했고, 일제는 다시 증기를 뿜어 이끼를 씻어 냈다. 석굴암의 보존 · 관리는 해방 후에도 제대로 이루어지지 않았다.

---

79 중국 간쑤성(甘肅省) 둔황(敦煌)의 막고굴(莫高窟), 산시성(山西省) 다퉁(大同)의 운강석굴, 허난성(河南省) 뤄양(洛陽)의 용문석굴은 중국의 3대 석굴이다. 洛陽은 발음이 '떨어지는 태양'을 뜻하는 '落陽'과 같다고 해서, 은근히 미신을 좇는 마오쩌둥이 한 번도 뤄양을 방문한 적이 없다고 하는 곳이며, 우리 백제의 의자왕의 묘와 고구려 연개소문의 아들 천남생(泉男生) 일족의 무덤이 있는 곳이다. 한편 간쑤성 둔황의 막고굴, 쓰촨성(四川省)의 아미산에 있는 낙산대불(樂山大佛), 충칭(重慶)의 대족석각(大足石刻)은 세계유산에 등재된 3대 불교 석굴석각이다.

세계최대의 석각불상인
낙산대불

정교하고 아름다운 석굴암 본존불상

1957년 "펄펄 끓는 수증기 세례에 다박솔로 문질러댄 석굴암"이라는 보도가 나왔다. 증기 세척을 하청 받은 업자가 '한 자 이상 떨어져서 작업해야 한다'는 원칙을 전혀 지키지 않았던 것이다. 결국 또 다시 석굴암 보수공사를 하기로 했다. 1963년에는 습한 공기가 들어가지 않도록 석굴 앞에 목조건물을 세웠다. 그러나 습기는 없어지지 않았고, 이에 에어컨을 설치하고 관람객의 내부 출입을 금하기에 이르렀다.

경주의 석굴암은 경이적일 만큼 기하학적으로 건립되었으며, 8세기 중엽 조각기술의 절정을 보여주고 있다. 석굴암 본존불에 숨은 정교한 조형기법은 안정감과 더불어 아름다움의 극치를 보인다. 특히 "석굴암 본존불상은 상식을 깨고 비대칭 구도로 만들어져 사람들이 보는 각도에 따라 다르게 보였던 것이라"고 2004년 손연칠(불교회화) 교수는 말한 바 있다. 손 교수는 현재의 뛰어난 기술로도 어렵다던 석굴암 본존불상(국보 24호)을 재현하는 데 성공했다. 3년간의 노력 끝에 본존불이 비대칭 조형기법으로 만들어졌다는 사실을 밝혀내고, 최근 금동제 조각으로 축소 제작해 낸 것이다. 좌상으로 된 본존불은 좌우의 무릎크기가 같지 않을 뿐만 아니라 어깨의 높이와 넓이, 귀의 높이와 크기도 달랐다. 또 이마의 높이와 넓이도 좌우가 다르며, 눈썹의 휘어진 각도와 길이뿐 아니라 눈의 크기와 눈동자의 표현에서도 현저한 차이가 있는 사실을 그는 발견했다.

석굴암은 건축물로서 설계와 시공 면에서 탁월한 재능을 보여줄 뿐만 아니라 경도가 높은 화강암을 재료로 쓰고 있다는 점에서 세계적이다.

보통 세계인들이 찬탄하는 조각들은 석회석이나 대리석을 쓰기 때문에 제작이 수월한 데 비하여 석굴암은 아주 단단하고 잘 쪼개지는 재질의 돌을 사용했기 때문에 제작에 어려움이 컸을 것이다. 그럼에도 불구하고 조각술에 있어 섬세하고 우아함의 극치를 보였기에 국보 24호인 우리의 석굴암이 1996년 세계문화유산으로 선정된 것이다.

## 7. 범종의 비천상과, 김생의 글씨

통일신라기에는 조각과 건축뿐만 아니라 범종이나 사리장치, 토기, 기와, 벽돌 등의 공예품에 이르러서도 세계 어느 곳에 내놓아도 손색이 없는 걸작품들이 많이 만들어졌다. 성덕왕 24년(725)에 제작된 오대산의 상원사종(上院寺鐘)은 우리나라 현존하는 범종 중에서 가장 오래되었을 뿐만 아니라 소리도 청량하며, 공후·생황·비파를 연주하는 모양이 아름답기로 유명하다. 그러나 이미 깨져 칠 수 없이 되었다.

한국 최고(最古)의 상원사종

봉덕사종이라고도 하는 성덕대왕신종은 소리가 크고 아름다울 뿐만 아니라 종의 양쪽에 우아하게 새겨져 있는 비천상(飛天像) 한 쌍, 즉 향을 올리며 승천하는 공양 비천상의 아름다운 외양만으로도 세계적으로 유명한 것이 되어 있다. 이 종의 몸체에 새겨져 있는 1037자의 긴 명문(銘文)

세계적인 성덕대왕신종의 비천상

의 첫머리를 보면 "종소리란 진리의 원음(圓音)인 부처님의 목소리"라고 되어 있다. 성덕대왕신종은 우리의 과학과 예술이 하나되어 이뤄낸 아름다움의 극치라 할 수 있다. 특히 신라의 범종은 꼭대기 종뉴에 새겨진 용과 종 표면에 튀어나온 9개의 유두 등 외국 것과는 다른 특징을 지니고 있다.

김생의 글씨를 모아 제작한
백월비

글씨에 있어서는 중국의 서체 특히 자획의 짜임새가 방정하고 근엄한 구양순(歐陽詢, 557~641)의 해서풍을 독창적으로 응용하며 한국의 개성이 뚜렷한 서풍을 창안하기도 했다. 성덕대왕신종에 새긴 글씨는 당나라의 청고한 서체를 중후한 맛이 나게 변형시킨 것으로 유명하며, 진(晉)나라 왕희지(王羲之, 321~379)의 행서체에 능한 해동의 서성(書聖) 김생(金生, 711~791)이 출현하여 서예문화를 발전시켜 나갔다. 김생의 글씨는 한 획을 긋는데도 굵기가 단조롭지 않고 변화무쌍하며 글자의 짜임새에 있어서도 율동적인 효과를 살려 음양안배의 조화를 보여주고 있다. 추사 김정희가 손수 탁본을 떴다는 기록이 있는 유일한 자료인 백월비(白月碑)는 신라 말 낭공대사의 행적을 기록한 것으로, 김생의 글씨를 모아 만들었다.

# 8. 선묘의 사랑을 간직한 부석사와, 불상·불화

고려시대에는 국가적인 불교옹호정책에 따라 배흘림기둥으로 유명한 영주 부석사(浮石寺)의 무량수전(국보 18호)을 비롯하여 봉정사의 극락전(국보 15호), 예산 수

한국 최고의 조형미를 자랑하는 영주 부석사 무량수전

덕사의 대웅전(국보 49호)[80] 등의 목조건축물과 함께 오대산 월정사의 8각 9층 석탑, 부석사 무량수전 안에 있는 소조여래좌상(塑造如來坐像) 등 불교적인 조형미술의 융성을 보게 되었다.

의상(義湘, 625~702)에 대한 당나라 여인 선묘(善妙)의 애절한 사랑을 담은 전설[81]이 깃든 부석사에 있는 무량수전은 우리나라에서 아주 오

---

80 절의 신앙대상이 석가불이면 본당의 명칭이 대웅전이고, 아미타불이면 극락전 또는 무량수전이고, 미륵불이면 미륵전이며, 비로자나불이면 대적광전(大寂光殿)이다. 그 밖에도 관세음보살을 모신 원통전(圓通殿), 지장보살을 모신 명부전(冥府殿), 16나한이나 500나한을 모신 영산전(靈山殿) 등이 있다. 나한(羅漢)은 아라한(阿羅漢)의 줄임말로서 부처의 바로 아래 단계의 깨달은 고승을 가리킨다. 즉 소승불교에서는 수행자가 오를 수 있는 가장 높은 수준에 있는 자이며, 대승불교에서는 석가로부터 불법을 지키고 대중을 구하라는 명을 받은 최고의 깨달음을 얻은 성자이다. 우리나라에는 삼국시대 이후 중국에서 나한신앙이 전래됐다. 나한은 불·보살상과 달리 틀에 매이지 않는 게 특징이어서 숫자도 16나한, 500나한, 1200나한 등 다양하고 모습도 제각각이다. 조선전기 나한도는 나한 한 명당 한 폭씩 그려지는 형식이었고, 조선후기에는 〈16나한도〉가 유행했다.

81 의상대사가 당나라에서 돌아와 절을 지으려 할 때 도적들이 방해하는 것을 알고 그를 사모하던 당의 선묘가 따라와 조화를 부려 큰 돌을 세 번이나 공중에 뜨게 하여 도적들을 물리치고 절을 짓게 했다. 부석사의 유래가 된 전설을 간직하고 있는 '부석(浮石)'이라 새긴 바위가 지금도 부석사 무량수전 뒷편에 자리잡고 있다.

한국 최고(最古)·최대 소조상인
아미타여래좌상

래된 목조건물[82] 가운데 하나이며, 국보 45호인 아미타여래좌상은 현존하는 우리나라의 소조상 중에서 가장 크고 오래된 불상으로 매우 소중한 작품이다. 특히 고려전기 불상조각은 통일신라에서 볼 수 있었던 세련된 미적 완결성은 점차 사라지고 크고 소박한 모습을 보이다가 고려후기로 넘어가면서 우아하고 귀족적인 아름다움을 뽐내게 되었다.

현재 국내에 전해지고 있는 고려시대의 벽화로는 몇 가지가 있으나 부석사 조사당(祖師堂, 국보 19호)의 보살상 벽화가 회화적인 격조 면에서 이 시대의 벽화를 대표한다고 할 수 있다. 너무나 안타깝게도 지금 고려불화는 160여 점밖에 남아 있지 않다. 그나마 130여 점이 일본에, 20여 점이 미국과 유럽에 있으며, 이 땅엔 10여 점밖에 없다. 국내에 있는 10여 점은 최근 외국에서 구입한 것이다. 일본에 많은 것은 일본에서 수입하거나 일본사신에 대한 증여품으로 건너갔을 가능성이 크며, 고려말 왜구의 약탈이나 조선의 임진왜란 때 유출된 것도 적지 않을 것으로 추정한다.

---

82 현재 삼국 및 통일신라시대 목조건축으로 남아 있는 것은 없다. 고려시대 목조건축으로는 봉정사 극락전, 수덕사 대웅전 이외에 부석사 무량수전과 조사당, 강릉 객사문 등 남한에 5채가 있고, 북한에는 황해도에 성불사 응진전(應眞殿)과 심원사(心源寺) 보광전(寶光殿) 2채가 남아 있다.

현존 최고(最古)의 목조건물인 안동 봉정사 극락전

고려불화는 당대 원나라 문헌에 "화려하고 섬세하기 그지없다."는 기록이 있을 정도로 유명하다. 그 중 가장 뛰어난 것은 〈수월관음도(水月觀音圖)〉[83]이다. 보타낙가산(普陀洛迦山)의 금강대좌에 결가부좌하고 앉아 선재동자(善財童子)의 방문을 맞이하는 관세음보살을 그린 것으로 무엇보다도 그 복식의 표현이 압권이다. 아름다운 무늬를 금박으로 수놓은 붉은 법의(法衣)에 흰 사라를 걸친 모습인데 속살까지 비치게 그렸다. 고려불화를 보면서 많은 사람

고려불화를 대표하는 수월관음도

들은 한국문화의 특징에 대해 검소함과 소박함이 아닌, 오히려 화려함과 우아함을 말하기도 한다. 사실 검소함과 소박함이라는 것은 조선시대의 특징이라 할 수 있다.

한편 오늘날 고려불화가 세계최고의 종교미술품으로 평가받는 것은 이런 기교성·예술성 때문만이 아니라 거의 목숨을 걸다시피 전력을 다해 그린 정성스런 마음 때문이라 생각한다. 우리는 국가에 재앙이 닥치면 절에 부처그림을 바치고 국난극복을 기원했다. 관음보살도를 바치는 의식이 열리고 그 곳에서 낭독된 축원문이 『동국이상국집』에 전한다.

---

83 그림의 중앙에 서 있는 관음보살은 21세기 한국미를 대표할 만큼 8등신의 매력적인 몸매를 가졌다. 더 감동스러운 것은 관음의 오른발 밑으로 작게 그려진 선재동자의 모습이다. 이 구도는 화엄경에 나오는 유명한 내용에 따른 것이다. 선재동자는 깨달음을 얻기 위해 53 선지식을 찾아가는 순례길에서 스물여덟번째로 세상의 아픔과 괴로움을 모두 품어주는 관음보살을 만난다. 선재동자는 간절하게 관음보살을 쳐다보며 삶의 법을 찾고 있고, 관음보살은 버들가지와 청수를 들고 자비로운 모습으로 선재동자를 내려다보고 있다.

## 9. 황제가 칭찬한 이녕, 조맹부를 능가한 이암

고려시대 화가로는 시인 정지상[84]이 산수화·화훼(花卉)그림의 명수였고, 공민왕은 북송원체(北宋院體) 그림을 닮은 산수화·인물화·화훼 그림에까지 뛰어난 예술가였음을 들 수 있다. 그리고 직업화가였던 이녕(李寧)은 풍경화로 명성을 떨쳐 송나라에 갔을 때 그의 〈예성강도(禮成江圖)〉·〈천수사남문도(天壽寺南門圖)〉 같은 작품은 북송의 원체화단을 이끌어온 휘종황제로부터 칭찬을 받았다는 기록이 『고려사』에 남아 있다. 불세출의 화가요 서예가였던 휘종은 "고려에서는 이녕만이 묘수"라고 극찬했다.

고려시대에 이르면서 서예는 지식인이 갖추어야 할 덕목 가운데 하나로 인식되었을 뿐만 아니라 기반도 확고해졌으며, 여러 사람의 유명한 서예가가 나타나기도 했다. 고려초기에는 통일신라의 영향으로 구양순체가 성행하다가 과거제도가 실시되면서 다양한 서체가 나왔고, 고려중기를 지나면서 행서풍이 유행하며 신라의 김생과 함께 해동의 2대 서성(書聖)으로 불리는 탄연(坦然, 1070~1159)이 등장했다. 탄연은 왕희지[85]체를 우리의 토양과 시대적 감각에 맞게 변형시켜 부드럽고 운치 있는 서풍을 보여주었다.

---

84 뛰어난 재주를 지닌 정지상은 서경(현 평양)의 초라한 가문에서 태어나 편모슬하에 가난과 실의의 청년시절을 보냈다. 후에 과거에 급제하였으나 서경출신자로서 죽을 때까지 낮은 벼슬에 머물렀다.

85 중국 서예사에서 왕헌지는 아버지 왕희지와 함께 '2왕'으로 불린다. 어느 날 헌지가 '큰 대(大)' 자 한자를 써놓고 급히 놀러 나가자 왕희지가 들어와 보고 점 하나를 보태 '태(太)' 자를 만들었다. 헌지가 나중에 이를 어머니에게 보여주자 어머니는 "가운데 점 하나만 잘 썼구나"라고 했다.

고려후기에는 원의 영향으로 조맹부(趙孟頫, 1254~1322)의 서체인 송설체(松雪體)가 유행했는데, 충선왕 때의 이암(李嵓, 1297~1364)이 쓴 문수원 장경비(文殊院藏經碑)는 조맹부를 능가하는 명필로 알려져 있다.

## 10. 자연이 빚은, 조선백자

조선의 공예품으로는 도자기, 목칠공예 등을 들 수 있으나 국초부터 크게 발달한 것은 목칠보다는 도자기 공예다. 조선의 백자에서는 귀족적이며 여성적인 고려자기와 달리 힘과 깊이가 느껴진다. 백자는 청자와 같이 중국에서 처음으로 만들기 시작하여 한국에서는 통일신라말기부터 제작되었다. 그러나 고려시대까지 크게 발전하지 못하다가 조선시대에 이르러 단아하고 품격 있는 제품들이 많이 만들어졌다. 사실, 고려청자나 조선백자가 눈부신 당채(唐彩)나 페르시아 도기(陶器)와는 달리 회청(灰靑)·회백(灰白) 색인 것은 바로 한국의 은은하고 겸허한 미의 투영이라고 하겠다.

고려의 도예기술은 조선의 분청사기[86]·조선백자 등으로 이어졌는데, 그릇표면을 백토(고령토)로 분장하는 분청사기는 15~16세기에 걸쳐 제작되다가 임진왜란을 전후해서 자취를 감추었으나 조선백자는 시대의 흐름에 따라 차차 널리 사용되었다. 한국문화의 정체성을 내세울 물증으로 조선백자만한 것도 드물다고 한다. 조선백자에 심취해 있던 영국의 현대 도예가인 버나드 리치(Benard Leach, 1887~1979)는 "현대 도예

---

86 백토로 분을 발라서 다시 구워낸 분청사기는 조선 초기 경기도 광주일대에 백자를 생산하는 관요(官窯)가 설치되기 이전에 성행했기 때문에 각 지방의 특성과 제작자의 개성이 오롯이 나타나 있다. 청자나 백자에서는 볼 수 없는 자유분방함과 실용적 형태도 매력이다.

가 나아갈 길은 조선도자가 가르쳐 주고 있다"고 말하기도 했다. 자신이 존경하는 백자의 나라에서 개인전을 갖고 싶어 하던 그는 1935년 덕수궁에서 전시회를 열고 강연회를 가졌다.

시대에 따라 형태와 빛깔을 달리하며 조선백자는 조선인의 해맑은 심성과 온화한 정서를 담아냈다. 대한민국 우표로도 발행된 바 있는 국보 107호 '백자철화포도문항아리'는 조선백자를 대표하는 최고의 명작이자 높이 53.8cm의 대작으로 조선백자 중 가장 큰 키에 속한다. 문양으로 꽉 차있는 중국의 백자에 비하더라도 질박하고 여유로운 우리의 백자는 한층 격조를 더하고 있다. 조선시대 사람들이 그것을 사랑한 이유는 백자가 바로 청렴결백의 상징이기 때문이다. 조선백자는 아무런 무늬가 없는 순백자가 대부분을 차지한다. 현재까지 국보로 지정된 조선백자는 모두 19점이다.

자연미로 극찬 받고 있는
백자 달항아리

작고한 수화(樹話) 김환기(金煥基, 1913~1974) 화백은 그의 저서에서 내가 아름다움에 눈뜬 것은 우리 항아리에서 비롯되었다고 말하며 백자송(白磁頌)도 지은 바 있다. 혜곡(兮谷) 최순우(崔淳雨) 화백이 부잣집 맏며느리 같은 후덕함이라고 극찬했던 대로 달항아리(full moon jar)의 매력은 깔끔한 정형이 아니라 어딘가 이지러진 듯한 자연미에서 나온다. 백자 달항아리는 국내외에 20여 점 전해지고 있는데, 그중 국보로 지정된 것이 2점, 보물로 지정된 것이 5점이다. 대영박물관 한국실에는 백자 달항아리 한 점이 있다. 대영박물관에 백자 달항아리를 가져가면서 위와 같이 버나드 리치가 '현대 도예가 나아갈 길을 가르쳐준다'고 했던 것이다.

일본인들은 조선의 그릇은 인간이 아닌 자연이 만든 것이라 했다. 조선 사발은 자연과 가까운 친화성을 가지고 있다. 따뜻하게 끌어당기면서 있는 듯 없는 듯 포용성을 지닌다. 세계 경매시장에서 조선 사발이 비싼 가격으로 팔리는 이유다. 일본은 조선의 이름 없는 도공이 만든 막사발을 가져다 국보급의 문화재로 떠받들고 있다. 사실은 제멋대로 구운 막사발이 아니라고 한다. 임진왜란을 '도자기전쟁', '다완(茶碗)전쟁'이라 부를 만큼 일본은 조선의 선진적인 도자기 제작기술에 대한 선망이 컸으며 조선을 침략하는 한 이유로 삼았다고 한다. 그 당시 도자기 제조기술은 전세계에서 조선과 명나라만이 독점하고 있던 최첨단 기술이었다.

임진왜란 때 강제로 데려간 많은 도공들에 의해 도예기술을 전수받은 뒤 일본의 도자기산업은 세계적 수준으로 비약적 발전을 이룩했다. 도요토미 히데요시(豊臣秀吉)가 다도(茶道)의 스승으로 모셨던 당시 일본 제일의 다인(茶人) 센노 리큐우(千利休)로 하여금 할복자살케 한 이야기는 유명하다. 도요토미가 조선 출병을 앞두고 있을 때 센노 리큐우는 자신과 함께 일한 조선의 송경(宋慶)이라는 도공을 생각하며 그만한 도예(陶藝)가 있는 나라에 칼을 휘두르는 것이 아니라는 소신을 펴다가 죽음을 당한 것이다.

일찍이 5세기 무렵에는 가야의 기술자들이 집단적으로 일본의 긴키(近畿)지방으로 이주하여 일본의 대표적 토기인 스에키(須惠器) 생산을 주도하기도 했다. 오늘날 아리타(有田)는 가마터 160여 개, 도자기 상점 300여 개를 헤아리는 도자기 마을이다. 아리타가 이처럼 도자기

일본의 대표적 토기인 스에키 토기

로 유명해진 것은 바로 이삼평(李參平)이라는 조선 출신의 도공이 있었기 때문이다. 400여 년 전 만해도 이름없는 두메산골에 불과했던 아리타이

다. 이삼평이 이곳에서 자기(磁器)의 원료를 발견한 후 도기(陶器)만 만들던 일본에서 최초로 자기가 생산된 것이다.

사옹원(司饔院)의 분원이 있는 경기도 광주가 가마터로 유명했는데, 19세기 중엽이 되어 일본 사기들이 싼값에 조선 땅으로 밀려 들어오기 시작하면서 분원백자는 경쟁력을 이기지 못하고 가마굴뚝의 연기는 사라졌다.

경기도 광주에 있는 조선관요박물관

2002년 조선관요박물관이 설립되었는데, 이는 조선시대 관요(官窯)가 운영되던 광주에 위치하며, 말 그대로 조선시대에 왕실에 납품하는 도자기 유물들을 전시해 놓은 곳이다. 조선백자를 연구하고 조선관요 유적의 발굴과 학술연구사업, 전통도자문화 교육 등 한국전통도자를 연구하는 전문도자박물관이다. 이 광주 조선관요박물관은 조선 500년의 역사를 이어온 순백자, 청화백자, 철화백자, 분청사기 등 조선시대 관요에서 생산된 전통도자기와 그 전통을 계승하는 현대작가들의 작품들을 상설 전시하며, 우리의 전통도자문화와 역사를 조명하는 기획전시를 통해 살아 숨쉬는 우리의 도자 전통을 느끼게 해준다.


## 11. 세계적으로 소박하고 아름다운, 창덕궁

조선조 새로이 국가 지도원리가 된 유교는 인간의 정열을 억눌러 창조적 의욕을 꺾었으므로 미술이 크게 발달할 수 없었다. 그러므로 일부의 귀족들이 미술을 즐긴다 하더라도 그것은 여기(餘技)로서 한 것에 불과하였다. 이러한 분위기 속에서 자란 조선의 미술은 유교적인 색채를 띤 무기력하고 옹졸한 것일 수밖에 없었다. 그러나 순진하고 소박한 아름다움을 가지고 있으며 은근하고 점잖은 맛이 있어서 정겨움을 느끼게 하였다. 조선미술 중에 특히 발달했던 것은 건축과 공예와 회화였다.

조선시대에는 고려시대와 달리 이렇다 할 불상작품은 나타나지 않았으며, 건축방면에 있어서도 사찰중심에서 벗어나 경복궁과 그 안에 있는 근정전 및 경회루를 비롯하여 창덕궁, 창경궁 등의 궁궐,[87] 서울의 4대문이나 원각사지 10층 석탑, 평양의 부벽루 같은 볼 만한 작품들이 꽤 되었다.

경복궁은 우리 민족의 기쁨과 한숨이 배어있는 가장 중요한 정궁(正宮)으로, 건립된 후 여러 차례 불에 타서 중건을 거듭했다. 특히 임진왜란 때 난민(亂民)들이 방화하여 궁은 완전히 불에 타고 말았다. 불에 탄 지 270여 년이 흐른 뒤 고종이 즉위하자 흥선대원군은 국가 왕실의 존엄을 과시하고자 강력한 의지로 경복궁을 중건하였다. 1872년 대원군의 집념으로 공사가 완료된 경복궁은 조선말의 건축공예의 결정이라 할 수 있다.[88]

창덕궁을 가장 한국적인 궁궐이라 할 수 있는데, 경복궁의 3분의 1 규모에 소박하고 다소곳하면서도 품격을 갖췄기 때문이다. 태종 11년

---

87 여기서는 궁중의 건축만을 간단히 다루기로 하며, 별도의 장에서 궁중의 의식주를 심도 있게 논의하고자 한다.

88 조선 태조 4년(1395)에 완성된 경복궁은 『시경(詩經)』에 나오는 '큰 복'의 뜻을 지닌 '경복(景福)'이라는 글구를 따서 이름을 붙인 것이다. 1895년 궁 안에서 명성왕후가 시해되고, 열강의 세력 다툼에 휘말린 고종이 1896년 러시아 공사관으로 거처를 옮기면서 경복궁은 주인을 잃은 빈 궁궐이 되었다.

세계문화유산에 등재된 창덕궁의 정전인 인정전

(1411) 정문인 돈화문 근처에 건설된 금천교(錦川橋)는 서울에 현재 남아 있는 가장 오래된 돌다리이다. 금천(禁川)은 궁궐을 빠져나와 청계천과 합쳐진다. 궁궐 안의 왕과 궁궐 밖의 백성이 하나됨을 상징적으로 나타내는 대목이다. 금천교를 건너면 본격적인 궁궐의 공간이 펼쳐진다.

지형에 맞춰 산 끝자락에 비스듬히 서있는 창덕궁은 동아시아 궁궐 건축에서 비정형적 조형미를 간직한 대표적인 궁궐이다. 유교이념을

창덕궁의 가치를 여실히 보여주는 후원

바탕으로 사치스러움을 멀리 하고 검소함을 즐겼던 조선시대의 남다른 가치관이 궁궐건축에도 고스란히 나타난 덕분이다.[89] 한국 정원의 특징은 왕실정원이라는 고품격문화에서도 여지없이 드러나는데, 창덕

궁의 약 14만 평 중 10만 평이나 되는 후원(後苑)은 궁궐 속 인공건물과 자연의 조화가 빚어낸 왕실정원의 꽃이라 하겠다. 이 조화는 한국만의 매우 독특한 것이다. 이런 이유에서 세계문화유산이 되었음은 물론, 태종이후 조선의 왕들이 실제로 경복궁보다 더 오래 머물렀고 마지막 왕

---

[89] 특히 궁전을 비롯한 중국 건축이 기능에 관계없이 엄정한 좌우대칭의 형태를 취하는 것과 극명하게 비교된다.

이었던 순종도 1926년 4월 이곳 창덕궁 흥복헌(興福軒)에서 서거했다. 한 일병합조약을 처리한 대한제국의 마지막 어전회의도 이 흥복헌에서 열 렸다. 흥복헌은 궁궐 문 4개, 즉 정문인 돈화문(敦化門), 진선문(進善門), 인정문(仁政門), 선평문(宣平門)을 지나서 나타나는 왕비 처소인 대조전에 이어진 정면 3칸의 작은 부속건물이다. 창덕궁은 조선의 궁궐 중에서 가장 오랫동안 임금이 거처했던 곳이요, 한일합병조차 창덕궁에서 이 루어지는 등 역사성이 매우 짙기 때문인지 외국인이 유독 많이 찾고 있 으며 북한에서 오는 사람들도 경복궁보다 더 자주 방문하는 곳이 창덕 궁이다.

조선조 헌종은 21살(1847) 때 후궁 경빈(慶嬪) 김씨를 맞이하면서 새로운 생활공 간으로 지금의 낙선재(樂善 齋)를 지으며 자신이 직접 쓴 〈낙선재상량문〉에서, "곱고 붉은 흙을 바르지 않 은 것은 과도한 규모가 되

단청을 입히지 않은 창덕궁 낙선재

지 않게 하기 위함이고, 채색한 서까래를 놓지 않은 것은 소박함을 앞세

영친왕의 비인 이방자 여사

우는 뜻을 보인 것이라네."라고 하였다. 그래서 창덕궁 낙선재는 비록 궁궐의 전각이지만 단청 을 입히지 않은 것이다. 원래 낙선재는 상(喪)을 당한 왕비나 후궁의 숙소다. 그래서 다른 전각 보다 맵시가 난다. 하지만 여기서 1970년 영친 왕이 죽고 1989년 덕혜옹주와 영친왕의 비인 이 방자 여사가 차례로 숨지고 나서 창덕궁은 주인 없는 빈 집이 되었다.

## 12. 세계문화유산, 조선왕릉과 종묘

세종대왕의 무덤인 영릉(경기도 여주)

조선왕릉[90] 40기가 2009년 마침내 유네스코 세계유산으로 등재되었다. 동서고금을 막론하고 인간은 삶의 공간을 어떻게 만들 것인가 못지않게 죽음의 공간에 대해서도 고민해 왔다. 조선시대 사람들이 내린 결론은 자연 속에 묻히는 것이었고, 그것이 국가적 의전(儀典)으로 발전한 것이 왕릉이다. 왕릉 하나를 만들 땐 3~4개월 동안 1만 명이 넘는 사람들이 일했다고 한다.

조선왕릉이 세계유산이 된 이유는 왕릉 전체[91]가 이처럼 온전하게 보존된 것은 세계적으로 드문 일이며, 무엇보다 인간이 만든 무덤을 비롯한 조형물이 자연과 조화를 이루고 있기 때문이다. 조형물은 모든 왕릉이 갖고 있는 홍살문[92], 정자각(丁字閣), 능침(陵寢)에 이르는 공간구성과 문신석과 무신석, 석호(石虎)와 석양(石羊) 등이다. 건축학적인 측면에서 자연과 결합되어 있는 조형물을 볼 때 최고의 권력과 위세를 지니고 있

---

90 조선왕실에는 세 가지 묘제가 있는데, 능(陵)과 원(園)과 묘(墓)가 그것이다. 능은 왕과 왕후를 모신 곳이고, 원은 세자와 세자빈을 모신 곳이며, 묘는 왕이었지만 후에 왕의 직첩(職牒 : 벼슬아치의 임명장)을 박탈당한 이 또는 왕족이 잠든 곳이다.

91 조선왕실은 27대 국왕, 500여 년 동안 119개의 능묘를 남겼다. 이 가운데 27명의 왕과 왕비의 무덤을 망라한 42기 능 중에서 북한 개성에 있는 제릉(齊陵 : 태조 원비 신의왕후의 능)과 후릉(厚陵 : 정종과 정안왕후의 능)을 제외한 40기가 세계문화유산이 되었다. 일반적으로 능은 한양 백리 안에 모시는 것이 관례였지만 유일하게 단종의 무덤인 장릉은 지방인 영월에 모셔졌다.

92 붉은 색칠을 한 홍살문은 거기서부터 신의 세계로 들어선다는 뜻을 나타낸다. 홍살문을 지나면 참도라는 두 갈래 길이 놓여 있는데, 왼쪽 길은 능의 주인공만이 지나가는 신도요, 오른쪽 길은 왕이 지나가는 어도이다.

던 왕과 관련된 시설물인가 할 정도로 간결하고 소박하다. 조경술이 뛰어난 조선왕릉은 유럽의 건축가들로부터 '신의 정원'이라 극찬 받은 바 있다. 세계유산이 된 다음 이유로는 도덕적 가치로서의 공경과 제례를 중시하는 유교문화를 이렇듯 잘 실천한 경우도 드물다는 점을 지적할 수 있다. 유교국가인 조선에선 국장을 치르고 왕릉을 조성하는 모든 과정이 예를 실천하고 가르치는 통치행위였다.

이밖에도 관련 문헌인 『국조오례의』, 『의궤』, 『능지』 등을 잘 보존하고 있는 점을 들 수 있다. 이렇듯 자연에 순응하고, 도덕적 가치를 구현하면서, 미적 공간구성이 뛰어난, 건축·사상·미의식의 결정체였기 때문에 조선왕릉이 세계유산이 된 것이다. 지금도 매년 200만~300만 명의 시민이 찾고 기일에 맞춰 제사의식이 거행되는 조선왕릉은 살아있는 역사라 할 수 있다. 2009년 세계유산에 등재된 후 1년 새 조선왕릉에 대한 외국인 관람객이 6배 가량 급증했다.

2010년 한국관광공사 전략상품팀에서는 "2009년 정조대왕의 이야기를 다룬 TV 드라마 〈이산〉의 일본 방영, 또 조선왕릉의 세계유산 등재로 일본 내에서 조선의 역사문화에 대한 관광 매력이 더욱 늘어났다."고 했다. 그러면서 "2010년에는 지진희 씨 등 한류스타를 광고 모델로 내세워 한국의 왕조, 고궁 관광을 적극 홍보할 계획이라고 말한 바 있다. 이렇듯 한국사람보다 한국의 역사에 일본인, 특히 일본 여성들이 관심이 많고 왕조 투어가 인기를 끌고 있기 때문에 일본에 진출한 한국여행사들에서는 왕조의 유적과 역사유물 관람만으로 일정을 짜고 있다고 한다.

한편 조선왕조의 역대 제왕의 신위를 모신 종묘[93]는 건축사가뿐만 아

---

93 중국 역시 고대부터 종묘와 같은 태묘(太廟)가 있었다. 같은 유교권 국가이지만 일본의 경우는 천황을 신사에 모셨다. 중국의 경우 청나라의 태묘가 베이징에 남아 있었으나 공산혁명을 겪으면서 건물들은 개조되었고, 의례는 중단된 상태이다. 유교문화권 가운데 종묘와 의례를 지금까지 이어오고 있는 나라는 전 세계에 우리나라뿐이다.

세계문화유산인 종묘(서울시 종로구 훈정동)

나라 현대 건축가들로부터 아낌없는 찬사를 받고 있다. 정전은 앞면만 25칸(길이 101m)으로, 동시대 단일 목조건축물로는 세계 최대 규모이며, 종묘제도의 발생지인 중국에서도 볼 수 없는, 세계에서 유일하다고 할 수 있을 정도로 매우 독특한 건축 형태를 지니고 있다. 기둥과 지붕이라는 최소한의 건축요소만으로 구성되었을 뿐 별다른 건축적 치장이 더해진 바 없음에도 이와 같이 장엄하고 적막한 공간을 창출해낸 것은 기적에 가깝다고 해도 과언이 아니다. 그리고 종묘건물을 떠받쳐주고 있는 넓은 월대(月臺)야말로 제의적인 공간으로서의 종묘에 침묵과 긴장의 감정을 보태준다. 유홍준(미술사학) 교수는 종묘의 월대는 눈높이가 여느 건축과는 달리 우리의 가슴 높이에서 펼쳐지기 때문에 공간적 위압감이 일어나 더욱 장중한 느낌을 불러일으켜 주는 것이라고 말한다. 그리고 유 교수는 서양에 파르테논신전이 있다면 동양엔 종묘가 있다고 하면서, 그리하여 종묘가 우리나라에서 가장 먼저 유네스코 세계유산으로 지정되었다고 말한다. 사실 세계에는 많은 신전이 남아 있지만 그 제례가 600년 넘게 이어온 예는 지극히 드물다. 유네스코가 우리나라의 첫 번째 세계무형유산으로 종묘제례를 등재시킨 것도 그런 이유 때문일 것이다. 종묘제례는 유교적 왕실체제와 제사의식을 완벽하게 유지하고 있는 가장 오래되고 유일한 세계유산이다.

한국 미술의 특징은 예술의 다른 분야와 마찬가지로 과장이 적고 자연
스런 조화를 추구하는 데 있다고 하겠다. 한국 미술의 전통을 회화[94]와
서예로 나누어 살펴보도록 한다. 회화에 있어서는 안견(安堅)을 비롯한
조선전기 화가들, 진경(眞景)산수화·풍속화를 중심으로 한 조선후기의
화풍이나 화가를 대상으로 우리나라의 그림문화를 자세히 검토해보고,
서예에 있어서는 서법의 발달과 함께 그 분야의 독보적인 존재였던 김정
희의 주장을 들어보도록 하자.


## 13. 안견을 비롯한 조선전기 화가들

조선시대에도 화원(畵員)들에 의해 각종 그림이 그려졌다. 조선전기에
인물을 정확히 묘사하고 고도의 정신세계를 표현하는 초상화는 동양 3
국 중에서도 가장 높은 수준을 자랑했다. 한편 조선초기 북송의 곽희(郭
熙)[95]화풍과 남송의 원체(院體)[96]화풍에 이어 명의 절파(浙派)[97]화풍을 수

---

94 회화는 크게 궁중화, 문인화, 직업화로 나누어진다. 궁중화는 말 그대로 궁중이 주체
　가 되어 제작·감상·배포한 그림을 말한다. 궁중화에는 〈왕릉도〉나 〈산형도(山形
　圖)〉 같은 기록화, 〈오륜행실도〉나 〈효자도〉 같은 감계화(鑑戒畵), 장식화 등이 있다.
　문인화는 전문화가들이 아닌 선비들이 그린 그림으로, 선비들은 높은 안목과 예리한
　기준을 갖춘 사람들로서 조선시대 미술문화의 기반이 되었다. 직업화를 그린 화원들
　은 중인계층에서 선발되었고 국가가 운영하는 기관에 들어가 화원이 되면 경제적으로
　도 안정적인 생활을 보장받고 그림을 그릴 수 있었다.
95 곽희는 중국 북송화원을 대표하는 화가이다. 궁정화가로서 신종(神宗)의 총애를 받아
　장벽화를 그렸다. 이성(李成)에게 산수화를 사사하여 사계절의 경관 변화, 구름의 출
　몰에 의한 산수의 변화 등을 잘 그렸다. 그의 산수화 이론서인 『임천고치(林泉高致)』
　는 아들 곽사(郭思)가 편찬하였는데, 삼원법(三遠法)과 기상의 변화를 설명한 책으로
　후대 수묵화에 큰 영향을 끼쳤다. 타이페이 고궁박물원에 소장된 곽희의 〈조춘도(早春
　圖)〉는 북송의 기념비적인 명작이다.
96 송대 이후 원체화는 역대 제왕의 보호 아래 궁정 전문화가의 지위를 차지해왔다.

세종시대 문인화로 이름을 떨친
강희안

용한 산수화는 한국적 화풍으로 발전되었다. 물론 조선시대 산수화는 초기엔 몽환적인 이상향을 담아내다 중기에 접어들며 거칠고 투박하면서도 성리학적 도덕관이 반영된 내면성에 침잠하게 되었다. 조선전기의 화단에는 안견(安堅) · 강희안(姜希顔, 1417~1465) · 이상좌(李上佐) · 최경(崔涇) 같은 뛰어난 작가들이 배출되었다.

세종 때 산수화에 탁월했던 안견은 독자적인 화풍을 형성하면서 화원이 승진할 수 있는 한계인 6품직을 뛰어넘어 4품직까지 제수 받았는데, 국왕이 뛰어난 화가에 대하여 특별한 조치를 취한 경우이다. 안견은 조선전기 대표적인 화가로서 산수화에 특출하지만, 그밖에도 다양한 소재의 그림을 그렸다. 그가 남긴 작품은 기록들에 상당수가 보이나 모두 없어지고 오직 〈몽유도원도(夢遊桃源圖)〉[98]만이 전하고 있다.

---

원체화라고 하면 북송 휘종조(徽宗朝, 1100~1125) 이후와 남송 원체화 양식의 그림을 가리키는 경우가 많은데, 산수화에서는 곽희의 화풍이 북송화원을 대표하는 양식이었다. 안견도 이 화풍의 영향을 받았다고 볼 수 있다. 이 원체화와 대립관계에 있던 화풍이 문인화였는데, 외형을 중시하던 원체화는 북종화로 내면을 중시하던 문인화는 남종화로 불렸다. 이 두 화풍은 중국회화사의 2대 조류를 형성해왔다. 특히 문인화(남종화)풍은 조선후기 심사정 · 강세황 · 김정희 등에게 크게 영향을 미쳤다.

97 명대 원체화의 주된 화풍으로 남송원체화풍이 주조를 이루었다. 조선에서는 강희안에 의해 도입된 후 중기에 크게 부상했다.

98 2000년 세종문화회관에서는 안견의 화려한 필치로 그려낸 〈몽유도원도〉를 모태로 한국무용의 동작과 멋을 가미한 창작발레 〈몽유도원도〉가 공연되었으며, 초연 성공에 힘입어 이듬해 해외에 초청 받아 국내외 무대에서 호평을 받았다. 작가 최인호는 도미와 아랑의 애틋한 사랑이야기를 소재로 한 중편소설을 〈몽유도원도〉(청아, 2000)라는 제목으로 발간하기도 했다.

조선전기 산수화의 걸작이자 현존 한국 최고(最古)의 산수화인 안견의 몽유도원도

그림을 태어나게 한 안평대군의 꿈은 도가적인 색채가 짙은 중국 시인 도연명(陶淵明)의 『도화원기(桃花源記)』라는 책에서 영향을 듬뿍 받은 결과임이 제기(題記)에 잘 드러나 있다. 〈몽유도원도〉는 신라의 솔거, 고려의 이녕과 더불어 한국회화사상 3대가로 불리는 안견의 유일한 진작(眞作)이라는 점에서도 그 가치를 헤아리기 어렵다. 현존하는 우리나라 최고(最古)의 산수화로서 시·서·화의 세 가지 예술이 종합적으로 구현된 작품이다.

안견의 대표작 〈몽유도원도〉를 보면 곽희화풍이 짙고, 안견화풍을 계승한 강희안의 작품들은 절파화풍에서 감화된 것이며, 이상좌[99]의 〈송하보월도(松下步月圖)〉는 남송의 대가인 마원(馬遠)화풍에서 벗어나지 못했던 것으로 미루어 조선전기 화단의 보수적 양상을 짐작할 수 있다. 화훼영모화를 비롯한 조선전기의 작품들은 중국의 주자 성리학을 기반으로 했기 때문에 중국화풍을 모방하는 데 비해 성리학이 무르익어 조선 성리학으로 확립되는 조선후기 진경시대에 이르러서는 우리 고유의 미

---

99 그는 원래 가노(家奴)였으나 그림에 뛰어나 중종의 특명으로 도화서의 화원이 되었다(어숙권, 『패관잡기』).

김명국의 달마도

학을 드러내고 있다. 최경은 인물화의 최고 거장으로 손꼽히는 화원으로서 임금의 초상화인 어진을 제작한 공로로 성종에 의해 화원으로서는 최초로 당상관에 제수되기도 했다.

이밖에도 전기의 대표적인 화가로 산수·포도·풀벌레 등을 즐겨 그린 신사임당, 왕손으로서 순진한 강아지를 전문적으로 그렸던 이암(李巖, 1499~?), 〈달마도〉[100]를 그린 김명국(金明國, 1600~?) 등을 들 수 있다. 술을 마시지 않고는 그림을 그리지 않을 만큼 취옹(醉翁)이라는 호를 즐겨 사용한 17세기 인조 연간의 김명국이 1636년 4차 조선통신사 사절단에 뽑혀 일본의 쓰시마 섬에 도착했을 때다. 김명국의 명성을 익히 들어 알고 있는 일본 학자와 문인들이 몰려나와 그의 뒤를 줄곧 따라 다녔다. 심지어 숙소 밖에 줄 지어 밤새우는 사람도 많았고 오사카에 도착하자 〈달마도〉를 그려 달라는 일본인들이 또 모여들었다.

### 화가의 참된 역할

우리 조선에서 한 사람을 얻었으니 안견이다. 자는 가도(可度)요, 아명은 득수(得守)며, 본래 지곡(池谷) 사람이다. 지금 호군(護軍)으로 있는데 천성이 총민하고 해박하며 옛그림을 많이 열람하여 그 요령을 터득하고 여러 사람의 장

---

100 조계종을 비롯한 한국 선불교의 중시조는 중국 선맥(禪脈)의 씨를 뿌린 초조(初祖) 달마대사다. 달마는 벽안호승(碧眼胡僧)이라는 특이한 용모 때문에 그림으로 많이 그려졌는데 조선중기 김명국의 〈달마도〉가 특히 유명하다. 인간의 근원적인 본성을 꿰뚫는 선(禪) 수행은 중국 당나라 때 달마의 제자들에 의해 꽃을 피웠고 6조 혜능에 이르러 만개한 선 수행은 대륙을 넘어 한반도 및 일본으로 흘러넘치게 된다.

점을 모으고 절충하여 통하지 아니 한 것이 없는데, 특히 산수화에 능력이 뛰어나다. 지금까지 이와 견줄 만한 인물을 찾아보기 어렵다.

그가 안평대군을 따라 논 지가 오래 되었으므로 그의 그림이 가장 많으니, 지금 팔경도 각각 하나, 강천만색도 하나, 절안쌍청도 하나, 분류종해도 하나, 천강일색도 하나, 설제천한도 하나, 황학루도 하나, 등왕각도 하나, 우후신청도 하나, 설제여한도 하나, 경람필련도 하나, 제설포겸도 하나, 수국경람도 하나, 강향원취도 하나, 기율생화도 하나, 춘운출곡도 하나, 유운포학도 하나, 광풍급우도 하나, 과룡반주도 하나, 장림세로도 하나, 은하도괘도 하나, 절벽도 하나, 묵매죽도 하나, 수묵백운도 하나, 산수도 둘, 노안도 하나, 목화도 둘, 장송도 하나가 있다.

또 옛그림으로서 누구의 작품이라 이름하기 어려운 것이 열 한 점이 있는데, 거북 하나, 배꽃 하나, 살구꽃 하나, 송학(松鶴) 하나, 화압(花鴨) 하나, 사우(四牛) 하나, 왕발사실(王勃事實)의 판본이 하나, 후원산수(後園山水) 하나, 아골(雅鶻) 하나, 누각 하나, 고목산수(古木山水) 하나이다.

모두 5대에 걸쳐 35가(家)를 얻었는데, 산수를 그린 것이 84, 새나 짐승 또는 초목 등을 그린 것이 76, 누각이나 인물을 그린 것이 29이며, 글씨가 또 33으로 모두 합하면 222축이 된다. 아, 독실한 애호가 아니고서야 어찌 능히 이처럼 많이 수집할 수가 있겠는가. 나는 일찍이 이 방면을 연구하지 못했지만, 그러나 그에 대한 이야기는 들었다.

무릇 그림이란 것은 반드시 천지의 조화와 음양의 운행을 탐구하여 온갖 사물의 정감과 모든 사태의 변화가 가슴 속에 서려 있은 다음에 붓을 들고 종이에 다다라 신기가 어리고 생각이 합치되어 산을 그리고자 하면 산이 보이고, 물을 그리고자 하면 물이 보이며, 무릇 그리고 싶은 물건이 있으면 반드시 그 물건이 보이므로 붓을 분발하여 그로 따라가게 되는 것이다. 그러므로 능히 허구로써 진실을 빼앗나니 이것이 화가의 법이다.

이를테면 마음에서 터득하고 손으로 대응하며, 마음과 손이 서로 잊어버리고 몸은 사물과 더불어 치밀하게 융화하여 마치 그 조화가 어떠한 흔적으로도 찾을 수 없음과 같은 것이므로 진실로 외적 기교나 수식 밖에 있는 것이다.

— 『동문선』 제82권

조선전기 누구보다도 왕성하게 활동했던 화가는 안견이었으며, 그는 산수화의 대가로 이름이 높았다. 윗글을 쓴 신숙주에 의하면, 안견은 본성이 총민하였으며 안평대군(安平大君, 1418~1453)을 가까이 섬기면서 안평대군이 소장하고 있던 옛 그림들을 섭렵함으로써 자신의 화풍을 이룩하는 토대로 삼았다고 한다. 안평대군이 꿈속에 노닐던 신비로운 도원경을 안견에게 부탁하여 사흘 동안 그리게 했다는 〈몽유도원도〉는 1447년에 제작된 것으로 조선시대 최대의 걸작이다. 〈몽유도원도〉는 안평대군이 수양대군에게 희생된 계유정난(1453년) 이래 행방이 묘연했다가 1893년 일본의 최남단 가고시마(鹿兒島)에서 모습을 드러냈다. 소장자 시마즈 히사시루시(島津久徵)는 가고시마 영주이자 임진왜란 때 출정한 왜장의 후손이다. 1939년 〈몽유도원도〉는 일본 국보로 지정됐고, 1950년대 초 덴리대(天理大)가 구입해 중앙도서관에 소장하고 있다.

이 작품은 구도와 필법에 있어 중국 북송의 대표적인 화원이었던 곽희의 화풍을 따르고는 있으나 단순히 외형적인 모방에 그치는 것이 아니라 중국화의 정신을 완전히 터득하고 난 뒤 자기 나름의 독특한 양식을 이룩한 것이라고 평가된다. 그림의 왼쪽으로부터 오른쪽으로 이야기를 전개시켜나간 점, 대각선을 따라 현실과 꿈의 세계를 효율적으로 묘사한 점, 넓게 펼쳐진 도원을 강조하기 위해 조감도법을 사용한 점, 경물들이 흩어져 있으면서도 서로 조화를 이루는 점 등 구성을 비롯하여 공간개념과 필법 등에서 안견 특유의 재능을 보이고 있다. 그의 이러한 화풍은 조선전기는 물론 중기까지 크게 영향력을 발휘하였으며, 일본의 무로마치(室町)시대 수묵산수화 발전에도 적지 않은 기여를 했다.

안평대군은 남다른 그림 수집가로서 당대 회화계를 주도해 나갔으며, 안견과 같은 유능한 작가의 배출도 안평대군의 뒷받침이 있었기 때문에 가능했다. 안평대군은 세종의 셋째 아들로서 어려서부터 학문을 좋아하고 시·서·화에 모두 능하여 삼절로 호칭되었다. 특히 그는 당대 제일의 서예가로 유명한데, 서풍은 고려말부터 유행한 조맹부를 따랐지만 자

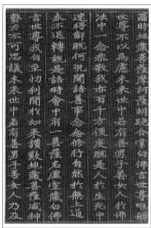

안평대군의 글씨▶
중국 국보1호라는 장택단의 청명상하도−휘종의 도장 찍힘▼

신의 개성을 마음껏 발휘한 활달한 기풍은 높은 경지에 이르러 조선전기에 크게 유행했다. 현존하는 그의 글씨로 〈몽유도원도〉의 발문이 대표적이다. 그는 수많은 책을 수장하였으며, 서화 수장에도 상당하였다. 서화를 방대하게 수집했던 중국 송나라 휘종의 도장이 찍힌 그림은 이제 중국 미술품을 통틀어 최고가로 거래된다. 작자가 아닌 소장자가 작품의 가치를 높이는 현상은 서양화에선 볼 수 없는 문화다.

윗글은 각종 시문의 창작에서부터 예술적 비평에 이르기까지 일세의 문화적 거장이었던 신숙주가 안평대군이 소장하고 있던 그림에다 설명을 붙인 것이다. 그는 무려 222축(軸)의 그림에 대해 비평했다고 한다. 이 글을 통해 무엇보다 필자 신숙주의 그림에 대한 관심과 더불어 당시 지식인들의 미술에 대한 시각과 예술적 안목을 엿볼 수 있다.

특히 윗글 가운데 그림을 설명하면서, '허구로써 진실을 밝힌다'는 말은 예술을 정의하는 현대적 관점과 그대로 부합할 만큼 설득력을 갖는다. 뿐만 아니라 윗글은 미술 분야에 있어 우리나라와 중국의 영향관계를 살피는 근거가 될 수도 있다. 따라서 이 같은 그림에 관한 설명과 논평의 자료는 우리나라 회화사 이해의 중요한 단서가 될 수 있다.

## 14. 진경산수화의 대가, 정선 · 강세황

가장 한국적이고 민족적인 화풍을 개척한 시대는 조선후기라고 할 수 있다. 이 시기 우리의 국토와 우리의 삶에 대한 지극한 애정을 표현한 그림들이 탄생한 것이다. 이에 아름다운 경치를 그린 진경산수화(眞景山水畵)가 유행하고 인간의 모습과 그들의 삶을 그린 풍속화(風俗畵)가 부각되었다. 진경산수화란 현장에서 보고 그리는 것과는 달라 실경에 얽매이지 않고 화가의 조형 목표에 따라 다양하게 전개될 수 있다. 그래서 사경(寫景)이라 하지 않고 진경(眞景)이라 하는 것이다. 미술사학자 이태호 교수는 실경을 그리는 방식을 '보고 그리기'와 '기억으로 그리기'로 설명하면서 특히 '기억으로 그리기'는 겸재의 금강산 그림에 잘 나타나 있다고 했다. 겸재의 금강산 탐승에 동행했던 친구인 사천(槎川) 이병연(李秉淵, 1671~1751)은 "겸재는 붓도 없이 금강산에 들어갔다"고 했다.

고려시대 이래의 진경산수화의 전통은 조선후기에 크게 대두되었다. 진경산수화의 서막을 연 조속(趙涑, 1595~1668) 이후 이 부문에 있어서는 정선의 작품활동이 가장 두드러졌다. 화가로 최고의 경지에 올랐다하여 화성(畵聖)이라 불리기도 했던 정선은 실제의 경치를 묘사하는 외에도 자기 나름의 독특한 화법과 화풍을 마련하였다. 그는 여태까지의 화가들이 화첩에 의한 상상으로 산수화를 그리는 것을 벗어나 우리나라에서 경치가 아름다운 곳을 두루 찾아다니며 진풍경의 미를 실제로 그렸고 전통적인 구도에 구애받지 않고 눈앞에 전개되는 무한대의 자연을 마음대로 화폭에 담았다. 정선은 진경산수화의 꽃을 활짝 피운 것이다.

정선(鄭歚, 1676~1759)은 호가 겸재(謙齋)이다. 겸재라는 호는 그가 즐겨 공부하던 『주역』에 나오는 한 대목이다. 즉 "겸손은 형통하니 군자가 끝이 있으리라."에서 취한 것으로 스스로 겸손하기를 다짐한 뜻이 담겨 있다. 김창집(金昌集, 1648~1722)의 도움으로 관직생활을 시작하여, 청하현감, 양천현령 등을 거쳐 1756년에 화가로서는 파격적인 가선대부지중추부사(嘉善大夫知中樞府事)라는 종2품에 제수되기까지 했다. 몇 대에 걸쳐 과거를 통해 출세하지 못한 한미한 집안의 양반이었으나 그의 뛰어난 그림 재주 때문에 관료로 추천을 받았으며 마침내 화단에서 명성을 얻게 되었던 것이다. 영조는 신하인 정선을 부를 때 이름 아닌 호를 부를 정도로 그를 각별히 총애했다. 자신이 어렸을 때 그림을 가르쳐준 스승이기도 했지만 우리 고유문화의 우수성을 발전시키는 데 앞장섰던 영조는 겸재야말로 진경산수화를 확립할 인물임을 간파했던 것이다. 겸재는 산수, 인물, 화조 등 그림에 있어서는 모든 분야에 걸쳐 능했으므로 성인으로까지 불렸다. 하지만 평론가들은 겸재를 천재형이 아닌 대기만성형 화가로 규정한다. 84세까지 장수한 그는 평생 붓을 놓지 않고 끊임없이 그림을 그렸다. 그의 30년 지기인 관아재(觀我齋) 조영석(趙榮祏, 1686~1761)이 "겸재가 전국을 두루 여행하고 사생하면서 사용한 붓을 묻으면 무덤을 이룬다."고 말했을 정도이다. 겸재는 60세에 이르러서야 화법이 완성돼 진경기법의 진면목을 발휘하기 시작했다.

정선의 그림 중에서 가장 대표적인 것

맑게 갠 인왕산을 그린 정선의 인왕제색도

으로 1751년 76세 나이에 자기 집에서 바라다 보이는 서울근교의 인왕산을 그린 〈인왕제색도(仁王霽色圖)〉(국보 216호, 호암미술관 소장)를 꼽을 수 있다. 절친했던 벗 이병연이 숨진 뒤의 심정을 비구름 갠 뒤 인왕

필법과 묵법을 조화시켰다는 정선의 금강전도

산의 모습으로 형상화했다고 한다. 인왕산의 크고 굳센 바위들을 전연 새로운 기법으로 나타냈는데, 바위의 중량감을 넓은 붓으로 여러 번 짙은 먹을 칠하여 표현하였다. 소나무의 묘사법도 두드러지는데, 몇 개의 짧은 횡선과 하나의 굵게 내려긋는 사선으로 소나무의 생김새를 간략하면서도 들어맞게 그렸다. 그 밖의 흙이나 나무로 된 부분들은 안개나 구름처럼 부드럽게 표현했다. 또한 인왕산 기슭 청운동의 풍경을 담아낸 〈청풍계(淸風溪)〉에서는 자연과 하나가 되었던 조선 선비들의 풍류와 여유를 느낄 수 있다.

1734년에 그린 〈금강전도(金剛全圖)〉(호암미술관 소장)야말로 정선의 탁월한 화법을 느끼게 하는 뛰어난 작품이다. 정선은 필선(筆線)이 강한 중국 북방화법과 묵법(墨法) 위주인 남방화법을 조화시켜 동양화법을 마무리한 인물이라고 최완수 간송미술관 연구실장은 말한다. 금강산을 그릴 때 수목이 우거진 토산(土山)은 묵법을 쓰고, 골기가 서린 암산(巖山) 절벽은 필법을 사용하면서 토산이 골산(骨山, 암봉)을 감싸 안는 구도를 펼쳤다는 것이다. 특히 『주역』에 능통했던 정선은 그림에서 음양대비를 보여주는 구도를 적용했다.

그는 이 〈금강전도〉에서 종래 금강산을 한 떨기 연꽃이나 한 묶음의 보석다발로 묘사하던 시에서 조형적 원리를 따오는 기발한 착상을 보여주고 있다. 민족의 영산인 금강산은 그가 그린 400점이 넘는 그림 가운데 60점 이상의 그림 소재였으며, 정선은 실제로 수차례 금강산 일대를

유람한 바 있다. 특히 개성의 박연폭
포를 그린 〈박생연(朴生淵)〉을 보면
우리 산하의 생명력과 겸재의 자신
감 넘치는 화법에 놀라지 않을 수 없
다. 서울시가 겸재 정선의 1751년경
그림에 나오는 '인왕산 수성동(水聲
洞)'을 문화재로 지정하여 복원하기
로 했다고 한다. 지금의 옥인아파트

최완수의 저서, 겸재 정선(현암사, 2009)

일대에 해당하는 수성동은 물소리(水聲)가 워낙 좋은 계곡이란 뜻에서
붙은 이름이다. 우리나라엔 풍광이 아름답고 희귀해 천연기념물로 지정
된 곳은 있지만 그림에 나오는 풍경이 문화재로 지정된 것은 처음이다.

2009년 겸재 서거 250주년을 맞아 미술사학자인 최완수 간송미술관[101]
연구실장이 그 동안의 겸재 연구를 집대성한 『겸재 정선』(현암사, 전3
권)[102]을 펴냈다. '진경산수화'란 말을 창안한 주인공이기도 한 그는
"한 문화의 수명은 대략 250년에 불과하고 그 기간이 지나면 아무리 훌
륭한 문화라도 노쇠하게 돼 있다."며 "그러나 우리 선조들은 현명해서
조선왕조 전반기 250년은 중국을 닮기 위해 주자성리학을 심화시켰고,
인조반정 이후 후반기에는 조선성리학이 발아해 진경시문학과 진경산

---

101 간송(澗松) 전형필(全鎣弼, 1906~1962)은 일제강점기 우리의 문화재를 지키기 위해
    모든 재산과 인생을 통째로 바친 인물이다. 서울 성북동에 있는 간송미술관은 최초의
    개인박물관으로 여기에는 국보 12점, 보물 10점, 지정문화재 4점을 포함 수천 점의 문
    화재가 있다. 삼국시대부터 조선왕조에 이르기까지의 우리 역사상 가장 진귀한 보물
    들이 살아 숨쉬고 있는 곳이다. 그래서 한국문화를 이해하려면 반드시 보아야 할 민
    족예술의 전당으로 꼽는다.
102 〈중앙일보〉(2009.12.28)에서는 "겸재 정선의 남아 있는 그림을 다 모으고 꼼꼼히 그의
    삶을 따라가며 조선의 빛나던 시간을 복원했다"고 격찬했다. 또 〈경향신문〉(2009.12.28)에
    서는 "최완수 실장은 중국의 양대 화법인 묵법과 필묘를 종합한 화법을 창안한 겸재
    를 화성(畵聖)의 반열에 올려 놓았다"고 극찬했다.

조선의 문인화풍을 개척했다는 심사정의 촉잔도권

수화가 나온 것"이라고 했다. 정선은 조선시대 어느 화가보다 많은 작품을 남겼을 뿐만 아니라 그들에게 크게 영향을 미쳤고, 한국 실경산수화의 흐름을 적어도 19세기 초반까지 이어가게 하였다. 중국에서도 그의 독창적인 화법에 찬탄하였다.

한편 조선후기 회화사에서 겸재 정선, 관아재 조영석과 함께 삼재(三齋)의 한 사람으로 현재(玄齋) 심사정(沈師正, 1707~1769)을 꼽는데, 그를 가리키는 표현 속에는 비극과 불운의 우울함이 묻어난다. 역모와 당쟁이 심씨 집안에 드리운 그림자 때문에 숨죽이며 그림 속으로 달아나야 했던 현재의 뼈아픈 고독은 역설적이게도 한국회화사에 길이 남을 걸작을 태어나게 한 원천이 되었다. 현재가 죽기 몇 달 전에 완성한, '가는 길의 험난함이 푸른 하늘에 오르기보다 더 어렵다'는 촉도(蜀道)의 기암고봉을 12준법과 역대 화법을 두루 풀어 그린 〈촉잔도권(蜀棧圖卷)〉, 나무를 쪼는 소리가 들리는 듯 오색 딱따구리의 생생한 모습이 살아있는 〈탁목삼매(啄木三昧)〉 등 현재의 그림 세계는 다양하다.

현재는 조선의 고유성을 한껏 드러낸 진경산수화풍의 정선과 비교해 중국화보를 우리 시각으로 수용하여 조선의 남종문인화풍[103]을 창조한

103 중국회화를 남종화(문인화)와 북종화(화공화)로 나누는데, 명나라말기 쑤저우(蘇州) 인근 송강(松江) 출신으로 강남문화의 스타라는 동기창(董其昌)은 문인들이 그린 산수화를 우위에 놓았다. 중국 회화의 주류를 산수화로 자리매김하게 하는 데는 시서화에 모두 능했던 그의 역할이 컸다.

한국문화를 꿈꾸다

것으로 평가받는다. 진경시대를 맞은 조선의 문화가 나라 안팎을 두루 품으며 활짝 꽃을 피우는 원숙한 모습을 현재가 보여주었다고 할 수 있다. 그리하여 그의 후배 세대인 표암 강세황과 추사 김정희가 북학을 이행할 할 수 있는 길을 터준 것이다. 최완수 한국민족미술연구소 연구실장은 정치적으로 불운했던 청송 심씨 가문의 현재는 일종의 대인기피증을 앓으며 중국화보 속으로 도피했으나 결국 사대부였기에 그 모든 요소를 익힌 뒤 조선 고유색을 가미해 조선의 남종화풍을 이룩할 수 있었다고 설명한 바 있다.

## 진경산수화의 의의

성호선생께서 병환이 위독하신 가운데도 나에게 무이도(武夷圖)를 그리도록 명령하셨다. 그 그림이 완성되자 또 도산도(陶山圖)를 그리라고 명령하셨다. 내가 그윽이 생각해보건대 천하의 아름다운 산수가 어찌 한정되어 있을까마는 지금 선생께서 신음하며 위독한 때에 이 두 곳을 꼬집어 나로 하여금 본떠 그리게 한 것이야말로 주자·퇴계 두 선생을 존경하여 그렇게 한 것이 아니겠는가. 여기서 선생의 어진 자를 그리워하고 도를 좋아하는 뜻이 엎어지고 자빠지는 다급한 때에도 잊혀지지 않았음을 볼 수 있다.

대체로 그림에 있어 산수화보다 더 어려운 것이 없으니, 그 경치가 크기 때문이다. 또 진경(眞景)을 그리는 것보다 더 어려운 것이 없으니, 비슷하게 그리기가 어렵기 때문이다. 또 우리나라의 진경을 그리는 것보다 더 어려운 것이 없으니 그 본디 경치를 잃은 것을 덮어 숨기기가 어렵기 때문이다. 또 눈으로 보지 못한 경치를 그리는 것보다 더 어려운 것이 없으니 억측을 하여 비슷하게 그려내기가 어렵기 때문이다.

나는 아직 직접 도산에 가본 일이 없다. 세속에 전하는 도산도는 이본이 수 없이 많아서 어느 것이 실제 경치를 얻었는지 변별할 수가 없으나, 이 그림은 선생께서 옛날부터 소장하고 계시던 그림을 대본으로 하여 옮겨 베껴 그린 것이다. 옛 그림은 누구의 손에서 나왔는지 모르겠으나 붓놀림이 졸렬하여 사물을 제대로 묘사하지 못했고 위치가 어그러져 질서가 없이 산만하다. 그 그림이 실제 경치와 비슷한가 그렇지 못한가 하는 점은 말할 것도 없이 분명히 그림을 모르는 사람이 억지로 그린 것 같다.

이제 비록 그것과 비슷하게 그리려고는 하지만 할 수 있을는지 모르겠다. 그러나 선생께서 이 그림에서 취하는 것은 사람이지 땅이 아니므로 골짜기나 산의 한 부분이 닮았는가 닮지 않았는가 하는 점은 논할 것이 없다. 나는 여기서 또 다른 느낌이 있다. 옛 사람의 도는 책에 실려 있다. 곧 도산의 옛 그림은 궁벽한 시골의 보잘 것 없는 선비로서 도산에 실제 가보지 않은 사람이 옛 사람이 남긴 쓸데없는 찌꺼기나 좇아 얻으려고 했으니 나의 이 그림이 실제 경치를 잃은 것과 무엇이 다르겠는가.

나는 장차 지팡이와 나막신을 마련하여 곧바로 도산으로 가서 화사하고 그윽한 아름다운 경치를 다 구경하고 돌아와서 선생을 위하여 도산의 참모습을 그려야 하겠다. 또한 선생을 좇아서 옛 사람의 큰 도를 익히고 배워 반평생의 그릇된 바를 깨우쳤으면 한다.

―『표암유고』, 권두화첩

김홍도의 스승인 표암 강세황

표암(豹菴) 강세황(姜世晃, 1713~1791)은 벼슬에 뜻이 없어 젊은 시절에는 주로 작품 활동에만 전념하였다. 젊어서부터 수차례 자화상을 그릴 정도로 자신을 늘 돌아봤던 강세황이다. 노론이 집권하자 보수적인 명문가의 막내였던 표암은 가난 때문에 32세 때 서울의 기와집을 나와 안산(安山)의 초가집으로 이주를 했다. 그 뒤에도 오랫동안 학문과 서화에만 전념하였다. 처음 벼슬을 한 것은 61세로, 영조의 배려에 힘입어 관계에 진출하게 되었다. 이후 64세 때 기구과(耆耈科), 66세 때 문신정시(文臣庭試)에 장원급제하였으며, 영릉참봉(英陵參奉)·사포별제(司圃別提)·병조참의·한성부판윤 등을 역임했다. 72세 때 베이징 사행(使行),

76세 때 금강산 유람을 하고 기행문과 실경 사생 등을 남겼다.

그는 시 · 글씨 · 그림 모두에 뛰어났을 뿐만 아니라, 당대 중국 화풍은 물론 서양 그림에까지 안목을 넓힌 그의 회화비평은 18세기 화단에 있어 지표적 역할을 했으며, 정선과 김홍도 등 걸출한 화가 작품들을 제대로 비평한 감식안으로도 유명하다. 진경산수화에 독보적인 능력이 있었던 정선을 강세황은 극찬하였으며, 특히 어린 김홍도를 30여 년간 가르치며 정조의 절대적인 후원에 힘입어 최고의 풍속화가로 길러냈다.

「진경산수화의 의의」라고 제목을 붙여 본, 1751년에 강세황이 쓴 윗글은 성호 이익의 부탁을 받고 그린 〈도산서원도(陶山書院圖)〉에 대한 감상의 발문(跋文)이다.[104] 이 글에서 강세황은 진경산수화의 중요성과 함께 실경을 그리는 이 화법의 어려움을 특별히 강조하였다. 이 글을 통해서 당시 조선후기 화단에 진경산수화가 얼마나 유행했는가를 짐작할 수 있다. 여기서 이 화풍의 대표적 인물이 정선만이 아니었으며, 강세황도 진경산수화의 거장이었음을 깨닫게 된다. 집안에 산수화를 걸어 놓고 거문고로 물소리 · 바람소리를 대신했던 예인이라 하지 않는가.

그는 진경산수화에 탁월한 솜씨를 보였으며, 서양수채화의 감각을 살려 암석의 양감과 명암을 표현하는 등 동양산수화법에 개성적인 기법을 사용했다. 최순우 전 국립중앙박물관장은 『표암선생유적(豹菴先生遺蹟)』이라는 화첩을 본 순간 놀라움을 금치 못했다고 한다. 신선한 근대감각이 느껴지는 혁명적인 표현법으로 송도의 명승을 그린 16장의 진경산수화가 들어 있었기 때문이다. 최 관장은 이 화첩을 『송도기행첩(松都紀行帖)』이라는 이름으로 학계에 소개하고, 1973년 '한국미술 이천년전'을 통해 처음 일반에 공개했다.

---

104 성호 이익이 강세황으로 하여금 도산서원을 그림으로 그리게 하고 정성스레 발문을 써붙여 간직했던 것은 안동을 '조선의 추로지향(鄒魯之鄕 : 공자와 맹자의 고향)'으로 인식한 영남유학에 대한 성호의 지극한 애모의 심정에서 나온 것으로 짐작할 수 있다.

송도기행첩에 실려 있는 강세황의 영통동구

그 중 개성에 있는 거대한 바위산인 오관산의 영통동 계곡을 지나가는 여행객을 그린 영통골 입구도 〈영통동구(靈通洞口)〉는 한국회화사에 손꼽히는 걸작이다. 서양화법을 구사한 대표적인 그림으로 국사교과서에 실리며 조선후기 '실학'을 상징하는 명화로 유명해졌다. 그런가 하면 강관식(미술사학) 교수는 "사실 이 그림은 1757년경 표암이 개성의 영통동구를 지나가다 웅장하고 거대한 돌들이 어지럽게 널렸는데, 크기가 집채만 하고 푸른 이끼가 덮여서 보자마자 눈이 아찔해진 광경을 그린 것"이라고 말한 바 있다. 이 그림의 가치는 커다란 바위에 널린 하찮기 그지없는 이끼까지 포착한 사실적이고 정취있는 문인의 예술적 감각이지, 물리적인 서양화법의 딱딱한 시각적 질서가 아니라고 본 것이다. 물론 표암은 서양화법을 이해하고 있었다고 한다. 그러나 이 〈영통동구〉는 서양화법의 초점 투시법과 음영법을 시도한 것이 아니다. 오히려 시점을 좁히지 않는 우리의 분산(分散) 투시법과 한 면이 밝으면 다른 면이 어두운 명암법을 통해 형상을 넘어선 정신의 경지를 지향하고 있다는 것이다. 이렇듯 〈영통동구〉를 서양화법으로 읽는 것은 온당하지도 않을 뿐 아니라 예술성이 뛰어난 작품을 오히려 어설픈 아류작으로 전락시키는 것에 불과하다고 보기도 했다.

얼마 전 강세황의 〈무이구곡도〉가 250년 만에 발굴되어 화제가 되기도 했다. 정조 8년(1784)에 부사로 연경에 갔을 때 그의 그림을 구하고자 모여든 사람이 무리를 이루었었다. 그의 그림은 속된 기운이 없고, 소재가 다양하다. 만년에는 영정조의 탕평정치로 벼슬길에 나간 뒤, 청나라

황제의 극찬을 받을 정도로 국제적인 안목을 키우고 추사시대를 여는 주역이 되었다.

## 15. 질박하고 해학적인 김홍도, 세련되고 육감적인 신윤복

단원(檀園) 김홍도(金弘道, 1745~?)는 당대의 탁월한 비평가이자 문인화가인 강세황의 천거로 도화서 화원이 되어 정조의 어진까지 그렸으며, 왕명에 따라 그림을 잘 그린 공으로 몇 차례 벼슬을 제수 받았다. 정조는 그림 그릴 일만 있으면 단원을 불러 들였고, 현감벼슬까지 내렸다. 그런데 놀기 좋아하는 단원은 백성을 사냥에 동원하기 일쑤였고 여색을 밝히는 바람에 임기를 못 채우고 한양으로 압송돼 왔다. 1800년 정조가 승하하자 단원은 '끈 떨어진 뒤웅박 신세'로 전락한다. "그림 팔아 받은 3000전 중 2000전으로 매화 사고 800전으로 술을 마셨다"[105]라는 기록이 있을 정도로 돈이 생기면 족족 써버리는 성격이라 말년에는 곤궁하고 비참했다. 특히 충청도 연풍현감 퇴임 후에는 생활고에 시달리다가 여생을 마쳤다.

신필의 찬사를 받았던 단원 김홍도

김홍도의 풍속도, 벼타작

---

105 조희룡(趙熙龍, 1789~1859)이 지은 『호산외기(壺山外記)』의 김홍도전에 나오는 말이다. 3000전은 작은 집 반 채 값에 해당된다고 한다.

단원 김홍도는 조선후기 화단의 최고봉이라 할 수 있으며, 그의 회화적인 세계는 종횡으로 통하지 않은 데가 없다. 그의 풍속화[106]는 신윤복과 쌍벽을 이루면서 서로 다른 특색을 보여주고 있다. 그는 엽전을 짊어진 노비, 밭 가는 소작인, 여러 기술자와 행상 등 종래의 동양화에서 그림의 재료가 될 수 없었던 인물들을 화폭에 담았다. 그리고 빨래터, 자리짜기, 벼타작, 대장간, 고기잡이 등 생업에 종사하는 서민들의 생활을 한국의 자연 속에 펼쳐 보였다. 특히 씨름하는 모습을 그린 그림은 순간적인 동작과 해학을 잘 포착하고 있다.

그는 주로 서민들의 생활 속에서 재미있는 소재를 끌어다가 창의성과 해학성을 곁들여 자칫 속되게 느껴지기 쉬운 풍속화를 예술적으로 승화시켰다. 이렇듯 그의 그림은 조선후기 서민들의 일상이 간략하면서도 짜임새 있는 원형구도 위에 풍부한 해학적 감정과 더불어 한국적 감각으로 표현되고 있음이 두드러진다.

강세황은 김홍도를 평하여, 그가 풍속화를 그릴 때 한 번 붓이 닿으면 손뼉을 치며 신기하다고 부르짖지 않는 사람이 없었다고 격찬했다. 그리고 '우리나라 금세의 신필(神筆)'이라는 찬사까지 아끼지 않았다. 한편 단원의 진면목은 풍속화가 아니라 산수화, 인물화, 화조화에 있다고도 한다. 그의 산수화를 보면, 그윽한 시정, 탁월한 구도와 공간 감각에 탄성을 금할 수 없어 한국 최고의 산수화가로 지칭되곤 한다. 19세기말 영의정을 지낸 이규원은 "김홍도의 작품에서는 풍경 속 소리까지도 들린다."고 했다.

겸재 정선이 시작한 진경시대 회화는 단원 김홍도에 이르러 화려한 빛을 발한 후 막을 내렸다. 단원은 겸재로부터 조선의 고유풍을 물려받고, 현재 심사정으로부터 중국남종화풍이라는 감각도 익히고 안목도 넓

---

106 지금까지 풍속화의 시조는 관아재 조영석(1686~1761)으로 알려져 있다.

혔다. 그래서 단원의 그림은 매우 세련된 면이 있었다. 단원은 소나무와 난초를 그리며 사대부를 따라하기도 했고, 그의 매화에서는 군자의 기품보다는 요염한 매력을 내뿜는다는 평을 받는다. 그는 산수화를 그릴 때 겸재처럼 근본만 남긴 채 풍경을 마음대로 변형시키거나 극대화하기보다는 있는 그대로 묘사했다. 흥미로운 사실은 대상을 닮게 그리는 것, 즉 눈에 보이는 실경을 강조한 이들이 정치에서 소외된 김홍도, 윤두서, 이익, 강세황 등이었다는 점이다. 이들은 '형상을 닮지 않고 어찌 정신을 담아낼 수 있는가'라는 질문을 던졌다.

김홍도는 한국적 정감이 흐르는 〈남해관음도(南海觀音圖)〉 같은 훌륭한 종교화도 남겼다. 〈남해관음도〉는 만년에 불교에 심취했던 단원의 마지막 그림에 해당한다. 한편 풍속화건, 도교·불교 그림이건, 중국고사건 간에 그의 그림 속 등장인물은 모두 조선 사람이다. 노자는 이웃 할아버지로, 달마대사는 조선 선승으로,

김홍도의 종교도, 남해관음도

관세음보살은 이 땅의 어머니로 그렸다. 조선전기 그림에 자주 등장하던 중국 물소는 단원에 이르러 확실히 우리 소로 바뀐다. 단원의 위대한 성취는 그의 탁월한 능력에 따른 것이겠지만 정조의 후원이 없었더라면 불가능했다고 본다. 단원 미술의 절정기는 그의 나이가 50대로 접어들던 1790년대 후반이었다. 정조가 사회개혁과 문화부흥에 대해 자신감을 보이던 시기와 놀라우리 만큼 일치한다.

혜원(蕙園) 신윤복(申潤福, 1758~?)은 궁중화가 신한평의 아들로 태어나 도화서의 화원으로 벼슬은 첨절제사(僉節制使, 종3품)를 지냈다는 사실 이외에 그의 생애는 거의 알려져 있지 않다. 그는 김홍도와 함께 한국인의

생활을 소재로 하여 조선시대 회화 수립에 큰 공헌을 하였고 김홍도가 가지는 조선적인 생기와 야성미는 부족하나 선과 색을 다루는 감각의 섬세함과 아름다움을 표현하는 묘사력은 오히려 김홍도 이상의 실력을 나타냈다고 할 수 있다. 그는 부드럽고 세심한 필치로서 주위의 자연환경 속에 융합된 인간생활의 여러 면 가운데 상류사회의 연회를 많이 그렸다.

섬세한 감각을 지닌 신윤복의 단오도

신윤복의 에로티시즘의 미학, 월하정인

혜원은 한량과 기생을 중심으로 한 남녀 간의 낭만이나 애정을 다룬 그림에서 특별히 뛰어났는데, 대표작으로 간송미술관에 소장된 〈미인도〉와 『풍속화첩』에 수록된 〈단오도(端午圖)〉, 〈선유도(船遊圖)〉 등이 있다. 조선후기 양반들의 은밀한 에로티시즘을 멋지게 표출한 혜원의 풍속화 〈월하정인(月下情人)〉(국보 제135호)을 보자. 어스름한 초승달빛 아래 한 쌍의 남녀가 담 모퉁이에 숨어 애틋한 사랑을 속삭이는 모습이다. 쓰개치마를 쓴 젊은 여인, 초롱불을 들고 허리춤을 뒤적이는 양반 총각, 그들의 얼굴엔 무언가를 갈망하는 농염한 정이 넘쳐흐른다. 특히 뽀얀 얼굴에 붉은색 입술이나 옥색 치마, 흰색 속바지, 자주색 신발 등의 여인의 복식 등은 분위기를 한껏 고조시킨다.

너무 야한 그림을 그렸다고 화원에서 쫓겨난 그는 특히 기생들의 생활

에 깊은 흥미를 가졌던 모양으로 한국의 여성미
를 화면에 재현한 화가라 하겠다. 풍속화 30여
점이 수록된『혜원풍속도』는 국보 135호로 지정
되어 있다. 혜원 신윤복은 2007년 소설 〈바람의
화원〉에 이어 2008년 드라마 〈바람의 화원〉에
서 재현되었고, 다시 영화 〈미인도〉로 만들어져
주목을 받았다.

신윤복을 다룬 영화 미인도

　요컨대 김홍도는 서민의 노동, 혹은 놀이를
아주 흥미롭게 그린 데 비해, 신윤복은 여인이
나 남녀 간의 풍속을 감칠맛 나게 그렸다. 한편 단원과 혜원이 그린 것
으로 전해지는 춘화는 남녀의 운우지락(雲雨之樂)을 적나라하게 묘사한
다. 엄숙한 성리학이 지배하던 조선시대에도 자유로운 삶과 예술이 살
아 있었다.

## 16. 얼굴 자체에 비중을 두었던, 인물화

　우리 역사상 조선시대는 그 어느 때보다도
회화가 높은 수준으로 발전했으며, 특히 조선
후기는 한국적 화풍이 두드러졌는데 그 중 인물
화도 빼놓을 수 없다. 인물화 하면 먼저 서릿발
처럼 꼿꼿한 선비의 내면을 드러낸 〈자화상〉으
로 유명한 윤두서(尹斗緖, 1668~1715)를 꼽을 수
있다. 우리나라 자화상은 김시습의 『매월당집』
이나 허목의 『미수기언』을 통해 알 수 있듯이
고려시대에도 있었던 것으로 보이며 18세기에
들어 이강좌, 강세황의 작품들이 전해온다. 또

윤선도의 종손자인
윤두서의 자화상

인물화에 자신의 얼굴을 그려달라는 영조의 부탁도 단호히 거절했던 문인화가 조영석을 들 수 있다. '나 자신을 살피는 집'이라는 뜻의 관아재(觀我齋)라는 호를 지닌 조영석은 이미 세조의 어진을 그리라는 영조의 명령을 받고 선뜻 나서지 않다가 별다른 핑계를 대지 못하여 결국 의금부에 끌려갔었던 인물이다. 그는 관계에 진출한 선비화가로 전형적인 지식인이었지만 정계의 핵심에서 한발 벗어나 민중의 삶에 눈을 돌렸다. 이들의 작품을 포함하여 지금까지 알려진 200여 점의 조선시대 초상화는 털끝까지도 세밀하게 묘사하는 세필화법의 철칙을 충실히 지켜왔으며 인물의 내면에 있는 정직성이나 담백함을 그려내려 했다.

윤두서의 대표작으로 지목되는 〈자화상〉(국보 240호)은 현재 전남 해남의 종손이 소장하고 있는데, 이는 윤두서가 마흔 다섯 살 때 그린 작품으로 굳센 의지가 서린 눈초리, 뚜렷한 두 눈썹, 사방으로 뻗은 수염이 사람됨을 절로 드러내며, 공중에 뜬 듯 얼굴만 부각시킨 파격적인 구도가 강한 인상을 준다. 윤두서는 윤선도의 증손자이자 정약용의 외증조이다. 노론 정권하에서 춥고 배고팠던 기호 남인들의 아지트가 해남의 만석꾼 부잣집으로 고산 윤선도의 저택이었던 녹우당이요, 그 녹우당에서 윤두서가 〈자화상〉을 그렸던 것이다. 다산은 언제나 자신의 얼굴이 외증조부의 모습을 닮았음을 자랑스럽게 여겼었다. 윤두서는 과거를 통해 출세하려는 꿈을 지니고 있었지만 당쟁이 격화되자 출세의 소망을 접을 수밖에 없었다. 그는 여기(餘技) 정도로 여겨졌던 회화를 선비의 뜻과 내면세계를 표출하는 도구로 격상시킨 선구자 역할을 했다. 호가 공재(恭齋)인 윤두서는 정선·심사정(沈師正)과 더불어 조선후기의 삼재(三齋)로도 일컬어졌다. 해남 윤씨 집안에서 배출한 문인화가인 윤두서와 윤용(1708~1740)은 오늘날 호남을 예향(藝鄕)으로 부르게 되는 원인을 제공한 사람들이라고 보아도 큰 무리는 아니다.

2004년 서울시립미술관에서 막을 올린 바 있는 '위대한 얼굴'은 한국과 중국, 일본의 초상화를 비교해 보는 특별 기획전시회였다. 유교에 기초해 조상을 숭배하는 충효사상을 닦아온 동아시아 3국은 서양과는 다른 초상화의 전통을 지켜왔다. 중국 초상화 가운데서는 〈왕씨 선세 초상〉이 특별히 흥미를 끌었다. 청나라말기에 제작된 것으로 보이는 이 초상화는 집안 조상들을 한자리에 모아 그렸던 중국 특유의 초상화의 성격을 보여준다. 이밖에 명·청대의 〈문관초상〉도 의상과 장신구까지 세밀하면서도 화려하게

중국의 초상화, 왕씨 선세 초상

묘사하는 중국적 특징을 잘 보여준다. 일본의 초상화는 '터럭 한 올이라도 어긋나면 그 사람이 아니다' 라는 사실주의적 전통에 충실했던 한국과 중국의 초상화와는 달리, 인물의 신분이나 기질을 부각시키기 위해 시각적인 변형과 과장을 더하는 점이 두드러진다. 17세기 〈소에이코 구로다 다다유키상〉이나 19세기 〈구로다 조스이상〉 등이 대표적인 예이다. 얼굴이 창백해질 정도로

일본의 초상화,
소에이코 구로다 다다유키상

분칠을 하고 입술도 시뻘겋게 칠을 하며 기모노의 소매가 유난히 긴 모습에서 일본 초상화의 특색이 잘 드러난다.

중국이나 일본의 초상화들이 화려한 의상에 초점이 맞춰져 있고 과장이 심한 데 비해 조선의 초상화는 얼굴, 즉 인물(인간의 모습)에 초점이 맞춰졌던 것도 특징이다. 더욱이 조선시대 초상화는 실물을 정확히 묘사하면서도 정신과 인격까지 담아냈다. 얼굴부분은 눈썹, 머리카락, 수

염을 비롯해 살결까지 자세히 묘사했지만 나머지 신체부위는 상대적으로 대담하고 간략하게 표현했다. 이런 초상화는 초본부터 정본까지 7단계를 거쳐 완성되었다. 다시 말해 우리나라의 초상화는 형식이 비교적 단순하며 그 내용이 단아하고 소박하다.

## 17. 한국적 서체(옥동체)의, 이서

우리 조상들은 붓으로 글을 쓰고 사군자를 쳐도 그 기(技)나 예(藝)로 그치지 않고 그 행위로써 정신세계와 접하려 들었다. 잘 쓰고 잘 그리는 것을 보지 않고 어떤 경지의 정신세계와 어떻게 접했는가를 본다. 그래서 서예(書藝)라 하지 않고 서도(書道)라 했다.

명필가 석봉 한호의 해서

글씨에 있어 조선초기에는 고려 말에 수용한 조맹부의 송설체가 유행했다. 세종의 셋째 아들인 안평대군이나 강희안의 글씨는 활자를 만들 때 자본으로 쓰이기까지 했다. 중종대의 김구(金絿)는 왕희지 필법으로 양사언(楊士彦)은 초서로 유명했으며, 조선중기 선조대에는 한호(韓濩, 1543~1605)[107]와 같은 명필가가 등장하면서 다양한 서체가 발달했다. 석

---

107 한호의 글씨를 비롯한 서예작품 40점이 2010년 보물로 새로 지정되었다. 조선시대 4대 명필인 안평대군, 양사언, 한호, 김정희의 작품 한 점 이상이 보물로 지정되었다. 기왕에 국보나 보물로 지정된 서예작품이 겨우 11점으로 국가지정 동산문화재 1287점의 0.8%에 불과하던 데서 어느 정도 균형이 이루어지게 되었다.

봉(石峯)이라는 호로 유명한 한호는 해서·행서·초서 등에 그 묘미를 다했는데, 국가의 문서를 다루는 사자관(寫字官)의 특유한 서체가 그로부터 창출되었다. 석봉이 살았을 때 세상은 최립의 문장, 차천로의 시, 석봉의 글씨를 '송도 3절'이라고 했다. 석봉은 안동 도산서원의 현판, 고양 행주산성의 대첩비, 개성의 선죽교비, 화담 서경덕의 신도비 등을 고향땅 황해도 토산군 석봉리에 남겼다.

우리나라 서법의 발달을 두고 실학기에 성대중[108]은 말하길, 우리 동방에는 필가가 적지 않지만 김생과 한호가 가장 나은데 그들은 단지 공력, 즉 기술이 빼어날 뿐 학문을 바탕으로 그 수준에 이른 것이 아니며, 글씨에 관한 학문은 이서(李漵, 1662~1723)[109]로부터 시작되었다고 했다. 이어서 성대중은 이서가 공력은 한호에게 미치지 못하지만 학문은 그보다 뛰어나다고 식자들은 말하는데, 현재 글씨로 이름난 자들은 모두가 그의 영향을 받았다고 말했다.

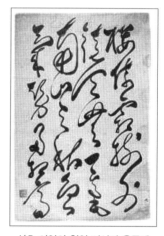

성호 이익의 형인 이서의 옥동체

사실 우리나라는 신라의 김생을 비롯하여 일찍부터 수많은 명필을 배출했다. 이렇게 독특한 서체로 이름을 낸 사람이 많았던 반면 서법에 대한 이론서는 18세기에 이르러서야 출현하기 시작했다. 무엇보다

---

108 성대중(成大中, 1732~1812)의 자는 사집(士執), 호는 청성(靑城)이다. 1763년에 통신사 조엄(趙曮)을 수행하여 일본에 다녀왔고, 1784년에 흥해군수가 되어 선정을 베풀었다. 서얼이라는 신분적 한계에 묶여 부사의 벼슬에 그쳤다. 성리학자로서의 체질을 탈피하지는 못했으나 당대에 부각된 북학사상의 형성에 일익을 담당했다.

109 성호 이익의 셋째형이다. 20년 아래인 성호도 옥동 선생에게 사사하여 유학과 실학을 계도받았다. 옥동의 여주 이씨는 명필 가문으로서 증조 소릉(少陵) 이상의(李尙毅)를 위시하여 부친인 매산 이하진·성호 5형제 등이 모두 이름을 떨쳤다.

원교 이광사의 초서

귀중한 것은 '옥동체(玉洞體)'라는 새로운 한국적 서체를 확립하면서 탁월한 서법 이론을 제시한 이서의 『필결(筆訣)』이다. 이서의 호는 옥동(玉洞)[110]이며, 관직은 찰방에 그쳤다. 글씨를 잘 썼는데, 진체(晉體)의 필법을 따르지 않고 스스로의 필법을 계발하여 『성재집(性齋集)』에서 이르기를 "동국의 진체(眞體)는 옥동에서 비롯되었다."라고 하였다 한다. 왕희지 서체를 바탕으로 하는 이서의 '동국진체(東國眞體)'와 그의 독자적인 서법 이론은 18세기 한국 서예사의 중심이 되면서 윤두서와 이광사를 거쳐 19세기 들어 마침내 김정희를 탄생시켰다.

원교(圓嶠) 이광사(李匡師, 1705~1777)는 소론 강경파 이진검(李眞儉)의 아들인데, 영조 31년(1755)의 나주백서 사건에 연루되어 사형 위기에 처했다가 유배형으로 감형되어 겨우 목숨을 건졌으나 뒤늦게 부인의 자결 소식을 듣게 된 인물이다. 이광사는 독특한 서체를 이룩했는데, 그의 '초서'는 왕희지의 진체(晉體)를 바탕으로 이뤄진 조선 고유색이 짙은 동국진체를 집대성한 그의 면모가 돋보이는 작품이다. 이 작품은 당나라 회소(懷素)의 광초(狂草)를 연상시키는데, 운치보다는 기(氣)를 중시하고 있다. 그는 서예의 이론을 체계화시킨 『원교서결(圓嶠書訣)』을 남기기도 했다.

---

110 포천 옥동산(玉洞山) 아래 거주하여 옥동이라 호하였다.

## 18. 독보적인 추사체의, 김정희

완당(阮堂)[111] 김정희(金正喜,
1786~1856)는 고증학과 금석학의
대가일 뿐만 아니라 서예에 있
어 독보적인 인물이었다. 청의
고증학에 기울어 있던 김정희
는 24세 때 동지부사로 청나라
에 가는 아버지 김노경(金魯敬,
1766~1837)을 따라 연경에 가 머
물었는데, 그 때 서예의 종주격
인 옹방강(翁方綱, 1733~1818)이
나 완원(阮元, 1764~1849) 같은 서
체의 대가들을 만날 수 있었다.

충남 예산의 추사 김정희가 살던 옛집

김정희는 이들과 친분을 나
누면서 많은 것을 배웠으며 그
결과 20대에 이미 국내외에 글
씨로 이름을 떨쳤다. 김정희가

독창적인 서체를 이룬 김정희의 추사체

자신보다 3년 뒤에 청나라로 떠나는 신위(申緯, 1769~1847)에게 써 준 〈송
자하입연시(送紫霞入燕詩)〉는 당시 김정희가 옹방강을 얼마나 존경했는가
를 보여준다. "넓은 중국 연경에는 화려하고 새롭고 놀라운 문물이 수천,
수억 있으나 어떤 것도 옹방강 한 사람을 보는 것만 못하다."는 내용이
다. 글씨조차 옹방강을 닮아 힘차고 아름다웠다고 한다. 24세의 김정희

---

111 김정희는 호를 가장 많이 가지고 있어 무려 수백 개가 넘는다고 하는데, 백과사전에
　의하면 503개나 된다고 한다.

가 77세의 원로학자 옹방강에게 가르침을 구하는 필담서도 유명하다.[112]

그러나 김정희는 옹방강 등의 서체에 머물지 않았다. 그는 연원을 거슬러 올라가 조맹부, 소식(蘇軾, 1036~1101) 등의 서체까지 익혔다. 그뿐만 아니라 중국 한·위 시대의 여러 예서체에 서도의 근본이 있음을 파악하고 이들의 글씨체를 본받기에 열성을 다했다. 그리하여 유명한 사람들의 서법을 두루 섭렵하고 수용하면서 자신의 개성 있는 서법을 터득하기에 이르렀다. 그리고 모든 서체의 장점을 바탕으로 해서 독창적인 서체를 창출했는데, 이것이 바로 추사체이다.

김정희는 중국의 이름난 학자들과 교유하면서 우리나라 글씨가 우물 안의 개구리였음을 절감했다. 그리하여 역대로 내려오는 유명한 글씨를 연구하면서 그것들의 우수성만 모아 특이한 자기의 서체를 이룩할 수 있었다. 특히 조선의 성리학을 바탕으로 청의 고증학을 받아들인 당대 신지식인이었던 추사의 예술에서 우리 민족 고유의 감각인 강경명정(剛硬明正)과 다변성이 단번에 드러난다. 추사 글씨를 마주하면 그 모던한 조형미에 '고전은 현대성을 품고 있다'는 말이 실감난다.

김정희의 글씨가 대륙에 알려지자 거만하던 중국의 학자와 문인들이 고개를 숙였으며, 오가는 사신을 통하여 너도나도 추사의 글씨 받기를 간청했고 그들의 손에 들어간 추사의 글씨는 가보로 모셔졌다고 한다. 추사는 이름을 날리고 잘나간다고 하여 교만하지 않았으며, 글씨 한 자를 쓰는 데 여전히 혼신의 정성을 다했다. 그는 편지에서 "아천정" 세 글자는 쓰기가 매우 어렵습니다. 처음 원본에 쓴 것은 마음에 들지 않아 없앴습니다. 두 번째로 쓴 글씨 역시 마음에 들지 않아 또 없앴습니다. 이것은 세 번째로 쓴 것입니다."라고 말했다 한다. 글씨의 달인 추

---

112 스승 박제가와 친분이 있던 청나라 거유 옹방강을 자신의 팬으로 만들어 버렸다 하여 요즈음 추사가 한류 스타의 원조로 불리기도 한다.

사가 세 글자를 쓰면서 세 번이나 다시 썼다는
데서 그의 프로정신이 돋보인다.

1853년 청나라 문인 정조경(程祖慶, 1785~
1855)이 김정희에게 보낸 〈문복도(捫腹圖)〉는 정
조경이 김정희를 흠모하는 마음으로 그린 그
림이다. '문복'이란 심신이 만족스러워 배를
쓰다듬는다는 뜻이다. 그림에서 김정희는 후
덕한 대학자의 모습이고 정조경은 손을 공손
히 맞잡고 있다. 그림 위쪽에는 "완당 선생은
내가 비록 아직 그 얼굴을 대하지는 못했으나
문장과 학문을 오랫동안 경모해 왔습니다. 이
그림을 보내니 잘못되지 않았다고 여긴다면
수염을 치켜 흔들며 한바탕 웃어주십시오."라
고 적혀 있다.

청의 정조경이 김정희에게
보낸 문복도

그의 서체는 나이 70평생에 벼루 10개를 밑창내고 붓 1000자루를 몽
당붓으로 만들면서 완벽한 글씨 쓰기를 갈망했던 의지의 결실이었다.
'붓 천 자루 벼루 열 개'는 추사의 편지글 중 "붓 천 자루와 벼루 열 개
를 닳아 없앨 만큼 노력했노라."라고 술회했던 회고담에서 나온 말이다.
추사 서거 150주기를 맞아 추사일대기를 전통가무악(국악극)으로 엮은
〈붓 천 자루 벼루 열 개〉가 2006년에 과천 시민회관대극장에서 공연되
기도 했다.

김정희가 나타나서 전통적인 서법을 깨뜨리고 이루어낸 추사체라는
독창적인 글씨는 조형성이나 예술성에서 지금까지도 극찬을 받고 있다.
정병삼(한국사) 교수는 추사체에 대해 "화강암 암산과 같이 강경한 골기
와, 푸른 하늘과 같이 삽상한 기운과, 사계의 변화와 같이 다양하고 분
명한 조형적인 변화를 보인다."고 설명했다. 김정희는 가슴 속에 5000권

421

의 문자가 있어야만 비로소 붓을 들 수 있다면서 문자향(文字香)과 서권기(書卷氣)를 자주 언급했다.

김정희는 기본적으로 예서의 변형인 중국 한나라의 필사체를 충분히 익히고 예서의 부조화스러운 조화의 미를 터득했으며, 그는 전서·예서·해서·행서 등에서 모두 뛰어났는데, 그 중에서도 예서와 행서는 새로운 경지를 개척하였다. 추사의 한글서체도 독특하다. 당대에 한글체의 전형으로 자리 잡은 궁체(宮體)에서는 글자의 중심이 오른쪽에 있었지만 추사는 정중앙에 두어 한글 창제 당시의 원형에 더 가까웠다. 또 한문의 추사체와 같이 개성 넘치는 필법을 구사해 율동적이고 먹색도 들쭉날쭉이며 굵고 가늘고 굽고 곧은 필획의 다양함이 "잘되고 못되고를 가리지 않는다."는 추사체의 경지를 읽게 한다. 그의 서예는 공간을 획과 선으로 메꾸는 구성의 예술이며 그런 의미에서 비구상회화요 추상예술이라고 할 수 있다.

간송[113]학파는 김정희를 문자미의 틀을 과감히 깨부수고 한자의 본원적 특성인 회화미를 되찾은 서성(書聖)으로 평가한다. 그래서 한호, 이광사 등의 한국 정통파의 글씨는 너무 힘이 없고 문기가 없어 화원들이 그리는 미인화처럼 느껴진다고 한다. 김정희의 〈세한도(歲寒圖)〉가 청나라 명사 16명이 붙인 찬시(讚詩), 오세창·정인보·이시영의 배관기(拜觀記)까지 모두 20명의 글이 두루마리처럼 달려 전하고 있음은 예사가 아니

113 우리나라 집안 가운데서 근래에 녹우당(綠雨堂 : 예업(藝業)이라는 편액이 걸려 있는 해남윤씨 종가)의 미술사적 위치에 필적할 만한 집안이 서울 성북동의 간송(澗松) 전형필 집안이다. 물론 녹우당은 가난해서 세금을 내지 못한 주민을 세 번이나 감옥에서 꺼내준 일화로 '삼개옥문 적선지가(三開獄門 積善之家)'로 불렸던 명문가이

서울 성북동에 있는 간송미술관

다. 폭 60cm 남짓한 〈세한도〉에 10m 넘게 붙은 글들은 현존 문인화 가운데 최고 걸작으로 꼽히는 〈세한도〉의 파

제자 이상적에게 그려준 김정희의 세한도

란만장한 생애를 말해준다. 불후의 명작인 추사의 〈세한도〉를 탄생시키는 데 직접 계기가 된 것은 청나라의 하장령(賀長齡)이 편찬한 『황조경세문편(皇朝經世文編)』이라는 책이다. 제자인 역관 이상적(李尙迪, 1804~1865)은 중국에서 구한 무려 120권이나 되는 이 책을 권력자에게 주지 않고 제주도에 유배 중인 추사에게 보냈고 추사는 어렵게 구한 책을 자신에게 보내준 이상적에게 고마움을 표시하기 위해 〈세한도〉를 그린 것이다. 〈세한도〉 옆에 추사가 써놓은 발문(跋文)인 "날이 차가워진 다음에야 소나무 잣나무가 늦게 시듦을 안다(歲寒然後知松栢之後彫也)"는 구절은 『논어』 자한(子罕) 편에서 따왔다. 추사가 제자인 이상적의 변함없는 의리를 소나무[114]와 잣나무의 지조에 비유하여 그에게 그려 준 것으로 영혼의 울림이 있는 작품으로까지 불리고 있다.

　　2010년 5월 제주 서귀포시 대정읍의 추사 유배지에 마침내 '제주 추

---

다. 간송은 구한말에 장사로 번 10만석 재산을 모두 우리 미술품 구입에 아낌없이 썼다. 일제강점기에 뭘 모르는 사람들로부터 "황해도의 금싸라기 전답을 팔아 쓸데없는 사기대접을 산다."는 비아냥을 들었던 간송이다. 간송이 없었더라면 이 미술품들은 대부분 일본인의 손에 넘어갔을 것이다. 현재의 간송미술관은 바로 그 간송 집안이 보여준 '노블레스 오블리주'의 상징이라고 생각한다. 간송미술관은 국보 12건, 보물 10건, 지정문화재 4건을 포함, 소장품만으로 한국미술사를 꿰뚫는 우리나라 최초의 개인박물관이자 미술관이다.

[114] 나무 중에서도 유일하게 십장생에 들어간다.

제2부 예술—감성과 표현

423

사관'이 개관되었다. 〈세한도〉에 나오는 집을 모티브로 한 소박하고 조용한 건물이다. 복원해 놓은 추사가 살던 집도 제주민속에 맞춰 새로 단장을 했다. 지붕처마는 억새로 다시 엮었고 위리안치(圍籬安置)된 유배객의 집답게 탱자나무 울타리를 둘렀다. 안채로 들어가 툇마루에 앉으면 뒤편 돌담 밑으로 그가 무척이나 좋아했던 수선화가 심어졌고 그 위로는 잘 익은 하귤이 주렁주렁 달린 것이 보인다.

## 서가의 으뜸인 먹

서가의 첫째인 먹과 벼루

서가(書家)에서는 먹을 첫째로 친다. 무릇 글씨를 쓰는 것은 터럭을 사용하는 것으로서, 곧 터럭을 이용하여 먹을 운행하는 데 불과할 뿐이다. 종이와 벼루는 모두 먹을 도와서 서로 조화롭게 쓰이는 것이다. 종이가 아니면 먹을 받을 수 없고, 벼루가 아니면 먹을 퍼지게 할 수 없다.

먹을 퍼지게 하는 것은 글씨의 광채를 드러내는 것으로서 먹을 잘 다루는 한 가지로만 되는 것이 아니다. 글씨를 잘 쓰면서도 먹을 잘 퍼지게 하지 못하는 것은 또 벼루가 좋지 않기 때문이다. 그러므로 반드시 먼저 좋은 벼루를 얻은 다음에야 글씨를 잘 쓸 수 있다. 벼루가 아니면 먹을 쓸 곳이 없다. 종이와 먹의 관계는 또한 먹과 벼루의 관계와 서로 비슷하다. 반드시 좋은 종이가 있어야만 먹을 쓸 수가 있다. 그렇기 때문에 훌륭한 글씨는 징심지(澄心紙)·옥판지(玉版紙)·동전지(桐箋紙)·선전지(宣箋紙)에 썼던 것이며, 붓은 그 다음이다.

우리나라 사람은 오직 붓에 대해서만 관심을 쏟고 먹을 쓰는 방법에 대해서는 전혀 알지 못한다. 한 번 종이 위에 쓴 글자를 볼 것 같으면 오로지 먹뿐이다. 그런데 백성들은 날마다 이것을 다루면서도 깨닫지 못하고 있다. 그러므로 위탄도 장지의 붓과 좌백의 종이와 더불어 자신이 만든 먹[115]을 말했던 것이며, 송나라 때에 이정규[116]가 만든 먹이면 반 자루만 얻어도 천금처럼 여겼던 것이다. 옛날 사람들의 법서와 필적을 보면 먹물이 몰린 곳이 기장알처럼 돋아서 손가락에 걸리니, 이에 먹 쓰는 법을 거슬러 올라가 알 수 있다.

이러므로 「고결(古訣)」에서 말하기를, 먹물의 빛깔이 장물빛보다 짙고 모든 터럭이 힘을 가지런히 한다고 하였던 것이요, 이는 바로 묵법과 필법을 함께 들어 말한 것이다. 그런데 요즈음 우리나라 서가들은 모든 터럭이 힘을 같이 한다는 한 구절만을 지적하여 묘한 비결이라고 할 뿐, 먹물의 빛깔이 장물빛보다 짙어야 한다는 앞 구절은 함께 말하지 않으니, 이는 앞 · 뒤 구절이 서로 떨어질 수 없다는 것을 알지 못하기 때문이다.

이는 꿈에도 먹 쓰는 법을 알지 못하여 스스로 편벽에 빠지는 것을 깨닫지 못하는 것이다. 그리고 망녕되이 고려말기 이후로는 모두 붓을 뉘어 썼다 하여, 한 글씨의 상하좌우에 있어 터럭 끝으로 써진 곳과 터럭의 허리가 지나간 곳을 가지고 짙은 것, 엷은 것, 매끄러운 것, 거친 것을 나누면서 글씨가 모두 온전치 못하다고 한다. 그러나 이른바 짙고, 엷고, 매끄럽고, 거친 것이란 먹 쓰는 법에서나 논할 수 있는 것이지 어찌 붓의 뉘고 세우는 데 있겠는가.

— 『완당선생문집』 제1권

「서가의 으뜸인 먹」이라고 제목을 붙여본, 김정희가 쓴 윗글에서는 글씨를 쓰는 데 필요한 네 가지, 즉 먹 · 종이 · 벼루 · 붓의 조화가 요구됨을 강조하였다.

---

115 위탄(韋誕)은 삼국시대 문장과 서예로 이름 있던 인물이며, 먹을 잘 만들었다. 〈삼보결록(三輔決錄)〉을 보면 위탄이 말하길, 채옹(蔡邕)은 글씨에 능할 뿐만 아니라 이사(李斯) · 조희(曹喜)의 필법에 밝아, 좋은 비단이 아니면 함부로 글씨를 쓰지 않는다. 그리하여 장지(張芝)의 붓과 좌백(左伯)의 종이와 자기가 만든 먹을 쓰고 있다고 하였는데, 위탄의 이 말을 줄여 쓴 것이다.

116 송(宋)나라 이후 이정규(李廷珪)가 만든 먹을 최고로 평가하였는데, 그가 만든 먹에는 최상품에서부터 하품에 이르기까지 규(邽), 규(圭), 규(珪)의 세 가지 글자가 새겨져 있다.

남포 오석이 나는 보령 성주산

벼루의 경우, 중국 광둥성(廣東省) 가오야오현(高要縣)에 있는 단계(端溪)에서 나는 돌로 만든 것이 세계적으로 유명하고 지금까지도 문인 묵객들의 총애를 받고 있으며, 우리나라의 충남 보령 성주산 일대의 돌[117]로 만든 남포오석(烏石) 같은 것도 단계연 못지않게 제일로 쳤다. 벼루는 돌결이 매끄럽고 부드러워 붓을 상하게 하지 않으며, 경도가 강해 먹이 곱게 갈리고 잘 깨지지 않으며 먹을 갈아도 닳는 일이 없어야 하고, 먹물을 빨아들이지도 않아 쓰다 남은 먹물도 쉬 마르지 않고 묵향을 은은하게 내뿜는 것이어야 최상이라 한다. 송나라의 멋쟁이 미불(米芾)도 그『연사(硯史)』속에서 고려연(高麗硯)을 그토록 칭송했다고 하니 우리의 조선연송(朝鮮硯頌)도 자화자찬만은 아닐 성 싶다.

종이의 경우, 문인들이 애용했던 문방용지는 시전(詩箋) 또는 화전(花箋)이며, 이밖에 중국의 선지(宣紙)나 화선지(畵宣紙) 등도 많이 사용되었는데, 옥판선지(玉版宣紙)는 보통 선지보다 두껍고 광택이 있어 제일로 여겼다. 박제가가 쓴『북학의』에서도 서화에는 수묵(受墨)과 발묵(潑墨)이 잘 되는 화선지와 옥판지를 주로 썼으며, 고려지는 지질이 좋고 질기긴 하나 서화에는 적당하지 않다고 기록되어 있다. 국산 닥종이는 먹발을 잘 받지 않기 때문에 중국산 화선지나 옥판선지를 많이 썼던 것이다.

---

117 퇴계의 학덕을 기리기 위해 세운 일본 왕실 성지인 쇼교지(正行寺) 비석에 쓰인 돌도 퇴계 후손들이 마련해 보낸 충남 보령에서 채취한 오석이었다. 일본에서 생산되는 돌은 수명이 오래가지 못하기 때문이다.

그러나 중국문헌 『박물요람(博物要覽)』에서 먹을 먹는 품이 고려지만큼 겸손한 종이가 없다 했으니 종이를 둔 칭찬치고 극치가 아닐 수 없다. 그래서인지 송, 명, 청에 걸쳐 고려지를 얻어 글을 쓴다는 것은 상류사회의 권위요 자랑거리였다. 중국으로 사신 갈 때 수행원들의 대표적인 휴대품이 바로 조선종이었다. 중국의 성문·궁문·관문을 통과할 때 뇌물을 요구받게 마련인데, 이때

고려지를 극찬한 박물요람 권2

조선종이 몇 장이면 무사통과했고 벼슬아치나 유명 인사를 방문할 때 고려지를 꺼내면 눈이 휘둥그레졌다고 한다. 사절 일행이 베이징에 가면 옥하관(玉河館)에 머물며 이웃하고 있는 러시아 사절단과 밀무역을 하게 마련인데 고려지로 못사는 물건이 없었다고 할 만큼 조선종이는 통화구실도 톡톡히 했다.

글씨를 쓰는 데 있어 주로 붓의 가치나 서체만을 언급하고 있던 때에 먹이 서가에서 가장 중요한 것임을 역설한 점은 매우 독자적인 일이다. 서예와 관련된 우리의 문헌적 기록을 살펴볼 때도 먹에 대한 언급이 거의 보이지 않고 있음을 감안한다면 추사 김정희의 발언은 서예에 있어 대가다운 남다른 면모를 느끼게 해준다.

고려시대부터 우리의 먹은 세계적이었다. 소나무를 태워 얻은 그을음을 아교로 엉겨 붙게 하고 향료로 아교 냄새를 없애어 송연 먹을 제조하였다. 『문방사고묵담(文房肆攷墨談)』이라는 책에 "고려에서 당나라에 '송연(松硯) 먹'을 선물하였는데, 노송나무 그을음을 사슴의 아교와 섞어서 만들었다."는 기록이 있다. 명나라의 박물지(博物誌)인 『본초강목』에는 고려 때 기름 그을음, 즉 '유연(油硯) 먹'을 만들어 썼다는 기록이 나오는데, 유연 먹 중에는 참기름의 그을음으로 만든 먹이 제일 좋다.

고려의 먹을 소개하고 있는 본초강목

황해도의 해주와 평안도의 양덕에서 먹을 많이 제조하였는데, 특히 '해주 먹'은 중국과 일본에도 수출되었고, '양덕 먹'은 향기가 좋기로 이름이 높았다. 그 밖에 먹 생산지로는 맹산, 영월, 순천, 단산(현 단양) 등을 들 수 있는데 그 중 단산에서 나오는 먹은 그 빛이 까마귀처럼 새까맣고 질이 우수하여 '단산오옥(丹山烏玉)'이라 불리기도 했다. 그밖에 유명한 먹으로 '연운(淵雲)'과 '만수무강(萬壽無疆)'이 있는데, 80년대 작고한 묵장(墨匠) 유석근 옹이 만들었던 먹이다. 20세기 한국서예 최고봉이라는 여초(如初) 김응현(金膺顯)도 '연운'을 즐겨 사용하였다고 전해진다. 맑고 은은한 먹이었기 때문이다. 서울의 묵정동(墨井洞)은 옛날에 먹을 만들던 곳이다.

서유구의 『임원십육지』를 보면 붉은빛이 나는 먹을 제일로 치고, 검은빛을 둘째로, 흰색을 제일 하품으로 친다고 하였다. 먹의 우열은 발묵(潑墨)의 좋고 나쁨에 따라 결정되며, 극히 좋은 먹은 오래 될수록 아름다운 빛을 발한다. 먹은 뭐니뭐니해도 우선 가벼워야 하며 탁하지 않고 맑아야 한다. 또 향기가 좋고 먹을 갈 때 소리가 나지 않아야 한다. 먹을 갈 때 급히 갈면 먹 찌꺼기 곧 묵말(墨沫)이 생기므로 천천히 갈아야 한다. 먹과 벼루를 다 쓴 뒤 그대로 두면 먼지가 앉아 먹에 함유된 아교가 응고되므로 벼루에 있는 먹을 물로 씻어 두어야 한다. 옛날의 선비들은 사흘 동안 세수는 못해도 벼루는 씻었다고 하지 않는가.

## 자료

각 훈, 『해동고승전』.

강세황, 『표암유고』.

고 승, 『사물기원(事物紀原)』.

곡응태, 『박물요람(博物要覽)』.

곽 박, 『산해경』.

관 중, 『관자』.

공 자, 『논어』 술이(述而)·옹야(雍也)·위정(爲政) / 『예기(禮記)』.

권두경, 『퇴계언행록』.

기대승, 『고봉전집(高峯全集)』.

김부식, 『삼국사기』.

김 육, 『잠곡유고』.

김종서 외, 『고려사절요』.

김종직, 『점필재문집』.

김택영, 『황진전』.

나관중, 『삼국지연의』.

노 자, 『도덕경』.

두 우, 『통전(通典)』.

루 쉰, 〈阿Q정전〉.

마르코 폴로, 『동방견문록』.

맹 자, 『맹자』 양혜왕.

박세무, 『동몽선습』.

박지원, 『연암집(燕岩集)』.

사마광, 『자치통감』.

사마천, 『사기(史記)』.

사주당 이씨, 『태교신기』.

서거정 외, 『동국통감(東國通鑑)』.

서 긍, 『선화봉사고려도경(宣和奉使高麗圖經)』.

서유구, 『임원십육지』.

『선조실록』 선조30년 10월 계해.

성 현, 『악학궤범』 / 『용재총화』.

세 조, 『월인석보(月印釋譜)』.

『세조실록』 권1 총서.

『세종실록』 세종32년 2월 17일.

소혜왕후, 『내훈(內訓)』.

송시열, 『송자대전(宋子大全)』.

『숙종실록』 숙종7년 6월 계미.

신유한, 『해유록(海遊錄)』.

신후담, 『서학변(西學辨)』.

안정복, 『동사강목(東史綱目)』.

어숙권, 『패관잡기』.

원 효, 『대승기신론소(大乘起信論疏)』.

위 수, 『위서(魏書)』.

유득공, 『발해고(渤海考)』.

유몽인, 『어우야담(於于野談)』.

유의경, 『세설신어(世說新語)』.

유희춘, 『신증(新增)유합』.

유형원, 『반계잡고』.

윤최식, 『일용지결(日用指訣)』.

이경근, 「고암가훈(顧菴家訓)」.

이규보, 『동국이상국전집』.

이긍익, 『연려실기술(燃藜室記述)』.

이기경, 『벽위편(闢衛編)』.

이덕무, 『청장관전서』 제31권, 사소절.

이수광, 『지봉유설(芝峯類說)』.

이승휴, 『제왕운기』.

이시진, 『본초강목(本草綱目)』.

이 식, 『택당집』.

이　이,『격몽요결(擊蒙要訣)』.

이　황,『성학십도』/『퇴계집(退溪集)』.

일　연,『삼국유사』.

임　방,『수촌만록(水村漫錄)』.

장　혼,『아희원람(兒戲原覽)』.

정　구,『한강집(寒岡集)』.

정도전,『삼봉집』.

정약용,『여유당전서(與猶堂全書)』.

정약종,『주교요지(主敎要旨)』.

정인지 외,『고려사(高麗史)』.

정인지 외,『훈민정음』(해례본).

주시경,『국어문법』.

주　희,『소학』.

증선지,『십팔사략(十八史略)』.

지　눌,『수심결(修心訣)』.

최세진,『훈몽자회(訓蒙字會)』.

최　자,『보한집』.

최　항 외,『경국대전』.

허　균,〈국조시산〉/『도문대작(屠門大嚼)』/『성소부부고』/〈홍길동전〉.

〈경향신문〉, 2009.12.28.

〈대한매일신보〉, 1908.4.8.

〈동아일보〉, 2006.11.7·2007.5.29·2007.6.15.

〈서북학회월보〉, 1909.3.1.

〈조선일보〉, 2000.3.16·2007.4.14·2008.9.5·2009.10.31·2010.7.17.

〈중앙일보〉, 2004.1.12·2009.12.28·2010.6.22.

## 논저

가천박물관 외,『한국인, 삶에서 꽃을 피우다』, 연두와 파랑, 2009.

강신항,『훈민정음연구』, 성대출판부, 1980.

고운기,『삼국유사 글쓰기 감각』, 현암사, 2010.

고재학,『부모라면 유대인처럼』, 예담프렌드, 2010.

국립국어연구원, 『우리 문화 길라잡이』, 학고재, 2002.

규장각한국학연구원, 『조선양반의 일생』, 글항아리, 2009.

김기현, 『선비』, 민음사, 2009.

김당택, 『고려 무인정권 연구』, 새문사, 1987.

김  범, 『연산군』, 글항아리, 2010.

김삼웅, 『겨레유산이야기』, 삼인, 1998.

김선희, 『동양철학 스케치』(전 2권), 풀빛, 2009.

김영두, 『퇴계와 고봉 편지를 쓰다』, 소나무, 2003.

김종성, 『최숙빈』, 부키, 2010.

김진호 · 한성일 · 장권순 · 이태환, 『한국문화 바로 알기』, 국학자료원, 2002.

김태환, 『어울림을 배우다』, 호미, 2009.

김호일, 『대한국인 안중근』, 눈빛, 2010.

류시화 엮음, 『한 줄도 너무 길다』, 이레, 2000.

박홍갑 · 이근호 · 최재복, 『승정원일기』, 산처럼, 2009.

부산대학교 한국민족문화연구소, 『한국의 문화유산』, 부산대학교출판부, 1998.

삼성문화재단, 『한국의 세계문화유산』, 학고재, 1997.

설  흔, 『퇴계에게 공부법을 배우다』, 예담, 2009.

송혜나, 「한국음악과 중국음악, 그 오래된 관계와 오늘」, 『한국문화는 중국문화의
        아류인가?』, 소나무, 2010.

신병주, 『조선중후기 지성사 연구』, 새문사, 2007.

신창호, 『함양과 체찰』, 미다스북스, 2010.

안장헌, 『문화유산일기』, 진선출판사, 2003.

오주석, 『한국미의 특강』, 솔, 2003.

오항녕, 『조선의 힘 ─ 조선, 50년 문명의 역동성을 찾다』, 역사비평사, 2010.

우리전통문화연구회, 『우리 전통문화와의 만남』, 한국문화사, 2000.

유홍준, 『나의문화유산답사기』(전3권), 창작과비평사, 2009.

은정희 역주, 『원효의 대승기신론 소 · 별기』, 일지사, 1991.

이경하, 「내훈과 '소학 · 열녀 · 여교 · 명감'의 관계 재고」, 『한국고전여성문학연
        구』17, 한국고전여성문학회, 2008.

이능화, 이재곤 옮김, 『조선무속고』(동문선문예신서 44), 동문선, 2002.

이덕일, 『사도세자의 고백』, 휴머니스트, 2004.

_____, 『정약용과 그의 형제들』, 김영사, 2004.

이선민, 『신앙의 고향을 찾아서 – 이선민 기자의 종교기행』, 조선일보사, 2001.

_____, 「안중근이 우리에게 남긴 말」, 조선일보, 2009. 10. 31.

이종호, 『세계최고의 우리문화유산』, Culture line, 2001.

이진경, 『고전의 향연』, 한겨레출판사, 2007.

이충헌, 『아들은 아빠가 키워라』, 글담출판사, 2010.

이홍우, 『대승기신론통석』, 김영사, 2006.

이화형, 『한국문화의 이해』, 집문당, 1999.

_____, 『한국문화의 힘』, 휴머니즘, 국학자료원, 2004.

_____, 『베이징일기 – 큰 숲에 큰 새가 있다』, 한울, 2008.

_____, 『뜻은 하늘에 몸은 땅에 – 세상에 맞서 살았던 멋진 여성들』, 새문사, 2009.

이희근, 『한국사 그 끝나지 않는 의문』, 다우, 2003.

장   판, 『중국고대간사(中國古代簡史)』, 베이징대학, 2001.

정만조, 『조선시대 서원 연구』, 집문당, 1997.

정병조, 『한국불교철학의 어제와 오늘』, 재단법인 대원정사, 1995.

정영호, 『그림과 명칭으로 보는 한국의 문화유산』, (주)時空테크, 1999.

정유민, 『테마 한국사』, 청년정신, 2000.

조동일, 『동아시아문명론』, 지식산업사, 2010.

조용헌, 『고수기행』, 랜덤하우스코리아, 2006.

조인석, 『20세기전반 격동기의 여성교육』, 태학사, 2000.

최보식, 〈매혹〉(역사소설), 휴먼앤북스, 2010.

최완기, 『한국의 서원』, 대원사, 1991.

최완수, 『겸재 정선』(전 3권), 현암사, 2009.

최인호, 〈유림〉(소설), 열림원, 2005.

최정미, 〈장희빈, 사랑에 살다〉(역사소설), 유레카엠앤비, 2008.

최정호, 『한국의 문화유산』, 나남, 2004.

한국문화인류학회, 『처음 만나는 문화인류학』, 일조각, 2007.

한국역사연구회, 『조선시대 사람들은 어떻게 살았을까』 외, 청년사, 1966.

한상우, 『우리것으로 철학하기』, 현암사, 2003.

한영우, 「18세기 전반 남인 이익의 사론과 한국사 이해」, 『조선후기사학사연구』, 일지사, 1989.

_____, 「19세기 전반 홍경모의 역사서술」, 일조각, 1990.

_____, 『한국선비지성사』, 지식산업사, 2010.

현　각, 『만행·하버드에서 화계사까지』, 열림원, 2004.

_____, 양언서 옮김, 『부처를 쏴라』, 김영사, 2009.

혜　민, 『젊은 날의 깨달음』, 클리어마인드, 2010.

홍순민, 『우리 궁궐 이야기』, 청년사, 1999.

홍윤기, 『일본 속의 한국문화유적을 찾아서』, 서문당, 2002.

황원갑, 『한국사를 바꾼 여인들』, 책이 있는 마을, 2002.

황충기, 『우리 역사 속 숨은 이야기 명기 일화집』, 푸른사상, 2008.


마틴 메이어, 안순자 옮김, 『마틴씨, 한국이 그렇게도 좋아요』, 현암사, 2005.

_____, 조재현 옮김, 『교육전쟁』, 글로세움, 2009.

마틴 자크, 안세민 옮김, 『중국이 세계를 지배하면』, 부키, 2010.

베른하르트 부엡, 서경홍 옮김, 『엄한 교육 우리 아이를 살린다』, 예담프렌드, 2007.

샤를르 달레, 안응렬·최석우 옮김, 『한국천주교회사(1874)』(상), 한국교회사연구소, 1996.

움베르토 에코, 이현경 옮김, 『미의 역사』, 열린책들, 2009.

존 카터 코벨, 김유경 역, 『한국문화의 뿌리를 찾아』, 학고재, 1999.

피에르 제르마, 『세계의 최초들』, 하늘연못, 2000.

필립 라스킨 외 지음, 안기순 외 옮김, 『세계가 사랑한 한국』, 파이카, 2010.

부록

# 1. 한국의 세계문화유산(世界文化遺産) : 총 28건(무형, 기록 포함)

세계유산(문화 · 자연 · 복합)은 유네스코가 인류의 소중한 문화 및 자연유산을 보호하기 위해 1972년 11월 제17차 유네스코 정기총회에서 '세계 문화 및 자연유산 보호협약'을 채택함에 따라 지정되기 시작했다. 세계유산은 이 협약에 따라 세계유산위원회(WHC)가 인류 전체를 위해 보호되어야 할 보편적 가치가 있다고 인정하여 세계유산목록에 등재한 세계 각국의 유산을 말하며, 크게 문화유산, 자연유산, 복합유산으로 분류된다.

세계가 인정하고, 인류가 함께 보호해야 할 한국이 보유하고 있는 세계유산은 국가의 규모에 비해 상당히 많은 편이다.(2010년 현재 한국 10건, 1위 이탈리아 45건, 2위 스페인 42건, 3위 중국 40건). 특히 세계유산이 거의 문화유산(세계유산 10건 중 9건)일 만큼 자연유산은 보잘 것 없는 대신 인간의 노력과 업적이 탁월했다. 그리고 세계유산과 세계기록유산을 합쳐 놓고 보면 한국문화 속에서 유교가 차지하는 비중이 매우 크며, 통치계층의 문화유산이 대부분임을 알 수 있다. 한편 세계무형문화유산 11건을 통해 우리 고유의 사상과 정서가 얼마나 위력을 발휘하는가 짐작하게 된다.

자국의 문화재가 세계문화유산으로 등재된다는 것은 국가의 문화적 우수성을 인정받는 것과 함께 국가 브랜드 가치를 높이는 효과가 있다. 게다가 이 세계문화유산으로 지정된 것들은 문화상품으로 개발되어 해외 관광객 유치에 도움이 된다는 점에서 현실적으로도 가치가 크다.

## 1. 세계유산 (World Heritage Site 10건 : 문화 9 / 자연 1)

### 유교(儒敎, 7건)

1) 종묘(宗廟) : 조선의 왕과 왕비의 신주(神主)를 모신 왕실사당으로 세계에서 가장 오래되고 권위 있는 유교적 건축이다. 지붕과 기둥으로 된 단출한 모습에 화려하지 않은 건물이다.

2) 창덕궁(昌德宮) : 태종이 지은 조선의 이궁(離宮)으로서 광해군 때부터 경복궁 복원할 때까지 정궁(正宮)으로 쓰였다. 정궁인 경복궁(景福宮)은 세계문화유산이 아니다. 그만큼 창덕궁은 궁궐 가운데 역사성과 자연미가 살아있는 건축미를 보여주고 있다.

3) 수원화성(水原華城) : 정조는 아버지 장헌세자에 대한 효심에서 화성으로 수도를 옮길 계획을 세우고, 정조 18년(1794)에 성을 쌓기 시작하여 2년 뒤인 1796년에 완성하였다. 실학자인 유형원과 정약용이 성을 설계하고, 거중기 등의 신도구를 이용하여 과

학적이고 실용적으로 쌓았다. 성안에는 임금이 임시 거처하는 행궁을 중심으로 여러 부속시설물들이 치밀하게 배치되어 있으며, 특히 다른 성곽에서 찾아보기 힘든 창룡문·화서문·팔달문·장안문의 4대문을 비롯한 각종 방어시설들이 장엄하게 갖추어져 있다. 이른바 화성은 세계 최초의 계획된 신도시이다.

4) 경주역사유적지구(慶州歷史遺蹟地區) : 경주는 기원전 57년부터 서기 935년까지 56명의 왕이 다스리며 천년을 지켜온 신라의 수도이다. 동서고금을 통해 천년 동안 왕조를 이어온 나라는 매우 드물다. 석굴암과 불국사는 1995년에 이미 등재되었기 때문에 경주역사유적지구에 포함되지 않는다. 대외적으로는 중국·일본은 물론 서아시아의 이슬람권과도 활발히 교류하였으며 세계를 향해 문호를 활짝 열어 이미 천 년 전에 국제도시의 명성을 만방에 떨쳤다. 신라 건국신화에 나오는 나정(蘿井), 신라 망국의 한이 서린 포석정(鮑石亭), 궁궐유적인 월성(月城)과 안압지(雁鴨池)[1] 등 경주역사유적지구라는 이름으로 등재된 문화재 수는 52개이다. 시내 어디서나 봉긋봉긋 솟아 오른 고분을 만날 수 있는 것이 경주만의 독특함인데, 고분은 왕과 왕비, 귀족 등 높은 신분 계층의 무덤들이다. 천마총은 유일하게 내부가 공개되어 있다.

5) 고창·화순·강화 고인돌유적 : 기원전 2000~3000년께의 장례문화를 엿볼 수 있다. 고인돌은 말 그대로 '돌을 고였다'고 하여 붙여진 이름으로 청동기시대의 대표적인 무덤 형식이다. 고인돌은 전세계에서 발견되고 있지만, 우리나라에서는 실로 '고인돌 왕국'이라는 표현을 쓸 만큼 많은 수의 고인돌이 발견되었다. 세계 고인돌의 40% 이상이 우리나라에 모여 있다. 특히 고창·화순·강화 고인돌 유적은 보존 상태가 좋고 밀집도 측면이나 형식의 다양성에서 고인돌의 형성과 발전 과정을 규명하는 중요한 단서가 되고 있다.

6) 조선왕릉(朝鮮王陵) 40기(基) : 조선왕조는 1392년 제1대 태조부터 1910년 제27대 순종까지 518년의 세월을 이어 오면서 만들어진 왕(王)과 왕비(王妃)의 무덤 42기 가운데 40기를 등재(登載)하였다. 2기는 북한에 소재(所在)한다. 특히 건원릉(태조)[2], 영릉(세종), 건릉(정조), 홍릉(고종)[3] 등은 스토리텔링의 가능도가 높다. 인간이 조성한 무

---

1 안압지의 압권은 연못 물에 반사되는 임해전(臨海殿)의 단청모습이라 할 수 있다.
2 죽기 전에 고향인 함흥에 묻어 달라고 유언했던 태조 이성계의 무덤에는 고운 잔디가 아닌 억새로 덮여 있다. 아들인 태종 이방원이 함흥에서 억새를 가져다 심은 것이다.
3 1895년 경복궁 옥호루에서 시해된 명성황후는 1897년 서울 청량리 한쪽 대지에 묻혔고 그곳은 홍릉으로 불렸다. 20여 년이 지난 1919년 파란만장한 삶을 살았던 남편 고종도 덕수궁 함녕전에서 숨을 거뒀다. 고종의 시신을 남양주에 안치하면서 홍릉은 남양주로 옮겨져 부부무덤이 되었다.

덤(조형물 포함)이 자연과 조화를 잘 이루고 있다(중국 명청시대의 황릉은 자연미를 볼 수 없는 편이다). 그리고 이렇듯 도덕적 가치로서의 공경(유교문화)을 잘 실천한 경우도 드물다. 이밖에 관련문헌인 국조오례의, 의궤, 능지 등을 잘 보존하고 있다.

7) 하회(河回) · 양동(良洞)마을 : 안동 하회마을은 풍산유씨가, 경주 양동마을은 월성손씨와 여강이씨가 모인 양반촌으로 풍수상 길지에 속하여 조선시대 학덕이 높은 인물들을 지속적으로 배출하였다. 두 마을의 길이나 건축은 강이나 지형에 따라 자연스럽게 조화를 이루고 있다. 15~16세기에 형성된 두 마을에 보물로 지정된 가옥만 하회에 2건(풍산유씨 종가인 양진당, 유성룡 생가인 충효당), 양동에는 4건(이언적의 향단(香壇)과 독락당, 관가정, 무첨당)이 있다. 두 마을은 유교문화 · 전통건축이 그대로 살아있는 곳이다. 유네스코 세계유산위원회 자문기구인 국제기념물유적협의회(ICOMOS) 한국위원장인 이상해(건축학) 교수는 "한국인의 전통적인 삶이 그대로 전승되고 있는 '살아있는 유산'이 세계적으로 인정받았다는 점에서 2010년 등재의 의미가 더욱 크다"고 했다.


## 불교(佛敎, 2건)

1) 석굴암(石窟庵) · 불국사(佛國寺) : 석굴암의 내부 본존불인 석가여래상 등은 극동 불교예술의 진수다. 불국사는 세련된 전통미를 보여주는 대웅전, 극락전, 비로전, 관음전 등과 조형예술의 극치를 보여주는 다보탑, 석가탑, 청운교, 백운교, 연화교, 칠보교가 있어 신라인의 섬세한 예술혼을 잘 느끼게 한다.

2) 해인사 장경판전(海印寺藏經板殿) : 8만대장경판(일명 고려대장경)을 비롯한 여러 장경판을 보관해온 건물로서 세계에서 가장 오래된 과학적 보관시설이자 15세기를 대표하는 건축물이다. 경(經) · 율(律) · 논(論), 즉 석가모니가 한 설법을 모은 경장(經藏), 교단이 지켜야 할 계율을 모은 율장(律藏), 교리에 관해 뒤에 제자들이 연구한 주석 논문을 모은 논장(論藏)을 합해서 삼장(三藏)이라 하며, 이 삼장을 가리켜 대장경이라 한다. 8만대장경을 소장한 해인사를 우리나라의 법보사찰이라 한다.


## 자연(自然, 1건)

1) 제주(濟州) 화산섬과 용암동굴 : 한라산 천연보호구역, 거문오름 용암동굴계, 성산일출봉 응회구, 이 세 곳을 '제주 화산섬과 용암동굴'이라는 이름으로 2007년 유네스코 세계자연유산으로 등재시켰다. 제주도 전체의 8.3%에 해당하는, 섬 중앙부 한라산 일대 151.35㎢가 천연보호구역으로 지정되어 있다. 우리나라에서 자라는 4000여 종의

식물 가운데 절반 가까운 1800여 종이 자라는 한라산은 그야말로 살아있는 생태공원이라 할 수 있다. 특히 한라산 정상부근에 자생하는 구상나무숲은 세계에서 하나뿐이거니와 최대 규모(603ha)이기도 하다. 화산활동으로 생겨난 섬 제주도는 지표면의 90%이상이 현무암으로 덮여 있다. 제주도말로 '오름' 이라는 기생화산은 모두 368개로 제주도의 면적을 감안할 때 오름 군락으로서는 그야말로 세계 제일의 밀집도를 보인다. 오름 가운데 분화구 둘레의 경사가 급한 것을 응회구라 하는데, 제주 동남쪽 끄트머리에 반도를 이루고 있는 성산일출봉(179m)은 대표적인 응회구이다. 좁은 면적 안에 제주처럼 다양한 지형을 갖추고 있는 곳은 세계 어디에도 없다. 제주 섬 그 자체가 그야말로 '화산박물관' 이다.

## 2. 세계무형(無形)문화유산 (Intangible Cultural Heritage of Humanity 11건)

1) 종묘제례(宗廟祭禮) 및 종묘제례악(樂) : 종묘제례란 조선시대 역대 왕과 왕비의 신위를 모셔 놓은 사당(종묘)에서 지내는 제사를 가리키며, '대제(大祭)' 라고도 부른다. 종묘는 사직과 더불어 국가존립의 근본이 되는 중요한 상징물로 정전(19실)과 영녕전(16실)이 있다. 종묘제례는 정시제와 임시제로 나뉘어 여러 차례 지냈었으나, 해방 후부터는 매년 5월 첫째 일요일에 한번만 지내고 있다. 종묘제례악은 기악과 노래 · 춤이 어우러진 궁중음악의 정수로서 우리의 문화적 전통과 특성이 잘 나타나 있으면서도 외국에서는 볼 수 없는 독특한 멋과 아름다움을 지니고 있다. 중요무형문화재 제1호 종묘제례악은 본래 세종 29년(1447) 궁중회례에 사용하기 위해 창작하였으며 세조 10년(1464) 제사에 적합하게 고친 후 지금까지 전승되고 있다. 종묘대제에서 보태평 11곡과 정대업 11곡이 연주되고 있다.

2) 판소리 : 판소리는 서양의 오페라와 비교되곤 한다. 그러나 〈카르멘〉, 〈아이다〉 같은 서양의 오페라가 교향악단, 무용단, 합창단 등을 거느리고 화려한 의상과 조명으로 무대를 꽉 채우는 데 비해, 판소리는 그저 부채 하나 달랑 든 소리꾼이 북채 하나에 북하나 멘 고수와 함께 판에 등장한다. 오늘날 전하고 있는 판소리 다섯마당(작품 하나를 '한 마당' 이라 함) 가운데 〈삼국지〉에서 이야기를 가져온 〈적벽가〉를 제외하면 모두가 민담이나 설화를 바탕으로 한다. 본래 판소리는 악보 없이 구두로 전승된다.

3) 강릉단오제 : 단오는 농사와 깊은 관련이 있다. 밭에 곡식을 심고 논에 모내기를 끝내고 숨 가빴던 봄 농사를 어느 정도 마친 시기가 음력 5월 5일. 한 해 농사를 준비해 놓고 풍년을 기원하면서 한편으로 놀이를 즐기면서(축 祝) 제사를 지냈는데(제 祭), 이를 '단오제' 라 하는 것이다. 강릉단오제와 관련한 내용이 처음 등장하는 것은 『고려

사」이다. 여기에 "고려 초기 태조 왕건을 도와 승리로 이끌어준 대관령 신령에게 왕순식이 제사를 지냈다"는 기록이 있다. 조선의 허균이 지은 『성소부부고』에도 "1603년 단오를 맞아 대관령 산신을 제사지냈다"는 내용이 나온다. 제사에서 모시는 세 신은, 대관령산신인 김유신, 대관령국사성황신인 범일국사, 대관령국사성황신의 부인인 대관령국사여성황신이다. 또 무당굿이 펼쳐지고 풍물, 관노가면극, 그네타기, 씨름, 줄다리기 같은 여러 민속놀이가 한바탕 벌어진다. 특히 스무 거리가 넘는 강릉단오제의 단오굿은 우리나라 굿 가운데 그 규모가 장대하고 화려하기로 유명하다.

4) 강강술래 : 강강술래는 노래와 춤이 하나로 어우러진 부녀자들의 집단놀이로 주로 전라남도 해안지방에서 1년 중 가장 달이 밝은 추석날을 전후하여 달밤에 행해졌다. 강강술래는 여성의 놀이가 적었던 때에 활달한 여성의 기상을 보여준 민속놀이의 하나로 민족정서가 아름답게 표현되어 있다. 동쪽 하늘에 둥근 달이 떠오르기 시작하면 여인들은 손과 손을 서로 잡고 둥근 원을 그리며 노래하고 춤추면서 오른쪽으로 돌기 시작한다. 맨앞사람이 선소리로 노래를 메기면 뒤에 따라오는 나머지 사람들은 강강술래를 받음소리로 합창하면서 소리에 발을 맞추어 춤을 춘다. 처음에는 늦은 가락으로 나아가다가 차츰 노래소리도 빨라지고 춤도 빨라져서 나중에는 뛰는 것처럼 동작이 빨라진다. 그러다가 지쳐서 힘이 빠지면 놀이를 끝내고 쉬게 된다.

5) 남사당놀이 : 사당(寺黨)패는 원래 여성들로 짜여졌으나 남정네들에 의해 풍기문란이 일어나자 남자들로 구성된 남사당패가 발족되었다. 남사당패는 유랑예인(流浪藝人)집단으로, 조선후기부터 1920년대까지 한국 농어촌을 떠돌아다니며 민중에게 즐거움을 제공하였다. 구성은 맨 위에 우두머리인 꼭두쇠(일명 모갑이)가 있고 그 밑에 곰뱅이쇠·뜬쇠·가열·삐리·저승패·등짐꾼 등 40~50명으로 이루어졌다. 남사당놀이는 풍물(농악)·버나(대접돌리기)·살판(땅재주)·어름(줄타기)·덧뵈기(탈놀음)·덜미(꼭두각시놀음) 등이다.

6) 영산재(靈山齋) : 불교를 믿고 의지함으로써 영혼이 극락왕생하게 하는 의식이다. 죽은이의 명복을 빌기 위해 불보살에게 올리는 천도재(薦度齋)의 일종으로 영산재가 흔히 49재로 불리는데, 전문적인 범패승(梵唄僧)이 하는 경우는 그 규모에 따라 상주권공재(常住權供齋)·시왕각배재(十王各拜齋)·영산재로 나뉜다. 범패승이 아닌 일반 승려가 49재를 지낼 경우에는 삼보통청(三寶通請)으로 한다. 상주권공재는 보통 1일, 시왕각배재는 2일, 영산재는 3일이 걸린다. 영산재는 법화사상에 따라 석가모니불이 설법하던 영산회상(靈山會相)을 상징적으로 설정하고 지내는 의식이다

7) 제주 칠머리당영등굿 : 제주시 건입동의 본향당(本鄕堂)인 칠머리당에서 하는 굿이다. 건입동은 제주도의 작은 어촌으로 주민들은 물고기를 잡거나 조개를 채취하여

생계를 유지하며 마을 수호신인 도원수감찰지방관(都元帥監察地方官)과 용왕해신부인(龍王海神夫人) 두 부부에게 마을의 평안과 풍요를 비는 굿을 했다. 부부수호신과 함께 영등신을 소중히 위하는 굿을 했는데, 영등신은 외눈백이섬 또는 강남천자국에서 2월 1일에 제주도에 들어와서 어부와 해녀들에게 풍요를 주고 2월 15일에 본국으로 돌아간다는 내방신(來訪神)이다. 제주 칠머리당영등굿은 영등신에 대한 제주도 특유의 해녀신앙과 민속신앙이 담겨져 있는 굿이며, 우리나라 유일의 해녀의 굿이라는 점에서 그 특이성과 학술적 가치가 있다.

8) 처용무 : 처용무란 처용가면을 쓰고 추는 춤을 말한다. 궁중무용 중에서 유일하게 사람형상의 가면을 쓰고 추는 춤으로, '오방처용무'라고도 한다. 통일신라 헌강왕(재위 875~886) 때 살던 처용이 아내를 범하려던 역신(疫神, 전염병을 옮기는 신) 앞에서 자신이 지은 노래를 부르며 춤을 춰서 귀신을 물리쳤다는 설화를 바탕으로 하고 있다. 처용무는 예술성이 뛰어나고 독특한 양식을 지닌 궁중무용으로 민간설화에서 잉태되어 오늘날까지 면면히 이어온 한국의 대표적 전통무용으로 중요무형문화재 제39호로 지정된 춤이다

9) 가곡 : 가곡은 시조시에 곡을 붙여 관현악 반주에 맞춰 부르는 전통음악으로 현재 전승되고 있는 가곡은 모두 41곡이며, 예술적 가치가 뛰어나다.

10) 대목장 : 대목장은 나무를 다루는 전통건축의 장인 중에서 집을 짓는 전 과정을 책임지는 사람을 가리킨다. 대목장은 중요무형문화재 74호이며, 현재 신응수 · 최기영 · 전흥수 씨가 보유자로 지정돼 있다.

11) 매사냥 : 인류 역사상 가장 오래된 사냥술인 매사냥은 4000년 전부터 고대 중앙아시아와 중동에서 시작해 세계로 퍼졌다고 한다. 우리 매사냥은 고구려 고분벽화에서부터 나타난다. 대전과 전북에는 배를 부리는, 지방무형문화재 박용순 · 박정오 응사(鷹師)가 있다. 한국을 비롯한 11개국 매사냥이 공동으로 유네스코 세계무형유산이 됐다. 이청준은 단편 〈매잡이〉(1969)에서 사라져가던 전통매사냥을 다뤘다. 작가는 산업화와 함께 '풍속이 사라진 시대'에 장인(匠人)이 '유민(流民)'으로 굴러 떨어지는 현실을 담담히 그렸다.


## 3. 세계기록(記錄) 유산 (Memory of the World 7건)

선조들이 과거에 있었던 일들을 문서 등으로 남긴 것이 바로 기록유산이다. 기록유산의 종류로는 서적(책)이나 문서, 편지 등 여러 종류가 있다. 현재 한국의 세계기록유산은 2009년 동의보감이 등재되어 총 7점이다.

이는 아시아 중에서는 가장 많은 것이며, 세계에서는 6번째이다. 우리가 기록을 잘했

다는 것은 기록의 객관성을 중시했음을 뜻한다. 이는 바로 공자가 말한 '술이부작(述而不作, 논어 술이 편)'의 유교문화적 영향의 결과라고 여겨진다. 억지로 꾸미거나 허구적 관념에 흐르지 않고 실질과 현실을 중시하면서 모든 게 변하는 속에서도 변하지 않는 가치를 지향하는 정신문화의 소산이라 하겠다.

## 유교(4건)

1) 훈민정음(訓民正音) : 훈민정음 문자가 아니라, 훈민정음 문자를 풀이해 놓은 서적으로서 일명 훈민정음 해례본(解例本)이라 하는 것이다. 그러나 실제 책 제목은 훈민정음이다. 1940년 안동에서 극적으로 발견된 훈민정음은 간송 전형필 선생이 가격을 따지지 않고 구입하였으며, 한국전쟁 당시 이 책 한 권만 오동나무 상자에 넣어 피난을 떠났다는 일화가 전한다. 현재 간송미술관 보화각에 소장되어 있다.

2) 조선왕조실록(朝鮮王朝實錄) : 태조부터 철종까지의 25대 왕조의 역사서이다. 조선의 왕은 모두 27명으로 26대 고종과 27대 순종의 실록도 있지만 일제에 의해 만들어지면서 실록 편찬의 엄격한 규례에 맞지 않을 뿐만 아니라 왜곡된 내용도 있어서 조선왕조실록에 포함시키지 않고 있다.

3) 승정원일기(承政院日記) : 승정원일기는 조선시대 왕의 명령을 담당하던 국가기관인 승정원에서 기록한 일기로, 인조1년(1623)부터 순종4년(1910)까지 288년 동안 역대 임금들의 하루 일과, 지시 · 명령, 조정회의, 보고, 상소 등에 관한 내용이 모두 담겨 있다. 조선왕조실록보다 내용이 풍부하여 조선의 역사를 꼼꼼히 살피는 데 더 없이 필요한 소중한 자료이다. 원본이 하나밖에 없어 더욱 귀중하다.

4) 조선왕조의궤(朝鮮王朝儀軌) : 의궤(儀軌)란 의례(儀禮)와 궤범(軌範)이라는 두 단어가 합해진 것으로서 왕실 또는 국가가 거행한 규모 있는 행사에 관한 일체의 내용을 적은 보고서 형식의 기록이다. 이는 당연히 후대에 행사를 치를 때 본보기로 삼을 수 있도록 하기 위한 목적에서 만들어졌다. 의궤는 글뿐만 아니라 그림으로도 표현하여 기록의 충실함은 물론 시각적인 아름다움까지 갖추고 있다. 책의 이름은 행사의 성격에 따라 붙여진다. 가령 궁중잔치가 있을 때는 진찬(進饌)의궤, 왕실의 혼인 때는 가례(嘉禮)도감의궤, 왕자가 왕세자로 책봉되면 세자책례(世子冊禮)도감의궤, 실록을 편찬할 때 실록청의궤 등이 된다.

## 불교(2건)

1) 직지심체요절(直指心體要節) : 고려 우왕 3년(1377)에 백운화상(白雲和尙)이 선(禪)

의 요체를 깨닫는 데 필요한 석가모니의 직지인심견성성불(直指人心見性成佛)의 뜻을 여러 문헌에서 그 중요한 대목만 뽑아 해설한 책이다. 세계 최초의 금속 활자본으로 공인된 불경인데, 1972년 프랑스 국립 도서관에서 유네스코 주최로 열렸던 '책의 역사' 종합전에서 발견되었다. 독일의 구텐베르크의 성경보다 70년이나 앞선 것으로, 청주 흥덕사에서 인쇄하였다.

2) 고려대장경판(高麗大藏經板) : 국보 제32호인 고려대장경판은 총 8만 1,258매로 보통 8만대장경판으로 불린다. 초조대장경(初雕大藏經)과 속장경(續藏經)이 몽골의 침입으로 소실된 뒤 1236년(고종23) 당시의 수도였던 강화에서 시작하여 1251년 9월에 완성되었다. 이 사업은 대장도감(大藏都監)에서 주관했으며, 제주도·완도·거제도 등에서 나는 자작나무를 재료로 사용했는데 부패를 방지하기 위해 먼저 나무를 바닷물에 절인 다음 그늘에서 충분히 말려 사용했다. 8만대장경은 현재 해인사에 보관되어 있다. 이것은 현존하는 세계의 대장경 가운데 가장 오래된 것일 뿐만 아니라 체재와 내용도 가장 완벽한 것으로 평가되고 있으며, 특히 오자(誤字)와 탈자(脫字)가 거의 없다

## 도교(道敎, 1건)

1) 동의보감(東醫寶鑑)

민중에 대한 국가의 의료공급이라는 보건이념이 세계 어느 곳보다 먼저 구현되었다는 점, 동아시아 전통의학의 결정판으로 현대의학적 난제에 대해 새로운 가능성을 제시했다는 점이 높이 평가되었다. 실제로 동의보감은 일본과 중국에까지 전해져 동아시아 전통의학의 발전에 크게 기여하였다. 2009년에 동의보감이 세계기록유산으로 지정되자 중국의 중의학계(中醫學界)에서는 불쾌감을 감추지 못했다고 한다. 그렇다고 한의(韓醫)가 중의(中醫)보다 우수한 것이 입증되었다고 호들갑떨 일은 아니다.

## 2. 한국문화관련기관(박물관, 미술관 등)

문화체육관광부 : 서울 종로구 세종로 42 / 02-3704-9114

문화재청 : 대전광역시 서구 선사로 139 / 042-481-4650

유네스코한국위원회 : 서울 중구 명동2가 50-14 / 02-755-1105

한국문화예술위원회 : 서울 구로구 구로동 26-1 / 02-760-4500, 760-4600

한국문화예술교육진흥원 : 서울 구로구 구로동 102 / 02-6209-5900

한국문화재보호재단 : 서울 강남구 삼성동 112-2번지 / 02-3201-1645~6

한국문화콘텐츠진흥원 : 서울 양천구 목동 923-14 드림타워 5층 / 02-2166-2067

가일미술관 : 경기도 가평군 청평면 삼회리 609-6 / 031-584-4722 강건국 관장의 소장
　　　　　품 기반

가천박물관 : 인천 연수구 옥련동 567-22 / 032-833-4747

가회박물관 : 서울시 종로구 가회동 11-103 / 02-741-0466 민화와 부적도와 무신도 위주

간송미술관 : 서울 성북구 성북동 97-1 / 02-762-0442 한국 최초의 민간 미술관, 봄가을
　　　　　기획전 등 전통문화 우수성을 알리는 데 큰 역할

갈촌탈박물관 : 경남 고성군 고성읍 율대리 650 / 055-672-2772

강릉시 오죽헌·시립박물관 : 강원도 강릉시 죽헌동 201 / 033-640-4457-60

강암서예관 : 전주시 완산구 교동 / 063-285-7442  전국유일.

강원도 DMZ박물관 : 강원도 고성군 현내면 송현리 174-1 / 033-681-0625

강진청자박물관 : 전남 강진군 대구면 사당리 117 / 061-430-3524

강화역사박물관 : 인천 강화군 하점면 부근리 / 032-934-7887

개항박물관 : 인천시 중구 / 032-760-7508

거미박물관 : 경기도 남양주시 / 031-576-7908-9  4000여 종의 거미표본

거제민속박물관 : 경남 거제시 연초면 명동리 390 / 055-637-3722

경보화석박물관 : 경북 영덕군 남정면 원척리 267-9 / 054-732-8655  국내최초, 유일의
　　　　　화석박물관

경운박물관 : 서울시 강남구 개포2동 152 경기여자고등학교 내 / 02-3463-1336

경찰박물관 : 서울시 종로구 신문로 2가 58번지 / 02-735-2519, 02-723-7124

계룡산자연사박물관 : 충남 공주시 반포면 학봉리 511-1 / 042-824-4055

고서박물관 : 서울 중구 태평로 1가 60-17 태성빌딩 6층 / 02-725-5227

고성공룡박물관 : 경남 고성군 하이면 덕명리 85 / 055-832-9021

고성탈박물관 : 경남 고성군 고성읍 율대리 666-18 / 055-672-8829

공주민속극박물관 : 충남 공주시 의당면 청룡리 357 / 041-855-4933

관세박물관 : 서울시 강남구 언주로 218번지 / 02-3437-1114

교과서박물관 : 충남 연기군 동면 내판리 산25-1 / 041-861-3141,5

국립경주박물관 : 경북 경주시 인왕동 76 / 054-740-7518

국립고궁박물관 : 서울시 종로구 세종로 1-57 / 02-3701-7500  2005년 개관

국립공주박물관 : 충남 공주시 웅진동 360 / 041-850-6300

국립과천과학관 : 경기도 과천시 대공원 광장길 100 / 02-3677-1500

국립광주박물관 : 광주시 북구 매곡동 산 83-3 / 062-570-7000

국립김해박물관 : 경남 김해시 구산동 230 / 055-325-9331-3

국립대구박물관 : 대구시 수성구 황금동 70 / 053-768-6051,2

국립등대박물관 : 경북 포항시 남구 대보면 대보2리 221 / 054-284-4857

국립문화재연구소 : 대전시 유성구 문지로 82 / 042-860-9114  국악자료(음반) 등 소장

국립민속박물관 : 서울시 종로구 세종로 1-1 / 02-3704-3049

국립부여박물관 : 충청남도 부여군 부여읍 동남리 산 16-1 / 041-833-8562,3

국립서울과학관 : 서울시 종로구 와룡동 2번지 / 02-3668-2200

국립전주박물관 : 전북 전주시 완산구 효자동 2가 900 / 063-223-5651,2

국립제주박물관 : 제주도 제주시 삼사석로 11 / 064-720-8000

국립중앙과학관 : 대전시 유성구 구성동 32 / 042-601-7894  도자기상감, 천연염색법 등
　　　　　전수

국립중앙박물관 : 서울 용산구 용산동 6가 168-6 / 02-2077-9000  2005년 개관

국립진주박물관 : 경남 진주시 남성동 169-17 / 055-742-5951,2

국립청주박물관 : 충북 청주시 상당구 명암동 87 / 043-252-0710

국립춘천박물관 : 강원도 춘천시 석사동 산27-1 / 033-260-1500

국립해양유물전시관 : 전남 목포시 용해동 8 / 061-270-2000

국립현대미술관 : 경기도 과천시 막계동 산 58-1 / 02-2188-6000

국악로(돈화문로)문화보존회 : 서울시 종로구 / 02-763-9508

국악박물관 : 서울시 서초구 서초 3동 700 / 02-580-3130

궁중음식연구원 : 서울시 종로구 원서동 34 / 02-3673-1122

금산인삼종합전시관 : 충남 금산읍 / 041-754-9544

금오민속박물관 : 경북 구미시 무을면 무이리 160 / 054-481-9194

금호미술관 : 서울시 종로구 사간동 78 / 02-720-5114

기록역사박물관 : 충북 음성군 오궁리 / 043-877-4030

김건식모자박물관 : 경기 수원시 팔달구 북수동 21-17 / 031-256-0998  국내 최초

김영갑갤러리두모악미술관 : 제주도 남제주군 성산읍 삼달리 437-5 / 064-784-9907

김치박물관(풀무원김치박물관) : 서울시 강남구 삼성동 159 코엑스몰 지하 2층 / 02-6002-6456

꼭두박물관 : 서울시 종로구 동숭동 1-5 동숭아트센터 2층 / 02-766-3315

나주배박물관 : 전남 나주시 금천면 석전리 384-5 / 061-331-5038

난계국악박물관 : 충북 영동군 심천면 고당리 519-1 / 042-740-3886 왕산악 · 우륵과 함께 한국의 3대 악성인 박연을 기리는 곳

남포미술관 : 전남 고흥군 영남면 양사리 552 / 061-832-0003

농업박물관 : 서울 중구 충정로 1가 75 / 02-2080-5727, 5728 우리나 최초의 농업박물관

다산미술관 : 전남 화순군 남면 다산리 455 / 061-371-4111 다산 리판석 선생 설립

당림미술관 : 충남 아산시 송악면 산 2-1 / 041-543-6969 이종무 화백 기념

대관령박물관 : 강원도 강릉시 성산면 어흘리 3743 / 033-640-4482,3

대성동고분박물관 : 경남 김해시 대성동 430 / 055-331-2357 금관가야 자료

대우주택문화관 : 서울시 중구 남대문로5가(서울역 앞) 세브란스빌딩 1층 / 02-2288-5454~5

대원사티벳박물관 : 전남 보성군 문덕면 죽산리 831 / 061-852-3038

대청댐물문화관 : 대전시 대덕구 미호동 1-5 / 042-930-7332,3

대한민국술박물관 : 경기도 안성시 금광면 개산리 204-10 / 031-671-3903

대한제의례문화원 : 충북 충주시 가금면 탑평리 340-14 / 043-851-4404

덕수궁미술관 : 서울시 중구 정동 5-1 덕수궁내 / 02-2022-0600

도산안창호기념관 : 서울시 강남구 신사동 649-9 / 02-541-1800

독립기념관 : 충남 천안시 목천읍 남화리 230 / 041-560-0114

동강사진박물관 : 강원 영월군 영월읍 하송리 217-2번지 / 033-375-4554

동산도기박물관 : 대전시 서구 도마동 107-1 / 042-534-3453

동서의약박물관 : 서울시 서대문구 연희동 194-37 동서한방병원 별관 / 02-337-1110

동아일보사부설 신문박물관 : 서울시 종로구 세종로 139 동아미디어센터3,4층 / 02-2020-1830 우리나라 최초의 신문박물관

동양맥주자료관 : 경기도 이천시 부발읍 신하리 27 / 031-634-1221

두루뫼박물관 : 경기도 파주시 법원읍 법원리 139-5 / 031-958-6101,2 도자기, 목가구, 옹기, 농기구 등 민속생활사박물관임

디아모레뮤지움 : 경기도 용인시 기흥구 보라동 314-1 / 031-280-5591 (주)태평양 설립 여성문화와 차문화

디지털한글박물관 : 서울시 강서구 금낭화길 148 국립국어원 / 02-2669-9755 옛한글 희귀문서 전시

떡부엌살림박물관 : 서울시 종로구 와룡동 164-2 / 02-741-5447

로봇박물관 : 서울시 동숭동 대학로 / 02-741-8861

롯데월드민속박물관 : 서울시 송파구 잠실동 40-1 / 02-411-4792

마가미술관 : 경기도 용인시 처인구 모현면 동림리 263 / 031-334-0365  섬유미술전문

마사박물관 : 경기도 과천시 주암동 685 KRA / 02-509-1283 말(馬) 전문 박물관 영친왕
　　　　　(조선 마지막 황태자)이 소장했던 기린문안장 있음

마산시립문신박물관 : 경남 마산시 추산동 51-1 / 055-240-2477

만해기념관 : 경기도 광주시 중부면 산성리 912-1 / 031-744-3100

모란미술관 : 경기도 남양주시 화도읍 월산리 246-21 / 031-594-8001,2  조각전문미술관

목아불교박물관 : 경기도 여주군 강천면 이호리 395-2 / 031-885-9952  나무조각장인
　　　　　목아 박찬수 선생 수집

목암미술관 : 경기도 고양시 덕양구 벽제동 30-3 / 031-969-7686  조각가 김찬식 교수
　　　　　기념

목인박물관 : 서울시 종로구 견지동 82 / 02-722-5066  목조조각상 전문박물관

목포자연사박물관 : 전남 목포시 용해동 9-28 / 061-276-6331

무릉박물관 : 강원도 원주시 흥업면 사제리 540 / 033-763-1534,5

문경도자기전시관 : 경북 문경시 문경읍 진안리 360-10 / 054-550-6416

문경석탄박물관 : 경북 문경시 가은읍 왕릉리 432-5 / 054-550-6424

미륵사지유물전시관 : 전북 익산시 금마면 기양리 104-1 / 063-836-7804,5

미리벌민속박물관 : 경남 밀양시 초동면 범평리 406 / 055-391-2882

밀알미술관 : 서울시 강남구 일원동 713 / 02-3412-0061, 0062  정서장애 학생들을 위함

바탕골미술관 : 경기도 양평군 강하면 운심리 368-2 / 031-774-0745

박을복자수박물관 : 서울 강북구 우이동 86-4 / 02-990-7000, 7481~2  박을복은 근대
　　　　　한국의 대표적 신여성이자 한국자수예술의 선구자임

방림원 : 제주도 북제주군 한경면 저자리 예술인마을 / 064-773-0090 전세계 야생화 전시

배상면주가(주) : 경기도 포천시 화현면 화현리 51 / 031-531-0440

백범기념관 : 서울시 용산구 효창동 255 / 02-719-1311

백제몽촌토성역사관 : 서울시 송파구 방이동 88공원내 / 02-424-5138

별난물건박물관 : 용산전쟁기념관 내 / 02-792-8500

보나장신구박물관 : 서울시 종로구 관훈동 192-10 /  02-732-6621

보령석탄박물관 : 충남 보령시 성주면 개화리 114-4 / 041-934-1902

보성군립백민미술관 : 전남 보성군 문덕면 죽산리 122-1 / 061-853-0003  국내 최초의
　　　　　군립미술관으로 백민 조규일 화백의 작품전시

복천박물관 : 부산시 동래구 복천동 50 / 051-554-4263,4

부여인삼박물관 : 충남 부여군 규암면 내리 200 / 041-830-3224

부천수석박물관 : 경기도 부천시 원미구 춘의동 8 종합운동장내 / 032-655-2900

북촌미술관 : 서울시 종로구 가회동 170-4번지 / 02-741-2296, 2297

북촌생활사박물관 : 서울시 종로구 삼청동 35-177 / 736-3957, 3968

불교중앙박물관 : 서울시 종로구 견지동 27-11(조계사 내) / 02-2011-1700

뿌리깊은나무유물관 : 서울시 성북구 성북2동 13-28 / 02-745-3210

사비나미술관 : 서울시 종로구 안국동 159번지 / 02-736-4371, 4410

산림박물관 : 경기도 포천시 소흘읍 직동리 51-7 / 031-540-2000 국립수목원 내

산악박물관 : 서울 성북구 정릉4동 829번지 국립공원관리공단 / 02-909-3693

삼성교통박물관 : 경기도 용인시 처인구 포곡읍 유운리 292 / 031-320-9900 국내 최초
　　　　　이자 유일의 자동차박물관

삼성미술관 Leeum : 서울시 용산구 한남동 747-180 / 02-2014-6900

삼성어린이박물관 : 서울시 송파구 신천동 7-26 예천빌딩 / 02-2203-1871~4

삼성출판박물관 : 서울시 종로구 구기동 126-4 / 02-394-6544

상원미술관 : 서울시 종로구 평창동 456-5 / 02-396-3185  공예 디자인전문

서귀포감귤박물관 : 제주도 서귀포시 신효동 산 1 / 064-767-3010

서귀포시기장미술관 : 제주도 서귀포시 서홍동 621 / 064-733-1586

서귀포시립이중섭미술관 : 제주도 서귀포시 서귀동 532-1 / 064-733-3555

서대문자연사박물관 : 서울시 서대문구 박물관길 25 / 02-330-8899  공공기관이 설립한
　　　　　국내 최초의 자연사박물관

서대문형무소 : 서울시 서대문구 현저동 / 02-2203-1871~4

서울교육사료관 : 서울시 종로구 북촌길 19 / 02-736-2859

서울서예박물관 : 서울시 서초구 서초동 700번지 예술의 전당 / 02-580-1300

서울시립미술관 (서소문본관) : 서울시 중구 서소문동 37 /  02-2124-8800  경희궁분관,
　　　　　남서울분관도 있음

서울역사박물관 : 서울시 종로구 새문안길 50 / 02-724-0114

서울올림픽기념관 : 서울시 송파구 방이동 88 / 02-410-1051-5

서울중요무형문화재전수회관 : 서울시 강남구 삼성동 112-2 / 02-566-6300

석봉도자기미술관 : 강원도 속초시 교동 668-57 / 033-638-7711,2

선바위미술관 : 경기도 과천시 과천동 445 / 02-507-8588,8582  풍속화, 현대화, 전통인
　　　　　형, 전통부채 등

선화기독교미술관 : 대전시 서구 월평동 19-3 선화교회 / 042-525-3141-3

설록차뮤지엄 오' 설록 : 제주도 남제주군 안덕면 서광서리 1235-3 / 064-794-5312,3

성곡미술관 : 서울시 종로구 신문로 2가 1-101 / 02-737-7650  현대미술품 150여점

성암고서박물관 : 서울시 중구 태평로 1가 60-17 / 02-725-5227

성호기념관 : 경기도 안산시 상록구 이동 615 / 031-481-2574  실학자 성호 이익 기념관

세계장신구박물관 : 서울시 종로구 화동 75-3 / 02-730-1610

세연철박물관 : 충북 음성군 감곡면 오향리 97번지 /  043-883-2321

세종대왕유적관리소 : 경기도 여주시 능서면 왕대리 산 83-1 / 031-885-3123

세중옛돌박물관 : 경기도 용인시 처인구 양지면 양지리 303-11 / 031-321-7001, 7004

셀라뮤즈자기전시관 : 서울시 종로구 평창동 345-34번지 / 02-394-7486

소마미술관 : 서울시 송파구 방이동 88-2 / 02-410-1060-6  서울올림픽성과기념 조각
　　　　작품 등

소수서원서료전시관 : 경북 영주시 순흥면 내죽리 152-8 / 054-634-3310

송광매기념관 : 대구시 동구 덕곡동 34-7 / 053-981-4562  전통산업박물관

쇳대박물관 : 서울시 종로구 동숭동 187-8 / 02-766-6494  한국유일의 자물쇠박물관

수덕사근역성보관 : 충남 예산군 덕산면 사천리 20 / 041-337-2902

수도국산달동네박물관 : 인천시 송현근린공원내  / 032-770-6131 60-70년대 서민적 분
　　　　위기의 이발관, 솜틀집 등

술박물관리쿼리움 : 충북 충주시 가금면 탑평리 51-1 / 043-855-7332,3

스페이스몸미술관 : 충북 청주시 흥덕구 가경동 1411 B1 / 043-236-6622

시안미술관 : 경북 영천시 화산면 가상리 / 054-338-9319

신문박물관 :  서울 종로구 서린동 17-1 동아미디어센터 / 02-2020-1830

신미술관 : 충북 청주시 사직동 556-2 / 043-264-5545

신세계한국상업사박물관 : 경기도 용인시 처인구 남사면 창리 산43 / 031-339-1234  육
　　　　의전서 비단  팔던 수남상회 간판과 장부 소장)

신영영화박물관 : 제주도 남제주군 남원읍 남원리 2381 / 064-764-7777

아천미술관 : 전남 영암군 신북면 모산리 406 / 061-472-9220  유수택 광주행정부시장
　　　　이 고향에 설립

아트선재미술관 : 경북 경주시 신평동 370 / 054-745-7075

아트선재센터 : 서울시 종로구 소격동 144-2 / 02-733-8945  회화 중심

아트센터나비 : 서울시 종로구 서린동 99번지 SK본사 4층 / 02-2121-0919  미디어아트

아프리카미술박물관 : 서울 종로구 동숭동 1-113 한목빌딩3,5,6층 / 02-741-0436

아프리카박물관 : 제주도 서귀포시 대포동 1833 / 064-738-6565

안동소주박물관 : 경북 안동시 수상동 280 / 054-858-4541

안동시립민속박물관 : 경북 안동시 성곡동 784-1 / 054-821-0649

안성맞춤박물관 : 경기도 안성시 대덕면 내리 산 57 / 031-676-4352,4  안성유기 중심

암사동선사주거지 : 서울 강동구 올림픽로 875(암사동 139-2) / 02-3426-3857, 3426-
3867

약령시전시관 : 대구시 중구 남성로 51-1 / 053-253-4729

양구군립박수근박물관 : 강원도 양구군 양구읍 정림리 131-1 / 033-480-2655

양구선사박물관 : 강원도 양구군 양구읍 하리 507 / 033-480-2677

애니메이션박물관 : 강원 춘천시 서면 현암리 367 / 033-245-6444

얼굴박물관 : 경기도 광주시 남종면 분원리 68 / 031-765-3522  연출가 김정옥이 수집한
국내외 인형전시

에로스박물관 : 서울시 종로구 팔판동 123-3 / 02-733-3239  국내 첫 성박물관

에밀레박물관 : 서울시 중구 남대문로5가 세브란스빌딩 1층 / 02-2288-5454~5

여성생활사박물관 : 경기도 여주군 강천면 굴암리 9-3 / 031-882-8100

여주잠사민속박물관 : 경기도 여주군 여주읍 교리 299-5번지 / 031-886-1144

여진불교미술관 : 대전광역시 유성구 탑립동 442-1 / 042-934-8466

영월조선민화박물관 : 강원도 영월군 하동면 와석리 841-1 / 033-375-6100

영월책박물관 : 강원도 영월군 서면 광전리 271-2 / 033-372-1713

영은미술관 : 경기도 광주시 쌍령동 8-1 / 031-761-0137  국내 초유의 창작스튜디오 겸비

영인문학관 : 서울시 종로구 평창동 474-27 / 02-379-3182  이어령 교수 수집자료 주축

영집궁시전시관 : 경기도 파주시 탄현면 법흥리 242-5 / 031-944-6800  국내외 활과 화살

예술의전당 서울서예박물관 : 서울시 서초구 남부순환로 2406 / 02-580-1281-3

예술의전당 한가람미술관 : 서울시 서초구 남부순환로 2406 / 02-580-1271-8

옛터민속박물관 : 대전 동구 하소동 361 3 / 042-274-0016

온양민속박물관 : 충남 아산시 온양 3동 403-1 / 041-542-6001-3

옹기민속박물관 : 서울시 도봉구 쌍문 1동497-15 / 02-900-0900

외교박물관 : 서울시 서초구 서초2동 / 02-571-1097

우리은행 은행사박물관 : 서울시 중구 회현동 1가 203 / 02-2002-5092

우정박물관 : 서울시 중구 충무로1가 21 서울중앙우체국 신관 4,5층 / 02-756-2858

우정박물관 : 충남 천안시 유량동 60-1 정보통신공무원교육원 / 041-560-5900-3

우제길미술관 : 광주시 동구 운림동 647 / 062-224-6601

울트라건축박물관 : 서울시 양천구 신정1동 1031-7 메디바이오플렉스 B1 / 02-2642-0831

원불교역사박물관 : 전북 익산시 신용동 344-2 / 063-850-3240

월전미술관 : 서울시 종로구 팔판동 35-1 / 02-732-3777 : 월전 장우성 선생 기념

월정사성보박물관 : 강원도 평창군 진부면 동산리 63 / 033-334-1817

유교문화박물관 : 경북 안동시 도산면 서부리 1 / 054-851-0800  국내 유일의 유교문화
　　　박물관으로서 한국국학진흥원의 부속기관임.

유금와당박물관 : 서울시 종로구 부암동 301-5 / 02-394-3451  와당(瓦當) 기와 끝을 막
　　　는 것

유럽자기박물관 : 경기도 부천시 원미구 춘의동 8 종합운동장내 / 032-661-0238

의재미술관 : 광주시 동구 운림동 85-1 / 062-222-3040  의재 허백련 화백 작품 중심

이영미술관 : 경기도 용인시 기흥구 영덕동 22 / 031-213-8223

이중섭미물관 : 제주도 서귀포시 서귀동 / 064-733-3555

일민미술관 : 서울시 종로구 세종로 139 / 02-2020-2055  일민 김상만 선생 기념

자연사박물관 우석헌 : 경기도 남양주시 진접읍 내각리 587 / 031-572-9222

자연생태박물관 : 경기도 부천시 원미구 춘의동 381 / 032-678-0720

자연염색박물관 : 대구시 동구 중대동 467 / 053-743-4300

자유수호평화박물관 : 경기도 동두천시 상봉암동 162-10 / 031-860-2058

잠사과학박물관 : 경기 수원시 권선구 서둔동 61 / 031-290-8540

잠사민속박물관 : 경기도 여주군 여주읍 교리 299-5 / 031-886-1144  누에에서 비단이
　　　되기까지의 과정 전시

잠업진흥원한국잠사박물관 : 충북 청원군 강내면 학천리 175번지 / 043-236-1321

장생포고래박물관 : 울산시 남구 매암동 139-29 / 052-256-6301  국내 유일

전기박물관 : 서울시 서초구 서초동 1355 / 02-2105-8190-2

전라남도농업박물관 : 전남 영암군 삼호읍 나불리 307 / 061-462-2796

전라남도옥과미술관 : 전남 곡성군 옥과면 옥과리 산 1-3 / 061-363-7278  아산 조방원
　　　화백 작품 기증

전쟁기념관 : 서울시 용산구 용산동 1-8 / 02-709-3139

전주역사박물관 : 전북 전주시 완산구 효자동 2가 892-2 / 063-228-6485,6

전주노스케스코그종이박물관 : 전주시 덕진구 팔복동 2가 180 / 063-210-8103

전주한지박물관 : 전북 전주시 덕진구 팔복동2가 180 / 063-210-8103

절두산순교박물관 : 서울 마포구 합정동 96-1 / 02-3142-4434

제비울미술관 : 경기도 과천시 갈현동 산 38-1 / 02-3679-0011

제주금오당미술관 : 제주도 제주시 연동 252-20 / 064-747-8931  고서화 전문미술관

제주도립 기당미술관 : 제주도 서귀포시 남성로 34 / 064-733-1586

제주도민속자연사박물관 : 제주도 제주시 일도 2동 996-1 / 064-722-2465

제주민속박물관 : 제주시 삼양 3동 2505 / 064-755-1976

제주민속촌박물관 : 제주도 남제주군 표선면 표선리 40-1 / 064-787-4501,2  MBC드라
　　　　마 〈대장금〉 촬영장소

제주서귀포감귤박물관 : 제주도 서귀포시 신효동 월라봉일대 / 064-767-3010

조선관요박물관 : 경기도 광주시 실촌읍 삼리 산26-9 / 031-797-0623, 0614

조흥금융박물관 : 서울시 중구 태평로 조흥은행 광화문지점 3, 4층, / 02-738-6806

종이나라박물관 : 서울시 중구 장충동 1가 62-35 종이나라 빌딩 3층 / 02-2264-4560

죽포미술관 : 경기도 여주군 산북면 하품리 267 / 031-881-5905  한중 미술(도자기, 그림)

중남미문화원병설박물관 : 경기도 고양시 덕양구 고양동 302-1 / 031-962-7171, 9291

증권박물관 : 경기도 고양시 일산동구 백석동 1328 / 031-900-7070

지구촌민속박물관 : 서울시 중구 회현동 1가 100-177 서울시 교육연구원3층 / 02-773-
　　　　9590,1  서울타워에 설립

지적자료관 : 충북 제천시 금성면 양화리 623 / 043-651-5115

직지성보박물관 : 경북 김천시 대항면 운수리 216 / 054-436-6009

진천종박물관 : 충북 진천군 진천읍 장관리 710 / 043-539-3847  국내 유일의 종박물관

짚풀생활사박물관 : 서울시 종로구 명륜동2가 8-4 / 02-743-8787,8

참소리축음기에디슨박물관 : 강원도 강릉시 저동 36-1 / 033-652-2500

창조자연사박물관 : 경기도 시흥시 신천동 184-7 / 031-435-1009

철도박물관 : 경기도 의왕시 월암동 374-1 /  031-461-3610

철박물관 : 충북 음성군 감곡면 오향리 97 / 043-883-2321

청주고인쇄박물관 : 충북 청주시 흥덕구 운천동 866 / 043-273-6124

청주백제유물전시관 : 충북 청주시 흥덕구 신봉동 139-6 / 043-263-0107

청주옹기박물관 : 충북 청주시 상당구 명암동 80-6 / 043-222-8881

체신기념관 : 서울시 종로구 견지동 39-7 / 02-734-8369

초전섬유퀼트박물관 : 서울시 중구 남산동 1가 20번지 / 02-753-4074, 4075

춘원당한방박물관 : 서울시 종로구 낙원동 154 / 02-3672-2005

충현박물관 : 경기도 광명시 소하2동 1085-16 / 02-898-0505  조선 이원익의 유물

치악산명주사고판화박물관 : 강원도 원주시 신림동 황둔리 1706-6 / 033-761-7885

치우금속공예관 : 서울시 서초구 우면동 610-11 / 02-578-6663

칠백의총관리소 : 충남 금산군 금성면 의총리 216 / 041-753-8701-3

코리아나화장박물관 : 서울시 강남구 신사동 627-8 / 02-547-9177  국내 최대 규모 화
　　　　장전문 박물관

태백석탄박물관 : 강원도 태백시 소도동 166 / 033-552-7730

태영민속박물관 : 충남 금산군 남이면 하금리 364-2 / 041-754-7942,3

태평양박물관 : 경기도 용인시 기흥읍 보라리 314-1 태평양 기술연구원 내 / 031-285-
7215 화장사 분야에서 세계 최초, 차분야에서 국내 최초로 건립된 박물관, 우
리나라 최초의 화장품인 '박가분' 소장.

테디베어뮤지엄 : 제주도 서귀포시 색달동 2889 / 064-738-7600 세계 최대 규모, 국내
유일의 Teddy Bear전시관

토지주택박물관 : 경기도 성남시 분당구 정자동 217 한국토지공사 / 031-738-8294

통도사성보박물관 : 경남 양산시 하북면 지산리 583 / 055-382-1001

통신박물관 : 서울시 용산구 한강로 2가 용산전화국 / 02-797-0602, 0205

티벳박물관 : 서울 종로구 누상동 166-107 / 02-735-8149

팬아시아종이박물관 : 전북 전주시 팔복동 2가 180번지 / 063-210-8103 일명 전주한지
박물관(구 한솔종이박물관)

평강성서유물박물관 : 서울시 구로구 오류2동 150-15 / 02-2686-9496 이집트 · 로마 ·
그리스의 이스라엘인 유물

포스코미술관 : 서울시 강남구 대치4동 892번지 포스코센터 서관2층 / 02-3457-1665

포스코역사박물관 : 경북 포항시 남구 괴동동 1 / 054-220-7720

풀무원김치박물관 : 서울시 강남구 삼성동 159 코엑스몰 지하2층 / 02-6002-6456

피어리스아미박물관 : 서울시 서대문구 충정로 3가 222 / 02-312-3121, 3131

필룩스조명박물관 : 경기도 양주시 광적면 석우리 624-8 / 070-7780-8911, 8914

하회동탈박물관 : 경북 안동시 풍천면 하회리 287 / 054-853-2288

한광미술관 : 부산시 중구 중앙동 4가 82-1 / 051-469-4111 설립자 한광덕 기념

한국가구박물관 : 서울 성북구 성북동 / 02-766-0167 한국 전통목가구 전문박물관

한국근현대사박물관 : 경기도 파주시 / 031-957-1125

한국금융사박물관 : 서울시 중구 태평로 1가 62-12 / 02-738-6806

한국기독교역사박물관 : 경기도 이천시 대월면 초지리 474-2 / 031-632-1391

한국대나무박물관 : 전남 담양군 담양읍 천변리 401-1 / 061-380-3114

한국등잔박물관 : 경기도 용인시 모현면 능원리 258-9 / 031-334-0797

한국만화박물관 : 경기도 부천시 원미구 춘의동 8 / 032-320-3745

한국미술관 : 경기도 용인시 기흥구 마북동 73-1 / 031-283-6418

한국미술박물관 : 서울시 종로구 원서동 108-4 / 02-766-6000 구 한국불교미술박물관

한국민속촌 : 경기도 용인시 기흥구 보라동 107번지 / 031-288-0000 옛 조상들의 가옥
과 풍물 음식을 한 곳에 집합

한국불교미술박물관 : 서울 종로구 원서동 108-4 / 02-766-6000

한국사진박물관 : 서울 중구 신문로 2가 1-131 축구회관 2층 / 02-734-8733

한국산악박물관 : 서울시 강남구 역삼동 740-10 한국산악문화회관 / 02-558-3331

한국영상박물관 : 대구광역시 중구 화전동 / 053-423-4732 비디오카메라박물관

한국상례문화원 : 경기도 과천시 과천동 537번지 / 02-502-4022

한국스키박물관 : 강원도 고성군 간성읍 흘리 106-28 (알프스 스키장 내) / 033-681-
　　　　5030~9

한국은행화폐금융박물관 : 서울시 중국 남대문로 3가 110번지 / 02-759-4881~4882 국
　　　　내외 화폐 및 한국은행 업무자료 전시

한국자수박물관 : 서울시 강남구 논현동 89-4 / 02-515-5114

한국잠사박물관 : 충북 청원군 강내면 학천리 175 / 043-236-1321

한국잡지박물관 : 서울시 영등포구 여의도동 44-31 잡지회관 지하1층 / 02-780-9131,2

한국전통주연구소 : 서울시 은평구 녹번동 53-7 3층 / 02-389-8611

한국차문화협회 : 서울시 마포구 도화2동 536 정우빌딩 207호 / 02-701-0475

한국천문연구원 : 대전시 유성구 대덕대로 838 / 042-865-3332

한국카메라박물관 : 서울시 관악구 신림본동 10-632 / 02-874-8743

한국통신박물관 : 서울시 용산구 전화 / 02-797-0602　현재 휴관중

한국현대의상박물관 : 서울 종로구 충신동 55-1 수진빌딩 / 02-734-7340

한글박물관 : 서울 용산구 용산동 6가 168-6 국립중앙박물관 부지 내 / 02-725-1009

한독의약박물관 : 충북 음성군 대소면 대풍리 37 / 043-530-1004

한미사진미술관 : 서울시 송파구 방이동 45 한미타워 20층 / 02-418-1315

한배달우리차문화원 : 서울시 종로구 안국동 175-87 안국빌딩 / 02-737-0697

한상수자수박물관 : 서울시 종로구 가회동 11-32 / 02-744-1545

한얼고문서유물관 : 경기도 여주군 대신면 옥촌리 830-1 / 031-881-6319

한얼과학유물관 : 경기도 여주군 대신면 옥촌리 830-1 / 031-881-6319

한얼산업디자인유물관 : 경기도 여주군 대신면 옥촌리 830-1 / 031-881-6319

한얼의학유물관 : 경기도 여주군 대신면 옥촌리 830-1 / 031-881-6319

한얼카메라유물관 : 경기도 여주군 대신면 옥촌리 830-1 / 031-881-6319

한옥문화원 : 서울시 종로구 가회동 52번지 15통 3반 / 02-741-7441

한원미술관 : 서울시 서초구 서초동 1449-12 / 02-588-5642

한의약박물관 : 서울 동대문구 용두동 46-1 / 02-3293-4900 일명 서울약령시 한의약박
　　　　물관

한화기념관(화약박물관) : 인천시 남동구 고잔동 / 032-431-5143　국내 유일의 화약박
　　　　물관

항공우주박물관 : 경남 사천시 사남면 유천리 802 / 055-851-6565

향암미술관 : 경북 울진군 온정면 소태리 472-2(백암온천) / 054-787-0001,8

해강도자미술관 : 경기도 이천시 신둔면 수광리 330-1 / 031-634-2266, 7  국내 최초로
　　　　　설립된 도자기 관련 미술관

해인사성보박물관 : 경남 합천군 가야면 치인리 10번지 / 055-934-3150-5

허준박물관 : 서울시 강서구 가양 2동 26-5 / 02-3661-8686

현충사관리소 : 충남 아산시 염치읍 백암리 100 / 041-539-4600

혜곡최순우기념관 : 서울시 성북구 성북2동 126-20 / 3675-3401~2

호림박물관 : 서울시 관악구 신림 11동 1707 / 02-858-2500, 3874  윤장섭 선생 출연, 삼
　　　　　성미술관, 간송미술관과 함께 '3대 고미술박물관'으로 꼽힘.

호암미술관 : 경기도 용인시 처인구 포곡읍 가실리 204 / 031-320-1801,2

화정박물관 : 서울시 종로구 평창동 273-1 / 02-2287-2990  한광호 박사 설립한 아시아
　　　　　미술 중심

화폐박물관 : 대전시 유성구 가정동 35 한국조폐공사 / 042-870-1186

환기미술관 : 서울시 종로구 부암동 환기미술관1길 23 / 02-391-7701, 2  김환기 선생 기념


※ 미술관, 역사관, 자연사박물관 등은 가능하면 제외하고자 했으며, 특히 공립·시
립·군립의 그 도시(지역)이름이 붙은 박물관과 미술관은 제외했고, 대학박물관도 제외
했다.

## 분야별 전문박물관

| 가구 | 한국가구박물관 | | |
| | 온양민속박물관 | | |
| 거미 | 거미박물관 | | |
| 건축 | 울트라건축박물관 | | |
| | 한국고건축박물관 | | |
| | 한옥문화원 | | |
| 경찰 | 경찰박물관 | | |
| 고래 | 장생포고래박물관 | | |
| 고분 | 대성동고분박물관 | | |
| 골프 | 골프박물관 | | |
| 공룡 | 고성공룡박물관 | 055-832-9021 | 경남 |
| | 방원 | 061-742-4590 | 전남 |
| | 상족암 | 055-670-2827 | 경남 |
| | 양산동굴 | 055-382-0210 | 경남 |
| | 해남 | 061-532-7225 | 전남 |
| 과학 | 국립과천과학관 | | |
| | 국립서울과학관 | | |
| | 국립중앙과학관(대전) | | |
| | 한얼과학유물관 | | |
| 관세 | 관세박물관 | | |
| 교육 | 덕포진교육박물관 | 031-989-8580 | 경기 |
| | 부천교육박물관 | 032-661-1282,3 | 경기 |
| | 서울시교육사료관 | 02-736-2859 | 서울 |
| | 웅진초등교육박물관 | 041-853-4569 | 충남 |
| | 제주교육박물관 | 064-752-9101 | 제주 |
| | 한밭교육박물관 | 042-626-5393 | 대전 |
| 교통 | 삼성교통박물관 | | |
| 국악 | 국립국악박물관 | | |
| | 국립문화재연구소 | | |
| | 국악로문화보존회 | | |
| | 난계국악박물관 | | |
| | 판소리박물관 | | |

| 궁중유물 | 국립고궁박물관 | |
| --- | --- | --- |
| | 궁중유물전시관 | |
| | 궁중음식연구원 | |
| 귤 | 제주서귀포감귤박물관 | |
| 금속공예 | 치우금속공예관 | |
| 기독교 | 선화기독교미술관 | |
| | 절두산순교박물관 | |
| | 평강성서유물박물관 | |
| | 한국기독교역사박물관 | |
| 기와 | 문의기와전시관 충북 | |
| | 유금와당박물관 | |
| 김치 | 김치박물관 | |
| | 풀무원김치박물관 | |
| | 한국김치관 경기 | |
| 나무 | 뿌리깊은나무유물관 | |
| 놋그릇 | 안성맞춤박물관 | |
| 농업 | 농업박물관 | |
| | 온양민속박물관 | |
| | 전라남도농업박물관 | |
| 대나무 | 한국대나무박물관 | |
| 도자기 | 강진청자박물관 | 전남 |
| | 동산도기박물관 | 대전 |
| | 문경도자기전시관 | 경북 |
| | 석봉도자기미술관 | 강원 |
| | 셀라뮤즈자기전시관 | 서울 |
| | 유럽자기박물관 | 경기 |
| | 이천도자기박물관 | 경기 |
| | 조선관요박물관 | 경기 |
| | 충효동분청자기전시관 | 광주 |
| | 향토빛도자기전시관 | 경기 |
| | 해강도자기박물관 | 경기 |
| | 호림박물관 | 서울 |
| 도장 | 목인박물관 | |

| | |
|---|---|
| 돌 | 부천수석박물관 |
| | 세중옛돌박물관 |
| 등대 | 국립등대박물관 |
| 등잔(등불) | 한국등잔박물관 |
| 디자인 | 서울디자인박물관 |
| 떡 | 떡부엌살림박물관 |
| 로봇 | 로봇박물관 |
| 만화 | 애니메이션박물관 |
| | 한국만화박물관 |
| 말 | 마사박물관 |
| 모시 | 한산모시관 |
| 모자 | 김건식모자박물관 |
| 문신 | 마산시립문신박물관 |
| 물 | 대청댐물문화관 |
| 민속극 | 공주민속극박물관 |
| 민화 | 가회박물관 |
| | 영월조선민화박물관 |
| 배 | 나주배박물관 |
| 보부상 | 예산보부상유품전시관 |
| 보자기 | 한국자수박물관 |
| 복권 | 복권박물관 |
| 불교(공예) | 목아불교박물관 |
| | 불교역사문화관 |
| | 불교중앙박물관 |
| | 수덕사근역성보관 |
| | 여진불교미술관 |
| | 원불교역사박물관 |
| | 월정사성보박물관 |
| | 직지성보박물관 |
| | 통도사성보박물관 |
| | 한국불교미술박물관 |
| | 해인사성보박물관 |
| 유교 | 유교문화박물관 |

| | |
|---|---|
| 인형 | 얼굴박물관 |
| 사진 | 동강사진박물관 |
| | 한국사진박물관 |
| | 한국영상박물관 |
| | 한미사진미술관 |
| | 한얼카메라박물관 |
| 산림(산악) | 국립산악박물관 |
| | 산림박물관 |
| | 산악박물관 |
| | 진주산림박물관 |
| | 한국산악박물관 |
| 상례 | 한국상례문화원 |
| 상업 | 신세계한국상업사박물관 |
| 서예 | 강암서예관 |
| | 서울서예박물관 |
| 서원 | 소수서원서료전시관 |
| 석탄 | 문경석탄박물관 |
| | 보령석탄박물관 |
| | 태백석탄박물관 |
| 선사 | 암사동선사주거지 |
| | 양구선사박물관 |
| 섬유 | 마가미술관 |
| | 초전섬유퀼트 |
| 성(몸) | 건강과성박물관 |
| | 에로스박물관 |
| 소리 | 참소리축음기에디슨박물관 |
| 수도 | 수도박물관 |
| 술 | 대한민국술박물관 |
| | 동양맥주자료관 |
| | 배상면주가(전통술박물관) |
| | 술박물관 리쿼리움 |
| | 안동소주박물관 |
| | 한국전통주연구소 |

| | |
|---|---|
| 스키 | 한국스키박물관 |
| 신문 | 신문박물관(동아일보사 부설) |
| 아프리카 | 아프리카박물관 |
| | 아프리카미술박물관 |
| 얼굴 | 얼굴박물관 |
| 여성문화/차 | 디아모레뮤지움 |
| 역사 | 강화역사박물관 |
| | 기록역사박물관 |
| | 부평역사박물관 |
| | 서울역사박물관 |
| | 신세계한국상업사박물관 |
| | 전주역사박물관 |
| | 한국근현대사박물관 |
| | 한국금융사박물관 |
| | 한국기독교역사박물관 |
| 열쇠 | 쇳대박물관 |
| 염색 | 국립중앙과학관 |
| | 자연염색박물관 |
| 영화(영상) | 신영영화박물관 |
| | 영은미술관 (스튜디오) |
| | 한국영상박물관 |
| 옹기 | 옹기민속박물관 |
| | 청주옹기박물관 |
| 우주 | 우주박물관 |
| 유교 | 유교문화박물관 |
| 유기 | 안성맞춤박물관 |
| 외교 | 외교박물관 |
| | 외교사전시실 |
| 위안부 | 일본군위안부역사관 |
| 의상 | 한국현대의상박물관 |
| 의약 | 동서의약박물관 |
| | 약령시전시관 |
| | 의학박물관 |

| | |
|---|---|
| | 한독의약박물관 |
| | 한얼의학유물관 |
| | 허준박물관 |
| 인삼 | 금산인삼종합전시관 |
| | 부여인삼박물관 |
| 인쇄 | 청주고인쇄박물관 |
| 자동차 | 자동차박물관 |
| 자물쇠 | 쇳대박물관 |
| 자수(섬유) | 박을복자수박물관 |
| | 초전섬유 · 퀼트박물관 |
| | 한국자수박물관 |
| | 한상수자수박물관 |
| 잠사 | 수원잠사과학박물관 |
| | 여주잠사민속박물관 |
| | 잠사과학박물관 |
| | 잠사민속박물관 |
| | 잠업진흥원한국잠사박물관 |
| | 한국잠사박물관 |
| 잡지 | 한국잡지박물관 |
| 장난감 | 장난감박물관 |
| 장신구 | 보나장신구박물관 |
| | 세계장신구박물관 |
| | 옛터민속박물관 |
| | 익산보석박물관 |
| 전기 | 전기박물관 |
| 전쟁(평화) | 독립기념관 |
| | 자유수호평화박물관 |
| | 전쟁기념관 |
| 제례 | 대한제의례문화원 |
| 조명 | 필룩스조명박물관 |
| 조세 | 조세박물관 |
| 종 | 진천종박물관 |
| 종이 | 전주노스케스코그종이박물관 |

|  |  |
|---|---|
|  | 종이나라박물관 |
|  | 팬아시아종이박물관(전주한지박물관) |
| 주택 | 대우주택문화관 |
| 중남미 | 중남미박물관 |
| 짚/풀(공예) | 짚풀생활사박물관 |
| 차 | 가천박물관 (의료) |
|  | 설록차뮤지엄 |
|  | 한국차문화협회 |
|  | 한배달우리차문화원 |
| 책 | 고서박물관 |
|  | 교과서박물관 |
|  | 기록역사박물관 |
|  | 성암고서박물관 |
|  | 영월책박물관 |
|  | 한얼고문서유물관 |
| 천문 | 한국천문연구소 |
|  | 항공우주박물관 |
| 철 | 세연철박물관(철박물관) |
| 철도 | 철도박물관 |
| 체신(우편) | 우정박물관(서울/천안) |
|  | 체신기념관 |
| 축구 | 축구박물관 |
| 출판 | 삼성출판박물관 |
|  | 청주고인쇄박물관 |
| 탈 | 갈촌탈박물관 |
|  | 고성탈박물관 |
|  | 하회동탈박물관 |
| 탱화와 괘불 | 통도사성보박물관 |
| 토지 | 지적자료관 |
|  | 토지박물관 |
| 통신(전기) | 통신박물관 |
|  | 충남전기통신박물관 |
|  | 한국통신박물관 |

## 3. 한국문화현장(박물관/유적지) 유형별 실례

### A. 주제별 탐방의 예

**통치계층문화**

역사 : 문헌-고려사, 조선왕조실록 / 유물(비문, 벽화 등)-진흥왕순수비, 송산리고
  분벽화.

교육 : 선비교육-성균관, 향교, 서원 / 여성교육-이화학당 / 아동교육-서당.

언어 : 한글-세종대왕기념관 / 훈민정음해례본-간송미술관.

철학 : 불교-3대사찰, 불교중앙박물관 / 유교-서원, 종택 / 천주교-해미읍성, 한국
  기독교박물관

정치 : 5대궁궐-경복궁, 창덕궁 / 국립고궁박물관 / 왕릉-영릉, 융건릉 / 종묘 / 생
  가-이율곡, 정다산, 명성황후 생가.

법률 : 법전-경국대전, 조선경국전 / 형구(刑具)-곤장 / 형장(刑場)-새남터, 서소문.

경제 : 화폐-화폐박물관, 상업-신세계한국상업사박물관.

천문 : 관측시설 및 기구-첨성대, 간의대, 앙부일구 / 관측기록(천문도 및 역서)-천상
  열차분야지도, 시헌력 / 연구소 · 박물관-한국천문연구원, 세종과학관(여주).

지리 : 지도-대동여지도(원본, 성신여대) / 지지-동국여지승람, 택리지.

기술 : 자격루-덕수궁, 고인쇄박물관-청주, 무기-한국전쟁박물관, 거중기-화성의
  궤, 도자기-강진, 경기 광주 / 국립중앙과학관, 경주박물관.

문학 : 작가생가지-해남 녹우당-고산 윤선도생가 / 작품산실(배경)지-남해 노도-
  서포 김만중의 소설배경.

음악(정악) : 국립국악원 / 국립국악관현악단 / 국립문화재연구소(대전) / 종묘.

미술(문인화, 직업화) : 진경산수화, 풍속화, 인물화-간송미술관.

무용(극) : 국립국악원 / 한국전통무용단 / 궁중무-종묘.

복식 : 왕(왕비) 및 사대부의 옷과 장식-국립민속박물관.

음식 : 궁중음식연구원 / 한국차문화협회.

주택 : 한옥마을-서울남산, 서울북촌, 전주교동 / 한옥문화원.

※ 많은 문화유산을 국립중앙박물관에서 확인할 수 있음

## 서민계층문화

설화 : 신화-박혁거세신화-양산 나정 / 전설-도미부인전설-충남 보령 오천 / 민담-두더지의 혼인-순오지.

음악 : 판소리-국립창극단, 전주 / 풍물-남원 · 평택 / 민요-진도 / 전반-국립국악원, 국립민속국악원.

미술(민화) : 병풍화, 무속화, 춘화-한국민속박물관.

춤 및 극 : 국립무용단 / 탈춤-송파, 동래, 하회마을 / 안성남사당놀이전수관.

민간신앙 : 가택신앙-성주풀이, 터주대감 / 마을신앙-서낭당, 장승, 솟대 / 무속신앙-무당(집) / 점복신앙-토정비결, 무당, 점집 / 풍수신앙-묘소, 집터 / 성기신앙-아시아에로스박물관, 해신당, 공알바위.

복식 : 국립민속박물관 / 온양민속박물관.

음식 : 김치박물관 / 떡부엌살림박물관 / 한국전통음식연구소 / 한국전통주연구소 / 한국민속촌.

주택 : 순천 낙안읍성민속마을, 아산 외암리민속마을, 제주 성읍마을.

일생의례(산육례, 관례, 혼례, 상례, 제례 등) : 의례전반-국립민속박물관 / 산육례-칠성각 / 관례(성인식)-성균관, 남산한옥마을 / 혼례-남산한옥마을, 롯데월드, 올림픽공원, 운현궁, 유림회관, 한국의 집 / 상례-한국상례문화원 / 제례-퇴계종택, 대한제의례문화원 / 전반-국립민속박물관.

생업(농, 공, 상, 어, 수렵) : 농업(농기구)-농업박물관, 온양민속박물관 / 전통시장-광주사평장, 안성읍내장, 직산 덕평장 / 상인-보부상-상무사 / 공업(공기구)-국립중앙과학관 / 어업(어구)-채취류, 낚시류, 그물류, 막이류(독살, 죽방렴, 덤장) / 수렵-창사냥, 함정사냥, 덫사냥, 그물사냥, 매사냥.

세시풍속(명절) : 복식-설빔, 단오빔, 추석빔-국립민속박물관 / 음식-떡국, 송편, 수리취떡-떡부엌살림박물관 /놀이 윷놀이-전국, 줄다리기-기지시, 단오굿-강릉, 차전놀이-안동, 놋다리밟기-안동, 다리밟기-광통교, 수표교 / 강강술래-전남 / 점복-청참, 오행점, 달불이, 소밥주기.


※ 많은 문화유산을 국립민속박물관에서 확인할 수 있음.

## B. 지역별 탐방의 예

〈서울〉

5대궁궐 : 경복궁 / 창덕궁 / 창경궁 / 덕수궁 / 경희궁.

종묘사직 : 종묘 / 사직공원.

칠궁 : 왕을 생산하고도 정실이 아니어서 종묘에 들어가지 못한 여인들을 모신 곳이
　　　다(청와대 영빈관 옆).

운현궁 : 흥선대원군의 정치생활과 부침을 함께한 유서 깊은 곳으로 고종이 12세까
　　　지 살던 잠저이기도 하다. 요즈음 고종과 명성황후의 가례(嘉禮)재현 행사가
　　　이곳에서 치러진다.

간송미술관 / 광통교 / 국립민속박물관 / 국립중앙박물관 / 남산한옥마을−공연,
　　　예절학교, 전통공예, 전통혼례 / 북촌한옥마을 / 4대문 / 성균관 / 전쟁박물
　　　관 등.

〈경기〉

가평 : 취옹박물관 / 아침고요수목원 / 자라섬(국내 최대 규모의 오토캠핑장 있음) /
　　　드라마 〈아이리스〉 세트장, 쁘띠 프랑스(드라마 〈베토벤 바이러스〉 촬영지).

강화 : 고려궁지(외규장각 터) / 마니산 / 연미정 / 이규보묘소 / 전등사 / 전적지(항전
　　　의 역사 : 광성보, 초지진 등) / 지석묘(고인돌 세계문화유산) / 순무 / 화문석.

광주 : 남한산성 / 광주분원 백자가마터 / 퇴촌카페촌.

남양주 : 다산 정약용생가 및 기념관 / 홍릉(고종과 명성황후 묘소) / 몽골문화촌 /
　　　광릉국립수목원 / 피아노폭포(91m).

안산 : 이익의 묘 및 성호기념관 / 단원기념관 / 대부도.

안성 : 유기(놋그릇)공방 / 안성시장 / 김대건신부 묘소(미리내성지 안성시 양성면 미
　　　산리 141) / 남사당놀이전수관(안성시 보개면 복평리 34−3).

안양 : 마애종(국내최대).

양주 : 대장금 테마파크 / 장흥 조각공원 / 송암 스페이스센터(별자리 시뮬레이션 영
　　　상) / 회암사지.

양평 : 5일장(산나물, 6쪽마늘) / 소나기마을 / 두물머리(양수리).

의정부 : 서계 박세당의 고택 / 신숙주의 묘 / 회룡사(왕자의 난을 계기로 함흥으로
　　　갔던 태조 이성계가 한양으로 돌아오다 머물렀다는 절).

수원일대

화성 : 성곽이자 최초의 계획된 신도시로 건축사적 도시미학적으로 당대 최고의 문
　　　화재로 평가 받아 세계문화유산으로 지정되었다(화성행궁).

융건릉 : 사도세자와 부인 혜경궁 홍씨의 무덤인 융릉과 아들 정조의 무덤인 건릉이
　　　　다(경기도 화성군 태안읍 안녕리).

용주사 / 장안구 북수동 창호공방(김순기) / 남이장군묘 / 서거정묘 / 홍난파생가 /
　　　　홍사용시비 / 제암리유적 /한국민속촌, 호암미술관(희원).


여주일대

영릉(英陵, 세종대왕릉)-세종대왕과 소헌왕후 심씨의 합장릉이다. 경내에 많은 유물
　　　이 전시되어 있다(경기도 여주군 능서면).

영릉(寧陵, 효종대왕릉)-효종과 왕비 인선왕후 장씨가 모셔진 쌍릉이다. 영릉과 붙어
　　　있어 찾는 이가 적어 사방이 조용하고 호젓하다(경기도 여주군 능서면).

명성황후생가-숙종의 장인이자 인현왕후의 아버지인 민유중의 묘를 관리하기 위한
　　　묘막으로 지은 집으로 명성황후가 태어나 8세까지 살던 집이다(경기도 여주군
　　　여주읍 능현리).

신륵사-여강(남한강) 바로 옆에 있는 절로 국가 지정보물 7점을 보유하고 있다. 드라
　　　마 〈추노〉의 촬영현장이다(경기도 여주군 북내면).

광주분원(백자관) / 목아박물관(불교유물) / 여성생활사박물관 / 천진암(천주교발상지).


〈강원〉

강릉 : 경포대 / 관노가면극 / 교문암 / 단오제 / 선교장(한국최고의 양반가옥) / 오죽
　　　헌(율곡의 생가, 우리나라에서 가장 오래된 주택의 하나) / 참소리박물관 / 허
　　　균 · 허난설헌 생가.

봉평 : 이효석 생가 및 문학관, 물레방아.

양양 : 오대산 상원사종(가장 오래된 종).

영월 : 김삿갓유적지 / 박물관 특구(책 박물관, 동강사진박물관, 조선민화박물관, 단
　　　종역사관, 장릉, 청령포(단종애사의 땅) 등 19곳).

원주 : 한지 / 치악산 구룡사.

정선 : 아우라지(정선아리랑의 발상지) / 오장폭포 / 화암동굴 / 5일장 / 정암사 / 만
　　　항재.

철원 : 고석정 / 노동당사 / 승일교 / 제2땅굴 / 철의 삼각전망대.

〈충북〉

단양 : 온달동굴 / 온달산성.

보은 : 속리산 법주사 / 에밀레박물관.

영동 : 난계국악박물관.

옥천 : 정지용생가(옥천지용제).

제천 : 제천국제음악영화제(청풍호반일대).

청주 : 고인쇄박물관.

충주 : 중원고구려비 / 충주산성 / 수안보 · 앙성 · 문강 온천 / 탄금대 / 하곡마을 솟대.

〈충남〉

강경 : 5일장(젓갈시장) 젓갈축제.

면천 : 두견주.

온양 : 민속박물관 / 민속마을(외암리) / 맹씨행단 / 연엽주(외암리) / 현충사

한산 : 소곡주 / 세모시(한산모시관).

가야산일대

예산 : 수덕사-고려시대 목조건물인 대웅전, 일엽스님이 머물던 환희대 등이 있다. /
　　　남연군묘(대원군의 아버지 무덤) / 남은들상여 / 보부상(상무사) / 윤봉길생가
　　　및 충의사.

서산 : 마애삼존불상-백제의 미소로 불리며 햇빛이 비치는 방향에 따라 웃는 모습이
　　　다르게 보인다. / 해미읍성-이순신장군이 머문 곳이며, 천주교 박해현장으로
　　　유명하다. / 여숫골-병인박해 때 천주교 신자 1000여 명이 생매장된 순교성지
　　　다(서산시 해미면 읍내리). / 개심사 / 보원사터.

홍성 : 김좌진장군생가-청산리전투에서 일본군을 섬멸한 김좌진 장군이 태어나
　　　성장한 곳이다(충남 홍성군 서부면). / 한용운선사생가-독립운동가이며 승
　　　려이고 시인인 만해 한용운 선생이 태어난 곳이다(충남 홍성군 결성면 성
　　　곡리).

공주 · 부여일대

공주 : 갑사 / 마곡사 / 박물관 / 무령왕릉 / 공산성.

부여 : 박물관 / 능산리고분 / 정림사터 / 부소산성 / 낙화암 / 신동엽시비.

〈전북〉

고창 : 선운사 / 고인돌 / 읍성 / 신재효고택.

군산 : 동국사(전북 군산시 금광동 134, 우리나라에 유일하게 남아있는 일본식 사찰).

순창 : 고추장

익산 : 미륵사지석탑(신라 진평왕의 딸 선화공주를 유혹하기 위한 서동(백제 무왕)의
　　　 이야기가 담겨 있는 곳이며, 우리나라에서 가장 크고 오래된 국보 11호인 석
　　　 탑) / 농악

임실 : 삼계면(103명박사 배출) / 팔봉굿풍물.

전주 : 한옥마을(중인층이 살던 한옥 650여 채, 교동과 풍남동) / 경기전(慶基殿 태조
　　　 이성계의 영정을 모신 곳) /전주성당(최초의 순교자 윤지충이 탄생한 곳) / 전
　　　 통술박물관 / 한지(한솔종이박물관) / 전주이강주.


〈전남〉

담양 : 면앙정 / 소쇄원 / 식영정 / 대나무테마공원 / 댓잎차.

목포 : 조개전시관(식인조개부터 난쟁이고둥까지).

진도 : 아리랑 / 강강술래 / 북놀이 / 씻김굿.


남도일대

강진 : 다산초당(목민심서 집필의 열정이 스며있는 곳) / 도자기(칠량 봉황리 옹기마
　　　 을) / 백련사

보성 : 녹차밭 / 판소리 / 낙안읍성.

해남 : 대흥사 및 일지암(초의선사가 다맥을 되살려낸 곳) / 녹우당(윤고산고택, 초상
　　　 화의 최고명작 윤두서의 자화상 소장) / 땅끝마을 / 보길도(부용동) / 세연정 /
　　　 강강술래 / 진양주(임금이 마심, 앉은뱅이술).


섬진강 · 지리산일대

구례 : 화엄사(꽃살무늬) / 쌍계사 / 운조루 / 화개장터.

남원 : 광한루 / 춘향묘 / 흥부마을 / 농악.

순천 : 고인돌 / 낙안읍성 / 송광사(삼보사찰) / 순천만 / 조계산(태백산맥 주무대) /
　　　 주암호.

〈경북〉

고령 : 가야 왕릉(고령군 지산동 소재, 5세기 전후 대가야 왕족들의 무덤 수 백기가 있음. 국내 최초로 확인된 대규모 순장 고분) / 고령군립박물관.

김천 : 과하주 / 직지사.

대구 : 국채보상운동기념공원(대구 중구 동인동, 1907년 대구에서 시작된 국채보상운동 기념) / 동화사(팔공산 남쪽기슭 높이 17m의 통일약사여래대불).

성주 : 가야산 / 성주문화원 공연, 궁중혼례 / 왕태실(태종, 단종, 세조)과 세종대왕 자태실.

영덕 : 경보화석박문관.

영주 : 부석사 / 소수서원.

청도 : 내시마을.


경주일대

경주박물관(성덕대왕신종) / 교동마을(요석궁, 법주) / 분황사(원효가 활동하던 곳) / 불국사와 석굴암 / 진평왕릉 / 천마총 / 첨성대 / 황룡사터(동양최대의 사찰) / 감은사지 3층석탑 / 대왕암 / 이견대.


안동일대

종택 : 의성김씨종택, 퇴계종택, 풍산류씨종택 등(우리나라 대표적인 가문들의 종가)

서원 : 도산서원-이황이 제자들을 가르치던 곳으로 여기서 숱한 학자가 나왔고 그 중 과거에 급제한 이만 해도 300명이 넘는다. 옆에 퇴계종택이 있다(경북 안동시 도산면). / 병산서원(풍천면)-서애 유성룡이 후학을 양성하던 곳이다. 한국 최고의 서원건축으로 손꼽히고 있으며, 특히 대청마루인 만대루가 유명하다. 흥선대원군의 칼날 같은 서원 철폐령 속에서도 살아남았다.

소주 : 안동소주, 전통음식박물관-은은한 향과 특유의 감칠맛이 다른 소주와 비교가 안 되는 안동소주와, 궁중에서 임금에게만 올리던 문어 오름과 매화나무로 만든 꽃나무떡 등이 푸짐하다(경북 안동시 남선면).

하회마을 : 한국의 얼굴로 자주 소개되는 하회탈의 현장으로 주말마다 하회별신굿놀이를 공연한다. 서애 유성룡의 종택인 충효당이 있다(경북 안동시 풍천면), 하회탈박물관도 있다.

봉정사 / 퇴계묘소 / 차전놀이 / 주실마을 조지훈시비 / 전통음식(간고등어, 안동식혜, 안동찜닭, 헛제사밥 등).

〈경남〉

고성 : 오광대 / 공룡박물관.

김해 : 수로왕릉 / 천문대.

동래 : 야유.

밀양 : 아리랑 / 영남루 / 수산제.

양산 : 통도사(불보사찰) / 성보박물관 / 천성산(원효가 당에서 온 1천 명의 대중에게 화엄경을 설법 성인이 되게 한 곳).

울산 : 반구대 암각화(울주군·두동면 소재, 다산을 상징하는 성기, 고래 잡는 사람, 함정에 빠진 호랑이 등이 새겨져 있음).

진주 : 국립진주박물관 / 태정민속박물관(가구장식품) / 남강 / 진주성 / 촉석루.

통영 : 김춘수 시인 살았던 곳 / 남해안별신굿 / 박경리 작가 생가(박경리기념관) / 승전무 / 청마문학관(유치환 시인 생가) / 통영오광대 / 통영옻칠미술관 / 한산도 제승당(삼군수군통제사를 맡은 이순신 장군이 한산도 본영을 세운 곳) / 화가 전혁림 미술관.

하동 : 금오산 / 녹차 / 불일폭포 / 쌍계사 / 청학동 / 최참판댁(TV 드라마 〈토지〉 촬영지) / 화개장터.

합천 : 영상테마파크(영화 〈태극기휘날리며〉, 드라마 〈경성스캔들〉 촬영지) / 해인사.

〈제주〉

제주 : 더마(馬)파크 / 복합단지형테마파크 프시케월드 거울궁전 / 제주세계차(茶)박물관 / 제주아트랜드(세계최대분재공원, 세계최대우산미술관, 세계명화관, 한국춘화관, 자연인물석공원, 국내최대반달곰공원).

서귀포 : 건강과 성박물관(세계 최초, 최대 규모) / 아프리카박물관 / 여미지식물원 / 제주 동백 올레(길) 카멜리아힐(소녀시대 '윤아' d촬영지) / 트릭아트뮤지엄.

# 4. 한국문화 관련 대학 및 대학원

〈대학〉
강북문화대학
건국대 문화콘텐츠학과
건국대 예술문화대학
경일대 교육문화콘텐츠학과
경희대 한국어학과
경희대 문화관광콘텐츠학과
계명대 한국문화정보학과
계명문화대학
고려사이버대학 문화콘텐츠학과
기전문화대학
동신대학교 문화관광대학
디지털서울문화예술대학 한국언어문화학과
명지대 문화예술학부
백석문화대학
부산예술문화대학
상명대 문화경영학과
상지대 문화콘텐츠학과
서울문화예술대학 한국언어문화학과
선문대 문화콘텐츠학과
선문대 한국언어문화학과
성신여대 융합문화예술대학
숙명여대 문화관광학과
용인대 문화콘텐츠학과
원광대 한국문화학과
인하대 문화콘텐츠학과
전주대학교 문화관광대학
전통문화예술학교
제주불교문화대학
청강문화산업대학

KAIST 문화과학대
한국예술종합학교
한양대학교 erica 캠퍼스 국제문화대학(문화콘텐츠학과)
관광대학 / 예술대학 다수


〈대학원〉
경희대 대학원 국제한국언어문화학과
경희대 경영대학원 문화예술경영학과
국제문화대학원대학교(충남 청양)
단국대 대학원 문화관리학과
동국대 문화예술대학원
동국대 불교문화대학원(경주)
동방대학원대학교(석사, 태고종)
동부산 여성문화대학원
명지대 문화예술대학원
상명대 문화예술대학원
서울시립대 도시과학대학원 관광문화학과
성공회대 문화대학원
숙명여대 전통문화예술대학원
원광대 동양학대학원
우석대 경영행정문화대학원
전남대 문화전문대학원
추계예술대학 문화예술경영대학원
KAIST 문화기술대학원
한국문화기술대학원
한국문화산업대학원
한국외국어대 대학원 문화콘텐츠학과
한국학중앙연구원(←정신문화연구원)
한남대 사회문화대학원

# 찾아보기

## ㄱ

가곡 • 326, 348, 349, 350

『가곡원류』• 266

『가례집람』• 176

가묘(家廟) • 176

가부키(歌舞伎) • 351

가사 • 266, 267, 287, 292, 348, 349

가섭 • 194

가야금 • 327, 328, 337

간경도감 • 131

간송미술관 • 402, 412, 423

간화선(看話禪) • 203

갑인자 • 128

강관식 • 408

강세황 • 363, 400, 405–408, 410

강완숙(姜完淑) • 215

강우방 • 374

〈강호사시가(江湖四時歌)〉• 341

강화도 • 27, 74, 187, 200

강희안 • 393, 395, 417

거턴 칼리지 • 89

「게십이장」• 209

『격몽요결』• 103

『겸재 정선』• 400, 403

경관(經館) • 110

『경국대전』• 78, 79, 95, 291

경기체가 • 284, 288

경당 • 110

경복궁 • 387

경사육학 • 74, 75

경허(鏡虛) • 203, 204, 241

『계몽편』• 108, 109

〈계축일기〉• 272

고려불화 • 380, 381

고려사 • 33, 36, 41, 42, 45–48, 324, 330, 334, 351, 352, 355, 357, 382

고려사절요 • 33

고려지 • 428

고봉스님 • 205

고분(벽화) • 368, 369

『고사기』• 31

고운기 • 32

고종 • 92, 336

고추 • 173

공리교육 • 102

공민왕 • 47, 48, 69, 74, 354, 382

공양왕 • 42

공자40, 71, 74, 98, 111, 168, 171, 179, 182–184, 186, 337, 345, 346

공자학원 • 185

과거(科擧) • 167

곽희화풍 • 393, 395, 398

〈관동별곡〉• 270

관세음보살 • 381, 411

관중 • 64, 338, 339

광개토대왕 • 30, 187

광릉 • 269

광화학교 • 85

교종 • 197, 202, 203

교지(教旨) • 42

교키(行基) • 189, 191

교토 • 372

구니나카노키미마로 • 191

구베아 • 212, 242

구산선문 • 194

구양순(체) • 378, 382

〈구운몽〉• 270–272

구정(古箏) • 327

〈구지가〉• 261

구화산 • 194, 195

국립국악원 • 280

국문동식회 • 154

국사(國師) • 199

『국어문법』• 155–159

국자감 • 73–75, 86, 167, 346

『국조보감』• 34

『국조시산』• 301

『국조오례의』• 128

국학 • 346

국한혼용 • 160

군례악 • 348

궁예 • 195

궁체(宮體) • 423

권덕규(權悳奎) • 132

권철신 • 211, 214, 241

권필 • 301

〈규원가〉• 293, 295, 297, 298

규장각 • 137, 275

그라몽 • 166, 211

『근사록』• 225

금(아악기) • 337

한국문화를 꿈꾸다

■ 이화형(李和炯)

경희대학교 한국어학과 교수
경희대학교 국문학과를 마치고 같은 대학원에서 문학박사학위를 받았다.
중국 중앙민족대학 초빙교수를 역임했고
국문학에서 점차 학문의 폭을 넓혀 요즘은 한국문화에 관심을 갖고 연구하고 있다.
그동안 집필한 주요 저서는 다음과 같다.

『보한집 번역-고전선집』(지식을만드는지식, 2010)
『뜻은 하늘에 몸은 땅에-세상과 맞서 살았던 멋진 여성들』(새문사, 2009)
『베이징일기』(한울, 2008)
『나아가 널리 인간을 이롭게 하라-민속문화(꿈)』(월인, 2007)
『하늘에다 베틀놓고 별을잡아 무늬놓고-민속문화(현실)』(월인, 2007)
『한국문화의 힘, 휴머니즘』(국학자료원, 2004)
『청장, 키 큰 소나무에게 길을 묻다-이목구심서 번역』(국학자료원, 2003)
『글쓰기의 새로운 지평』(박이정, 2001)
『한국문화의 이해』(집문당, 1999)
『이제 다시 생각하고 좋은 글을 써야할 때』(박이정, 1998)
『아정 이덕무 시집』(민속원, 1997)
『고전문학 연구의 새로움』(태학사, 1996)
『이덕무의 문학 연구』(집문당, 1994)

한국문화를 꿈꾸다 — 인문과 예술

인쇄 2011년 2월 20일
발행 2011년 2월 25일

지은이 · 이화형
펴낸이 · 한봉숙
펴낸곳 · 푸른사상사

등록 제2-2876호
주소 서울시 중구 을지로3가 296-10 장양B/D 7층
대표전화 02) 2268-8706(7) | 팩시밀리 02) 2268-8708
메일 prun21c@yahoo.co.kr / prun21c@hanmail.net
홈페이지 www.prun21c.com

ⓒ 2011, 이화형
ISBN 978-89-5640-800-2 93300

값 22,000원

☞ 이 도서의 국립중앙도서관 출판시도서목록(CIP)은
  e-CIP 홈페이지(http://www.nl.go.kr/cip.php)에서 이용하실 수 있습니다.
  (CIP제어번호 : CIP2011000772)